**하용조 강해서 전집 3**

창세기 3

# 너는 복의 근원이 될지라

(12:1-25:18)

**하용조 강해서 전집 3**

창세기 3
너는 복의 근원이 될지라(12:1-25:18)

지은이 | 하용조
초판 발행 | 1999. 10. 8
개정판 발행 | 2021. 7. 21
등록번호 | 제1988-000080호
등록된 곳 | 서울특별시 용산구 서빙고로 65길 38
발행처 | 사단법인 두란노서원
영업부 | 2078-3352    FAX | 080-749-3705
출판부 | 2078-3331

책값은 뒤표지에 있습니다.
ISBN 978-89-531-3504-8 04230

독자의 의견을 기다립니다.
tpress@duranno.com   www.duranno.com

두란노서원은 바울 사도가 3차 전도여행 때 에베소에서 성령 받은 제자들을 따로 세워 하나님의 말씀으로 양육하던
장소입니다. 사도행전 19장 8-20절의 정신에 따라 첫째 목회자를 돕는 사역과 평신도를 훈련시키는 사역, 둘째 세
계선교(TIM)와 문서선교(단행본·잡지) 사역, 셋째 예수문화 및 경배와 찬양 사역, 그리고 가정·상담 사역 등을 감당하
고 있습니다. 1980년 12월 22일에 창립된 두란노서원은 주님 오실 때까지 이 사역들을 계속할 것입니다.

하용조 강해서 전집 3

# 창세기 3
# 너는 복의 근원이 될지라
## (12:1-25:18)

두란노

# 창세기에는
# 하나님의 끈질긴 사랑이 있습니다

창세기 12장부터 25장 18절까지는 믿음의 사람 아브라함의 이야기입니다. 아브라함은 처음부터 믿음의 사람은 아니었습니다. 하나님이 믿음 없는 그를 부르셔서 믿음의 사람으로 만들어 주셨습니다. 그는 처음부터 실수가 없는 완전한 사람이 아니었습니다. 하나님이 실수가 많은 그를 부르셔서 성숙한 사람으로 만들어 주셨습니다.

아브라함을 부르신 하나님의 목적은 아브라함 자신에게 있지 않습니다. 먼 훗날 온 인류를 구원하실 예수 그리스도를 위한 구원의 조상을 만드시기 위해서 그를 택하신 것입니다.

아브라함에 관한 설교를 하면 할수록 느끼는 감동은 아브라함의 위대함이 아니라 끈질긴 하나님의 사랑입니다. 결코 포기하시지 않는 하나님, 알면서도 속아 주시는 하나님, 그리고 마지막 순간에라도 약속을 지키시는 하나님을 배우게 됩니다.

마태복음 1장 1절은 "아브라함과 다윗의 자손 예수 그리스도의 계보라"라고 말합니다. 하나님이 아브라함과 하신 약속이 다윗을 통해 계승되었고, 예수 그리스도에게서 완성된 것입니다. 믿음의 사람 아브라함은 우리에게 희망을 주고, 용기를 주고, 다시 넘어졌 다가도 새롭게 일어나게 합니다. 그리고 그리스도를 바라보게 합 니다.

# 차례

## 3부

# 아브라함의 순종과 하나님의 뜻

창세기 22:1-25:18

## 1부

# 믿음의 사람 아브라함

창세기 12:2-13:13, 14:1-16:16

하나님은 아브라함을 믿음의 조상으로 삼으시기 위해서
그를 갈대아 우르에서 불러내셨습니다.
하나님이 아브라함을 부르신 까닭은 그에게 믿음이 있어서가 아니라
하나님의 꿈 때문이었습니다.
마찬가지로 하나님은 하나님의 사랑과 비전과 꿈 때문에
우리를 부르셨습니다.

# 1

# 나를 만나는 사람 모두가
# 복 받기 원합니다

창세기 12:2-3

## 믿음은 단절과 하나님의 말씀으로 시작된다

하나님은 온 인류를 죄에서 구원하시기 위해 독생자 예수 그리스도를 세상에 보내 죽게 하셨습니다. 누구든지 이러한 하나님의 역사를 믿고 받아들이기만 하면 구원을 받습니다. 성경은 "누구든지 주의 이름을 부르는 자는 구원을 받으리라"(롬 10:13), "주 예수를 믿으라 그리하면 너와 네 집이 구원을 받으리라"(행 16:31), "다른 이로써는 구원을 받을 수 없나니 천하 사람 중에 구원을 받을 만한 다른 이름을 우리에게 주신 일이 없음이라"(행 4:12)라고 말합니다.

구원은 어떤 개념이나 사상이 아닙니다. 그러므로 말이나 글로는 이해하지 못합니다. 구원은 체험되어야 합니다. 그래서 하나님은 예수 그리스도의 십자가의 놀라운 구원의 소식을 듣고 믿는 자마다 구원받는다는 사실을 알게 하시려고 한 사람을 택해 시범을 보여 주셨습니다. 그 사람이 바로 아브라함입니다. 아브라함은 하나님을 모르는 사람이었으나 하나님이 그를 찾아가 말씀하심으로써 믿음의 삶을 살게 되었습니다.

믿음의 삶은 내가 믿겠다고 살 수 있는 것이 아닙니다. 아브라함은 25년이 걸렸습니다. 그가 75세에 믿음의 삶을 시작해서 믿음의 절정에 이른 나이는 100세였습니다. 하나님은 우리에게 아브라함의 생애를 보여 주심으로써 먼 훗날 예수 그리스도를 통해 구원 얻는 것을 미리 알려 주신 것입니다.

창세기 12장부터 믿음의 조상 아브라함의 생애가 시작됩니다. 하나님은 우리에게 한꺼번에 많은 이야기를 하시지 않고 조금씩 하십니다. 우리가 감당하지 못하기 때문입니다. 매일매일 우리의 삶과 사건을 통해, 고난과 역경을 통해 하나님의 살아 계심과 신실하심과 하나님이 우리를 얼마나 사랑하시는지를 체험하게 하십니다. 그때 우리는 하나님에 대해 조금씩 눈을 뜨게 되고 믿음의 세계에 들어가게 됩니다.

여호와께서 아브람에게 이르시되 너는 너의 고향과 친척과 아버지의 집을 떠나 내가 네게 보여 줄 땅으로 가라(창 12:1).

이 한 절에는 믿음에 대한 놀라운 진리가 숨겨져 있습니다. 믿음은 아브람부터 시작되는 것이 아니라는 것입니다. 믿음은 하나님으로부터 시작됩니다. 우리가 하나님을 모르고 하나님께 예배드리지 않을 때 하나님이 우리를 믿음의 사람으로 만들기 위해 먼저 찾아오셨습니다.

믿음의 주인은 내가 아니라 하나님이십니다. 믿음을 주시는 분도 하나님이십니다. 그러므로 믿음 없음을 염려하지 않아도 됩니다. 우리 안에는 믿음이 없습니다. 믿음은 하나님이 주셔야만 가질 수 있습니다. 하나님을 믿도록 도와주실 때 하나님을 믿을 수 있습니다. 우리가 자기 발로 교회를 찾아온 것 같지만 사실은 하나님이 오게 해 주신 것입니다.

또한 이 말씀은 믿음의 대상은 인간이 아님을 알려 줍니다. 인간은 신뢰할 만한 존재나 믿음의 대상이 아닙니다. 하나님만이 믿음의 대상이시요, 예배의 대상이십니다. 인간은 믿지 말고 사랑해야 하는 대상입니다. 인간은 믿을 만한 존재가 아닙니다. 왜냐하면 인간은 죄인이기 때문입니다. 하나님이 우리를 택하신 것은 우리에게 믿음이 있어서가 아니라 우리를 믿음의 사람으로 만드시기 위해서입니다. 하나님이 우리에게 믿음을 선물로 주신 줄 믿습니다. 믿음을 선물로 주시는 것이 '은혜'입니다. 믿음은 하나님이 우리에게 조건 없이 베풀어 주신 은혜입니다.

> 너희는 그 은혜에 의하여 믿음으로 말미암아 구원을 받았으니 이것은 너희에게서 난 것이 아니요 하나님의 선물이라 행위에서 난 것이 아니니 이는 누구든지 자랑하지 못하게 함이라(엡 2:8-9).

창세기 12장 1절을 보면 믿음은 단절에서 시작된다는 것을 알 수 있습니다. 믿음은 과거에서 떠나고, 옛 사람을 벗어 버림에서부터 시작되는 것입니다. 여기서 '떠나'라는 말을 주의 깊게 보아야 합니다. 하나님은 아브람에게 "너의 고향과 친척과 아버지의 집을 떠나라"라고 명령하셨습니다.

이처럼 떠나는 것이 믿음의 시작입니다. '떠나라', '가라', 이것이 믿음의 전부입니다. 믿음의 시작은 떠나는 것이고, 믿음의 완성은 하나님이 지시하시는 땅으로 가는 것입니다. 우리는 어디를 향해 가고 있습니까? 우리 인생이 하나님을 향해 갈 수 있기를 바랍니다. 천국을 향해 가는 인생이 되기를 기도합니다. 이것이 구원의 완성입니다.

우리의 고민은 떠나지 않은 자리에서 시작하려는 데 있습니다. 우리가 믿음을 갖지 못하는 이유는 덧칠하려고 하기 때문입니다. "하나님, 제 것은 건드리지 마시고, 조금만 더 오래 살게 해 주시고, 조금만 더 돈을 주시고, 조금만 더 건강을 주세요"라고 기도합니다. 그러나 기초가 잘못된 집은 허물어야 합니다. 금이 가고 허물어지는 집은 아무리 덧칠을 해도 소용없습니다. 옛 사람이 죽어야 새사람으로 다시 살 수 있습니다.

우리는 옛 사람이 죽는 것을 싫어합니다. 그럼에도 불구하고 우리의 옛 사람은 죽어야 하고, 우리의 과거는 무너져야 합니다. 옛 사람이 무너지고 변하는 것을 싫어하기 때문에 우리의 믿음이 자라지 않는 것입니다.

우리의 모습은 마치 폭탄이 설치된 집에 앉아 있는 사람과 같습니다. 얼마 후면 폭탄이 터지기 때문에 빨리 나와야 하는데, 집에 있는 물건들 때문에 나오지 못하고 있는 모습입니다. 그러나 살기

원한다면 집에 대한 욕심을 버리고 나와야 합니다. 그것이 구원입니다. 그러나 우리는 옛 사람, 과거, 그동안 자신이 쌓아 온 것들이 무너지기를 원하지 않습니다. 두려워합니다. 그러나 떠나야 합니다. 떠나면 믿음이 시작됩니다. 그리고 믿음이 자라납니다.

또한 믿음은 말씀을 받음으로 시작됩니다. 하나님은 아브람에게 구체적으로 지시하셨습니다. 말씀은 씨와 같고 생명과 같습니다. 한 알의 밀알이 땅에 떨어져 썩으면 싹이 나듯이, 우리의 마음에 말씀을 심으면 믿음의 싹이 납니다. 우리는 성경을 읽고, 기도하고, 설교를 듣고, 성경 공부를 해야 합니다. 때를 얻든지 못 얻든지 하나님의 말씀을 먹어야 합니다. 그러면 반드시 그 말씀이 생명이 되어 성령의 바람이 불면 믿음의 싹을 틔웁니다.

믿음의 세계는 우리가 상상할 수 없을 만큼 엄청납니다. 우리가 어디까지 변할 수 있을지 알 수 없습니다. 자신을 제한하지 마십시오. 하나님은 우리를 성장시키기를 원하십니다. 하나님은 우리보다 크신 분입니다. 우리는 현재만을 살고 있지만 하나님은 과거에도, 미래에도 계시는 분입니다.


**진정한 믿음은 예수 그리스도를 발견하는 것까지다**
창세기 12장 2절을 보면 믿음에는 약속과 보장이 있음을 알 수 있습니다.

내가 너로 큰 민족을 이루고 네게 복을 주어 네 이름을 창대하게 하리니 너는 복이 될지라(창 12:2).

상품도 약속이 보장되어 있거나 신용이 있으면 잘 팔립니다. 대개 우리는 어떤 일에 대해서 말할 때 그것이 사실임을 확인시켜 주고자 많은 증거를 댑니다. 학자들은 책을 쓰면 반드시 주석을 붙입니다. 자신의 주장이 근거 있음을 증거하기 위해서입니다. 우리는 집을 사고팔 때 계약서를 씁니다. 믿음의 세계에도 이와 같은 약속이 있습니다. 예수님을 믿으면 천국과 구원이 보장된다는 약속입니다. 이것은 사람이 한 약속이 아니라 하나님이 우리에게 하신 약속입니다.

하나님은 아브람에게 세 가지 약속을 하셨습니다. 첫째, "내가 너로 큰 민족을 이루게 해 주겠다", 둘째, "네 이름을 창대하게 하겠다", 셋째, "너로 복(복의 근원, 개역한글)이 되게 하겠다"입니다. 이 약속이 이어지는 3절에서 더욱 자세히 설명되고 있습니다. 이는 굉장한 복입니다.

너를 축복하는 자에게는 내가 복을 내리고 너를 저주하는 자에게는 내가 저주하리니 땅의 모든 족속이 너로 말미암아 복을 얻을 것이라 하신지라(창 12:3).

하나님이 아브람에게 약속하신 복에는 세 가지 특징이 있습니다.

첫째, 약속이 일방적입니다. 아브람이 요구해서 주신 것이 아니라 하나님이 조건 없이 주기로 결정하셨습니다. 하나님은 우리를 무조건 사랑하기로, 우리에게 무조건 복 주기로 결정하셨습니다. 그리고 이러한 복을 보장한다고 약속하셨습니다.

저는 가끔 '나 같은 죄인이 구원받을 만한, 하나님의 자녀가 될 만한 자격이 있는가?'라고 생각하곤 합니다. 우리가 무엇을 했기에 하나님이 끝까지 찾아오셔서 사랑하시고 구원하시는 것일까요? 그 비밀이 여기에 있습니다. 하나님이 우리를 먼저 사랑하셨다는 것입니다.

둘째, 이 약속은 상상할 수 없는 내용입니다. 요즘에는 백화점에서 자동차 같은 경품을 준다고 합니다. 그것은 사실일 것입니다. 그러나 하나님의 약속은 우리가 이해할 수 없습니다. 그리고 그 약속의 내용은 엄청납니다. 현재뿐만 아니라 영원까지 지켜지는 약속입니다. 한 인간이 감당할 수 없는 것입니다. 내가 노력해서 얻어지는 것이 아닙니다. 하나님이 우리에게 주시는 약속입니다.

셋째, 이 약속은 변하지 않습니다. 사람의 약속은 변하기도 하고 잊히기도 하는데, 하나님의 약속은 영원히 변하지 않습니다.

하나님은 우리가 하나님의 약속을 믿기만 하면 그 약속을 지키겠다고 하셨습니다. 우리가 예수님의 이름을 믿기만 하면 천국을 주시고, 하나님의 자녀가 되어 하나님의 유산을 상속받는 특권을 누리게 해 주겠다고 약속하셨습니다. 할렐루야! 이것이 믿음의 약속이며 보상입니다.

역사는 수없이 변합니다. 많은 문명과 국가가 생성되고 소멸했습니다. 영원한 문명이나 민족이나 국가는 없습니다. 로마는 영원할 것 같았지만 사라졌습니다. 이집트, 바벨론 등 역사에 태어났던 수많은 국가, 그렇게 찬란하고 화려했던 문명도 사라져 지금 우리의 눈앞에 없습니다. 그것이 역사입니다.

그러나 하나님은 아브람에게 "내가 너로 큰 민족을 이루게 하겠다"고 약속하셨습니다. 이것이 믿음의 복과 약속입니다. 하나님은 "내가 너에게 주는 복은 영원하고, 너의 민족은 큰 민족이 될 것이다. 그 민족은 영원히 세상을 다스릴 것이다. 그것은 이 땅의 민족이 아니다. 땅의 일을 위해 태어난 것도 아니다"라는 약속을 하셨습니다.

이 약속은 실제로 이루어졌고, 이루어지고 있습니다. 아브람을 통해 태어난 민족이 이스라엘입니다. 이스라엘 민족은 지금까지 존재합니다. 그러나 육적인 이스라엘에만 모든 복이 있는 것은 아닙니다. 이스라엘 민족 가운데서 메시아가 태어나셨고, 그 메시아가 만드시는 나라는 하나님의 나라입니다. 그 나라는 영원하며 강대해 세계를 통치하고 지배할 것입니다. 아브람에게 주신 믿음이 예수 그리스도에게까지 이르렀습니다. 진정한 믿음은 예수 그리스도를 발견하는 것까지입니다. 아브람은 예수님을 만났습니다.

하나님은 아브람에게 복을 주셔서 100세에 아이를 갖게 하셨습니다. 그런데 하나님이 그 아이를 죽여 제물로 바치라고 하셨습니다. 믿음의 시련, 믿음의 위기가 왔습니다. 아브람은 이삭을 잡아서 칼로 죽여 제물을 만들어야 했습니다.

믿음은 순종을 요구합니다. 순종이 없는 믿음은 믿음이 아닙니다. 아브람은 믿음의 절정에서 순종과 포기를 배웠습니다. 아브람이 포기하고 순종하며 하나님 앞에 나아가 아이를 죽이려는 순간, 하나님은 "내가 너의 믿음을 보았다"고 말씀하셨습니다.

아브람은 예수님, 십자가, 보혈을 알지 못했지만 메시아를 보았습니다. 자신의 독자를 대신해서 죽을 어린양을 보았습니다. 하나님의 어린양을 통해 구속자를 보았습니다. 하나님은 아브람에게, 먼 훗날 인류를 위해 독생자, 예수 그리스도를 죽도록 내어 주실 하나님의 마음을 알게 하셨습니다. 자식을 내어 준 부모의 마음을 가르쳐 주셨습니다. 우리를 매우 사랑하시기 때문에 아들을 십자가에 못 박아 죽도록 내어 주심을 가르쳐 주셨습니다. 아들을 죽이는 아버지의 마음을 알고 피를 흘리는 어린양을 보는 것, 그것이 믿음의 절정입니다. 아브람은 그것을 알고 보았습니다.

우리는 지금 예수 그리스도를 봅니다. 나를 위해 십자가에서 피 흘리며 고난받고 돌아가신 예수님, 누구든지 그 예수 그리스도를 믿고 순종하며 바라보는 자에게는 하나님이 허락하신 믿음의 복과 약속이 주어집니다.

아브람을 통해 이스라엘 민족이 태어났고, 이스라엘 자손을 통해 예수 그리스도의 세계가 시작되었습니다. 하나님은 그 어린양 예수 그리스도를 통해 큰 민족과 영원한 나라에 대한 비전을 주셨습니다. 아브람도 몰랐을 것이고, 우리도 모를 것입니다. 그러나 잘 모르지만, 믿기만 하면 우리는 그렇게 변합니다. 예수님을 열심히 믿고 살다 보면 하나님이 예비하신 찬란하고 영광스러운 세계를 주십니다.

그런즉 육신으로 우리 조상인 아브라함이 무엇을 얻었다 하리요 만일 아브라함이 행위로써 의롭다 하심을 받았으면 자랑할 것이 있으려니와 하나님 앞에서는 없느니라 성경이 무엇을 말하느냐 아브라함이 하나님을 믿으매 그것이 그에게 의로 여겨진 바 되었느니라(롬 4:1 - 3).

아브람이 하나님을 믿고 순종해 자식까지 포기하고 바친 믿음을 보시고 하나님이 그를 의로 여기신 것처럼, 우리는 죄 없으신 예수 그리스도가 우리를 위해 십자가에서 피 흘려 돌아가신 사실을 믿음으로써 값없이, 은혜로 구원받았습니다. 구원은 내가 노력해서 얻어지는 것이 아니라 하나님의 은혜로 주어집니다.

## 하나님은 우리에게 복 주기 원하신다

하나님은 복의 근원이십니다. 인간은 복을 받는 존재이지, 복을 만드는 존재가 아닙니다. 그럼에도 불구하고 인간은 마치 자신이 복을 만들고 소유한 것처럼 착각합니다. 사람들은 복을 너무나 좋아합니다. 복에 굶주려 있고 미쳐 있습니다. 그래서 방석에도, 창살에도, 심지어 귀걸이에도 '복'(福) 자를 새겨 넣습니다.

인간이 장사를 하고 권력을 가지려는 이유는 결국 복을 얻기 위해서입니다. 그러나 인간 안에는 복이 존재하지 않고, 대신 저주가 있습니다. 인간에게는 죄와 저주와 죽음이 있습니다. 사람들은 복을 찾아 헤매지만 복이 있는 곳은 없습니다. 우리가 복이라고 생각했던 그것은 복이 아닙니다.

하나님은 저주와 죽음으로 가득 차 있는 인간에게 복 주기를 원하십니다. 하나님은 우리 민족에게 복 주기를 원하십니다. 우리 민족이 가지고 있는 것은 복이 아니라 고통과 아픔과 죽음과 미움입니다. 남과 북이 대치하고 있습니다. 국민과 국민 사이에 삭막한 마음이 가득 차 있습니다. 그러나 하나님은 우리 민족이 통일되기를 원하시고, 우리 가정이 하나 되어 행복하기를 바라십니다. 땅의 복이 아니라 하늘의 복, 현재의 복이 아니라 영원한 복, 세상의 복이 아니라 그리스도 안에 감추어진 아름답고 놀라운 복을 주기를 원하십니다.

세상의 복은 갖는 순간부터 싫증이 납니다. 세상의 복은 우리에게 욕망을 일으킬 뿐 마음에 평안을 주지 못합니다. 그러나 하나님이 우리에게 주시고자 하는 진정한 복은 예수 그리스도로서, 그분 안에는 평안이 있습니다.

'네게 복을 주어'라는 말은 이스라엘 민족 가운데서 그리스도가 태어나실 것이며, 그분이 온 인류에게 복이 되실 것이라는 의미입니다. 예수 그리스도의 이름이 온 세상에 널리 퍼져 모든 이름 위에 뛰어난 이름이 되며, 그 이름으로 우리가 구원을 받고, 어두움이 사라지고, 귀신이 떠나가게 될 것입니다. 하나님이 아브람에게 주신 예언은 바로 이런 것입니다. "내가 … 네게 복을 주어 네 이름을 창대하게 하리니"라는 말씀은 빌립보서 2장 9 – 11절과 같은 의미입니다.

> 이러므로 하나님이 그를 지극히 높여 모든 이름 위에 뛰어난 이름을 주사 하늘에 있는 자들과 땅에 있는 자들과 땅 아래에 있는 자들로 모든 무릎을 예수의 이름에 꿇게 하시고 모든 입으로 예수 그리스도를 주라 시인하여 하나님 아버지께 영광을 돌리게 하셨느니라 (빌 2:9-11).

모든 이름 위에 뛰어난 이름, '예수 그리스도'는 선포될 것이며, 선전될 것이며, 땅에 충만할 것입니다. 하나님이 아브람에게 주신 믿음의 복은 예수 그리스도를 통해 구원을 주신 하나님의 능력으로 나타납니다.

창세기 12장 2절 하반 절은 "너는 복의 근원이 될찌라"(창 12:2, 개역한글)라고 말합니다. '믿음의 조상은 복의 근원'이라는 말은 곧 '믿음의 사람은 복의 사람'이라는 뜻입니다. 복을 받고 복을 나눠 주는 사람이라는 뜻입니다.

3절은 이 말씀에 대한 해석입니다. 이 말씀은 예수 그리스도가 복을 주시는 실체라는 사실을 대입하지 않으면 이해할 수 없습니다. 어떻게 보면 지나친 독선처럼 여겨지는 말씀이기도 합니다만, 하나님이 우리에게 주시는 복은 "너를 축복하는 자에게는 내가 복을 내리고, 너를 저주하는 자에게는 내가 저주할 것이다. 너를 통해 모든 사람이 복을 받게 될 것이다"라는 것입니다.

이 말씀은 예수 그리스도를 통해 이루어졌습니다. 예수님을 기준으로 기원전과 기원후가 나뉘고, 기름과 물이 섞이지 않듯이, 그리스도 안에 있는 자는 영생을 얻고 그렇지 않은 사람은 사망에 이를 것입니다. 이 말은 상식적으로는 이해할 수 없습니다. 더구나 예수님을 믿지 않는 사람에게는 불공평하게 여겨지기도 합니다. 그러나 사실입니다. 누구든지 주의 이름을 부르는 자는 구원을 받습니다.

예수님은 "하나님이 세상을 이처럼 사랑하사 독생자를 주셨으니 이는 그를 믿는 자마다 멸망하지 않고 영생을 얻게 하려 하심이라"(요 3:16)라고 말씀하셨습니다. 구원을 얻을 수도 있고, 얻지 않아도 좋다는 말이 아닙니다. 불교도 좋고, 착하게만 잘 살면 다 되는 것이 아닙니다. 하나님은 관념이나 정신이 아닙니다. 하나님은 살아 계신 인격체이시며, 지금 우리와 함께 계시는 분입니다. 불교에서 말하는 '이곳에 있는 것 같기도 하고 없는 것 같기도 한 분'이 아니십니다. 하나님은 지금 우리와 함께 계십니다. 천국이 있고 지옥이 있음을 믿으십시오.

신앙은 섞이는 것이 아닙니다. 얼버무리는 것이 아닙니다. 복도 마찬가지입니다. 세상에서의 복과 하나님의 복은 다릅니다. 하나님은 우리에게 복을 주셨을 뿐만 아니라 우리가 복의 근원, 복의 사람이 되게 하겠다고 약속하셨습니다.

요즘 저는 사람들을 보면 '나와 만나는 사람은 모두 복 받으시오' 하는 마음을 갖곤 합니다. 왜냐하면 하나님이 "너와 너의 가정을 통해서 세상이 변할 것이다"라고 말씀하셨기 때문입니다. 이것이 꿈이고 미래입니다. 하나님은 우리를 자녀 삼아 주셨고, 우리에게 교회를 주셨습니다. 우리를 만나는 사람들이 복을 받는 이유는 우리가 그들에게 물질을 풍성히 줄 수는 없지만 그들이 우리를 통해 '예수님' 이야기는 확실히 들을 수 있기 때문입니다.

# 2

# 이해되지 않아도
# 하나님 말씀만을 좇겠습니다

창세기 12:4-9

## 믿음은 순종으로 시작된다

하나님은 아브람을 믿음의 조상으로 삼으시기 위해서 그를 갈대
아 우르에서 불러내셨습니다. 하나님이 아브람을 부르신 까닭은
그에게 믿음이 있어서가 아니라 하나님의 꿈 때문이었습니다. 마
찬가지로 하나님은 하나님의 사랑과 비전과 꿈 때문에 우리를 부
르셨습니다.

그렇다면 믿음은 언제, 어떻게 시작하는 것일까요? 창세기 12장
4절에 그 답이 있습니다.

이에 아브람이 여호와의 말씀을 따라갔고 롯도 그와 함께 갔으며
아브람이 하란을 떠날 때에 칠십오 세였더라(창 12:4).

"아브람이 여호와의 말씀을 따라갔고"라는 말씀에서 알 수 있
듯이, 믿음은 하나님의 말씀을 좇아 순종하는 순간부터 생깁니다.

한 여자가 결혼하면 보통은 임신을 합니다. 그러나 언제 임신했
는지는 잘 모릅니다. 몇 주일이 지나고 한두 달이 되면 자기 몸에
서 이상한 현상을 발견하게 됩니다. 그제야 임신한 것을 알게 됩니
다. 마찬가지로 우리는 믿음이 생기는 순간을 잘 모릅니다. 그러나

우리가 하나님의 말씀을 받아들이면 믿음이 생기기 시작합니다. 처음에는 믿음이 생겼는지 잘 모르지만, 시간이 지날수록 믿음이 자라납니다. 믿음에는 완성품이 없습니다. 믿음은 순종하는 만큼 큽니다. 믿음은 행동하는 만큼 자랍니다.

어느 날 갈대아 우르에 사는 아브람에게 하나님이 나타나 말씀하셨습니다. 놀랍게도, 아브람은 한 번도 본 일이 없고 경험한 적도 없는 하나님의 말씀을 믿고 순종했습니다. 여기서부터 아브람의 믿음의 여행이 시작되었습니다.

믿음과 대치되는 개념이 있습니다. '이성'입니다. 이성은 상식, 지식, 합리성, 경험을 바탕으로 만들어집니다. 우리는 모든 것을 이성에 의해 판단하려 합니다. 그러나 하나님은 이성으로 믿어지지 않습니다. 하나님은 인간보다 더 크신 분이기 때문입니다. 어리석은 인간은 자꾸 이성으로 하나님을 측량하려고 합니다. 하지만 어떻게 하나님이 인간에게 이해가 되겠습니까? 만약 인간이 하나님을 이해할 수 있다면 그가 바로 하나님일 것입니다. 인간은 하나님을 이해할 수 없는 존재입니다. 따라서 이성으로는 하나님이 믿어지지 않고 잡히지 않습니다.

하나님은 믿어야 합니다. 이것이 믿음입니다. 순종함으로 하나님의 말씀을 믿을 때 이성이 그것을 확인시켜 주는 것일 뿐입니다. 이성도 필요합니다. 하지만 우리로 하여금 하나님을 만나게 하는 것은 믿음입니다.

하나님을 신뢰하고 그분의 말씀을 믿는 순간부터 믿음이 탄생합니다. 그렇다고 믿음이 완성되는 것은 아닙니다. 믿음은 순종하는 만큼 완성됩니다. 따라서 믿음의 깊이는 곧 순종의 깊이입니다. 교회에 30년 나왔는가, 40년 나왔는가가 믿음을 결정하지 않습니다. 아무리 교회에 오래 다닌 사람이라 할지라도 믿음이 없을 수 있습니다. 반대로, 교회 나온 지 1년밖에 안 된 사람이라도 믿음이 클 수 있습니다. 이성, 상식, 경험 같은 것으로는 이해되지 않지만 성경에 기록된 하나님의 말씀이기 때문에 우리가 순종했다면 우리의 믿음이 그만큼 깊어진 것입니다. 히브리서 기자는 아브람의 믿음에 대해서 이렇게 말했습니다.

믿음으로 아브라함은 부르심을 받았을 때에 순종하여 장래의 유업으로 받을 땅에 나아갈새 갈 바를 알지 못하고 나아갔으며(히 11:8).

여기서 아브람의 믿음을 설명해 주는 재미있는 표현 두 가지를 발견하게 됩니다. 하나는 "장래의 유업으로 받을 땅에 나아갈새"라는 말입니다. 이는 믿음은 현재 받는 보상이 아니라 장래에 이루어질 약속이라는 뜻입니다. 또 하나의 표현은 "갈 바를 알지 못하고 나아갔으며"입니다. 믿음은 순종입니다. 어디로 가는지 모릅니다. 부산으로 가라고 하면 쉬울 텐데, 하나님은 그냥 가라고 하십니다. 걱정하지 말고 가라는 것입니다. 이것이 믿음입니다.

우리 모두에게 이처럼 하나님을 신뢰하는 믿음, 하나님이 우리로 하여금 선하고 의롭고 영광스런 삶을 살게 해 주신다는 믿음, 마지막에 우리에게 영광의 면류관을 씌워 주실 것이라는 믿음이 있기를 바랍니다.


## 믿음은 말씀 따라가기를 끝까지 포기하지 않는 것이다

믿음이라고 해서 다 믿음이 아닙니다. 진짜 믿음이 있고 가짜 믿음이 있습니다. 4절에는 두 사람이 나옵니다. 아브람과 롯입니다. 아브람은 말씀을 따라갔으나 롯은 사람을 따라갔습니다. 두 사람은 비슷한데 전혀 달랐습니다.

믿음이 어느 때에 들통날까요? 위기가 올 때, 고통스러울 때입니다. 역경에 부딪혔을 때 진짜 믿음을 가진 사람은 극복해 냅니다. 하나님이 보이지 않고, 하나님의 음성이 들리지 않고, 정말 다 죽을 것만 같은 위기 앞에서도 그는 견뎌 냅니다. 그러나 거짓된 믿음, 위선적인 믿음, 사람을 좇는 믿음, 인간적인 믿음을 가지고 있는 사람은 겉모양은 화려하지만 위기에 부딪혔을 때 쉽게 포기하고 좌절하고 절망합니다.

이 말씀에 의지해 부탁합니다. 하나님의 말씀을 좇으십시오. 목사나 교회를 좇지 마십시오. 사람을 좇으면 꼭 얻게 되는 것이 있는데, 실망과 상처입니다. 사람을 따라다니지 말고 예수 그리스도를 바라보십시오.

위대한 사람 옆에 서 있다고 해서 내가 저절로 위대해지지 않습니다. 배부른 사람 옆에 있다고 내가 배부르지 않습니다. 하나님의 말씀을 받아들이십시오. 말씀을 따라다니십시오. 하나님의 음성을 들으십시오. 그리고 이성을 뛰어넘어서, 상식과 합리성과 우리가 배운 모든 지식의 영역을 뛰어넘어서 하나님의 말씀에 순종해 보십시오. 그러면 기적이 일어납니다.

사도 바울은 이러한 위기를 느낀 사람 중 한 명입니다. 그는 어떤 사람들이 복음을 듣고는 예수님을 따르기보다 그 복음을 전한 사람을 따르는 모습을 보았습니다. 즉 그들 가운데 어떤 부류는 바울을 좇았습니다. 또 다른 부류는 베드로, 혹은 아볼로를 좇았습니다. 그래서 사람들 사이에 분쟁이 생겼습니다.

내가 이것을 말하거니와 너희가 각각 이르되 나는 바울에게, 나는 아볼로에게, 나는 게바에게, 나는 그리스도에게 속한 자라 한다는 것이니 그리스도께서 어찌 나뉘었느냐 바울이 너희를 위하여 십자가에 못 박혔으며 바울의 이름으로 너희가 세례를 받았느냐(고전 1:12-13).

바울은 사람들이 예수님을 보지 않고 자기를 보자 "내가 너희를 위하여 십자가에 못 박혔느냐"라고 말했습니다. 또한 갈라디아서 1장 7 - 8절에서는 이렇게 말했습니다.

다른 복음은 없나니 다만 어떤 사람들이 너희를 교란하여 그리스도의 복음을 변하게 하려 함이라 그러나 우리나 혹은 하늘로부터 온 천사라도 우리가 너희에게 전한 복음 외에 다른 복음을 전하면 저주를 받을지어다(갈 1:7-8).

얼마나 심각했으면 이런 말을 했겠습니까? 예수 그리스도를 바라보십시오. 믿음이란 예수 그리스도를 바라보는 것이며, 믿음이란 하나님의 말씀을 따라가는 것입니다.

아브람이 하란을 떠날 때에 칠십오 세였더라(창 12:4하).

아브람은 갈대아 우르에서 첫 번째 하나님의 음성을 들었습니다. 그런데 4절 하반 절을 보면, 그가 '갈대아 우르를 떠날 때가 칠십오 세'라고 하지 않고 '하란을 떠날 때가 칠십오 세'라고 말합니다. 이것이 무슨 뜻입니까?

데라가 그 아들 아브람과 하란의 아들인 그의 손자 롯과 그의 며느리 아브람의 아내 사래를 데리고 갈대아인의 우르를 떠나 가나안 땅으로 가고자 하더니 하란에 이르러 거기 거류하였으며 데라는 나이가 이백오 세가 되어 하란에서 죽었더라(창 11:31-32).

이 말씀을 보면 아브람만 떠난 것이 아니라 아브람의 아버지 데라와 조카 롯과 아브람의 아내 사래와 함께 가족 전체가 이주했음을 알 수 있습니다. 왜 떠났을까요? 아브람이 하나님의 음성을 들었기 때문입니다. 가족이 다 순종했습니다. 그들의 목표는 가나안 땅이었습니다. 그러나 문제는 가나안 땅에 가기 전에 좋은 땅을 발견해서 그만 도중하차해 버리고 말았습니다. 그 땅이 하란이었습니다.

고속도로 휴게소는 화장실을 이용하거나 잠깐 쉬기 위해 들르는 곳이지 살기 위해 가는 곳이 아닙니다. 하란은 잠깐 머무는 곳인데, 아브람의 아버지 데라는 그 땅을 떠나려 하지 않았습니다. 아브람은 갈등하기 시작했습니다. 그곳이 종착역이 아닌데, 이상의 땅이 아닌데, 여러 가지 주변 환경 때문에 떠나지 못하고 하란에 머물러 있게 된 것입니다.

아브람은 고민 끝에 아버지를 떠나기로 결정했습니다. 하란을 떠나서 믿음의 여행을 계속하기로 했습니다. 그때 아브람의 나이가 75세였습니다(데라는 70세에 아브람을 낳았으므로 당시 145세였습니다). 그러나 데라는 떠나지 않았습니다. 데라는 아브람이 떠난 후 하란에서 60년을 더 살다가 "나이가 이백오 세가 되어 하란에서 죽었더라"라고 성경은 기록하고 있습니다.

우리는 여기서 믿음에 대한 두 가지 사실을 배우게 됩니다. 첫 번째는 도중하차하지 말라는 것입니다. 잠깐 쉴 수는 있습니다. 그러나 도중하차는 믿음을 이루지 못합니다. 신앙생활은 마라톤 경주와 같아서 계속 달려야 합니다. 쉬거나 도중하차하면 안 됩니다. 포기해서도, 뒤돌아서도 안 됩니다. 그 길을 계속 가야 합니다. 인생을 끝까지 산다는 것이 얼마나 피곤한 일입니까? 인생을 살아가는 과정에는 수많은 유혹과 피곤과 좌절과 고통이 계속되지만 우리는 그 길을 계속 가야 합니다.

두 번째는 인생은 오래 사는 것이 중요한 것이 아니라 믿음으로 사는 것이 중요하다는 사실과 도중하차했더라도 다시 시작하는 것이 중요하다는 사실입니다. 아브람은 75세에 다시 시작했습니다. 다시 시작한다는 것은 복입니다. 다시 시작한다는 것은 믿음이요, 용기입니다.

다시 시작하십시오. 다시 시작하기에 늦은 나이는 없습니다. 시작하는 나이가 바로 믿음의 나이입니다. 아브람은 비록 아버지를 떠나는 아픔이 있었지만, 아버지의 말보다는 하나님의 말씀을 더 중요하게 여겼기 때문에 믿음의 여행을 계속할 수 있었고, 인생의 마지막에 하나님으로부터 '믿음의 조상'이라 칭함 받는 복을 받았습니다.

## 믿음의 여행에서 제일 먼저 부딪히는 장애물은 나 자신이다

그렇다면 믿음으로 나가면 모든 일이 다 은혜 가운데 이루어질까요? 그렇지 않습니다. 믿음으로 나가도 장애물을 만납니다.

> 아브람이 그 땅을 지나 세겜 땅 모레 상수리나무에 이르니 그때에
> 가나안 사람이 그 땅에 거주하였더라(창 12:6).

아브람이 믿음으로 나가서 그 땅을 지나 세겜 상수리나무까지
가 보니, 그곳에는 하나님이 준비하신 번쩍이는 황금이나 젖과 꿀
이 흐르는 에덴동산이 기다리고 있지 않았습니다. 오히려 가나안
땅에 오랫동안 머물렀던 원주민을 보았습니다. 이것은 원주민과
싸워야 한다는 의미였습니다.

'아니, 하나님이 기왕 나를 인도하시려면 백지를 만들어 주시든
지 돈을 주시든지 해야지….' 이것이 세상 사람들의 생각입니다.
그러나 하나님의 사람들, 하나님의 방법은 이와 다릅니다. 믿음의
사람에게는 비전이 있습니다. 그 비전을 가지고 있는 만큼 고난이
따르고, 기적이 있습니다. 우리가 하나님의 일을 할 때 비전이 없
다면 하나님의 일이 아니요, 고난이 없다면 하나님의 일이 아니요,
동시에 하나님의 기적이 없다면 그것도 하나님의 일이 아닙니다.
하나님의 일에는 세 가지가 다 있습니다.

가나안 땅에는 믿음을 방해하는 기득권 세력이 자리를 잡고 있
었습니다. 가나안 땅 원주민들은 오래전부터 그 땅에서 살아온 사
람들입니다. 어떻게 굴러 온 돌이 박힌 돌을 쳐낼 수가 있습니까?

가나안 땅 사람들로서는 억울한 일입니다. 이방인이 들어와서 하나님이 주신 땅이니 내놓으라고 하는데, 그들이 순순히 내놓겠습니까? 이제 그 땅을 포기하거나 물러서려고 하지 않는 원주민들과의 피눈물 나는 투쟁이 아브람을 기다리고 있었습니다.

하나님은 옥토에 승리의 깃발을 꽂게 하시지 않습니다. 그러나 우리는 늘 그런 기대를 합니다. '예수님을 믿으면 만사형통한다. 자동차 1대가 2대 되고, 30평짜리 아파트가 60평이 되고, 과장이 부장 된다'는 생각만 합니다. 지금껏 그것을 예수님을 믿는 것으로 생각해 왔는데, 믿음의 현실에 부딪혀 보면 그렇지 않다는 사실을 깨닫게 됩니다. 이것은 영적 전쟁을 의미합니다. 믿음을 갖기 원하면 영적 전쟁을 만납니다. 영적 전쟁은 가나안 땅에만 있는 것이 아니라 모든 사람의 마음에 있습니다. 바로 내 마음에도 있습니다.

우리가 진정으로 믿음을 가지고 하나님과 더불어 믿음의 여행을 시작하면 제일 먼저 부딪히는 것이 우리 자신입니다. 내 안에 있는 옛 사람입니다. 옛 사람이 깨지고, 옛 사람이 무너지고, 옛 사람이 죽지 않으면 새사람이 태어나지 않습니다. 우리는 우리 자신의 옛 사람과 피눈물 나는 투쟁을 해야 합니다. 우리의 과거와 옛 사람을 죽이고, 자아를 깨뜨리고 자기 십자가를 질 때 하나님의 나라가 우리 안에 이루어지기 시작합니다.

그런데 우리는 그런 고생을 싫어합니다. 대가 치르기를 거부합니다. "나를 죽이지 말고 잘 좀 만들어 주십시오" 합니다. 믿음은 덧칠이 아닙니다. 그런데도 사람들은 자꾸 덧칠하려고 합니다. 믿음은 근본적인 변화입니다. 사람들은 근본적인 변화를 두려워합니다. 그냥 좀 잘되게만 해 달라고 요구합니다. 재수 좋게, 운수 좋게 해 달라는 것입니다. 그래서 그것을 얻으면 믿음이 복을 받았다고 말하는데, 그것은 엄밀하게 말하면 십자가의 복음과는 맞지 않습니다.

정말 하나님의 나라가 마음속에 이루어지고 새사람이 되기를 원한다면 여지없이 우리의 옛 사람을 죽여야 합니다. 과거를 죽이지 않고는 새사람이 될 방법이 없습니다. 그래서 우리가 가나안 땅의 사람들과 싸울 수밖에 없는 현실과 부딪히게 되는 것입니다.

> 여호와께서 아브람에게 나타나 이르시되 내가 이 땅을 네 자손에게 주리라 하신지라 자기에게 나타나신 여호와께 그가 그곳에서 제단을 쌓고(창 12:7).

갈대아 우르에서 아브람에게 나타나 비전을 주셨던 하나님이 이제야 또 한 번 나타나셨습니다. 위기에 부딪혀 믿음과 비전이 흔들릴 때 나타나셔서 "내가 이 땅을 네 자손에게 주리라" 말씀하셨습니다.

그러나 실상 그곳은 가나안 사람들이 점령하고 있었습니다. 우리는 하나님이 "이곳은 네 땅이다"라고 하셔서 가 보았더니 내 땅이 아닌 상황을 만나곤 합니다. 그래서 당황합니다. 그러나 하나님은 "네 땅이다"라고 하십니다. 이것이 믿음의 세계입니다. 우리가 세상적으로 생각하는 것처럼 황홀한 세계가 전개되는 것이 믿음의 세계가 아닌 것입니다.

왜 많은 사람이 교회에 다니면서도 믿음의 사람으로 변하지 않습니까? 왜 10년 전이나 20년 전이나 30년 전이나 똑같습니까? 바로 이 문제를 통과하지 않았기 때문입니다. 고통은 복입니다. 고난도 복입니다. 고통과 고난은 하나님이 우리를 만드시는 작업입니다.

하나님이 이스라엘 백성을 애굽에서 탈출시키셨을 때 왜 40년이나 광야에서 고생하게 하셨을까요? 젖과 꿀이 흐르는 가나안 땅은 2주일만 곧장 가면 도착할 수 있는 땅이었는데 말입니다. 그 이유를 신명기는 이렇게 설명합니다.

이는 너를 낮추시며 너를 시험하사 네 마음이 어떠한지 그 명령을 지키는지 지키지 않는지 알려 하심이라(신 8:2하).

그렇습니다. 하나님은 아브람을 믿음의 사람으로 만드시기 위해 그에게 계속해서 시련을 주셨습니다.

창세기 12장 7절에서 더 놀라운 사실을 발견하게 됩니다. 하나님이 임재하셔서 "이 땅은 네 땅이다"라는 비전과 믿음을 확인시켜 주셨을 때 아브람이 어떻게 반응했습니까? 아브람은 자기에게 나타나신 여호와께 제단을 쌓았습니다. 우리는 여기서 다음과 같은 믿음의 정의를 내릴 수 있을 것입니다. "믿음은 하나님을 만나는 것이고, 하나님을 만난 순간에 제단을 쌓고 예배를 드리는 것이다." 이것이 믿음입니다. 진짜 믿음을 가진 사람은 예배를 드리며, 예배 가운데 머뭅니다. 우리 모두에게 예배의 삶이 있기를 바랍니다.

믿음이 있다고 하는 대부분의 사람들은 교회에 나와서 열심히 봉사합니다. 그런데 그들을 가만히 살펴보면 예배 가운데 있는 것이 아니라 사역 가운데 있는 경우가 많습니다. 그러나 진정한 사역은 예배에서 흘러나오는 결과입니다. 참된 예배 없이 사역을 계속하게 되면 탈진하게 되고, 교만하게 되고, 자고하게 되고, 우쭐하게 됩니다. 얼마나 믿음이 있느냐는 그 사람이 하나님을 위해서 얼마나 일을 많이 하느냐에 달려 있지 않습니다. 예배 가운데 얼마나 깊이 들어가느냐가 그 사람의 믿음을 말해 줍니다.

예배가 무엇입니까? 하나님의 임재입니다. 우리 모두가 하나님을 만나는 복을 누리기 바랍니다. 그것이 예배입니다. 예배를 드리고 사역을 하는 사람은 절대 피곤하지 않습니다. 그러나 예배 없이 사역을 하는 사람은 오래가지 못하고 넘어지게 마련입니다.

거기서 벧엘 동쪽 산으로 옮겨 장막을 치니 서쪽은 벧엘이요 동쪽은 아이라 그가 그곳에서 여호와께 제단을 쌓고 여호와의 이름을 부르더니 점점 남방으로 옮겨 갔더라(창 12:8-9).

"그곳에서 … 여호와의 이름을 부르더니." 하나님의 임재가 있는 곳이 예배를 드리는 곳입니다. 예배가 있는 곳에 여호와의 이름이 있습니다.

우리는 하나님의 이름을 몇 번이나 부릅니까? 여호와의 이름이 있는 곳이 제단입니다. 여호와의 이름을 선포하고, 여호와의 이름을 높이고, 여호와의 이름을 찬양할 때 예배가 이루어집니다. 우리는 내 이름을 부를 때가 많습니다. 그러나 내 이름을 부르는 것보다 여호와의 이름을 부르는 횟수가 많아야 합니다.

여호와의 이름이 무엇입니까? 예수 그리스도입니다. 모든 이름 위에 높임을 받으시고 존귀와 찬양과 영광을 받으시기에 합당한 이름이 그분의 이름입니다. 우리의 영혼에 하나님의 이름이 충만하기를 바랍니다. 우리의 영혼에 예수 그리스도의 이름 앞에 무릎 꿇는 참된 예배가 있기를 기도합니다. 바로 그곳이 성령이 기름 부으시는 놀라운 역사가 나타나는 장소입니다. 할렐루야!

# 3

## 기근 속에서 하나님을 믿으며
## 버티겠습니다

창세기 12:10-20

**믿음의 삶을 시작할 때 그럴듯한 생각에 속지 않아야 한다**

하나님은 아브람을 택하셔서 믿음의 조상으로 삼기를 원하셨습니다. 아브람은 하나님께 순종했고, 그렇게 믿음의 삶이 시작되었습니다. 그러나 시작되었다고 해서 믿음의 삶이 완성되는 것은 아닙니다. 믿음의 완성에 이르기까지는 수많은 위기와 고난과 기근을 통과해야만 합니다.

믿음은 고난을 겪을 때 순수해지고, 역경을 만날 때 강해지고 성장합니다. 이것은 갓 태어난 아기가 자라는 과정과 비슷합니다. 어린아이 때는 젖을 먹습니다. 그리고 점점 커 가면서 죽을 먹고, 밥을 먹고, 고기도 먹게 됩니다. 어린아이가 자라나는 과정은 단순하지만은 않습니다. 때로는 병치레를 하고 사고도 당합니다. 자라면서 사람들에게 거절당할 수 있다는 사실도 알게 됩니다. 자기가 원하는 것이 다 이루어지지 않는다는 것도 알게 됩니다. 그 과정을 거치면서 어른이 되는 것입니다.

믿음의 세계도 마찬가지입니다. 실패, 좌절, 거절을 경험하며 자기가 원하는 바가 다 이루어지지 않는다는 사실도 알게 됩니다. 수많은 시련과 연단의 과정을 통해 믿음이 성숙합니다. 하나님은 아브람이 믿음의 삶을 시작하게 하셨을 뿐 아니라, 이제 그의 믿음을 연단하시고, 성장시키시고, 키워 주셨습니다.

> 그 땅에 기근이 들었으므로 아브람이 애굽에 거류하려고 그리로 내
> 려갔으니 이는 그 땅에 기근이 심하였음이라(창 12:10).

아브람은 하나님의 명령에 순종했습니다. 그래서 갈대아 우르를 떠났습니다. 갈 바를 알지 못하고 떠났습니다. 도중에 잠시 방향을 잃은 적이 있습니다. 그곳이 하란입니다. 아브람의 아버지는 하란에 계속 머물기를 원했습니다. 그러나 아브람은 믿음의 여행을 계속하기 원했고, 결국 아버지와 헤어질 수밖에 없었습니다.

아브람이 하란을 떠났을 때의 나이가 75세입니다. 그는 하나님이 지시하시는 땅으로 계속 움직였고, 마침내 가나안 땅에 이르렀습니다. 그러나 약속의 땅에 도착해 보니 당황할 일만 생겼습니다. 그곳은 장밋빛 낙원이 아니었습니다. 기대했던 것처럼 황홀한 장소가 아니었고, 오히려 사람이 살 수 없는 기근의 땅이었습니다. 아브람은 순간적으로 당황했습니다. '이곳은 살 수가 없는 땅인데, 왜 하나님은 약속의 땅이라고 하시며 나를 여기로 보내셨을까? 갈대아 우르에서 잘 살 수 있었는데…'라고 생각했을 것입니다.

그때 아브람은 잠시 애굽에 피신할 생각을 했습니다. 바로 여기에 무서운 믿음의 함정이 도사리고 있습니다. 하나님은 아브람에게 애굽으로 가라고 말씀하신 적이 없습니다. 하나님은 "내가 네

게 보여 줄 땅으로 가라"고 말씀하셨고, 그 땅은 가나안이었습니다. 순간적으로 애굽으로 가려고 한 아브람의 생각은 잘못된 선택이요, 인간적인 생각이었습니다.

믿음의 삶을 시작할 때 자기만의 그럴듯한 생각에 속지 않아야 합니다. 불가능의 벽에 부딪혔을 때, 기대했던 바를 이루지 못했을 때 우리는 순간적으로 그럴듯하고 비슷한 생각을 하게 됩니다. 이것도 하나님의 뜻이 아니겠느냐면서 말입니다. 하나님도 내 입장이 되어 보면 이해하실 것이라고 생각하면서 하나님의 말씀을 조금 비틀어 놓습니다.

'진짜'와 '가짜'는 다릅니다. 비슷하다고 '진짜'일 수 없습니다. 영감이 떠올랐다고 다 하나님의 아이디어가 아닙니다. 내 생각과 하나님의 생각은 하늘과 땅처럼 차이가 있습니다. 비슷하다고 해도 결코 같은 것은 아닙니다. 믿음이란 하나님의 말씀을 따라가는 것입니다. 내 상식과 이성과 경험과 의논하지 않고 말씀만 따라가야 합니다. 그러나 우리는 도중에 자꾸 이성과 타협하며 세상 사람들이 말하는 상식, 합리성에 주저앉고 맙니다.

하나님의 말씀은 어제나 오늘이나 영원토록 동일합니다. 그러나 인간의 마음은 환경에 따라 시시때때로 변합니다. 믿음이란 변하는 환경을 따라가는 것이 아닙니다. 이해되지 않아도, 기근이 있어도, 절망이 있어도 하나님의 말씀이기 때문에 그 말씀을 붙잡고 따라가는 것이 믿음입니다.

환경이 어렵다고 목표를 바꾸지 마십시오. 고난이 온다고 해서 계획을 포기하지 마십시오. 그냥 밀고 가야 합니다. 하나님의 명령이요, 뜻이기 때문입니다. 편한 곳으로, 행복이 약속된 것처럼 보이는 곳으로 가지 마십시오. 대부분 그런 곳은 소돔과 고모라입니다. 세상이 약속하고 보장하는 행복은 결코 오래가는 것들이 아닙니다.

아브람은 하나님의 말씀을 들었지만 위기에 부딪혀 너무 급한 나머지 순식간에 타협하고 말았습니다. 믿음이 깊지 못했던 것입니다. 애굽으로 잠깐 피신하자는 것은 하나님의 말씀이 아니었습니다.

## 믿음을 포기하면 불안과 두려움이 찾아든다

이 생각을 하고 난 후 아브람은 두 가지를 잃어버렸습니다. 첫째는 하나님이요, 둘째는 믿음입니다. 하나님을 믿지 않고 믿음을 갖지 않으면 인간에게 어떤 일이 일어납니까? 불안과 두려움, 나쁘고 불길한 생각이 찾아옵니다.

> 그가 애굽에 가까이 이르렀을 때에 그의 아내 사래에게 말하되 내가 알기에 그대는 아리따운 여인이라 애굽 사람이 그대를 볼 때에 이르기를 이는 그의 아내라 하여 나는 죽이고 그대는 살리리니 (창 12:11-12).

아브람은 하나님의 말씀에 순종하지 않고 인간적인 아이디어와 합리적인 생각과 미래를 보장해 줄 것 같은 생각을 따라가기로 결정했을 때 또 하나의 위기를 만나게 되었습니다.

처음에는 불안이 깊지 않았습니다. 하지만 그런 생각을 가지고 애굽에 조금씩 다가갈수록 불안이 커지기 시작했을 것입니다. 불안해지면 보는 시각이 달라집니다. 믿음이 있으면 세상 사람들이 다 사랑스러워 보이는 반면에 불안하면 모두 도둑놈처럼 보입니다. 지금 아브람은 불안한 마음에 아내마저 달리 보였습니다.

아브람의 아내 사래는 왕이 탐낼 정도로 미인이었던 것 같습니다. 아브람도 평소에는 자기 아내가 예쁜 것이 좋았습니다. 그러나 불안해진 후에 아내의 얼굴을 보니 생각이 달라졌습니다. '내가 보기에도 아내가 이렇게 예쁜데, 다른 남자들이 내 아내를 탐내지 않을까?' 이런 생각을 하게 된 것입니다.

불안은 불안을 낳고, 최악은 최악을 만듭니다. 아내가 예쁘다는 생각이 발단이 되어서 다른 남자가 자기 아내를 데려갈 것이라는 불안이 찾아왔고, 한 걸음 더 나아가 '내 아내를 빼앗아 가려면 나를 죽이겠지?'라는 극단적인 생각까지 하게 되었습니다. 불길한 상상력이 아브람을 지배하기 시작했습니다. 얼마나 어처구니없는 생각입니까? 이런 일이 실제로 일어났습니까? 아닙니다. 아브람의 마음속에서 일어난 일일 뿐입니다.

대부분의 사람들이 이렇게 살아갑니다. 실제로 일어나지 않은 일을 극대화하고, 미래에 일어날 일들에 대해 미리 불안해하고 있습니다. 미래는 우리에게 축복일 수도 있고, 저주일 수도 있습니다. 그것은 아무도 모릅니다. 그러나 믿음이 있는 사람은 미래가 복될 것이 분명하고, 믿음이 없는 사람은 미래가 불안할 것입니다.

아브람은 하나님을 잃어버리고 순식간에 믿음을 포기했습니다. 그때 불안이 찾아왔고, 그 불안 때문에 결국에는 극단적인 생각을 하게 되었습니다. 그 극단적인 생각 때문에 갑자기 자신의 안전에 문제를 느꼈고, 그러자 더 불안했습니다. 그래서 자신의 생각으로 수단과 방법을 구하기 시작했습니다. 그러나 아브람이 택한 방법은 옳지 않았습니다. 우리는 창세기 12장 13절을 통해서 불안과 두려움은 거짓말을 낳는다는 사실을 알 수 있습니다.

원하건대 그대는 나의 누이라 하라 그러면 내가 그대로 말미암아 안전하고 내 목숨이 그대로 말미암아 보존되리라 하니라(창 12:13).

아내라고 하지 말고 누이라고 하면 사람들이 자기를 죽이지 않을 것이라는, 굉장히 그럴듯한 생각입니다. 우리의 믿음의 실수가 바로 여기에 있습니다. 비슷하게 믿는 것이 문제입니다. 비슷한 것이 진짜일 수 없습니다. 그것은 가짜일 뿐입니다.

엄밀하게 따져서 친척 관계로 보면 아브람의 아내 사래는 아브람의 누이가 맞습니다. 그러나 지금 사래는 엄연한 아브람의 아내입니다. 그런데 아브람은 자기 아내가 누이라고 속였습니다. 아브람은 믿음의 첫 여행부터 좌절과 실패를 경험했습니다.

믿음은 처음부터 성공하지 않습니다. 기근을 만납니다. 그러나 여기서 주저앉아서는 안 됩니다. 믿음이 진짜인지 가짜인지는 기근을 만나 봐야 압니다. 기근을 만나고, 고통을 겪고, 손해를 보고, 위기에 부딪혔을 때 우리가 가지고 있는 믿음의 실체를 알게 됩니다. 그래서 기근이 중요합니다. 기근은 우리의 믿음을 순결하게 만듭니다. 기근은 우리를 위기 앞으로 끌고 가지만 우리의 믿음을 진실하게 만들어 주기도 합니다.

> 아브람이 애굽에 이르렀을 때에 애굽 사람들이 그 여인이 심히 아리따움을 보았고(창 12:14).

아마도 애굽에 이르기 전에 아브람과 아내는 거짓말을 맞추는 연습을 열심히 했을 것입니다. 애굽에 도착하자 아니나 다를까 우려했던 상황이 벌어졌습니다. 이에 아브람은 사래가 자기 아내가 아니라 누이라고 말했습니다. 어쩌면 애굽 사람들이 사래가 아내냐고 묻기도 전에 아브람이 먼저 누이라고 말했을지도 모릅니다.

믿음을 잃고 하나님을 떠나면 염려와 불안이 우리를 사로잡습니다. 불안하면 아직 이루어지지 않은 미래까지 다 망치고 맙니다. 가장 지혜롭게 생각한다는 것이 가장 어리석은 결론을 가져올 수도 있습니다. 인간의 지혜란 자신의 꾀에 자기가 넘어지게끔 하는 것이기 때문입니다. 그러나 하나님의 지혜는 영생을 줍니다.

드디어 사건이 터졌습니다. 바로의 대신들이 사래를 보게 된 것입니다. 차라리 가만히 있었으면 되었을 것을 자꾸 자기 누이라고 하니까 바로의 대신들이 이렇게 아름다운 여인은 우리 왕의 후처가 되어야 마땅하다고 생각해 바로의 후처로 추천한 것입니다.

> 바로의 고관들도 그를 보고 바로 앞에서 칭찬하므로 그 여인을 바로의 궁으로 이끌어 들인지라(창 12:15).

그때만 해도 아브람에게는 그 여인이 누이가 아니라 아내라고 말할 기회가 있었습니다. 그때 제대로 말했다면 아내를 빼앗기지 않았을 것입니다. 아브람은 자신이 판 무덤에 자기가 묻혔고, 자신이 놓은 덫에 자기가 걸리고 말았습니다.

이것이 세상살이입니다. 이것이 정치, 경제, 사회에서 우리가 매일 목격하는 바입니다. 지금은 다 잘되는 것 같지만 몇 년이 지나면 죄인이 될 수 있고, 지금은 죄인이지만 몇 년이 지나면 또 다른 형태로 변하는 것이 세상사입니다. 우리는 거기에 맞춰 울고 웃습니다. 조금 잘못되면 울고, 조금 잘되면 으스대고, 조금 상황이 나빠지면 코가 석 자나 빠지곤 합니다. 춤추는 인간, 노리개 인간이 됩니다. 왜 그렇습니까? 믿음이 없기 때문입니다. 정함이 없기 때문입니다. 하나님이 없기 때문에, 중심이 없기 때문입니다.

> 이에 바로가 그로 말미암아 아브람을 후대하므로 아브람이 양과 소
> 와 노비와 암수 나귀와 낙타를 얻었더라(창 12:16).

선물은 사람의 입을 막습니다. 뇌물은 사람을 꼼짝 못 하게 하는
마력이 있습니다. 왕이 매우 고마워서 아브람을 극진히 환대했습
니다. 양과 소, 노비, 나귀, 낙타를 선물했습니다.

이 선물을 받을 때마다 아브람의 가슴은 얼마나 철렁했겠습니
까? 그것이 세상에서 얻는 복들입니다. 세상의 부와 권력은 쌓을
수록 좋을 것 같지만, 그 소유가 많아지면 오히려 불안 지수가 높
아집니다. 염려와 근심이 많을 수밖에 없습니다. 그것은 영원하지
않기 때문입니다. 아브람에게는 그때까지만 해도 기회가 있었습
니다. "아닙니다"라고 말했어야 했는데 그렇게 하지 못했습니다.
더 기막힌 고민에 빠지고 말았습니다.

이 모든 위기는 어디에서 시작된 것입니까? 기근입니다. 기근이
왔을지라도 하나님이 가나안에 있으라고 말씀하셨으면 가나안에
있어야 합니다. 절대로 굶어 죽지 않습니다. 절대로 망하지 않습니
다. 그러나 사람은 어리석어서 무엇을 먹을까, 무엇을 마실까 염려
하기 때문에, 하나님보다 당장 내 현실을 더 중요하게 여기기 때문
에 그 현실적인 문제만으로 하나님을 포기해 버리고 맙니다.

인간의 최대 약점은 기근과 고난 속에서 오래 버티지 못한다는 것입니다. 사람은 누구든지 행복하고, 편하고, 쉬운 길을 가려고 합니다. 우리는 평생 그렇게 살아왔습니다. 성공하기를 원하지 않는 사람이 어디 있으며, 편하기를 바라지 않는 사람이 어디 있겠습니까? 그러나 우리가 성공을 추구해 보았지만 남은 것은 허무함뿐이었습니다.

## 하나님은 실패한 우리 인생에 개입하기를 원하신다

창세기 12장 17절은 아주 중요한 말씀입니다.

> 여호와께서 아브람의 아내 사래의 일로 바로와 그 집에 큰 재앙을 내리신지라(창 12:17).

이 말씀을 통해 몇 가지 중요한 사실을 알 수 있습니다. 첫째, 아브람은 실패하고, 실수하고, 낭패를 보았지만 하나님은 절대 포기하시지 않았습니다. 인간은 포기할지라도 하나님은 포기하시지 않습니다. 인간의 실패가 하나님의 실패를 의미하지는 않습니다. 하나님은 이 사건에 개입하셔서 위기를 막아 주셨습니다.

왜 그렇게 하셨습니까? 아브람이 잘나서가 아닙니다. 앞으로 먼 훗날 사래의 몸에서 메시아가 태어나실 것이기 때문입니다. 아브람의 씨에서 예수 그리스도가 태어나시기 때문에 부족하고 연약하지만 그를 보호하시고, 구원하시고, 복 주기를 원하셨던 것입니다. 우리가 잘나서가 아닙니다. 하나님은 하나님의 특별한 사랑 때문에 우리를 지키시고 보호하십니다. 이것을 가리켜 '하나님의 조건 없는 사랑', 혹은 '신비로운 섭리'라고 말합니다.

하나님이 아브람에게 개입하셨습니다. 하나님이 우리 인생에 개입하시기를 원합니다. 아브람은 실패하고 실수했지만, 아내를 잃어버릴 수밖에 없는 기막힌 상황에 들어와 버렸지만 하나님이 보호하시기 시작했습니다. 개입하시기 시작한 것입니다.

하나님은 우리가 더 이상 갈 곳이 없을 때 길이 되시고, 소망 없이 죽게 되었을 때 희망이 되십니다. 그래서 예수님은 "내가 곧 길이요 진리요 생명이니 나로 말미암지 않고는 아버지께로 올 자가 없느니라"(요 14:6)라고 말씀하셨습니다.

드디어 하나님은 바로의 집에 큰 재앙을 내리셔서 바로로 하여금 아브람의 아내 사래를 건드리지 못하도록 하셨습니다. 사실 바로는 억울합니다. 그가 잘못한 것은 없습니다. 믿음이 없는 아브람 때문에 이런 일을 겪게 된 바로는 오히려 피해자입니다.

17절에서 발견하게 되는 두 번째 놀라운 메시지는 믿음의 사람이 믿음을 포기하면 주변 사람들이 피해를 본다는 것입니다. 하나님의 사람이 하나님의 방법대로 살지 않으면 주변 사람이 고통을 겪습니다. 우리는 그러한 예를 구약의 요나 선지자에게서 봅니다.

저는 목자이자 그리스도인으로서 요즘 이런 생각을 합니다. '오늘날 이 땅의 경제적 위기와 사회적 불안은 우리 교회의 책임이 아닌가? 교회가 정신 차리지 않고 그리스도인이 소금과 빛의 역할을 포기했기 때문에 세상이 환난을 겪고 있는 것은 아닌가?' 그렇습니다. 아브람이 믿음을 버렸을 때 주변 사람들이 피해를 보았습니다. 저는 우리 때문에 주변 사람들이 피해 보는 일이 없기를 바랍니다.

> 바로가 아브람을 불러서 이르되 네가 어찌하여 나에게 이렇게 행하였느냐 네가 어찌하여 그를 네 아내라고 내게 말하지 아니하였느냐 네가 어찌 그를 누이라 하여 내가 그를 데려다가 아내를 삼게 하였느냐 네 아내가 여기 있으니 이제 데려가라 하고(창 12:18-19).

여기서 무엇을 볼 수 있습니까? 아브람이 당하는 수치입니다. 믿음생활을 시작한 아브람이 믿음이 없는 세상 사람들에게 창피를 당하고 야단을 맞았습니다. 믿음이 없으면 부끄러운 일을 당합니다. 믿음을 포기하면 염려와 근심이 쌓이고, 염려와 근심이 쌓이면 거짓말을 하게 되고, 거짓말을 하게 되면 주변 사람들이 피해를 보게 되고, 그렇게 되면 결국 수치를 당합니다.

그러나 놀라운 사실은 하나님이 아브람을 버리시지 않았다는 것입니다.

바로가 사람들에게 그의 일을 명하매 그들이 그와 함께 그의 아내와 그의 모든 소유를 보내었더라(창 12:20).

원점으로 돌아왔습니다. 고생하고 수고만 했습니다. 남은 것이 없습니다. 인생의 결국은 원점입니다. 죽음 앞에 서면 영원과 천국으로 가져갈 수 있는 것이 아무것도 없다는 것을 여기서 알 수 있습니다.

우리는 환경에 의지하지 말고 말씀에 순종해야 합니다. 비록 환경이 우리에게 고통과 기근을 줄지라도 오직 말씀을 좇아야 합니다. 열심히 기도했는데도 결과가 나쁘다고 미리 결론 내리지 마십시오. 하나님이 홍해로 인도하셨다면 그곳에서 버텨 보십시오. 비록 바로의 군대가 뒤쫓아 온다 해도 거기서 견뎌 보십시오. 홍해가 갈라지는 기적이 일어납니다.

기근을 견디고 고통을 참아 내야 합니다. 도망하거나 피해 가면 다 망가집니다. 하나님은 이 고난을 통해 우리의 믿음을 보기 원하시며, 우리를 고난과 기근을 이겨 낸 강한 믿음의 사람으로 연단하십니다. 그 자리를 피해 가면 갈 길이 없습니다. 견뎌야 합니다. "하나님, 왜 복을 주시지 않습니까?"라고 말하지 마십시오. 견디고, 기다리고, 버티면 신실하시고 약속을 지키시는 하나님이 반드시 응답해 주실 것입니다.

예수님이 계셔야 할 곳은 십자가였습니다. 예수님은 "아버지여 만일 아버지의 뜻이거든 이 잔을 내게서 옮기시옵소서"(눅 22:42상)라고 여러 번 기도하셨습니다. 그러나 예수님의 마지막 기도는 "내 원대로 마시옵고 아버지의 원대로 되기를 원하나이다"(눅 22:42하)였습니다. 그리고 예수님은 십자가에서 마지막 시간을 보내셨습니다.

만약 예수님이 아브람이 가나안을 피해서 애굽으로 도피한 것처럼 십자가를 피하셨다면 우리의 구원은 물거품이 되었을 것입니다. 우리가 고통의 자리를 피해 버리면 모든 것이 물거품이 됩니다. 주변 사람들이 다칩니다. 그러나 우리가 손해를 보고 그 자리를 지키면 모든 사람이 복을 받습니다. 이것이 믿음의 비밀이요, 복된 길입니다. 제일 안전한 곳은 예수님 안입니다.

# 4

## 나의 유익을 포기하오니
## 내 손 들어 주소서

창세기 13:1-9

## 믿음으로 하지 않는 일은 헛수고일 뿐이다

불신앙은 모든 것을 허사로 만들고 원위치로 돌아가게 만듭니다. 그러나 믿음으로 하는 일은 시간이 갈수록 빛나고 열매가 풍성합니다. 믿음으로 하는 일은 남지만, 그렇지 않은 일은 세월이 갈수록 흩어집니다. 불신앙은 최악의 상황을 만듭니다. 우리는 아브람의 믿음의 여행에서 그 모습을 보았습니다. 아브람의 첫 번째 행동은 실패였습니다. 그는 결국 원위치로 돌아올 수밖에 없었습니다. 그 상황이 창세기 13장 1절에 기록되어 있습니다.

아브람이 애굽에서 그와 그의 아내와 모든 소유와 롯과 함께 네게브로 올라가니(창 13:1).

약속의 땅에 기근이 있어서 애굽으로 피신했던 아브람은 큰 수치를 당한 후 결국 남방으로 돌아왔습니다. 믿음으로 하지 않는 일은 모두 헛수고일 뿐입니다. 하나님과 더불어 하지 않는 일은 의미가 없습니다.

그가 네게브에서부터 길을 떠나 벧엘에 이르며 벧엘과 아이 사이

곧 전에 장막 쳤던 곳에 이르니 그가 처음으로 제단을 쌓은 곳이라 그가 거기서 여호와의 이름을 불렀더라(창 13:3-4).

누가복음 15장은 탕자의 이야기를 전해 줍니다. 아버지의 집을 떠날 때 탕자는 의기양양했습니다. 그는 신사복을 입고 떠났지만 돌아올 때는 거지 모습이었습니다. 처음에는 행복이 약속된 것 같았고 그 행복을 거머쥔 것 같았습니다. 그의 주변에는 친구도 많았습니다. 그러나 돈이 떨어지면서 그의 인생마저 떨어지고 말았습니다. 결국 재산을 탕진한 탕자에게 남은 것이 무엇이었습니까? 배고픔, 가난, 외로움, 절망이었습니다. 그는 돼지우리에서 쥐엄 열매를 먹는 신세가 되었고, 하는 수 없이 다시 아버지의 품으로 돌아오게 되었습니다. 그가 발견한 것은 원위치로 돌아왔다는 것이었습니다(눅 15:11 - 32).

아브람과 일행은 벧엘로 돌아왔습니다. 그것도 옛날에 장막 쳤던 곳(3절), 아브람이 처음으로 제단을 쌓은 곳이었습니다. 결국 아브람이 갈 수 있는 곳은 하나님이 약속하신 땅이었습니다. 우리는 하나님의 약속의 땅에 있어야 합니다. 그곳이 고통스럽고, 기근처럼 보이고, 어려울지라도 그 자리에 있는 것이 하나님의 뜻입니다. 그리스도인은 좁은 길을 가는 사람입니다.

아브람이 값비싼 수업료를 내고 발견한 사실은 결국 원위치라는 것입니다. 그는 할 수 없이 다시 시작해야 했습니다. 그렇다고 다시 시작하는 것은 부끄러운 일은 아닙니다. 원위치로 돌아가는 것은 창피한 일이 결코 아닙니다. 진정으로 우리의 믿음을 발견한 자리가 바로 그 자리이기 때문입니다. 이제 아브람은 다시 원위치, 곧 하나님이 약속하신 땅에 돌아와 믿음의 삶을 새로 시작하게 되었습니다.

다시 말하지만, 믿음의 삶을 시작할 때 첫 번째 기근을 만나게 됩니다. 믿음의 삶을 새롭게 시작하는 것은 결코 편한 것이 아닙니다. 갈등을 만나게 되어 있습니다. 이것이 현실입니다. 예수님을 믿으면 만사형통할까요? 그렇지 않습니다. 잘되지 않는 일이 얼마나 많습니까? 예수님을 믿으면 환경이 좋아질까요? 그렇지 않습니다. 하나님은 환경을 바꾸시는 것이 아니라 우리의 마음을 바꾸십니다. 믿음이 있으면 환경을 이길 만한 힘을 얻습니다. 어떤 환경도, 어떤 모순도 이겨 낼 수 있습니다. 믿음의 사람은 갈등도 극복해 냅니다.

## 모든 싸움에는 단순한 동기가 있게 마련이다

그러므로 아브람의 가축의 목자와 롯의 가축의 목자가 서로 다투고 또 가나안 사람과 브리스 사람도 그 땅에 거주하였는지라(창 13:7).

지금까지 잘 지내고 있던 아브람과 롯 사이에 서서히 갈등이 생기기 시작했습니다. 아브람의 가축의 목자와 롯의 가축의 목자가 서로 다투었던 것입니다. "아이 싸움이 어른 싸움 된다"는 옛말이 있습니다. 실상 세상의 전쟁도 그렇습니다. 복잡하게 보여도 깊이 들어가 보면 아이 싸움처럼 단순한 동기가 있게 마련입니다.

사실 이 싸움은 가축 목자들 간의 싸움이 아니라 아브람과 롯의 싸움이었습니다. 멀리 떨어져 있는 사람과의 갈등은 해결하기가 비교적 쉽습니다. 보지 않거나 헤어지면 그만이기 때문입니다. 그러나 헤어질 수 없는 가까운 사이에서 생긴 갈등은 극복하기가 무척 힘듭니다. 그렇게 극복되지 않은 갈등은 시간이 지날수록 뿌리가 깊어져 해결하기가 더 어려워집니다. 그러다 보면 개운하지 않고 찜찜한 삶을 살게 됩니다. 특별히 가족이나 친족 사이에서 갈등이 일어난 경우 그렇습니다. 아브람과 롯의 갈등도 마찬가지였습니다.

그렇다면 아브람의 가축의 목자와 롯의 가축의 목자들이 서로 갈등하게 된 이유는 무엇일까요?

첫 번째는 빈부의 차이 때문입니다. 빈부 차이는 갈등을 낳습니다.

아브람에게 가축과 은과 금이 풍부하였더라(창 13:2).

아브람은 롯보다 연장자이며 가장이었습니다. 그 외에도 아브람이 롯보다 재산이 많다는 점은 쉽게 이해할 만합니다. 그에게는 은과 금과 가축이 많았습니다. 부유한 것이 왜 잘못입니까?

> 아브람의 일행 롯도 양과 소와 장막이 있으므로(창 13:5).

성경은 아브람의 재산에 비해 롯의 재산을 빈약하게 설명하고 있습니다. 잘사는 것은 좋지만, 잘살지 못하는 사람의 입장에서 보면 속상하고 불편하게 느껴질 수 있습니다. 이것이 빈부의 문제입니다. 지상의 큰 문제 가운데 하나가 빈부의 문제입니다.

가난한 사람들의 의식 속에는 자신이 가난하게 사는 이유가 부자들 때문이라는 생각이 있습니다. 그렇다 보니 "너희들이 잘사는 것은 정직하게 노력해서가 아니라 나쁜 방법으로 부를 축적했기 때문이다"라고 말하기 쉽습니다. 한편 부자들에게는 가난한 사람들을 귀히 여기고 사랑하는 마음이 별로 없습니다. 일반적으로 부자들은 가난한 사람들을 무시하고 멸시하는 성향을 가지고 있습니다. 그것은 권력을 가졌을 때도 마찬가지입니다. 인간은 조금만 잘나가면 자기보다 못한 사람을 무시하거나 지배하려는 경향을 가집니다. 이것이 계속 갈등을 만들어 냅니다.

이어지는 6절을 보면, 갈등이 생긴 두 번째 이유를 발견하게 됩니다.

그 땅이 그들이 동거하기에 넉넉하지 못하였으니 이는 그들의 소유
가 많아서 동거할 수 없었음이니라(창 13:6).

북한에서 형제가 피난 나와 판잣집에서 살 때는 사랑하며 살았
습니다. 그러나 직업을 얻고, 돈이 생기고, 결혼해서 아이를 낳으
면 집이 좁아집니다. 아침에 누가 먼저 화장실을 쓰느냐는 작은 일
이지만, 그 일로 신경전을 벌입니다. 왜 그렇습니까? 작은 공간에
많은 사람이 살기 때문입니다. 아브람과 롯도 공간이 비좁아지자
땅을 넓히거나 누군가 떠나야 하는 시점이 되었습니다.

두 사람의 목자들 간에 갈등이 일어난 세 번째 이유가 있습니다.
그들의 싸움이 대리전의 양상을 띠고 있다는 것입니다. 아브람과
롯이 직접 싸웠더라면 오히려 문제가 쉬웠을 것입니다. 그러나 아
브람의 가축의 목자와 롯의 가축의 목자가 싸웠습니다. 이 같은 얼
굴 없는 전쟁을 일컬어 '대리전'이라고 합니다.

한때 전 세계적으로 일어난 전쟁들이 미국과 소련의 대리전에
불과했던 적이 있습니다. 대리전에는 윤리나 진리가 없고, 피비린
내 나는 투쟁만 있을 뿐입니다. 왜냐하면 지시를 받고 싸우기 때문
입니다. 정치 활동을 하는 사람들 사이에서도 이런 경향을 볼 수
있습니다. 일단 어떤 정당에 속해 있으면 개인의 소신은 무의미해
집니다. 정당이 결정한 바를 따라가야 합니다.

두 진영의 가축의 목자들이 싸우고 나서 각각의 주인에게 어떻

게 보고했겠습니까? 아브람의 가축의 목자는 자기가 잘못했음에
도 롯의 가축의 목자가 잘못했다고 말했을 것입니다. 롯의 가축의
목자도 똑같이 거짓 보고를 했을 것입니다. 이처럼 아브람과 롯은
뒤에서 보고를 받는 위치에 있었기에, 겉으로는 웃지만 속으로는
갈등이 커져 가고 있었던 것입니다.

> 그러므로 아브람의 가축의 목자와 롯의 가축의 목자가 서로 다투고
> 또 가나안 사람과 브리스 사람도 그 땅에 거주하였는지라(창 13:7).

그런데 7절에서 재미있는 사실을 발견하게 됩니다. 성경은 아브
람과 롯이 싸우고 있는 그곳에 벌써 오래전부터 가나안 사람과 브
리스 사람이 살고 있었다고 전합니다. 이 말은 그들이 모든 상황을
지켜보고 있었다는 뜻입니다. 어느 날 자기 동네에 하나님을 믿는
다는 일단의 사람들이 왔습니다. 그들은 제단을 쌓고 여호와의 이
름을 부르면서 한동안 열심히 이야기했습니다. 그런데 한참 동안
어딘가 사라졌다가 다시 와서는 둘이 열심히 싸우는 것입니다. 그
모습을 토착 세력인 가나안 사람과 브리스 사람이 다 보고 있었던
것입니다.

이 일은 아브람 시대에만 있는 것이 아닙니다. 어느 날 어떤 사
람이 개척 교회를 세웁니다. 그는 거기서 하나님을 찬양합니다. 그
리고 하나님을 섬긴다고 말하고, 구제와 통일을 말하고, 민족을 책

임진다고 말하고, 선교와 사랑을 말합니다. 차츰 많은 사람이 모이기 시작하는데, 어느 날부터인가 자기들끼리 싸웁니다. 더욱이 서로 고발하고 법정에 서며 신문에 나는 일까지 벌어집니다. 그 모습을 누가 봅니까? 예수님을 믿지 않는 사람들이 봅니다. 얼마나 수치스럽고 고통스러운 일입니까? 이런 일을 지금 아브람이 겪고 있는 것입니다.

아브람은 이래서는 안 되겠다고 생각했습니다. 갈등이 계속되면 하나님의 영광을 가릴 뿐이라고 여겨 이 문제를 해결해야겠다고 마음먹었습니다. 갈등은 해결되어야 합니다. 예수님을 믿는 사람들 사이에서는 특히 더 그렇습니다. 우리끼리 계속 갈등하고, 서로 고발하고, 고소하고, 싸우면 하나님의 영광을 가리게 되고 세상 사람들은 조롱의 박수를 보냅니다.

우리 가정의 갈등도 해결되어야 합니다. 새벽기도회에 열심히 나오고 아무리 예수님을 열심히 믿어도 배우자를 제대로 섬기지 못하면 과연 배우자가 예수님을 믿게 될까요? 오히려 "당신이나 잘 믿어" 하며 외면할 것입니다.

믿음은 삶과 생활로 나타나야 합니다. 믿지 않는 사람들이 볼 때 "정말 저 사람은 예수님을 믿는구나!"라고 말할 수 있는 그 무엇이 있어야 그들도 하나님을 믿지 않겠습니까? 아무리 장로나 목사의 이름을 가졌다고 하더라도 계속 싸우고, 소리 지르고, 용서하지 못한다면 누가 그를 보고 하나님을 믿겠습니까?

아브람은 이런 위기를 느꼈습니다. 자기 가축의 목자와 롯의 가축의 목자가 이방 땅에 와서 서로 사랑하지 못하고 계속 갈등을 일으키는 현실을 볼 때 가슴이 아팠습니다. 그리하여 드디어 결정을 내렸습니다. "이 문제는 반드시 해결해야 한다." 우리는 여기서 아주 중요한 사실 하나를 발견하게 됩니다. 하나님을 만난 사람은 이유야 어떻든지 간에 자기 주변에 생긴 문제를 적극적으로 해결하려는 의지를 가진다는 것입니다. 즉 문제를 방관하지 않는다는 것입니다.

## 믿음의 사람이 갈등을 해결하는 여섯 가지 영적인 원칙

아브람은 이 문제에 적극적으로 개입해 해결하려고 노력했습니다. 그 일환으로 이 문제에 대해 모종의 조치를 취했는데, 그 내용이 8절에 기록되어 있습니다.

> 아브람이 롯에게 이르되 우리는 한 친족이라 나나 너나 내 목자나 네 목자나 서로 다투게 하지 말자(창 13:8).

여기서 우리는 믿음의 사람이 갈등을 해결하는 영적 원칙 여섯 가지를 배우게 됩니다.

첫 번째 갈등 해결의 원칙은 "아브람이 롯에게"라는 말에서 찾을 수 있는데, 믿음의 사람은 먼저 찾아가서 갈등을 해결하려 한다는 것입니다. 롯이 아브람을 찾아가지 않았습니다. 믿음이 없는 사람은 해결의 주도권을 갖지 않습니다. 그냥 해결되기를 바랄 뿐입니다. 그러나 믿음의 사람은 해결하려는 의지를 가지고 있습니다.

동양 문화권에서는 무언가 잘못되었을 때 보통 나이가 어린 사람이 윗사람을 찾아갑니다. 아브람과 롯도 동양 문화권에서 살았습니다. 그러나 이상하게도 반대로 나이가 많은 아브람이 어린 롯을 찾아갔습니다. 문제가 생겼을 때 우리가 예수님을 믿는다는 것이 어떻게 나타날 수 있을까요? 우리가 먼저 찾아가는 데서 나타납니다. 이것이 해결의 실마리입니다.

보통 사람들은 "네가 먼저 사과하면 나도 하지"라고 말합니다. 그러나 믿음의 사람은 먼저 가서 사과합니다. "미안해. 내가 잘못했어." 이 한마디면 다 풀어질 일을 가지고 너무나 많은 사람이 너무나 오랫동안 갈등을 지속하고 있음을 보게 됩니다.

두 번째 갈등 해결의 원칙은 "우리는 한 친족이라"라는 표현에서 찾을 수 있습니다. 아브람은 문제를 해결하는 방법으로 누가 잘했느냐, 못했느냐를 따지기를 제시하지 않았습니다. 잘잘못을 판단하는 일은 관점에 따라 달라질 수 있기에 해답을 찾는 데 큰 도움이 되지 않습니다. 감정이 나빠지고 관계만 어려워질 뿐입니다. 그러나 사람들은 소위 정의감이 넘쳐서 끊임없이 잘잘못을 따지려고 합니다.

그러나 아브람은 롯에게 가서 잘잘못을 따지려고 하지 않았습니다. 아마도 잘못이 많다면 롯이 더 많았을 것입니다. 그러나 아브람은 이 문제를 해결하기 위해 '우리는 한 친족'임을 상기시켰습니다.

예수님을 믿는 사람들끼리 갈등이 생겼을 때는 "우리는 한 피 받아 한 몸 이룬 한 그리스도인이 아니냐", 이 한마디로 문제를 해결해야 합니다. 그 이상의 말이 필요 없습니다. 누가 잘했느냐, 잘못했느냐를 따지지 마십시오. 우리는 서로 사랑해야 하는 사이가 아닙니까?

세 번째 갈등 해결의 원칙은 "나나 너나 내 목자나 네 목자나 서로 다투게 하지 말자"라는 말씀에서 찾아볼 수 있습니다. 즉 대리전에서 문제를 당사자에게로 끌고 온 것입니다. 문제를 정면 돌파하고자 한 것입니다. 정면 돌파할 때는 항상 위험이 따릅니다. 그래서 믿음이 필요합니다.

대리전에서 당사자의 문제로 가져왔다는 것은 책임을 지려는 태도를 갖게 되었다는 말입니다. 갈등은 자신이 책임지려고 하면 해결됩니다. 그러나 문제를 방치하면 사고가 생깁니다. 어떤 사람은 갈등을 해결하는 방법을 알면서도 가만히 놔둡니다. 괜히 손댈 필요가 있겠냐고, 알아서 어떻게든 될 것이라고 마냥 문제를 방치합니다. 그는 믿음의 사람이 아닙니다. 문제를 보고 뛰어들어서 적극적으로 해결하려는 의지를 가리켜 믿음의 의지라고 할 수 있습니다.

> 네 앞에 온 땅이 있지 아니하냐 나를 떠나가라 네가 좌하면 나는 우하고 네가 우하면 나는 좌하리라(창 13:9).

네 번째 갈등 해결의 원칙은 9절에서 볼 수 있듯이, 대안을 제시하는 것입니다. 아브람은 문제를 낭만적이거나 감상적으로 해결하려 하지 않고 실제적인 대안을 가지고 접근했습니다. "지금 우리가 갈등을 겪는 이유는 땅이 비좁아서인데, 우리 앞에 땅이 많이 있지 않느냐"하며 대안을 제시했습니다. 비전을 제시하면 덜 싸우게 됩니다. 비전이 없으면 싸웁니다. 잠언 29장 18절은 "묵시가 없으면 백성이 방자히 행하거니와"라고 말합니다.

대안 없이 하는 말을 가리켜 '원망'이라고 합니다. 비전을 제시하지 않고 하는 말은 아무리 옳은 말이라도 불평에 지나지 않습니다. 불평도 일리 있는 말이며, 틀린 말이 아닙니다. 그러나 그 말은 상대에게 상처를 주고 문제를 그르치게 합니다. 불평과 원망에는 대안이 없기 때문입니다. 아브람은 여기서 "땅이 있지 아니하냐" 하고 대안을 제시했습니다.

또 하나의 대안은 "나를 떠나가라"라는 것입니다. 결단을 요구한 것입니다. 서로 붙어서 싸우지 말고 헤어져서 잘 살기를 결정했습니다. 생각하기는 쉬우나 행동하기는 어렵고, 정의를 말하기는 쉬우나 실천하기는 어렵습니다. 이 세상이 시끄러운 이유는 정의를 말하는 사람이 많기 때문입니다. 그런데 왜 정의가 실천되지 않습니까? 정의롭지 않은 사람이 정의를 말하기 때문입니다. 그 말이 틀렸기 때문이 아니라, 그 사람 자체가 정의롭지 못하기 때문이며, 정의를 자기 무기로 삼기 때문입니다. "나를 떠나가라"라는 아브람의 말은 쫓아낸다는 뜻이 아니라 새롭고 과감한 결단을 의미합니다.

여기서 다섯 번째 갈등 해결의 원칙을 발견하게 됩니다. 실리를 양보하는 것입니다. 아브람은 롯과 갈등이 일어나자 자신의 실리를 아낌없이 양보했습니다. 손해 보기로 결정하면, 자존심을 꺾기로 결정하면 해결되지 않는 문제가 없습니다.

그렇게 하신 분이 바로 예수님이십니다. 예수님은 십자가에 못 박혀 돌아가실 아무런 이유가 없는 분이셨습니다. 뺨 맞고, 비난 듣고, 사람들의 채찍을 맞고, 침 뱉음을 당하셨는데, 실은 그런 대우를 받을 만한 아무 잘못도 없는 분이셨습니다. 그러나 그분께는 인류를 구원해야 할 사명이 있었기에 그 고난을 쉽게 받으실 수 있었던 것입니다.

아브람은 "네가 좌하면 나는 우하고 네가 우하면 나는 좌하리라"라고 말하는 지경까지 도달했습니다. 그렇게 할 수 있었던 이유는 하나님께 크게 한번 혼났기 때문입니다. 아브람은 믿음의 시련과 실패를 통해 인생의 뒤에는 하나님이 계신다는 사실을 조금씩 배웠던 것입니다.

싸워서 분열하기보다는 손해 보고 하나 되겠다는 의지가 바로 믿음입니다. 그리고 믿음은 하나님을 신뢰하고, 하나님을 바라보는 것입니다. 하나님이 이 문제를 해결해 주실 것을 믿고 포기하는 것입니다. 포기하고, 손해 보고, 자존심을 꺾는 데까지 가는 것이 바로 믿음입니다. 그런데 이렇게 하기가 쉽지 않습니다. 그래서 믿음이 어렵다고 말합니다. 하지만 이것을 선택할 수 있으면 우리는 다른 세상에서 살기 시작하는 것입니다. 땅에서 살지만 하늘나라 사람으로 변하고 있는 것입니다.

아브람을 통해 배울 수 있는 여섯 번째 갈등 해결의 원칙은 감정적으로 말하지 않았다는 것입니다. 대부분의 사람들은 양보를 하면서도 "그래, 내가 포기하지!" 하며 감정적으로 말을 내뱉습니다. 이것은 포기한 것이 아닙니다. 오기에 불과합니다. 미움은 세상을 변화시키지 못합니다. 오만과 편견도 마찬가지입니다. 사랑만이 가능합니다.

아브람은 롯에게 상처를 주지 않았습니다. 아브람은 윗사람이었지만 "네가 먼저 하렴. 하고 싶은 대로 해 보렴" 하고 말했습니다. 상처 주지 않고 말하기란 쉽지 않습니다. 그러나 아브람은 하나님을 만났기 때문에 영적 태도가 바뀌어 감정적으로 말하지 않을 수 있었습니다. 양보를 하면서도 상처를 주지 않고 손해 보는 쪽을 택했다는 것은 하나님을 신뢰했다는 뜻입니다. 하나님과 승부를 내겠다는 이야기입니다. 이것이 믿음입니다.

갈등을 어떻게 해결하고 있습니까? 혹시 손해 보기 두려워서, 자존심을 지키기 위해 갈등을 해결하지 못하고 있는 것은 아닙니까? 만약 우리가 포기한다면 갈등은 쉽게 해결될 것이며, 하나님이 우리의 손을 들어 주실 것입니다.

# 5

# 믿음으로 새로운
# 하나님의 세계를 바라봅니다

창세기 13:10-13

## 화려함과 쾌락을 좇으면 결국 소돔까지 가고 만다

믿음을 가져도 기근을 만나고 갈등을 겪게 됩니다. 이것이 아브람이 겪었던 일입니다. 아브람은 처음 기근을 만났을 때 실패했습니다. 하나님의 말씀보다 기근을 더 두려워했기 때문입니다. 그러나한 번의 큰 실패를 경험한 아브람은 두 번째 갈등에서는 승리했습니다. 그 이유가 무엇일까요? 하나님 때문에 자신의 이익과 명예를 포기했기 때문입니다. 포기는 신앙의 출발점입니다.

믿음이 없을 때는 나 자신만 중요하게 여깁니다. 항상 모든 것을 자기중심으로 생각하며 일을 전개해 갑니다. 그러나 믿음이 생기면 하나님이 중요합니다. 언제나 하나님 중심으로 생각하게 됩니다. 믿음이 없을 때는 자신의 이해관계에 예민합니다. 손해 보는일은 절대 하지 않습니다. 세상이 그렇기 때문입니다. 그러나 하나님 중심의 믿음을 갖게 되면 손해 볼 줄도, 포기할 줄도 아는 여유와 믿음이 생깁니다.

믿음이 없었던 롯은 갈등 상황에서 하나님을 선택하기보다는이해관계에 예민했고, 물질과 눈에 보이는 세상적인 행복을 추구했습니다.

이에 롯이 눈을 들어 요단 지역을 바라본즉 소알까지 온 땅에 물이 넉넉하니 여호와께서 소돔과 고모라를 멸하시기 전이었으므로 여호와의 동산 같고 애굽 땅과 같았더라(창 13:10).

이처럼 우리 주변에는 우리를 유혹하고 매료시키는 세상의 물질과 명예와 쾌락과 자리가 얼마나 많은지 모릅니다. 롯은 선택권을 잘못 사용했습니다. 자기가 본 세계가 자기를 행복하게 해 줄 것이라고 생각했습니다.

10절에서 롯이 바라본 요단 지역은 세 가지 특징이 있었습니다. 첫째, '물이 넉넉하다'는 것입니다. 물이 많다는 것은 농사가 잘되고 모든 것이 풍족하다는 의미입니다. 둘째, '여호와의 동산 같다'는 것입니다. 에덴동산을 생각하게 할 만큼 완벽한 조건과 환경을 갖춘 지역이라는 뜻입니다. 셋째, '애굽 땅과 같다'는 것입니다. 아브람과 롯은 기근 때문에 한때 애굽 땅으로 피신한 적이 있습니다. 롯은 그곳에서 나일강을 중심으로 찬란한 도시 문화가 꽃피었던 애굽 문명의 편리함과 화려함을 보았습니다. 물 댄 동산 같고, 여호와의 동산 같고, 애굽 땅과 같은 그곳은 행복이 보장된 곳처럼 보였습니다. 롯은 그곳에 매료되고 말았습니다.

그러나 그 땅이 어떤 땅입니까? 바로 소돔과 고모라입니다. 역사적으로 가장 무서운 심판을 받았던 땅입니다. 소돔과 고모라는 화려하고 매력 있는 도시이지만 하나님의 약속과 복이 없는 도시였습니다. 단지 인간적인 관점에서 볼 때만 행복을 약속해 줄 것 같은 착각을 주는 도시였을 뿐입니다. 화려한 것에 속지 마십시오. 그럴듯한 곳에는 언제나 함정이 있게 마련입니다.

이러한 유혹이 아브람과 롯에게만 있는 것일까요? 그렇지 않습니다. 우리 주변에서도 얼마든지 찾아볼 수 있습니다. 우리가 거주지를 선택하려 할 때 우리에게는 많은 가능성이 주어집니다. 그러나 우리는 그중에 한 곳을 선택해야 합니다. 그때 무엇을 기준으로 선택합니까? 혹시 집값이 빨리 오를 것으로 예상되거나 자녀 교육이 좋은 곳을 선택하지는 않습니까?

직장 선택 기준은 무엇입니까? 월급을 많이 주고 다른 이들이 좀 더 부러워할 만한 곳입니까, 아니면 월급은 좀 적어도 하나님께 영광을 올릴 수 있는 자리입니까? 결혼을 위한 배우자 선택 기준은 무엇입니까? 학벌 좋고, 가문 좋고, 능력 있는 사람과 결혼하면 나를 행복하게 해 줄 것만 같기 때문에 선택합니까? 만약 그렇다면 우리가 롯과 무엇이 다르겠습니까?

그러므로 롯이 요단 온 지역을 택하고 동으로 옮기니 그들이 서로 떠난지라(창 13:11).

결국 롯은 하나님을 택하지 못하고 세상을 택했습니다. 사람의 눈에 보기 좋은 행복의 조건들을 찾아간 것입니다. 선택에는 책임이 따르는 법입니다. 잘못된 선택은 비록 10년, 20년 후일지라도 반드시 대가를 치르게 됩니다. 그러나 롯은 그 생각을 미처 못했습니다. 결국 나중에 그가 잘못된 선택에 대한 대가를 치른 것을 우리는 성경을 통해 알 수 있습니다. 마치 부모가 아무리 이야기해도 알아듣지 못하는 사춘기 아이처럼, 믿음이 없는 사람들은 아무리 이야기해도 알아듣지 못합니다.

롯의 비극은 아브람을 떠난 데서 시작되었습니다. 롯은 아브람을 떠나면서 세상을 택했습니다. 왜 아브람을 떠난 것이 비극입니까? 아브람은 복된 사람이기 때문입니다. 가난하지만, 가진 것은 없지만 그는 복의 사람이었습니다. 복의 사람들을 만나십시오. 기도의 사람, 믿음의 사람들을 만나면 평생 후회가 없을 것입니다. 대부분의 사람들은 친구를 잘못 사귀어서 후회하며 삽니다.

> 아브람은 가나안 땅에 거주하였고 롯은 그 지역의 도시들에 머무르며 그 장막을 옮겨 소돔까지 이르렀더라(창 13:12).

아브람이 끝까지 거주한 땅은 바로 가나안이었습니다. 가나안은 외로운 땅이었으며 기근이 있는 곳이었습니다. 그러나 아브람은 하나님의 말씀과 약속이 있었기 때문에 그 땅을 붙들고 있었습니다. 그런데 롯은 어떠합니까? 롯은 세상과 물질을 따라갔으며 인간적인 행복을 추구했습니다. 롯은 평지 성읍들에 머무르며 장막을 옮기기 시작했습니다.

여기서 재미있는 표현은 '소돔까지'입니다. 물질을 택하면 '소돔까지' 갑니다. 처음부터 소돔까지 갈 마음은 없었을지 모릅니다. 그러나 결국에는 소돔까지 가고 맙니다. 그 길은 좋아 보이지만 필경 멸망의 길이요, 심판의 길입니다. 예수님은 우리에게 넓은 길로 가지 말고 좁은 길로 가라고 말씀하셨습니다(마 7:13-14). 넓은 길은 인기 있는 길로서 많은 사람이 가는 길입니다. 그러나 좁은 길은 사람들이 피하는 길이요, 가지 않으려는 길입니다. 예수님은 좁은 길로 들어가라고 하셨습니다.

소돔 사람은 여호와 앞에 악하며 큰 죄인이었더라(창 13:13).

화려함과 쾌락 뒤에는 항상 죄가 있습니다. 넓은 길 뒤에는 멸망이 있습니다. 그러나 좁은 길에는 영생이 있습니다. 불편하다고 불행한 것은 아닙니다. 편하다고 평안을 얻은 것은 아닙니다. 하지만 사람들은 미련해서 항상 넓고, 편하고, 좋은 것만 선택합니다. 우리는 매일매일 어디에 기준을 두고 선택하며 살고 있습니까?

## 믿음은 이성과 상식을 뛰어넘어 새로운 세계를 보게 한다

롯이 아브람을 떠나자 아브람은 홀로 남았습니다. 신앙은 항상 홀로 남는 것입니다. 신앙을 가지면 고독하고 외로워집니다. 신앙을 가지면 인기를 잃어버립니다. 그래서 사람들은 "그래도 이 길을 가야 할 것인가?"라고 묻습니다. 그들 중에는 청춘과 젊음을 아까워하면서 젊을 때 예수님을 믿는 것을 거부하는 사람도 있습니다. 다 늙고 병들어서 모든 사람의 시선에서 벗어났을 때에야 비로소 후회하고 하나님 앞으로 돌아오는 사람들이 우리 주위에 얼마나 많은지 모릅니다.

> 롯이 아브람을 떠난 후에 여호와께서 아브람에게 이르시되 너는 눈을 들어 너 있는 곳에서 북쪽과 남쪽 그리고 동쪽과 서쪽을 바라보라(창 13:14).

롯이 아브람을 떠난 후에 하나님이 아브람을 찾아오셨습니다. 우리는 여기서 단순하지만 놀라운 사실을 발견합니다. 하나님이 언제 오십니까? 롯이 떠나고 나서 바로 오신다는 것입니다. 롯이 떠난 후에 하나님이 아브람을 찾아오셨다는 말씀을 자세히 보면, 하나님이 이미 아브람 곁에 계셨다는 사실을 알 수 있습니다. 하나님이 이미 기다리고 계셨던 것입니다. 하나님은 시계를 보고 계셨습니다.

하나님의 기다림이 하나님의 부재를 의미하지 않습니다. 하나님이 계시지 않기 때문에 응답이 없는 것이 아닙니다. 우리가 기근을 만나고, 갈등하고, 고민할 때 하나님은 바로 그곳에 계십니다.

그리고 하나님의 모습을 나타내야 할 때를 기다리고 계십니다. 이 것이 하나님의 기다림입니다. 하나님은 우리와 함께 계십니다. 함께 계시면서 우리의 눈물을 보고 계시고, 한숨을 아시며, 기도를 들으시고, 우리의 믿음이 성숙할 때까지 기다리십니다.

달걀이 부화할 때 인위적으로 껍질을 깨 주어서는 안 됩니다. 자기 스스로 껍질을 깨고 나와야지 불쌍하다고 깨 주면 그 안에 있는 생명이 죽어 버립니다. 마찬가지로, 하나님은 우리의 믿음이 다시 태어나고 승리하기를 원하십니다. 자기를 이기고, 자기를 깨고 거듭나기를 원하시는 것입니다. 하나님의 약속을 얻기 위해서는 이런 고통의 과정이 필요합니다.

롯은 아브람에게만 있는 것이 아닙니다. 우리에게도 있습니다. 우리 내면의 세계를 들여다보면 롯과 아브람이 끊임없이 싸웁니다. 하루는 롯처럼 생각하고, 하루는 아브람처럼 생각하곤 합니다. 여기서 우리가 살아나는 길은 한 가지뿐입니다. 우리 안에 있는 롯과 결별을 선언하는 것입니다. 세상적이고, 인간적이고, 물질적인 행복의 약속을 눈감고 포기하는 것입니다. 바로 그때 하나님이 찾아오셔서 우리의 등을 두드리시며 잘했다고 격려하실 것입니다.

믿음은 기근을 만나고 갈등을 겪습니다. 그러나 여기에서 탈출해 승리하면 그 믿음이 우리로 하여금 새로운 세계를 보게 합니다. 한 번도 보지 못했고, 상상하지 못했고, 가 보지 못했던 놀라운 세계를 보게 됩니다.

인간의 경험이라는 것은 너무나 뻔하지 않습니까? 공부해서 좋은 학위를 갖고, 좋은 직장을 얻고, 재벌이 된다고 해도 죽음 앞에 서면 한 줌의 재에 불과합니다. 시간이 지나가면 아무것도 아닙니다. 그러나 우리는 그 한 줌의 행복을 얻기 위해 얼마나 피나게 경쟁하고 싸우는지 모릅니다. 믿음을 가지고 하나님을 선택하면 놀라운 일이 생깁니다. 나라는 존재가 상상할 수 없는 세계를 얻게 됩니다.

　롯을 떠나보낸 아브람을 찾아오신 하나님은 이렇게 말씀하십니다. "너는 눈을 들어 너 있는 곳에서 북쪽과 남쪽 그리고 동쪽과 서쪽을 바라보라." '동서남북'은 세계를 뜻합니다. 믿음은 새로운 세계를 보게 합니다.

　사도 바울은 이스라엘을 사랑했습니다. 그는 유대인이었고, 그의 관심은 이스라엘을 넘지 못했습니다. 그러나 예수 그리스도가 찾아오셨을 때 그는 새로운 세계를 보기 시작했습니다. 이전에는 개처럼 취급했던 이방인들에 대해 새롭게 눈뜬 것입니다. 즉 하나님의 세계를 보게 된 것입니다.

　사도 요한은 밧모섬에 유배당했습니다. 거기서 그가 볼 수 있었던 것이라고는 유배지 밧모섬이라는 버려진 땅이 전부였습니다. 그러나 그는 기도하는 중에 하나님의 음성을 들었습니다. 하늘 문이 열리고 "이리로 올라오라"는 음성을 들었습니다. 그는 새로운 세계와 접하기 시작했고, 하나님 보좌 우편에 있는 여러 가지 하늘의 세계를 목격했습니다. 그에 대한 기록이 바로 요한계시록입니다.

마르틴 루터(Martin Luther)와 존 칼빈(John Calvin)은 가톨릭이라는 우물 안에 있었습니다. 그러나 성경을 읽고 예수님을 만나자 종교 개혁에 눈뜨게 되었습니다. 새로운 세계를 본 것입니다. 허드슨 테일러(Hudson Taylor)는 영국이라는 문화권에 있던 사람입니다. 그러나 그 역시 예수님을 만나자마자 눈이 열려 새로운 세계를 보게 되었는데, 광활하고 넓은 중국이라는 대륙이었습니다. 그는 중국으로 갈 수밖에 없었습니다.

많은 사람에게 존경받으면서 전도유망한 영국 청년 C. T. 스터드(C. T. Studd)라는 사람이 있었습니다. 그는 좋은 가문에서 태어났고, 케임브리지 7인 중 한 사람이었으며, 당시 유명한 크리켓 선수였습니다. 그는 성공이 보장된 청년이었습니다. 그런데 그의 마음속에 예수님이 들어가셔서 믿음이 생기면서부터 시야가 달라졌습니다. 그는 허드슨 테일러와 함께 중국에 갔다가 시야가 더 넓어져서 선교사로서는 최초로 아프리카 선교사가 되어 그곳에 뼈를 묻었습니다. 윌리엄 캐리(William Carey) 역시 하나님이 보여 주신 인도라는 큰 땅을 보고 자기 일생을 선교사로 헌신했습니다.

예수님을 믿고 나서 어떤 세계를 보게 되었습니까? 믿음은 새로운 세계를 보게 하며, 내 이성과 경험과 상식을 뛰어넘어서 하나님의 약속의 세계, 놀라운 은총의 세계까지 들어가게 합니다.

## 눈을 들고, 비전을 보고, 일어나 걸으라

창세기 13장 14절에서 배우게 되는 세 가지 사실이 있습니다.

첫째로, 하나님은 아브람에게 "네 눈을 들라"고 말씀하셨습니다. 그에게 비전과 믿음과 새로운 세계를 보여 주시려는 것이었습니다.

인간은 본능적으로 땅을 보며 삽니다. 그러나 하나님은 우리에게 믿음을 주시기 위해 가장 먼저 눈을 들어 땅이 아니라 하늘을 보라고 하십니다. 현실과 환경을 보면 절망하고 좌절하게 됩니다. 자기 내면세계를 보면 자신 없어지고 모든 것을 포기하고 싶은 생각이 듭니다. 하지만 눈을 들어 하늘을 보면 그곳에는 놀라운 환상과 비전과 하나님의 세계가 기다리고 있습니다.

둘째로, 하나님은 "너 있는 곳에서"라고 말씀하셨습니다. 우리는 지금 있는 곳에서부터 시작해야 합니다. 복은 하늘에서 떨어지는 것도 아니고, 땅에서 솟아나는 것도 아닙니다. 사람들은 모두 자기의 현실을 싫어합니다. 고통스럽고, 질척거리고, 따분한 이 현실을 피해 어디론가 가고 싶어 합니다. 그러나 성경은 우리가 있는 곳에서 기적이 시작된다고 합니다.

오병이어가 기적의 시작이 된 것처럼 내 모습 이대로가, 내 환경 이대로가, 고통이 파도처럼 밀려오는 나의 현실적인 상황 바로 이 자리가 기적이 시작되는 곳입니다. 이곳에 하나님이 개입하시면 기적이 일어나는 것입니다.

보이는 땅을 내가 너와 네 자손에게 주리니 영원히 이르리라

(창 13:15).


무엇을 보느냐가 비전입니다. 어떤 총각이 한 처녀를 계속 보고 있으면 결국 어느 날부터 그 여인과 함께 살게 됩니다. 보고 있으면 그것이 비전이 됩니다. 눈을 감고 있으면 아무 일도 일어나지 않습니다. 하늘을 보고 하나님을 보십시오.

하나님이 아브람에게 주신 복은 아브람에게만 국한되는 것이 아니었습니다. 하나님은 "너와 네 자손에게 주리니 영원히 이르리라"라고 말씀하셨습니다. 진정으로 복 받은 사람은 그 영향이 자신의 세대뿐 아니라 그다음 세대에까지 나타납니다. '재벌 30년'이라는 말이 있습니다. 돈은 오래가지 못합니다. 그러나 믿음은 영원합니다. 진정한 복은 여러 대를 통해 계속 이어집니다. 믿음은 이 같은 새로운 세계를 보는 것입니다.


내가 네 자손이 땅의 티끌 같게 하리니 사람이 땅의 티끌을 능히 셀 수 있을진대 네 자손도 세리라(창 13:16).


이 말은 하나님의 복이 무한하다는 뜻입니다. 하나님이 주시는 복은 셀 수 없으며, 상상할 수 없으며, 크기를 측량할 수 없습니다.

너는 일어나 그 땅을 종과 횡으로 두루 다녀 보라 내가 그것을 네게 주리라(창 13:17).

셋째로, 하나님은 "일어나 두루 다녀 보라"고 말씀하셨습니다. 하나님의 비전을 이루며 누리는 복의 조건은 눈을 들고, 비전을 보고, 그것을 향해 일어나 걸으며 땅을 밟는 것입니다. 하나님은 아무 일도 하지 않는 사람에게 복을 거저 주시지 않습니다. 아브람은 보았고, 음성을 들었고, 일어나 종과 횡으로 걷기 시작했습니다.

그 누구도 미래에 가 본 적이 없습니다. 그러나 미래는 믿음 있는 사람의 것입니다. 미래는 갖는 사람의 것입니다. 복도 갖는 사람의 것입니다. 저는 우리가 우즈베키스탄 땅을 밟기 바랍니다. 아프리카 땅을 밟기 바랍니다. 동서남북으로, 종으로 횡으로 나아가기를 바랍니다.

어떤 자매는 시집가서 아기를 낳고 기저귀를 빨면서 '나는 내일의 모세의 기저귀를 빨고 있다'고 생각한다고 합니다. 현실은 기저귀를 빨고 있지만 그 자매는 다른 세계에서 살고 있는 것입니다. '내가 땀 흘려 번 돈은 세계를 변화시키는 돈이다'라고 생각하는 사람은 다른 세계에 살고 있는 사람입니다. 믿음은 새로운 세계를 보게 하며 새로운 마음을 갖게 합니다. 하나님만큼 마음을 갖게 합니다. 하나님의 비전과 꿈을 소유하게 해 주는 것이 믿음입니다.

그러나 그런 믿음을 가졌다 할지라도 현실은 항상 초라하고, 배고프고, 고통스럽습니다.

이에 아브람이 장막을 옮겨 헤브론에 있는 마므레 상수리 수풀에 이르러 거주하며 거기서 여호와를 위하여 제단을 쌓았더라(창 13:18).

아브람은 그 모든 비전을 보았지만 현실은 아직 '상수리 수풀'이었습니다. 어제와 오늘은 달라진 것이 전혀 없습니다. 그러나 그는 더 이상 어제의 그가 아니었습니다. 태양을 본 사람은 촛불에 만족하지 않듯이, 아브람은 이미 보이지 않는 세계를 보았고, 들었고, 맛본 사람이기에 여전히 외롭고, 고독하고, 가난한 현실일지라도 그의 마음속에는 하나님의 말씀, 미지의 세계, 복의 세계가 불타올랐습니다.

그런 아브람이 무슨 일을 했습니까? 제단을 쌓았습니다. 그는 고독하고, 외롭고, 성취감이 없는 현실에서 하나님께 예배하기 시작했습니다. 왜냐하면 예배하는 순간 믿음이 살아나기 때문입니다. 예배하는 가운데 상황이 변하고, 기적이 일어나고, 하나님의 능력이 나타납니다. 그래서 믿음의 사람은 제단을 쌓습니다.

이제 아브람이 보통 사람에서 하나님의 사람으로 변하기 시작했습니다. 그는 갈등을 겪고, 기근을 만나고, 손해를 경험하면서 점점 더 하나님과 가까이 동행하는 사람으로 변신해 갔습니다. 우리에게도 이런 복이 임하기를 바랍니다.

# 6

# 계산하지 않고,
# 돕는 자 되게 하소서

창세기 14:1-16

## 세상에서의 전쟁은 '내'가 살면 '너'는 죽게 되어 있다

이 지구상에서는 전쟁이 끊임없이 일어나고 있습니다. 사람들이 전쟁을 싫어함에도 불구하고, 그렇게 싫어하는 전쟁이 쉬지 않고 계속되고 있습니다. 우리는 고대부터 현대에 이르기까지 무섭고, 잔인하고, 파괴적인 수많은 전쟁의 역사를 기억하고 있습니다. 우리나라도 전쟁을 겪었던 나라 중 하나입니다.

심지어 우리 가정에서도 부부 간의 전쟁, 자녀들과의 전쟁 등 전쟁이 계속되고 있습니다. 자신들은 원하지 않지만 끊임없이 서로 부딪히고, 상처 주고, 괴롭히는 전쟁이 일어나고 있는 것입니다. 더 깊은 전쟁은 우리 마음속에서 벌어지는 전쟁입니다. 하루에도 수없이 싸움이 벌어집니다.

내 마음에서든, 가정에서든, 민족이나 국가 간에든 전쟁의 패턴은 모두 똑같습니다. 그리고 그 전쟁의 뿌리는 죄입니다. 죄가 있기에 전쟁이 쉬지 않고 계속되는 것입니다. 인간 속에 있는 욕망과 욕심, 소유하고 싶은 마음 때문에 남을 이용하고, 조종하고, 당을 짓고, 서로 투쟁하는 것입니다.

욕심이 잉태한즉 죄를 낳고 죄가 장성한즉 사망을 낳느니라(약 1:15).

아브람 당시에도 잔인하고 살벌한 전쟁이 있었습니다.

당시에 시날 왕 아므라벨과 엘라살 왕 아리옥과 엘람 왕 그돌라오
멜과 고임 왕 디달이(창 14:1).

여기에 나오는 4명의 왕들은 동맹을 이루었습니다. 현대의 전쟁
들도 대부분 단독으로 일어나지 않습니다. 이 왕들이 누구와 싸웠
습니까?

소돔 왕 베라와 고모라 왕 비르사와 아드마 왕 시납과 스보임 왕 세
메벨과 벨라 곧 소알 왕과 싸우니라 이들이 다 싯딤 골짜기 곧 지금
의 염해에 모였더라(창 14:2-3).

커다란 두 그룹이 싸우고 있었습니다. 그들의 전쟁터는 싯딤 골
짜기인데, 지금으로 말하자면 염해, 곧 사해라는 곳입니다.
　전쟁의 뿌리는 죄입니다. 죄의 깊은 곳에는 인간의 탐욕, 즉 남
을 이기고 빼앗고 지배하고 싶은 마음이 있습니다. 급기야는 이것
이 집단적으로 나타나 다른 이들을 착취하고 싸우는 전쟁의 모습
으로 인류사에 나타나는 것입니다.
　보통 전쟁은 동맹의 형태로 나타납니다. 쉬운 말로는 '패거리 싸
움'입니다. 어릴 때 골목에서 돌멩이를 들고 싸운 경험이 있습니

다. 그때는 별로 가지고 놀 것이 없던 시절입니다. 공기놀이, 땅따먹기, 고무줄놀이 등을 하면서 노는 것이 보통이었지만, 아마도 제일 신났던 것은 동네 패싸움이 아니었나 생각합니다. 머리가 터지거나 얻어맞아 집에 돌아오기도 했습니다.

동네 골목 싸움을 하다가 조금 발전하면 학교에 들어가서 패싸움을 하게 되고, 어른이 되면 깡패 조직 싸움이 됩니다. 한 조직과 다른 조직이 격전을 벌여서 누가 더 많은 영역을 차지하는지를 가립니다.

그런데 이런 모습은 깡패 조직에만 있는 것이 아닙니다. 우리 사회의 모든 영역에서 패거리 집단이 악을 조장하고 서로 그룹을 지어 싸우고 있습니다. 그것이 문화나 정치나 경제의 형태에서 나타나는 모습을 볼 수 있습니다.

이처럼 전쟁의 형태는 일대일의 싸움에서 그치는 것이 아니라 집안싸움으로 변합니다. 집안과 집안, 가문과 가문 사이의 싸움이 됩니다. 그리고 더 나아가면 지역의 싸움이 되기도 합니다. 어느 한 지역과 또 다른 지역 사람들의 감정 싸움이 되는 것입니다. 당파끼리, 정당끼리, 부족끼리, 나라끼리 피투성이가 되게 싸웁니다. 이것이 전쟁입니다. 우리는 이러한 전쟁의 한복판에 살고 있습니다.

아브람 시대에도 똑같은 형태의 싸움이 있었습니다. 그런데 그들의 싸움의 원인은 무엇이었습니까?

이들이 십이 년 동안 그돌라오멜을 섬기다가 제십삼년에 배반한지라(창 14:4).

그돌라오멜이 이끄는 그룹은 군사력이 굉장히 강했습니다. 그래서 소돔 왕 그룹은 항상 그돌라오멜 그룹에 조공을 바치고 그들을 섬겨 왔습니다. 그것이 12년이나 지속되었습니다. 그들이 감사해서 섬겼을까요? 할 수 없어서 섬긴 것입니다. 이를 갈면서 고개 숙이고 섬기는 사람들이 많습니다. 그들은 '내가 힘만 생겨 봐라. 반드시 복수하리라'라고 생각합니다. 말을 잘 듣는다고 정말 잘 듣는 것이 아닙니다. 마음속으로는 칼을 갈고 있는지도 모릅니다.

소돔 왕 그룹은 12년 동안 칼을 갈아 왔습니다. 그리고 이제 어느 정도 힘과 세력이 생겼습니다. 그들은 13년이 되던 해 드디어 고개를 들고 반란을 일으켰습니다. 이것을 성경에서는 '배반'이라고 말하고 있습니다. 우리가 흔히 사용하는 의미의 배반은 약속을 지키지 않고 신의를 저버린 것을 의미하지만, 배반하는 사람의 입장에서는 그렇지가 않습니다. 그들의 입장에서는 12년 동안 억울한 일을 당해 온 것입니다. 그래서 때가 되면 복수해 그들을 정복하고 이기려는 마음이 있었던 것입니다.

사실 배반을 당했다는 것은 내가 배반을 했다는 뜻과 동일한 것입니다. 가만히 있는데도 상대방이 배신을 했을까요? 그만큼 당했기 때문입니다. 이것이 세상에서 보는 전쟁입니다. 배반한 자와 배반을 당한 자가 서로 입장이 다릅니다. 두 사람의 입장은 누가 잘 못했고, 누가 잘했다고 말하기가 어렵습니다. 양쪽 논리에는 모두 각자의 일리가 있습니다. 그것이 바로 전쟁입니다.

가정의 불화 역시 마찬가지입니다. 남편 말을 들으면 그 말이 맞고, 아내 말을 들으면 그 말도 맞습니다. 자녀들의 이야기를 들어 보면 그들이 소리 지르며 가출하는 이유가 있음을 알게 됩니다. 부모의 이야기를 들으면 그들 나름대로 자식 때문에 가슴앓이 하는 속 깊은 사연이 있습니다. 그런데 이 모든 투쟁, 싸움, 상처의 깊은 곳에는 죄가 도사리고 있습니다. 세상에서의 전쟁은 '내'가 살면 '너'는 죽게 되어 있습니다. 권력을 갖게 되면 그 권력에 대항 하는 사람은 다 죽게 되어 있습니다. 이것이 세상의 질서입니다.

배신을 당한 그돌라오멜은 "내가 12년 동안 봐주고 키워 놓았더 니 감히 네가 나를 물어?" 하며 화가 났습니다. 그래서 이대로 두 고 볼 수 없다며 혼내 줄 생각으로 드디어 일어섰습니다.

제십사년에 그돌라오멜과 그와 함께한 왕들이 나와서 아스드롯 가 르나임에서 르바 족속을, 함에서 수스 족속을, 사웨 기랴다임에서 엠 족속을 치고 호리 족속을 그 산 세일에서 쳐서 광야 근방 엘바란 까지 이르렀으며 그들이 돌이켜 엔미스밧 곧 가데스에 이르러 아 말렉 족속의 온 땅과 하사손다말에 사는 아모리 족속을 친지라(창 14:5-7).

그돌라오멜의 동맹군은 파죽지세로 르바 족속, 수스 족속, 엠 족속, 호리 족속, 아말렉 족속, 아모리 족속을 순식간에 쑥대밭으로 만들었습니다. 그리고 이제 소돔 왕과 고모라 왕을 중심으로 한 다섯 동맹의 왕들을 치려 했습니다. 일대 대접전이 일어났습니다.

> 소돔 왕과 고모라 왕과 아드마 왕과 스보임 왕과 벨라 곧 소알 왕이 나와서 싯딤 골짜기에서 그들과 전쟁을 하기 위하여 진을 쳤더니(창 14:8).

그리고 드디어 접전에서 교전으로 들어갔습니다. 누군가는 반드시 죽거나 망하게 된 것입니다. 이것이 전쟁의 비참한 결과입니다.

> 엘람 왕 그돌라오멜과 고임 왕 디달과 시날 왕 아므라벨과 엘라살 왕 아리옥 네 왕이 곧 그 다섯 왕과 맞서니라(창 14:9).

이제 전쟁의 결과가 드러났습니다. 그돌라오멜 동맹군이 승리했고, 소돔 왕 동맹군은 패했습니다. 소돔 왕 동맹군의 군사들은 싯딤 골짜기 역청 구덩이에 빠졌으며 나머지 군사들은 패잔병이 되어 산으로 도망가 버렸습니다.

> 싯딤 골짜기에는 역청 구덩이가 많은지라 소돔 왕과 고모라 왕이

달아날 때에 그들이 거기 빠지고 그 나머지는 산으로 도망하매

(창 14:10).

도망하는 사람, 패잔병의 신세를 압니까? 전쟁에서 졌다는 것은 자신이 가진 것 중 일부를 잃어버렸다는 것을 의미하지 않습니다. 나라나 땅이나 집, 인권과 자유까지 모든 것을 송두리째 잃어버린 것입니다. 소돔과 고모라는 패잔병, 포로, 피난민 신세가 되었습니다.

원래 소돔과 고모라는 어떤 땅이었습니까? 성경을 통해 알고 있듯이 화려하고, 멋있고, 매력 있는 도시였습니다. 앞서 창세기 13장 10절은 소돔과 고모라를 가리켜 "여호와의 동산 같고 애굽 땅과 같았더라"라고 했습니다. 얼마나 아름답던지 롯이 홀딱 빠져서 겁 없이 뛰어든 땅이 바로 소돔과 고모라였습니다. 그곳에 가면 행복할 것 같았습니다. 그곳에는 부족함이 없는 것 같았습니다. 그러나 성경은 소돔과 고모라를 가리켜 이렇게도 말했습니다.

소돔 사람은 여호와 앞에 악하며 큰 죄인이었더라(창 13:13).

그렇게 아름답고, 화려하고, 살 만한 도시인 소돔과 고모라는 겉보기에는 아름다웠을지 모르나 그 안에 사는 사람은 악했습니다. 얼마나 악했던지, 성적으로 도덕적으로 너무나 타락해서 하나님

이 불과 유황으로 진멸하시지 않으면 안 될 정도였습니다. 그러나 대부분의 사람들은 화려함이나 멋있는 껍데기만 보지 도덕성은 보지 않습니다.


## 믿음은 생각하는 것이 아니라 행동하는 것이다

> 네 왕이 소돔과 고모라의 모든 재물과 양식을 빼앗아 가고 소돔에
> 거주하는 아브람의 조카 롯도 사로잡고 그 재물까지 노략하여 갔더
> 라(창 14:11-12).


소돔과 고모라의 패배는 그 안에 살고 있는 롯의 패배와 파멸을 의미했습니다. 아브람은 자기를 떠난 롯이 소돔의 패배와 동시에 집과 모든 재산을 빼앗기고 노략질을 당했다는 소식을 들었습니다. 아브람의 고민이 여기부터 시작되었습니다.

롯이 어떤 사람입니까? 그는 믿음의 사람이 아니었습니다. 한때 아브람과 동행했지만 늘 그를 불편하게 하고, 고통을 주고, 손해를 끼친 사람이었습니다. 어쩌면 롯이 떠난 후에 아브람은 얼마간 속이 시원했을지도 모릅니다. 아브람은 믿음으로 조카 롯에게 선택권을 양보하며 그를 떠나보냈습니다. 그렇게 떠난 롯이 계속해서 잘 살면 얼마나 좋았을까요? 그런데 더욱 어렵게 되었다는 소식을

들었습니다.

우리도 가끔 이와 비슷한 경험을 합니다. 나를 괴롭히고, 내 사업을 어렵게 만든 사람이 있는데, 어느 날 그가 나를 망신 주고 떠나 버렸습니다. 그런데 그 사람이 잘 살기는커녕 암에 걸려 다 죽게 되었습니다. 바로 그때 괴롭힘을 당했던 우리의 마음은 어떠할까요? "속 시원하다! 참 잘 당했다"라고 말하는 사람은 세상의 질서 속에 사는 사람입니다. 하나님의 사람들은 비록 나를 힘들게 하고 어려움을 주고 떠난 사람이라 할지라도 그가 위기에 부딪혀 어려워할 때 같이 아파하고 괴로워하는 사람들입니다. 그러한 사람이 바로 아브람이었습니다.

> 도망한 자가 와서 히브리 사람 아브람에게 알리니 그때에 아브람이 아모리 족속 마므레의 상수리 수풀 근처에 거주하였더라 마므레는 에스골의 형제요 또 아넬의 형제라 이들은 아브람과 동맹한 사람들이더라(창 14:13).

믿음의 사람 아브람은 조카 롯이 소돔을 선택했다가 절대적인 위기에 빠져 있는 모습을 보고 무관심할 수 없었습니다. 믿음이란 무엇입니까? 내가 사랑하는 사람이 위기에 빠졌을 때 행동하는 것입니다. 설령 그 사람이 나에게 해코지를 했다 할지라도 말입니다.

믿음은 생각하는 것이 아니라 행동하는 것이라는 사실을 여기서 보게 됩니다. 형제가 어려움에 빠졌을 때 방관할 수도 있으며, 모른 척할 수도 있습니다. 또 어떤 외교적인 사람은 걱정하고 염려해 주는 척하면서 속으로는 고소해하는 경우도 있습니다. 그러나 아브람은 그렇지 않았고, 진정으로 가슴 아파했습니다. 조카 롯을 도와야겠다고 생각했습니다. 이것이 믿음의 사람의 행동입니다. 아브람은 머리로만 생각하거나 고민만 하지 않았습니다. 그는 행동했습니다.

> 아브람이 그의 조카가 사로잡혔음을 듣고 집에서 길리고 훈련된 자 삼백십팔 명을 거느리고 단까지 쫓아가서 그와 그의 가신들이 나뉘어 밤에 그들을 쳐부수고 다메섹 왼편 호바까지 쫓아가(창 14:14-15).

아브람은 롯이 소돔으로 떠난 후에 군대를 키웠습니다. 그에게는 집에서 길리고 훈련된 자 318명이 있었습니다. 아브람은 롯의 소식을 듣고는 그냥 있을 수만은 없다고 생각했습니다. 그래서 그들을 동원해서라도 무엇인가를 해야 한다고 생각했습니다.

믿음 있는 사람들은 주저앉아 있지 않습니다. 생각만 하고 있는 것이 아니라 자신이 할 수 있는 최선의 것을 행합니다. 하나님이 기뻐하시는 일이라면 불가능에 도전하고, 없는 것을 있게 만들고, 안 되는 것을 되게 만들며, 자기에게 주어진 모든 것을 동원해서 무엇이든 행합니다. 아브람이 바로 그런 사람이었습니다. 아브람은 주저하지 않았습니다. 그는 즉시 모종의 행동을 취했습니다.

우리는 과거에 자신에게 상처를 준 사람에게 기회만 있으면 복수하려고 생각합니다. 10년이고 20년이고 계속 묵상하고 기억하고 있다가 기회가 오면 보복합니다. 우리는 이런 말을 많이 씁니다. "저놈 혼 좀 내 줘야겠다. 버릇 좀 고쳐 줘야겠다." 그러나 혼내거나 버릇을 고쳐 주려고 시도하면 결국에는 상처만 남습니다. 남편의 버릇을 고치려 들지 말고, 아내를 혼내 주려고 하지 말고, 자녀들을 막무가내로 나무라지 마십시오. 혼내는 것으로는 절대 고칠 수가 없습니다.

아브람은 하나님을 믿고 나서부터 누군가를 혼내거나 버릇을 고치려 하거나 복수하려는 태도가 없어졌습니다. 자기에게 잘못한 사람을 용서하고 어려움에 처한 사람을 최선을 다해 도와주었습니다. 이것이 믿음의 사람의 모습입니다.

아브람이 롯을 도와주었다고 해서 롯이 아브람에게 감사하고 보상해 주었습니까? 성경에는 그런 말이 없습니다. 롯은 결국 롯에 불과했습니다. 아무리 도와주어도 롯은 롯 이상도, 롯 이하도 아니었습니다. 남을 도와주었을 때 보상받으려 하지 마십시오. 그냥 도와주는 것뿐입니다. 내가 용서하고 도와주면 그 사람이 나에게 잘해 줄 것이라는 기대감을 갖는 것은 오히려 상처만 받게 합니다.

여기서 한 가지 더 배울 사실이 있습니다. 아브람이 자기 자신의 군사적 힘이 얼마나 큰지를 계산하지 않은 채 행동했다는 것입니다. 생각해 보십시오. 소돔과 고모라 왕도 패배했습니다. 그돌라오멜의 군대가 모든 족속의 군대를 진멸했습니다. 그런데 고작 족장에 불과한 아브람이 군대가 있으면 얼마나 있으며, 능력이 있으면 얼마나 있겠습니까? 기껏해야 318명의 집에서 길리고 훈련된 자들이 있었을 뿐입니다. 보통 사람 같으면 계산했을 것입니다. 이 숫자를 가지고는 어림도 없다고, 계란으로 바위 치는 격이라며 자기를 설득했을 것입니다.

소위 똑똑하다는 사람들의 특징은 너무나 계산이 빠르다는 것입니다. 무슨 일을 할 때면 자신의 지식과 경험과 상식으로 앞뒤를 전부 잰 다음에 시도하기 때문에 오히려 아무 일도 이루지 못하는 경우가 많습니다. 과연 상식과 이성이 할 수 있는 일이 무엇입니까? 이성으로 따졌다면 이스라엘 백성은 홍해를 건너지 못했을 것입니다. 상식으로 따지면 예수님은 십자가를 지실 수 없었을 것입니다. 믿음으로 행한 것만이 남습니다. 내가 할 수 있느냐 없느냐, 주머니 사정이 좋으냐 나쁘냐는 그다음 문제입니다. 중요한 것은 '이것이 하나님의 뜻인가?', 혹은 '이것이 믿음의 사람이 선택할 길인가?'입니다.

그리스도인은 손해 볼 것 같거나 내 힘으로는 역부족일 것 같을지라도 하나님이 기뻐하시는 일이기 때문에 무엇인가를 해야 합니다. 하다가 쓰러질지라도, 가다가 포기할지라도 '나는 그 길을 가지 않으면 안 된다'고 생각하기에 가는 것입니다. 우리 모두에게 이런 믿음의 모습이 있기를 바랍니다. 우리를 힘들게 하고 어렵게 했던 사람이 위기에 빠졌을 때 손을 펴서 도와주고, 우리에게 상처 주었던 사람을 용서하는 믿음 말입니다. 뿐만 아니라 자신이 감당하기에 불가능한 일일지라도 자신에게 있는 318명의 사람들을 끌고 가서 조카를 구원하고자 하는 믿음의 행동이 있기를 바랍니다.

만약 아브람이 롯을 구원하는 일에 실패한다면 그 역시 롯과 같이 모든 것을 잃고 망하게 될 것입니다. 그 모든 위험을 알면서도 그는 318명을 데리고 달려갔습니다. 믿음의 행동을 한 것입니다. 이는 세상의 눈으로 보면 어리석은 행동입니다. 그러나 그것은 믿음을 가진 행동이었습니다.

아브람은 수적으로 열세였기 때문에 밤을 선택했습니다. 그는 밤에 습격해서 그돌라오멜의 동맹군을 순식간에 쳐서 파하고 다메섹 좌편 호바까지 몰아냈습니다.

모든 빼앗겼던 재물과 자기의 조카 롯과 그의 재물과 또 부녀와 친척을 다 찾아왔더라(창 14:16).

할렐루야! 불가능한 일이 이루어졌습니다. 안 되는 일이 되었고, 없는 일이 생겼습니다. 빼앗겼던 모든 재물과 조카 롯과 부녀들,

그와 관계된 모든 사람을 다 데려왔습니다. 무엇이 이 일을 가능하게 했습니까? 믿음입니다. 상식은 이런 일을 이루지 못합니다. 아브람의 믿음과 하나님의 도우심이 이 일을 이룬 것입니다. 하나님은 믿음을 가진 자를 도우십니다.

하나님이 믿음이 없는 자를 어떻게 도우시겠습니까? 하나님이 우리를 아무리 돕고 싶어도 어떤 근거나 계기, 연결 고리가 있어야 도우실 수 있지 않겠습니까? 그래서 예수님은 "네 믿음이 너를 구원하였느니라"(눅 18:42)라고 말씀하셨던 것입니다.

하나님은 믿음으로 한 일만 관심 있게 보십니다. 우리 자신의 능력과 상식과 경험과 이론으로 일할 때는 하나님이 개입하실 이유가 없습니다. 기도하지 않는 사람, 믿음 없는 사람에게 하나님이 어떻게 응답하시겠습니까? 우리가 믿음의 사람, 기도의 사람이 되기를 간절히 바랍니다. 하나님께 믿음으로 나가는 사람들이 되십시오.

# 7

## 물질의 유혹, 믿음으로 이기고 자유를 누립니다

창세기 14:17-24

**믿음을 가지고 사는 사람들의 삶에 하나님이 개입하신다**

아브람은 조카 롯이 위기에 처해 있을 때 주저하지 않고 그를 구하기로 결단했습니다. 이처럼 죽기를 각오하고 뛰어드는 것이 믿음입니다. 살기를 바라며 계산하고 행동하는 것은 믿음이 아닙니다. 모든 사람이 가는 길을 가는 것은 믿음이 아닙니다. 모든 사람이 가지 않을지라도 그것이 주님의 뜻이고 옳은 길이기에 가는 것이 믿음입니다.

믿음으로 전쟁에 참여한 아브람은 기적을 체험했습니다. 완전히 패배할 수밖에 없던 아브람의 군대가 승리를 거둔 것입니다. 아브람은 그돌라오멜의 군대를 완전히 패주시키고 개선장군이 되어 돌아왔습니다. 아브람에게 덕을 본 사람이 있는데, 소돔 왕 베라였습니다. 소돔은 하나님의 유황불 심판을 받을 수밖에 없었던 악한 도시였습니다. 바로 그 소돔의 왕이 베라였습니다. 그는 승전고를 울리며 돌아오는 아브람을 영접하기 위해 사웨 골짜기로 나왔습니다.

아브람이 그돌라오멜과 그와 함께한 왕들을 쳐부수고 돌아올 때에 소돔 왕이 사웨 골짜기 곧 왕의 골짜기로 나와 그를 영접하였고(창 14:17).

악한 왕일지라도 은혜 입은 자에게 감사할 줄 아는 모습이 나타나 있습니다. 그런데 여기에 소돔 왕과 전혀 다르고, 생소하고, 신비로운 한 왕이 갑작스럽게 등장했습니다.

살렘 왕 멜기세덱이 떡과 포도주를 가지고 나왔으니 그는 지극히 높으신 하나님의 제사장이었더라(창 14:18).

아브람이 위험을 무릅쓰고 싸워 이겨서 결국 롯을 데리고 돌아오는 길에 살렘 왕 멜기세덱이라는 왕이 아브람을 영접했습니다. 이 왕은 전쟁에 참여한 사람도 아니요, 전쟁에 관련된 사람도 아니며, 아브람을 개인적으로 아는 사람도 아니었습니다. 그는 도대체 누구일까요? 왜 아브람을 영접한 것일까요?

멜기세덱이라는 사람은 여기서 처음 등장합니다. 그러나 구약성경의 다른 곳에서는 그에 대한 이야기가 전혀 없습니다. 그래서 우리는 이 말씀에서 보다 자세한 정보를 찾아야 합니다.

첫째, 멜기세덱은 '살렘 왕'입니다. '살렘'이란 '예루살렘'의 줄임말입니다. 그는 예루살렘의 왕이었습니다. 둘째, 그는 떡과 포도주를 가지고 나왔습니다. 전쟁으로 피곤하고 지친 아브람을 떡과 포도주로 축복하고 위로했습니다. 떡과 포도주는 예수님이 사랑하시는 제자들에게 최후의 만찬 때 나누어 주셨던 음식입니다. 그 떡은 생명의 떡이요, 그 피는 생명의 음료입니다. 그것을 먹고 마시는 자가 주님이 오실 때까지 그분의 죽음을 기억하는 것이 성만찬입니다. 셋째, 성경은 멜기세덱을 가리켜 '지극히 높으신 하나님의 제사장'이라고 소개합니다. 왜 그가 이렇게 소개되는 것일까요?

이어지는 20절은 이와 관련해 멜기세덱에 대해 두 가지 사실을 더 알려 줍니다. 먼저, 멜기세덱이 떡과 포도주로 아브람을 위로하고 난 후에 아브람을 축복한 것을 볼 때, 그에게는 축복권이 있었다는 것입니다. 또 하나, 축복해 주는 멜기세덱에게 아브람이 십일조를 바쳤다는 것을 통해, 그가 십일조를 받을 만한 사람이었다는 것을 알 수 있습니다.

도대체 멜기세덱은 어떤 사람일까요? 왜 그가 아브람에게 나타나서 그를 환대하고, 영접하고, 위로하고, 축복했을까요?

멜기세덱에 대한 이야기는 신약 성경 히브리서에 한 번 더 나옵니다. 이 구절은 그가 예수님과 깊은 관련이 있다고 말합니다.

> 그리로 앞서 가신 예수께서 멜기세덱의 반차를 따라 영원히 대제사장이 되어 우리를 위하여 들어가셨느니라(히 6:20).

놀랍게도 예수님이 멜기세덱의 반차를 따라 영원한 대제사장이 되었다고 말합니다. 따라서 멜기세덱은 구약에 나타난 예수 그리스도입니다.

이 멜기세덱은 살렘 왕이요 지극히 높으신 하나님의 제사장이라 여러 왕을 쳐서 죽이고 돌아오는 아브라함을 만나 복을 빈 자라 아브라함이 모든 것의 십분의 일을 그에게 나누어 주니라 그 이름을 해석하면 먼저는 의의 왕이요 그다음은 살렘 왕이니 곧 평강의 왕이요 아버지도 없고 어머니도 없고 족보도 없고 시작한 날도 없고 생명의 끝도 없어 하나님의 아들과 닮아서 항상 제사장으로 있느니라 (히 7:1 - 3).

여기서 멜기세덱에 대한 좀 더 정확한 정보를 얻을 수 있습니다. 그는 부모가 없고, 족보도 없습니다. 그는 시작도 없고, 끝도 없습니다. 그는 하나님의 아들과 닮아서 항상 제사장으로 있었습니다. 그의 이름은 '의의 왕'이고 '평강의 왕'입니다. 그의 반차를 좇아 예수님이 대제사장이 되셨다고 성경은 말합니다. 그가 지금 아브람을 영접하러 마중 나온 것입니다.

멜기세덱은 왜 아브람을 영접하며 축복했습니까? 그 이유는 간단합니다. 롯이 위기에 처해 있을 때 아브람이 상식적으로 행동하지 않았고, 또한 자신을 돌보지 않고 믿음으로 그 전쟁에 임했기 때문입니다. 믿음으로 나아가는 사람에게는 반드시 하나님의 간섭하심이 있습니다.

## 전쟁은 우리가 아니라 하나님께 속한 것이다

전쟁은 하나님께 속한 것입니다. 다윗과 골리앗의 전쟁이 그러했습니다. 골리앗은 거인으로서, 당시 그를 상대할 만한 군인이 없었습니다. 골리앗은 갑옷을 입고, 투구를 쓰고, 창과 방패를 들고 소리쳤습니다. "나와 싸울 수 있는 사람은 나와 봐라! 나와 싸울 사람이 없다면 항복해라!" 그는 하나님의 백성을 협박했고 하나님의 이름을 조롱했습니다. 그러나 어느 누구도 골리앗을 상대하려고 나서지 못했습니다. 하나님의 이름이 땅에 떨어졌고 이스라엘 백성은 다 죽은 듯했습니다.

이때 한 어린 소년이 뛰어나왔습니다. 다윗입니다. 할례 받지 않은 이방인이 하나님의 이름을 망령되게 일컫는 모습을 보고 도저히 견딜 수 없어서 자기가 그를 상대하겠다고 뛰쳐나온 것입니다. 사울왕은 다윗에게 자기 투구와 창과 칼을 주었습니다. 그러나 다윗은 모두 벗어 버리고 어릴 적부터 이리 떼로부터 양을 지키기 위해 갖고 다니던 돌팔매 하나만 가지고 그 무서운 골리앗 앞으로 나갔습니다. 바로 이것이 믿음입니다. 하나님의 이름으로, 상대가 되지 않는 상대를 만나서 게임이 되지 않는 게임을 하는 것이 믿음입니다. 그때 다윗이 이렇게 말했습니다.

여호와의 구원하심이 칼과 창에 있지 아니함을 이 무리에게 알게 하리라(삼상 17:47상).

전쟁은 칼이나 총으로 싸우는 것이 아니라는 뜻입니다. 다윗은 이어서 "전쟁은 여호와께 속한 것인즉 그가 너희를 우리 손에 넘기시리라"(삼상 17:47하)라고 외쳤습니다. 전쟁은 하나님이 하시는 것입니다. 아브람에게는 이런 믿음이 있었습니다. 그래서 조카 롯이 위기에 처해 있을 때 주저하지 않고 뛰어든 것입니다. 계란으로 바위 치기 격인 싸움을 했던 것입니다. 사도 바울은 에베소서에서 이렇게 말했습니다.

우리의 씨름은 혈과 육을 상대하는 것이 아니요 통치자들과 권세들과 이 어둠의 세상 주관자들과 하늘에 있는 악의 영들을 상대함이라(엡 6:12).

우리의 싸움의 대상은 세상 사람들이 아니라 하늘에 있는 악의 영들이라는 것입니다. 결국 영적 전쟁입니다. 우리가 믿음을 가진 그리스도인으로서 세상에서 살 때 싸우는 싸움은 영적 전쟁입니다.

그래서 하나님은 믿음만으로 이 어리석은 전쟁을 시작한 아브람을 도와주기로 결정하셨습니다. 놀랍게도, 막강했던 그돌라오멜의 군대가 아브람에게 참패를 당했습니다. 이 전쟁을 승리로 이끄신 분은 바로 하나님이셨습니다. 우리가 믿음으로 세상에 나갈 때 승리하게 하시는 분은 하나님이십니다. 세상은 철옹성이었던 여리고성과 같은 곳입니다. 연약한 초대교회의 그리스도인들이 어떻게 그 막강한 로마 정부와 싸울 수 있었겠습니까? 팍스 로마나(Pax Romana)의 군대를 어떻게 이길 수 있었겠습니까? 그러나 역사는 로마가 무너졌음을 우리에게 분명히 증거하고 있습니다.

멜기세덱이 아브람의 전쟁에 개입했습니다. 그러나 아브람은 그 사실을 깨닫지 못했습니다. 이상하게도, 불리한 전세임에도 싸움에서 이겼습니다. 누군가 나를 돕고 있다는 생각이 듭니다. 내가 상대 밑에 깔렸다고 생각했는데 눈을 떠 보니 오히려 내가 상대를 깔고 올라서 있는 것입니다.

그리고 멜기세덱은 이 전쟁을 마치고 돌아오는 아브람을 떡과 포도주로 영접하고 축복했습니다. 사실 멜기세덱이 전쟁을 이기도록 돕고 나서 돌아오는 아브람에게 오히려 "네가 잘했다"고 칭찬한 것입니다.

하나님은 이렇게 응답하시는 분입니다. 예수님은 그렇게 우리를 사랑하십니다. 십자가에 못 박혀 우리의 죄를 다 용서하시고, 사망 권세를 무찌르시고, 부활하신 후에 우리에게 다시 오셔서 이렇게 말씀하십니다. "내 안에 거하라. 내 안에 거해 무엇이든지 구하면 다 이루어 주리라. 너희는 마음에 근심하지 말라. 하나님을 믿으니 또 나를 믿으라. 내 아버지의 집에는 거할 곳이 많도다. 내가 너희를 위하여 거처를 예비하러 가노라. 거처를 예비하면 내가 다시 와서 너희를 나 있는 곳에 데려오리라"(요 14:1-3, 15:7 참조).

세상의 소돔 왕과 대조되는 왕이 의의 왕이요, 평강의 왕인 멜기세덱입니다. 멜기세덱은 믿음으로 전쟁에서 승리하고 돌아오는 아브람을 영접했습니다. 골리앗과 같고 여리고성 같은 이 세상에서 믿음을 가지고 사는 사람들의 삶에 하나님이 개입하십니다. 그분은 손해 보는 사람, 억울한 일을 당한 사람들의 삶에 반드시 개입하십니다.

그가 아브람에게 축복하여 이르되 천지의 주재이시요 지극히 높으신 하나님이여 아브람에게 복을 주옵소서(창 14:19).

이런 복을 받으면 얼마나 좋을까요? 그러나 하나님이 아무에게나 이런 복을 주시지는 않습니다. 믿음으로 손해 보고, 믿음으로 행동한 사람들에게 주십니다. 그때 아브람이 경험했던 행복이 얼마나 컸겠습니까? 아브람은 그때 눈을 떴습니다. '아, 전쟁에서 내가 이긴 것이 이분 때문이었구나. 하나님이 도우셨구나!' 이 생각을 하니 그 마음에 감동과 감격을 금할 길이 없었습니다.

## 십일조는 물질이 아니라 은혜요, 감사요, 감격이다

너희 대적을 네 손에 붙이신 지극히 높으신 하나님을 찬송할지로다 하매 아브람이 그 얻은 것에서 십분의 일을 멜기세덱에게 주었더라 (창 14:20).

그 대적을 아브람의 손에 붙이신 분이 누구이십니까? 지극히 높으신 하나님이십니다. 멜기세덱은 이 사실을 아브람에게 가르쳐 주었습니다. 전쟁은 하나님께 속한 것이요, 그 전쟁에서 이기게 하신 분도 하나님이시라는 것을 이야기했습니다.

무엇이든 믿음으로 하십시오. 불편하고 고통스럽다 할지라도 믿음으로 하십시오. 그렇게 하면 하나님이 개입하십니다. 하나님이 내 손을 들어 주십니다. 영적 싸움은 레슬링과 같습니다. 레슬링은 두 사람이 몸을 밀착시켜 서로 밀고 당기며 엎치락뒤치락 싸웁니다. 이것이 영적 전쟁의 모습입니다. 우리는 마귀와 이렇게 싸웁니다. 하지만 결국은 하나님이 우리의 손을 들어 주십니다.

그래서 멜기세덱은 이렇게 말했습니다. "너희 대적을 네 손에 붙이신 지극히 높으신 하나님을 찬송할지로다." 이 말에 아브람은 "아멘!" 하고 응답했습니다. 그 응답이 바로 '십일조'를 드린 것입니다. 멜기세덱이 찬송하라고 했더니 아브람은 십일조를 드렸습니다. 십일조가 여기서 처음 나옵니다.

전쟁에서 자신이 죽을 수도 있었는데 하나님이 기적 같은 승리를 주신 것이 정말 감사해서 드린 것이 십일조입니다. 이렇듯 십일조에는 찬송의 의미가 담겨 있습니다. 하지만 후에 십일조는 율법이 되었습니다. 우리가 십일조를 드리는 이유는 율법이기 때문이 아니라 은혜 때문입니다. 십일조는 물질이 아니라 은혜요, 감사요, 감격입니다. 십일조를 드리지 않으면 벌 받으니까 드리는 것이 아닙니다. 도저히 드리지 않고는 견딜 수 없어서 드리는 것이 십일조입니다.

십일조는 무엇입니까? 물질, 혹은 돈입니다. 인간은 물질의 노예입니다. 물질로 만들어진 육신을 가지고 있기에 그렇습니다. 인간은 절대로 물질로부터 자유로울 수 없습니다. 하나님이 없는 사람들의 세계관은 유물사관일 수밖에 없습니다. 그들이 본 것이 그뿐이기 때문입니다.

인간은 육신이 있기에 옷이 필요하고, 음식을 먹어야 하고, 잠을 자야 합니다. 그래서 세상 사람들이 가장 중요시하고 추구하는 것은 자기 육신을 잠재울 수 있는 집, 배불릴 수 있는 음식, 입힐 수 있는 옷입니다. 누가 더 좋은 옷을 입고, 누가 더 좋은 집에 살고, 누가 더 좋은 음식을 먹느냐는 인간이 평생 가지고 사는 문제입니다. 그래서 인간은 물질을 벗어나지 못합니다.

배고프면 행복합니까? 그렇지 않습니다. 그러면 배부르다고 행복합니까? 그렇지 않습니다. 오히려 더 허무하고, 더 고독할 수 있습니다. 이것이 인간의 실존입니다. 인간은 물질적일 수밖에 없고 물질을 추구하지만, 물질을 소유했다고 해서 행복할 수 없습니다. 왜냐하면 인간은 동물과 다르기 때문입니다. 인간은 하나님의 형상으로 지으심을 받은 영적 존재이기에 물질적인 것으로 행복해질 수 없습니다. 영적인 만족이 있어야 합니다. 영적인 만족은 하나님이 함께 계셔야 얻을 수 있습니다.

우리가 사는 데는 옷도 필요하고, 집도 필요하고, 먹을 것도 필요합니다. 그러나 그것이 목적이 되는 날에는 동물이 되어 버리고 맙니다. 물질의 노예가 되고 맙니다. 그렇다면 어떻게 물질의 종살이를 피해 갈 수 있겠습니까? 그 해답은 믿음입니다. 믿음을 가지면 물질을 초월하게 됩니다. 초월은 무시와 다릅니다. 물질을 초월한다는 것은 물질을 무시한다는 것이 아니라 물질로부터 자유하게 된다는 뜻입니다. 돈이 나를 쓰는 것이 아니라 내가 돈을 쓰게 되는 것입니다.

세상에서 제일 쉬운 사람은 돈 주면 해결되는 사람입니다. 제일 쉽고 단순한 방법이 돈으로 해결하는 것입니다. 반대로 세상에서 제일 어려운 사람이 돈으로 해결되지 않는 사람입니다. 요컨대 돈이 많은 사람이나 돈이 적은 사람이나 모두 물질적입니다. 여기서 탈출할 수 있는 길은 오직 하나입니다. 하나님의 형상대로 지으심을 받은 인간이 하나님의 뜻대로 믿음으로 살 때 물질로부터 자유할 수 있습니다.

소돔 왕이 아브람에게 이르되 사람은 내게 보내고 물품은 네가 가지라(창 14:21).

아브람이 정말 고마워서 멜기세덱에게 십일조를 바쳤습니다. 십일조란 물질로부터 자유하다는 표시입니다. 십일조를 내는 사람에게는 두 가지 특징이 있습니다. 첫째는 믿음입니다. 믿음이 없는 사람은 절대 십일조를 드리지 못합니다. 둘째는 물질에 대한 자유함입니다. 그에게는 돈이 절대적인 영향력을 미치지 못합니다. 십일조를 드리기 시작하면 물질로부터 자유하게 되는 복이 옵니다. 포기라는 자유를 경험합니다.

소돔 왕은 자신을 구해 준 아브람이 고마워서 그에게 "사람은 내게 보내고 물품은 네가 가지라"라고 제안했습니다. 이것이 세상의 방법입니다. 세상 사람들은 고마움을 돈으로 해결합니다. 그러나 아브람은 어떤 반응을 보였습니까?

아브람이 소돔 왕에게 이르되 천지의 주재이시요 지극히 높으신 하나님 여호와께 내가 손을 들어 맹세하노니 네 말이 내가 아브람으로 치부하게 하였다 할까 하여 네게 속한 것은 실 한 오라기나 들메끈 한 가닥도 내가 가지지 아니하리라(창 14:22-23).

믿음의 사람 아브람의 태도는 단호했습니다. 그는 소돔 왕에게 이렇게 말했습니다. "미안하지만 당신의 호의를 거절하겠습니다. 왜냐하면 당신이 나를 부자로 만들었다고 말할 것 같아서입니다. 당신은 내 인생을 책임져 주는 사람이 아닙니다." 이는 곧 "오직 내게 복 주시는 분은 하나님이십니다"라는 말과 같습니다.

진정한 그리스도인은 돈 받고 일하는 사람이 아닙니다. 진정한 기쁨은 보수를 받는 데서 오지 않고 사랑과 헌신, 진정한 봉사로부터 옵니다. 우리는 월급 받기 위해서 일한다고 생각하지 말고, 더 자원해서 남이 싫어하는 일도 기쁨으로 해야 합니다. 월급쟁이가 아니라는 것을 사람들에게 보여 주십시오. 노동을 물질과 바꾸지 마십시오.

아브람은 소돔 왕이 주는 물질을 단호하게 거절했습니다. 돈이 없으면 가난하게 삽니다. 하고 싶은 일을 못하게 되고, 가고 싶은 곳도 가지 못하게 됩니다. 그러나 아브람은 그 길을 감사함으로 선택했습니다.

"개같이 벌어서 정승같이 쓰라"는 말이 있습니다. 사람들은 돈이야 어떻게 벌든 잘 쓰면 된다고 말합니다. 그러나 믿음의 사람은 돈을 '개같이' 벌어서는 안 됩니다. 주일을 지키지 않고 거짓말을 하면서 번 돈으로 헌금합니까? 그렇게 해서는 하나님께 영광을 돌릴 수 없습니다. 하나님은 동정받아야 하는 거지가 아니십니다. 오히려 하나님은 과부의 두 렙돈을 귀중하게 여기십니다.

하나님이 중요하게 여기시는 것은 우리가 드리는 돈의 액수가 아닙니다. 하나님은 우리의 헌금에 희생이 있는지를 보십니다. 얼마를 내든지 우리의 삶에 어떤 희생을 감수했는지가 중요한 것입니다. 하나님은 돈 많은 사람이 희생 없이 몇 푼 내는 것을 기뻐하시지 않습니다. 거기에는 눈물과 땀이 없기 때문입니다. 그러나 과부의 두 렙돈은 그녀의 전 재산이었습니다. 그 돈을 바치면 당장 굶어야 했을지도 모릅니다. 하나님은 이런 헌금을 기뻐하십니다. 희생이 있는 헌금, 눈물의 헌금을 받기 원하십니다. 아브람의 십일조는 자기 포기를 선언한 것이며 물질의 종이 되지 않겠다는 선포였습니다.

믿음의 사람은 설 자리와 서지 말아야 할 자리를 아는 사람입니다. 또한 쓸 돈과 쓰지 말아야 할 돈을 아는 사람입니다. 아무리 돈을 많이 준다 해도 하나님과 관계가 없으면 거절해야 합니다.

예수님이 제일 먼저 받으신 시험도 물질에 대한 것이었습니다. 물질적인 시험은 언제나 강렬하고 직접적입니다. 마귀는 우리의 약점을 정확하게 공격합니다. "네가 십자가를 질 필요가 뭐가 있느냐? 돌로 떡을 만들면 사람들이 네가 메시아라고 말하지 않겠느냐? 왜 쉬운 방법이 있는데 굳이 어려운 방법을 택하느냐?"라고 설득합니다. 그때 예수님은 "기록되었으되 사람이 떡으로만 살 것이 아니요 하나님의 입으로부터 나오는 모든 말씀으로 살 것이라 하였느니라"(마 4:4) 하며 거절하셨습니다.

유혹을 물리치지 않고는 믿음이 시작될 수 없습니다. 우리가 진정으로 멜기세덱이 축복해 준 믿음의 주인공이 되기를 간절히 바랍니다.

# 8

## 두려움 버리고
## 오직 믿음으로 살겠습니다

창세기 15:1-6

## 약속의 말씀을 의심하면 순식간에 두려움에 사로잡힌다

우리가 믿음을 갖게 된 것은 하나님이 우리를 찾아오셨기 때문입니다. 믿음은 '나'로부터가 아니라 하나님으로부터 시작됩니다. 믿음은 말씀에 순종하면서 커 갑니다. 기근을 만나기도 하고 갈등도 겪지만 믿음은 새로운 세계를 보게 합니다. 믿음은 위기에 도전하며 물질의 유혹을 비롯한 모든 유혹을 극복합니다. 또한 믿음은 의심과 두려움을 이겨 냅니다.

> 이후에 여호와의 말씀이 환상 중에 아브람에게 임하여 이르시되 아브람아 두려워하지 말라 나는 네 방패요 너의 지극히 큰 상급이니라(창 15:1).

여기서 믿음의 사람 아브람도 두려움에 사로잡혀 있었다는 사실을 알 수 있습니다. 그는 이전까지 계속해서 믿음의 승리를 하고 있었습니다. 그러나 믿음이 항상 승리하는 것은 아닙니다. 믿음의 사람도 때로는 넘어지고 좌절합니다.

아브람도 믿음의 삶을 살면서 두려움에 사로잡혔던 순간이 있었습니다. 두려움에 사로잡히면 판단력이 흐려집니다. 잘하던 일도 못하게 되고 절망의 늪으로 점점 빠지게 됩니다. 또한 두려움은 미래의 문을 닫게 합니다. 사람은 미래가 보장될 때 소망이 있고, 꿈이 있으며, 생기가 돕니다. 미래의 문이 닫힌 사람은 절망합니다.

아브람은 순식간에 두려움에 사로잡혔습니다. 하나님의 약속의 말씀을 의심했기 때문입니다.

> 하갈이 아브람에게 이스마엘을 낳았을 때에 아브람이 팔십육 세였더라(창 16:16).

아브람이 갈대아 우르를 떠날 때가 75세였습니다. 그리고 이스마엘을 낳은 때가 86세였으므로, 지금 일어나는 일은 85세 무렵일 것입니다. 그가 믿음생활을 시작한 지 10년이 되던 때였습니다. 아브람은 10년 동안 하나님만 믿으며 믿음생활을 잘해 왔습니다. 그러나 10년을 믿었지만 아무 일도 일어나지 않았습니다. 아브람의 마음속에는 '혹시 내가 하나님의 말씀을 잘못 들은 것은 아닐까? 혹시 하나님이 약속을 어기시는 것은 아닐까? 아니, 혹시 하나님이 안 계신 것은 아닐까?' 하는 불신앙이 생겼습니다.

우리에게도 그런 경험이 있지 않습니까? 불신앙에 사로잡히면 지나온 과거에 경험했던 위대한 믿음의 행적을 다 잊어버립니다. 하나님은 앞서 창세기 12장 2절에서 아브람에게 큰 민족을 이루게 해 주겠다고 약속하셨습니다.

내가 너로 큰 민족을 이루고 네게 복을 주어 네 이름을 창대하게 하리니 너는 복이 될지라(창 12:2).

그리고 하나님은 창세기 13장 15 - 16절에서 다시 한번 같은 약속을 주셨습니다.

보이는 땅을 내가 너와 네 자손에게 주리니 영원히 이르리라 내가 네 자손이 땅의 티끌 같게 하리니 사람이 땅의 티끌을 능히 셀 수 있을진대 네 자손도 세리라(창 13:15-16).

큰 민족을 이루려면 먼저 아기가 태어나야 합니다. 그러나 하나님의 언약을 들은 지 10년이라는 세월이 지나도록 아브람에게는 자녀가 없었습니다. 그는 갈등을 겪었고, 의심하기 시작했습니다. 하나님께 대한 근본적인 의심으로 인해 두려움을 느끼기 시작했습니다.

아브람이 이런 두려움을 좀 더 심하게 느낀 이유는 나이 때문이었습니다. 육체적으로 아기를 낳을 수 있는 조건이 될 때는 '언젠가는 낳겠지' 하며 기대할 수 있었지만, 이제 나이가 들어 아내 사래의 경수가 끊어지고 더 이상 자식을 낳을 수 없는 상태가 되자 아브람의 불안감은 더욱 커졌습니다.

하나님의 말씀을 의심하면 불안이 찾아오고, 불안이 찾아오면 두려움에 사로잡힙니다. 두려움에 사로잡히면 인간적인 생각을 하게 됩니다. 합리적이고 상식적인 생각으로 돌아오게 됩니다. 믿음에서 현실로 돌아옵니다. 아브람의 인간적인 생각은 '양자를 삼아야겠다'는 것이었습니다. 양자라도 들여서 하나님의 약속과 복이 이루어지게 해야 한다고 생각했던 것입니다.

그러나 창세기 15장 1절에서 우리는 몇 가지 진리를 배우게 됩니다. 첫째, 하나님은 필요한 때에 꼭 오신다는 것입니다. 하나님의 마음에 '지금 내가 나타나야겠다'라는 생각이 들 때는 반드시 나타나십니다. 둘째, 하나님은 말씀하신다는 것입니다. 하나님은 말 못하시는 분이 아닙니다. 숨어 계시지도 않습니다. 그분은 돌과 같은 물체가 아니라 말씀하시는 인격체이십니다.

오직 믿음으로 구하고 조금도 의심하지 말라 의심하는 자는 마치 바람에 밀려 요동하는 바다 물결 같으니 이런 사람은 무엇이든지 주께 얻기를 생각하지 말라 두 마음을 품어 모든 일에 정함이 없는 자로다(약 1:6-8).

믿음을 잃지 마십시오. 눈에 보이지 않고 귀에 들리지 않으며 손에 잡히지 않는다고 해도, 복과 약속의 말씀이 현실에 일어나지 않아도, 비록 아무 일 없이 10년이 지났다 하더라도 의심하지 마십시오. 믿음으로 나아가십시오.

## "두려워하지 말라. 나는 너의 하나님이다"

아브람이 받은 말씀은 "두려워하지 말라"였습니다. 바로 이 말씀이 지금 우리에게 주시는 하나님의 메시지입니다. 우리는 기도하는 사람이며, 믿음의 사람이며, 하나님을 사랑하는 사람들입니다. 그러나 우리는 현실 속에서 외롭고, 고독하고, 사막을 걷는 것과 같고, 절벽에 부딪히는 것과 같은 경험을 많이 합니다. 그래서 어떤 때는 의심하고, 포기하고 싶고, 뒤돌아서고 싶습니다. 그때 하나님이 "두려워하지 말라. 나는 너의 하나님이다"라고 말씀하십니다. 하나님의 약속과 말씀이 오늘 현실에서 이루어지지 않았다 하더라도 두려워하지 말고, 조급해하지 말고, 기다리라고 하십니다.

하나님은 10년을 기다린 아브람에게 "더 기다려라" 말씀하셨습니다. 결국 아브람은 지금까지 기다린 기간의 배가 넘는 15년이나 더 기다려야 했습니다. 그는 하나님으로부터 약속을 받은 지 25년이 지나서야 응답을 받았습니다. 바로 이것이 믿음입니다. 우리가 믿음을 갖지 못하는 이유는 조급한 마음 때문입니다. 기다리지 못하고 당장 달라고 조르기 때문에 믿음이 익을 시간이 없습니다. 믿음이 성숙하지 않고 항상 설익은 상태에서, 아무 기적도 능력도 나타나지 않은 채 살아갑니다.

하나님은 아브람에게 확실하게 말씀하셨습니다. "두려워하지 말라. 나는 네 방패요, 너의 지극히 큰 상급이니라. 원수가 너를 공격할 때 나는 너의 방패가 될 것이다. 네가 눈물을 흘리며 씨를 뿌릴 때 내가 너의 상급이 될 것이다."

이사야 선지자도 이런 하나님의 메시지를 받았습니다. 이스라엘 백성이 우상을 섬기며 패역하고, 부도덕하고, 하나님을 버렸을 때 그들에게 심판과 징계가 내려졌습니다. 그러나 심판 뒤에는 회복이 있고, 죄 뒤에는 용서가 있는 법입니다. 심판의 때가 끝날 때 하나님은 이사야를 통해 이렇게 말씀하셨습니다. "위로하라. 내 백성을 위로하라. 너의 복역의 때는 끝났다. 너의 죄는 지불되었으며 대가를 다 치렀다. 이제는 너에게 회복의 때가 올 것이다. 하나님이 오신다. 그분의 발자국 소리가 들리지 않느냐? 이제 너는 눈물을 닦고 정신을 차리고 회복될지어다." 이것이 이사야 40-66장의 말씀입니다.

> 두려워하지 말라 내가 너와 함께함이라 놀라지 말라 나는 네 하나님이 됨이라 내가 너를 굳세게 하리라 참으로 너를 도와주리라 참으로 나의 의로운 오른손으로 너를 붙들리라(사 41:10).

이는 예수님이 십자가에 못 박혀 돌아가시기 전에도 하셨던 말씀입니다. "너희는 마음에 근심하지 말라. 하나님을 믿으니 또 나를 믿으라. 내가 죽는 것을 두려워하지 말라. 내가 떠나가는 것이 너희에게 유익이다. 내가 가면 보혜사 성령이 오시기 때문이다. 그분이 오시면 나를 영화롭게 하실 것이며 너희를 진리 가운데로 인도해 주실 것이다. 그분이 오시면 죄와 의와 심판에 대해 말씀하실 것이다. 너희는 세상에서 환난을 당하나 담대하라. 내가 세상을 이기었노라." 예수님이 말씀하신 위로와 격려와 복의 메시지가 성령을 통해 지금 우리에게도 전달되기를 원합니다.

하나님은 왜 두려워하지 말라고 하셨을까요? 두 가지 이유 때문이었습니다. 첫 번째는 하나님이 우리의 방패이시기 때문입니다. 두 번째는 하나님이 우리의 지극히 큰 상급이시기 때문입니다. 영적 전쟁은 우리가 싸우는 것이 아닙니다. 전쟁은 하나님께 속한 것입니다. 다윗이 골리앗과 싸울 때 실은 하나님이 싸우셨던 것입니다. 여호수아가 여리고성을 함락할 때 사실 그 여리고성을 무너뜨린 것은 여호수아가 아니라 하나님의 군대장관이었습니다.

우리는 이 세상에서 환난을 겪고 원수와 싸우지만 그 싸움의 배후에는 우리의 대장 되신 예수님이 계십니다. 그분은 친히 칼을 들고 싸우시며, 결국에는 개선가를 부르게 하십니다.

이렇게 하나님이 우리를 보호하시는 방패가 되시기에 두려워하지 말라고 말씀하신 것입니다. 돈이 없거나, 건강이 나빠지거나, 직장을 잃어도 두려워하지 마십시오. 우리는 절대 망하지 않습니다. 왜냐하면 우리의 방패가 되시는 하나님이 계시기 때문입니다.

또한 하나님은 우리의 지극히 큰 상급이시기에 두려워할 필요가 없습니다.

보라 주 여호와께서 장차 강한 자로 임하실 것이요 친히 그의 팔로 다스리실 것이라 보라 상급이 그에게 있고 보응이 그의 앞에 있으며(사 40:10).

사도 바울은 로마서 4장 17절에서 아브람의 하나님이 어떤 하나님이신지를 이렇게 표현했습니다.

기록된 바 내가 너를 많은 민족의 조상으로 세웠다 하심과 같으니 그가 믿은 바 하나님은 죽은 자를 살리시며 없는 것을 있는 것으로 부르시는 이시니라(롬 4:17).

죽은 자를 살리시며 없는 것을 있는 것으로 부르시는 하나님을 믿으십시오. 믿음의 최대 적은 불신앙과 두려움입니다. 약속을 믿지 않고 의심하면 두려움에 사로잡히게 됩니다. 예수 그리스도를 믿는 믿음으로 모든 회의와 불신앙과 염려와 근심이 우리에게서 떠나기를 간절히 바랍니다.

두려움에는 형벌이 있고 절망과 좌절이 기다리고 있습니다.

아브람이 이르되 주 여호와여 무엇을 내게 주시려 하나이까 나는 자식이 없사오니 나의 상속자는 이 다메섹 사람 엘리에셀이니이다(창 15:2).

드디어 아브람이 두려움에 빠졌던 이유를 발견할 수 있습니다. 자녀가 없다는 것이었습니다. 자녀가 없는 것이 다 문제가 되지는 않습니다. 자녀는 있을 수도 있고, 없을 수도 있습니다. 그러나 아브람에게는 문제가 되었습니다. 그가 바라던 자녀는 보통 자녀가 아니라 약속의 자녀였기 때문입니다.

아브람은 '이제 몸은 늙고 해산할 가능성은 점점 희박해져 가는데, 양자라도 데려와서 하나님의 복과 약속을 이루어야 하지 않겠는가?'라는 인간적인 생각을 했습니다. 인간적인 생각만큼 설득력 있어 보이는 것은 없습니다. 인간적인 생각은 우리의 감정과 잘 맞습니다. '하나님도 내 입장이 되시면 이해하실 거야…' 하며 자꾸 자기를 변명하게 만듭니다.

아브람이 또 이르되 주께서 내게 씨를 주지 아니하셨으니 내 집에서 길린 자가 내 상속자가 될 것이니이다(창 15:3).

두려움에 사로잡힌 순간, 아브람은 믿음을 잃어버렸습니다. 그래서 양자라도 데려와야겠다는 인간적인 생각을 했습니다. 그러나 하나님의 생각은 아브람의 생각과 전혀 달랐습니다. 양자가 아니라 '네 몸에서 날 자'라야 한다고 말씀하셨습니다.

여호와의 말씀이 그에게 임하여 이르시되 그 사람이 네 상속자가 아니라 네 몸에서 날 자가 네 상속자가 되리라 하시고(창 15:4).

여기서 우리는 하나님의 약속과 말씀은 분명하다는 사실을 알 수 있습니다. 하나님의 의도는 희미하지 않습니다. 하나님의 말씀은 분명합니다.

또 하나 4절에서 더 깊게 봐야 하는 사실이 있습니다. 그것은 인간의 생각과 하나님의 생각은 다르다는 것입니다. 사람들은 자기의 생각이 곧 하나님의 생각이 되기를 바랍니다. 우리가 드리는 기도가 잘못되는 이유 중에 하나는 하나님의 생각을 받아들이지 않고, 자기의 생각을 하나님의 생각으로 만들기 위해 자꾸 하나님을 설득하려는 데 있습니다. 하나님께 하나님의 뜻을 바꿔서라도 내 뜻을 이루어 달라고 조르는 것입니다. 이것은 굉장히 믿음이 좋은 것 같지만, 사실은 무서운 불신앙입니다.

이사야 55장 8 - 9절은 "이는 내 생각이 너희의 생각과 다르며 내 길은 너희의 길과 다름이니라 여호와의 말씀이니라 이는 하늘이 땅보다 높음같이 내 길은 너희의 길보다 높으며 내 생각은 너희의 생각보다 높음이니라"라고 말합니다. 사람들은 편안하고 넓은 길을 생각합니다. 그러나 하나님이 생각하시는 길은 좁은 길이요, 고통의 길입니다. 하나님은 넓은 길에는 멸망이 있으며, 좁은 길에는 영생이 있다고 말씀하셨습니다.

하나님은 불가능한가, 가능한가에 관심을 두시지 않습니다. 하나님께는 아이를 가질 수 있는가, 없는가가 중요하지 않습니다. 하나님께 불가능한 일은 없기 때문입니다. 그렇다면 하나님의 관심은 무엇일까요? 바로 하나님의 약속입니다. 하나님이 약속하셨다면 불가능해 보이는 일도 이루어집니다. 인간적으로 생각해 보면, 100세에는 해산이 전혀 불가능합니다. 그런데 왜 하나님은 그 나이까지 약속을 이루시지 않고 끌어오셨을까요?

여기에는 두 가지 중요한 이유가 있습니다. 첫째 이유는 아브람에게 믿음을 주시기 위해서입니다. 아기를 낳을 수 있는 상황에서 아기를 낳는 것은 믿음과 상관이 없습니다. 누구든지 할 수 있는 자연스런 일 중에 하나입니다. 그래서 하나님은 불가능해 보이는 상황에서도 아브람이 하나님을 믿는지 시험하신 것입니다.

한 가지 묻고 싶은 질문이 있습니다. 인생에서 과연 몇 번이나 믿음으로 행했고, 믿음으로 행한 일이 무엇입니까? 혹시 내 이성과 상식으로만 한 것은 아닙니까? 믿음으로 행하지 않았다면 기적도 없습니다. 하나님은 아브람을 불가능한 상황까지 이끄셔서 그를 믿음의 사람으로 만들어 가셨습니다.

둘째 이유는 하나님이 먼 훗날 온 인류를 구원할 메시아를 보내실 텐데, 그 메시아는 성령으로 잉태되어야 하고 동정녀에게서 탄생할 것이기에 임신이 불가능한 사래가 임신한 일을 통해 그 가능성을 미리 보여 주시기 위해서입니다.

우리에게 일어나는 일들에는 두 가지 의미가 있습니다. 첫째는 우리의 믿음을 키워 준다는 것입니다. 둘째는 우리가 지금 당장은 알지 못하지만 현재 당하고 있는 고난과 역경이 하나님의 구속사를 이루기 위한 과정이라는 것입니다. 믿음은 말씀의 약속과 현실의 부재 사이를 연결하는 다리입니다. 시간이 지나면 그 약속은 반드시 이루어집니다. 성경은 이에 대해 "믿음은 바라는 것들의 실상이요 보이지 않는 것들의 증거니"(히 11:1)라고 말합니다.

## 다시 하나님을 신뢰할 때 의심과 두려움이 사라진다

> 그를 이끌고 밖으로 나가 이르시되 하늘을 우러러 뭇별을 셀 수 있나 보라 또 그에게 이르시되 네 자손이 이와 같으리라(창 15:5).

하나님은 의심하고 두려워하는 아브람을 야단치시지 않았습니다. 하나님은 절망하는 우리를 야단치시지 않습니다. 단지 하나님은 아브람을 밖으로 데려가시고는 유난히 반짝이는 밤하늘을 보시며 말씀하셨습니다. "아브람아, 하늘을 봐라. 손에 잡힐 듯 쏟아져 내리는 저 별빛이 보이느냐? 내가 그처럼 많은 자손을 너에게 줄 것이다." 하나님이 실물 교육을 하신 것입니다.

하늘의 별들을 바라보는 순간, 아브람의 마음에 기적이 일어나기 시작했습니다. 찬란히 빛나는 별들을 보는 순간, 그동안 의심하고 불안해하고 두려워했던 마음이 순식간에 사그라져 버린 것입니다. 그리고 아브람의 마음에 다시 믿음이 생기기 시작했습니다. 아마도 그는 "하나님, 제가 무엇이기에 저에게 이렇게 하십니까? 늙고 보잘것없는 한 노인네인데, 이토록 친절하게 말씀하시고 사랑과 꿈을 주시니… 이게 웬 사랑입니까?" 하며 눈물을 흘렸을 것입니다. 물론 이렇게 눈물을 흘렸다고 내일 당장 아이를 갖게 되는 것은 아닙니다. 그럼에도 이렇게 감동하는 것이 믿음입니다.

아브람은 자신의 나이와 처지를 다 잊었습니다. 믿음을 가지면 자신의 처지를 잊습니다. 비참한 생각, 열등감, 좌절감이 다 사라집니다. 이제 아브람의 얼굴에는 찬란한 하늘의 별처럼 하나님으로 말미암은 비전과 환상이 나타났습니다.

아브람이 여호와를 믿으니 여호와께서 이를 그의 의로 여기시고 (창 15:6).

아브람은 다시 하나님을 신뢰했습니다. 순식간에 의심과 두려움이 사라져 버렸습니다. 믿음은 두려움을 없애 줍니다. 하나님의 말씀을 신뢰하는 믿음은 모든 염려와 근심과 걱정을 사라지게 합니다.

하나님이 아브람의 믿음을 회복시켜 주셨습니다. 그리고 아브람은 하나님을 믿었습니다. 하나님은 바로 그것을 '의'로 여기셨습니다. 여기에 위대한 진리가 있습니다. "의인은 그의 믿음으로 말미암아 살리라"(합 2:4; 롬 1:17)라는 말씀입니다. 사도 바울이 예수님을 믿고 깨달은 바가 바로 이것이었습니다. 로마서의 이 말씀이 어거스틴(Augustine)의 가슴속에 들어갔을 때 히브리즘과 헬레니즘이 통합되었습니다. 또 이 말씀이 마르틴 루터에게 들어갔을 때 어두웠던 중세가 무너지고 종교개혁의 밝은 빛이 임했습니다. 이 모든 것이 "의인은 믿음으로 말미암아 살리라"라는 진리를 드러냅니다.

이것은 아브람의 차원에 머무는 일이 아니라 인류의 구원자이신 예수 그리스도께로 이어집니다. 누구든지 메시아이신 예수 그리스도를 믿으면 구원을 얻는다는 이 놀라운 사실을 우리에게 보여 주기 위해 이 사건이 존재하는 것입니다. 우리 모두가 예수 그리스도를 믿음으로 말미암아 의롭게 되며, 하나님의 자녀가 되며, 구원받는 복을 누릴 줄 믿습니다.

# 9

## 영적인 증거를 보여 주소서, 더욱 믿겠나이다

창세기 15:7 - 21

## 믿음의 길에는 말씀과 성령의 내적 증거가 필요하다

믿음의 사람 아브람도 하나님이 약속하신 자녀를 제때에 얻지 못하자 심각한 불안과 두려움에 빠졌습니다. 그래서 그는 자기 집에서 기른 다메섹 사람 엘리에셀을 양자로 삼아야겠다는 극히 인간적인 생각을 했습니다. 아브람은 인간적인 생각을 한 순간부터 두려움과 불안에 빠졌습니다.

하나님은 두려움에 빠진 아브람에게 나타나셨습니다. 하나님은 우리가 결정적인 위기에 빠졌을 때 외면하시지 않고 나타나십니다. 하나님은 시간을 보고 계십니다. 그리고 중요한 순간에 반드시 나타나셔서 격려해 주시고 다시 궤도를 수정해 믿음의 길을 가도록 만들어 주십니다. 그러자 불안과 두려움, 회의와 갈등에 빠져 있던 아브람의 마음이 회복되기 시작했습니다. 그리고 다시 믿음의 눈을 갖게 되었습니다. 하나님의 약속의 말씀을 붙들기 시작했습니다.

믿음이란 약속의 말씀을 계속 붙잡는 것입니다. 믿음은 말씀을 들음으로 시작됩니다. 그 말씀에 순종함으로 싹이 납니다. 그리고 믿음은 하나님의 약속의 말씀을 끝까지 붙들어야 완성됩니다.

하나님은 아브람의 믿음이 회복된 모습을 보시고 기뻐하고 감격하셨습니다. 히브리서 11장 6절에 의하면, 하나님을 기쁘시게 하는 방법은 믿음이라는 것을 알 수 있습니다. 우리가 가진 것이 아무것도 없을지라도 믿음을 가지고 나아가면 하나님은 그 믿음 하나 때문에 기뻐하십니다.

아브람의 믿음이 회복된 모습을 보신 하나님은 이를 그의 의로 여기셨습니다.

> 아브람이 여호와를 믿으니 여호와께서 이를 그의 의로 여기시고
> (창 15:6).

하나님이 의로 여기신 것은 아브람의 위대하고 영웅적인 행동이 아니었습니다. 하나님이 기뻐하신 이유는 단 하나입니다. 여호와를 신뢰한 것입니다. 의로워지는 유일한 비결은 믿음입니다. 이어지는 7절에서 하나님은 자신이 누구인지를 아브람에게 계시하셨습니다.

> 또 그에게 이르시되 나는 이 땅을 네게 주어 소유를 삼게 하려고 너를 갈대아인의 우르에서 이끌어 낸 여호와니라(창 15:7).

인생의 참된 기초는 하나님이십니다. 인생의 시작도 하나님이십니다. 아브람을 부르신 분도 하나님이십니다. 생각해 보십시오.

시작하신 분이 하나님이시라면 끝도 책임지시지 않겠습니까?

그러나 우리는 아브람이 당돌하게도 하나님께 증거를 요구하는 모습을 볼 수 있습니다.

> 그가 이르되 주 여호와여 내가 이 땅을 소유로 받을 것을 무엇으로 알리이까(창 15:8).

아브람의 말은 이런 뜻입니다. "하나님이 하늘의 별들도 보이시고 말씀도 주셨지만 현실적으로 제게는 자녀가 없지 않습니까? 제게 자녀를 주실 것이라면 먼저 증거를 보여 주십시오."

우리는 여기서 믿음에 대한 두 가지 사실을 배울 수 있습니다. 첫째, 믿음이란 증거가 없어도 믿는 것이라는 사실입니다. 둘째, 그러나 그와 동시에 믿음에는 증거가 필요하다는 것입니다. 그렇다면 여기서 말하는 증거란 무엇입니까? 눈으로 보고 만질 수 있는 현실적인 것일까요? 아닙니다. 하나님이 우리에게 주시려는 증거는 영적이고 내면적인 증거입니다.

영적인 증거에는 두 가지가 있는데, 하나는 '말씀'이고, 또 하나는 성령의 '내적 증거'입니다. 사람들이 순교까지 할 수 있는 이유가 무엇입니까? 그들에게는 증거가 있기 때문입니다. 하나님의 음성과 환상이 있었기에, 성령의 기름 부으심이 있었기에 두려워하지 않고 죽을 수 있는 것입니다. 우리 인생이 끝날 때까지, 주님이 오실 때까지 믿음의 길을 걸을 수 있는 것은 영적이고 내면적인 증거가 있을 때만 가능합니다.

아브람은 이런 증거를 요구했습니다. 외적이고, 현실적이고, 물질적인 증거가 아니라 눈에 보이지 않는 내면적인 말씀과 성령의 증거가 우리 안에 있으면 어떤 위기와 환난도 이겨 낼 수 있습니다. 이러한 증거와 성령의 기름 부으심이 우리 안에 있기를 원합니다.


## 기다림 없이 믿음이 생긴 사람은 한 사람도 없다

> 여호와께서 그에게 이르시되 나를 위하여 삼 년 된 암소와 삼 년 된 암염소와 삼 년 된 숫양과 산비둘기와 집비둘기 새끼를 가져올지니라(창 15:9).

놀랍게도, 하나님은 증거를 달라는 아브람의 요구에 응답하셨습니다. 그런데 하나님의 응답의 형태가 좀 특이합니다. 하나님은 아브람에게 하나님을 위해 3년 된 암소, 3년 된 암염소, 3년 된 숫양, 산비둘기, 집비둘기 새끼를 가져오라고 하셨습니다.

이것은 고대의 계약법이었습니다. 고대의 계약법은 짐승을 죽여서 쪼개어 마주 보게 한 후에 그 사이를 왕래함으로 계약이 완성되었습니다. 오늘날 계약서를 쓰고 서명하고 공증을 하면 법적 효력이 생기는 것과 마찬가지입니다. 이는 '계약 위반 시 이 짐승처럼 죽게 될 것이다'라는 뜻을 내포하고 있었습니다.

아브람이 그 모든 것을 가져다가 그 중간을 쪼개고 그 쪼갠 것을 마주 대하여 놓고 그 새는 쪼개지 아니하였으며 솔개가 그 사체 위에 내릴 때에는 아브람이 쫓았더라(창 15:10-11).

여기서 아브람이 하나님이 제안하신 방법대로 순종했다는 것을 알 수 있습니다. 아브람은 하나님이 말씀하신 모든 동물을 취해서 그 사체를 반으로 쪼개고 그 쪼갠 것을 마주 대하여 놓았습니다. 분명히 이것은 제사가 아니었습니다. 레위기 1장에 나오는 제사법과 다릅니다. 이것은 제사가 아니라 계약이었습니다.

왜 하나님이 세상의 계약법대로 아브람과 계약하기를 원하셨을까요? 하나님은 이러한 세상적인 계약법을 통해 아브람에게 분명하고 확실하게 "내가 약속의 땅과 복된 자녀를 너에게 분명히 주겠다"는 것을 가르쳐 주고자 하셨던 것입니다.

해 질 때에 아브람에게 깊은 잠이 임하고 큰 흑암과 두려움이 그에게 임하였더니(창 15:12).

아브람은 하나님과 사람 사이의 계약은 도대체 어떤 것일지 궁

금해하며 아침부터 줄곧 기다리고 있었습니다. 호시탐탐 사체를 노리는 솔개들 때문에 어디를 잠시 다녀올 수도 없었습니다. 사체가 없어지면 계약이 완성되지 못하기 때문입니다. 그리고 자리를 비운 순간 하나님이 오실지도 모르기에 하루 종일 짐승의 사체 앞에서 서성거릴 수밖에 없었습니다.

믿음이란 기다림입니다. 기다림의 과정을 거치지 않고 믿음이 생긴 사람은 한 사람도 없습니다. 우리가 기다릴 수 있는 이유가 무엇입니까? 믿음이 있기 때문입니다. 믿음이 없는 사람은 기다릴 수 없습니다. 현실은 아무것도 없다고 할지라도 말씀을 붙잡는 것이 믿음입니다.

하나님의 약속의 말씀이 주어졌지만 그 말씀이 바로 현실화되지는 않습니다. 약속의 말씀과 현실 사이에는 벽이 있습니다. 그 사이를 연결하는 것이 믿음이요, 기다림입니다. 사랑한다는 것이 무엇입니까? 고린도전서 13장을 보면 '사랑은 오래 참는 것'이라고 말합니다. 사랑한다면서 오래 참지 못하는 것은 진짜가 아닙니다. 상대방의 실수와 허물, 만족스럽지 못한 부분을 참지 못한다면 그 사랑은 일시적인 감정에 지나지 않습니다.

12절에는 '깊은 잠이 임하고'라는 표현이 나옵니다. 아마도 아브람은 하루 종일 기다리다가 잠깐 잠이 든 것 같습니다. 한낮의 뙤약볕에서 얼마나 피곤했겠습니까? 아브람은 잠든 사이에 환상을 보았습니다. 캄캄함이 엄습해 왔고 두려움에 사로잡혔습니다.

바로 그때 예언이 들렸습니다.

여호와께서 아브람에게 이르시되 너는 반드시 알라 네 자손이 이방
에서 객이 되어 그들을 섬기겠고 그들은 사백 년 동안 네 자손을 괴
롭히리니 그들이 섬기는 나라를 내가 징벌할지며 그 후에 네 자손
이 큰 재물을 이끌고 나오리라 너는 장수하다가 평안히 조상에게로
돌아가 장사될 것이요 네 자손은 사 대 만에 이 땅으로 돌아오리니
이는 아모리 족속의 죄악이 아직 가득 차지 아니함이니라 하시더니
(창 15:13-16).

진짜 믿음을 가지면 예언을 듣게 됩니다. 하나님을 신뢰하고, 말
씀을 의지하고, 그분을 바라보면 하나님이 나타나셔서 우리에게
일어날 일들을 가르쳐 주십니다. 이것이 바로 믿음의 세계에서 일
어나는 일입니다.

하나님은 아브람에게 나타나 "내가 하려는 것을 아브라함에게
숨기겠느냐"(창 18:17)라고 말씀하시면서 소돔과 고모라가 멸망할
것을 미리 가르쳐 주셨습니다. 기도를 많이 하는 사람, 하나님과
가까운 사람은 하나님의 비밀을 압니다. 앞으로 일어날 일을 알게
됩니다. 믿음의 사람은 예언의 말씀을 듣습니다.

하나님은 우리의 미래에 대해서도 보여 주십니다. 우리의 자녀
에 대해서도 예언해 주시고, 말씀으로 가르쳐 주시고, 갈 길을 보

여 주십니다. 그래서 우리는 좁은 길, 고난의 길을 가며 위기가 와도 그 길을 흔들리지 않고 갈 수 있습니다. 그것은 우리 안에 말씀의 약속이 있기 때문이요, 예언의 음성이 있기 때문이요, 하나님의 부르심이 있기 때문입니다.

구약의 예언은 신약에서 완성되었습니다. 예수님의 모든 예언과 성령의 모든 예언은 요한계시록을 통해 미래의 역사에 완성될 것입니다. 주님은 다시 오실 것입니다. 우리는 죽어서 천국에 갈 것입니다. 사탄은 결국 패배할 것입니다. 이러한 성경의 모든 예언은 역사의 종말에 반드시 이루어질 것입니다.


## 믿음의 능력은 하나님의 불의 능력, 말씀의 능력이다

해가 져서 어두울 때에 연기 나는 화로가 보이며 타는 횃불이 쪼갠 고기 사이로 지나더라 (창 15:17)


아주 놀라운 일이 벌어졌습니다. 환상 중에 예언을 들은 아브람은 형용할 길 없는 놀라움에 사로잡혔습니다. 바로 그때 불이 나타났습니다. '연기 나는 화로', 곧 불을 담은 화로 같은 것이 나타났습니다. 활활 타오르던 화로 안에서 갑자기 불이 튀어나왔습니다. 그것은 '타는 횃불'이었습니다. 그런데 그 불이 가만히 있지 않고 쪼갠 고기 사이로 지나갔습니다. 이것이 하나님의 사인이었습니다. 하나님은 불로 인을 치셨습니다.

이 불은 하나님의 불입니다. 하나님의 불이란 하나님의 임재를 뜻합니다. 하나님의 임재란 곧 하나님의 영광을 의미합니다. 지금 하나님이 불로 임재해 그 영광을 나타내셨습니다.

출애굽기 3장 2 - 5절을 보면, 모세가 40년간 광야에서 방황하다가 호렙산에 이르러 하나님의 불을 만난 사건이 나옵니다. 그는 산에 오르는 도중에 떨기나무를 보았습니다. 그런데 그 떨기나무는 불이 붙었지만 타지도 않았고, 사라지지도 않았습니다. 이 불 속에는 하나님의 사자가 있었습니다. 모세는 그곳에서 자신을 부르시는 하나님의 음성을 들었습니다.

> 모세야 모세야 하시매 그가 이르되 내가 여기 있나이다 하나님이 이르시되 이리로 가까이 오지 말라 네가 선 곳은 거룩한 땅이니 네 발에서 신을 벗으라(출 3:4-5).

드디어 모세는 불로 임하시는 하나님을 대면했습니다. 모세는 출애굽기 13장 21절에서 또 한 번 하나님의 불을 경험했습니다. 이스라엘 백성을 이끌고 애굽 바로의 손에서 탈출했을 때 그들을 인도한 것은 구름 기둥과 불 기둥이었습니다. 모세는 산에 올라가 십계명을 받을 때도 하나님의 불을 보았습니다.

시내산에 연기가 자욱하니 여호와께서 불 가운데서 거기 강림하심이라 그 연기가 옹기 가마 연기같이 떠오르고 온 산이 크게 진동하며(출 19:18).

출애굽기 24장에서 모세가 성막에 관한 말씀을 하나님께 받을 때도 똑같은 말씀이 나옵니다.

산 위의 여호와의 영광이 이스라엘 자손의 눈에 맹렬한 불같이 보였고(출 24:17).

이러한 하나님의 불은 모세에게만 아니라 솔로몬에게도 임했습니다. 역대하에는 솔로몬이 성전 건축을 마치고 봉헌식을 하는 장면이 소개되어 있습니다. 솔로몬은 하나님께 봉헌 기도를 드렸습니다. 그런데 기도를 마치자마자 놀라운 일이 일어났습니다. 하늘에서 불이 내려와 그 번제물과 제물들을 사른 것입니다(대하 7:1). 하나님의 불은 하늘에서 내립니다. 땅에서 오는 불은 하나님의 불이 아닙니다. 인간에게서 오는 불은 하나님의 불이 아닙니다.

하늘에서 불이 임할 때 하나님의 영광도 같이 임했습니다. 성전에 하나님의 영광이 가득해서 제사장들조차 들어갈 수 없었습니다. 그 자리에 있던 모든 사람이 그 광경을 보았습니다.

또한 이 불은 솔로몬에게서 끝난 것이 아닙니다. 이 불은 엘리야에게 옮겨붙었습니다. 엘리야가 바알 선지자 450명과 갈멜산에서 대결할 때였습니다. 바알 선지자들은 아침부터 저녁까지 송아지를 잡아 놓고 열심히 주문을 외웠습니다. 춤을 추며 칼과 창으로 자기 몸을 찔러 피를 내며 소리 질러 기도했습니다. 하지만 거짓 우상인 바알은 불로 응답할 수가 없었습니다.

엘리야는 무너진 여호와의 제단을 수축하되, 열두 돌을 취해 그 돌로 제단을 쌓고 제물을 놓았습니다. 그리고 그 제물에 물을 부은 후 소리 지르지 않고 조용히 기도하며 보냈습니다. 그리고 소제를 드리는 저녁 무렵 간단한 기도를 올렸습니다.

아브라함과 이삭과 이스라엘의 하나님 여호와여 주께서 이스라엘 중에서 하나님이신 것과 내가 주의 종인 것과 내가 주의 말씀대로 이 모든 일을 행하는 것을 오늘 알게 하옵소서 여호와여 내게 응답하옵소서 내게 응답하옵소서 이 백성에게 주 여호와는 하나님이신 것과 주는 그들의 마음을 되돌이키심을 알게 하옵소서(왕상 18:36-37).

이 기도를 드리자 놀라운 일이 일어났습니다. 여호와의 불이 내려서 번제물과 나무와 돌과 흙을 태우고 또 도랑의 물을 핥았습니다. 그 모습을 모든 백성이 보고 엎드려 말하되, "여호와 그는 하나님이시로다"(왕상 18:39)라고 했습니다.

이 불은 엘리야에서 끝나지 않았습니다. 그 불은 오순절 날 마가의 다락방에서 전심으로 기도하던 제자들에게도 임했습니다. 그리고 그 불은 지금 우리의 마음속에서도 타고 있습니다. 예수 그리스도를 전하는 곳곳마다 성령의 불이 횃불처럼 지금도 타오르고 있는 것입니다.

아브람의 믿음에는 불의 인 치심이 있었습니다. 믿음의 능력은 적극적 사고방식의 능력이 아니라 바로 하나님의 불의 능력입니다. 말씀의 능력입니다. 하나님의 능력은 그 믿음을 통하여 우리에게 나타납니다.

> 그날에 여호와께서 아브람과 더불어 언약을 세워 이르시되 내가 이 땅을 애굽강에서부터 그 큰 강 유브라데까지 네 자손에게 주노니(창 15:18).

계약에서 내용만큼 중요한 것이 계약한 날짜입니다. 여기에 '그 날에'라는 말이 나옵니다. 하나님이 어떤 날에 아브람과 계약을 맺으셨습니다. 계약 전까지는 자유롭지만 일단 계약하면 후회해도 고칠 수가 없습니다. 반드시 지켜야 합니다. 하나님은 바로 그날 우리를 지키기로 결정하셨습니다. 아들을 보내기로 결정하셨고, 우리를 포기하지 않기로 결정하셨습니다. 우리 하나님은 신실하시며 과장이 없으십니다. 약속하신 것은 반드시 이루시는 분입니다.

하나님은 "이 땅을 네 자손에게 주겠다"고 아브람과 '불의 계약'

을 하셨습니다. 하나님이 우리를 사랑하신 것도 바로 이 계약에 근거한 것입니다. 하나님은 우리를 포기하시지 않습니다. 우리를 끝까지 사랑하시며 구원하기를 원하십니다. 하나님은 힘들다고 포기하시거나 귀찮다고 그만두시지 않습니다. 반드시 우리를 구원해 주십니다.

하나님은 애굽강에서부터 그 큰 강 유브라데까지 아브람의 자손에게 주겠다고 하셨습니다. 그러나 이 약속을 받은 당시의 아브람의 현실로 돌아와 봅시다. 아브람에게 아기가 있습니까? 없습니다. 아브람은 이때부터 15년을 더 기다려야 했습니다. 우리가 믿음을 가졌다고 만사형통하거나 당장 기적이 일어나는 것은 아닙니다. 우리가 붙잡을 것은 약속의 말씀입니다. 아브람이 받은 것은 겨우 막벨라굴 하나밖에 없었습니다. 그가 현실에서 소유한 것은 그것 하나였습니다.

그러면 그것으로 아브람의 인생이 끝이었습니까? 아닙니다. 아브람의 후손에서 예수 그리스도가 태어나셨습니다. 예수 그리스도로 말미암아 모든 민족이 하나님의 백성이 되는 복을 받았습니다. "네 자손이 하늘의 별처럼, 바다의 모래알처럼 되리라"라는 하나님의 말씀대로 구원받은 백성이 많아질 것이라는 말씀이 아브람을 통해 이루어졌습니다. 예수 그리스도를 믿음으로 구원받는 자들을 부르시는 하나님의 놀라운 섭리가 바로 아브람으로부터 시작된 것입니다.

곧 겐 족속과 그니스 족속과 갓몬 족속과 헷 족속과 브리스 족속과
르바 족속과 아모리 족속과 가나안 족속과 기르가스 족속과 여부스
족속의 땅이니라 하셨더라(창 15:19-21).

하나님은 아브람에게 "내가 너에게 줄 땅이 바로 이 땅이다"라
고 말씀하셨습니다. 그런데 그 땅은 새 땅이 아니라 묵은 땅이었습
니다. 하나님은 다른 사람이 살지 않던 땅이 아니라 이미 수많은
족속이 살아왔던 묵은 땅을 아브람에게 주셨습니다. 하나님은 새
땅을 주시지 않고 묵은 땅을 주십니다.

하나님이 묵은 땅을 주신 것은 그 땅을 기경하라는 뜻이었습니
다. 그곳에 사는 모든 이방 족속을 몰아내고 하나님의 나라를 만들
라는 것이었습니다. 우리는 새사람이 아닙니다. 우리는 이미 죄악
으로 더럽혀진 사람들입니다. 하나님은 우리 안에 들어오셔서 우
리를 새사람으로 만드시기를 원합니다. 묵은 땅을 기경해서 복된
땅을 만드는 것처럼 말입니다. 하나님은 우리 안에서 새로운 역사
를 이루기 원하십니다.

그런즉 누구든지 그리스도 안에 있으면 새로운 피조물이라 이전 것
은 지나갔으니 보라 새것이 되었도다(고후 5:17).

예수 그리스도를 바라보십시오. 그분 안에 모든 복의 비밀이 있

습니다. 예수 그리스도 안에 있을 때 아브람이 받은 복과 증거를
우리도 받게 됩니다.

# 10

## 인간적인 방법 아닌
## 믿음으로 직진합니다

창세기 16:1 - 6

## 하나님의 역사는 '쉼표'이지 '마침표'가 아니다

하나님은 다 아시면서 용서하시고, 인간은 다 알면서 죄를 짓습니다. 아무리 위대한 믿음의 사람이라도 실수할 수 있으며, 반복해서 죄를 지을 수 있다는 것이 창세기 16장 1-6절의 메시지입니다.

인간은 누구를 막론하고 완전할 수 없습니다. 그런 의미에서 사람에게 '성자'라는 말을 붙이는 것은 합당하지 않습니다. 모든 인간은 용서받은 죄인일 뿐입니다. 믿음의 사람 아브람도 실수를 수없이 반복했습니다. 따라서 고린도전서 10장 12절, "그런즉 선 줄로 생각하는 자는 넘어질까 조심하라"라는 말씀은 특정인에게만 주신 말씀이 아니라 우리 모두에게 적용되는 말씀입니다.

우리는 마음이 답답하고 클클할 때 때로 산에 가서 금식하면서 하나님께 매달립니다. 그렇게 간절히 기도하면 하나님이 응답하십니다. 말씀도 주시고, 환상도 보여 주시고, 격려도 해 주시고, 용기도 주십니다. 우리는 영적 체험을 안고 집으로 돌아옵니다. 그런데 집으로 돌아오면 어떤 일이 생깁니까? 현실이 기다리고 있습니다. 산에서 기도하는 것과는 전혀 다른 현실, 짜증나는 일, 나로 하여금 산으로 갈 수밖에 없게 했던 그 현실이 꿈쩍도 하지 않고 기다리고 있습니다.

아브람의 경우도 마찬가지였습니다. 그는 타는 횃불로 나타나신 하나님을 경험했고, 그분의 음성을 들었고, 환상도 보았습니다. 그리하여 영적으로 충만한 상태로 집에 돌아왔습니다. 그러나 그곳에는 여전히 현실이 기다리고 있었습니다. 그것은 바로 아내 사래의 현실이었습니다.

아브람의 아내 사래는 출산하지 못하였고 그에게 한 여종이 있으니 애굽 사람이요 이름은 하갈이라(창 16:1).

사래는 출산하지 못했다고 성경은 이야기합니다. 우리는 이 말씀에서 사래의 고민을 추측할 수 있습니다. 육체는 늙어 가고 아이를 출산할 수 있는 가능성은 사라져 갔습니다. 하나님의 약속은 있었지만 자녀는 없었습니다. 그래서 사래는 두려워하기 시작했습니다.

아기를 낳지 못하는 사람이 사래뿐이었겠습니까? 그러나 그녀의 고민은 좀 특이했습니다. 왜냐하면 그녀는 하나님의 약속을 받았기 때문입니다. 그래서 급기야 이런 고민까지 하게 되었습니다. '하나님은 살아 계실까? 그분은 신실하실까? 하나님의 음성과 약속대로 과연 이루어질 것인가? 만약 약속을 지키시는 하나님이시라면 도대체 내게 무슨 잘못이 있기에 아직도 나에게 아기가 없다는 말인가?' 이것이 사래의 현실이었습니다.

이러한 좌절감은 사래에게 부정적이고 인간적인 생각을 갖게 했습니다. 인간적인 생각은 설득력 있어 보입니다. 왜냐하면 인간적이기 때문입니다. 이성과 형편에 맞기 때문에 우리의 정서와 감정에 잘 맞아떨어집니다. 그래서 힘들고 어려울 때 우리는 이렇게 말합니다. "하나님도 내 입장이 되어 보세요!" 사람들이 쉽게 할 수 있는 것이 세속적인 방법입니다. 하나님의 뜻과는 맞지 않지만 모든 사람이 그렇게 해 왔기 때문에 별로 죄책감을 갖지 않고 쉽게 그 방법을 따라 행동합니다.

사래는 이렇게 생각했을 것입니다. '그래, 내가 이 나이에 육체적으로 아이를 갖기란 불가능해. 내 몸종인 하갈을 통해 자식을 번성시키는 것이 더 현실적이고 현명한 일일 거야.' 이 생각이 사래의 마음속에 점점 더 크게 자리 잡아 가고 있었습니다.

그러나 그것은 믿음의 생각이거나 하나님의 약속이 아닙니다. 단지 답답하기 때문에 든 생각입니다. 이러한 사래와 같은 생각을 그녀만 했던 것은 아닙니다. 아브람도 마찬가지였습니다. 그도 아기가 없다고 하나님께 투정했습니다. "양자나 삼아서 약속의 자식으로 삼지요"라고 말입니다. 하나님은 이 말에 대해서 "그 사람이 네 상속자가 아니라 네 몸에서 날 자가 네 상속자가 되리라"(창 15:4)라고 분명히 말씀하셨습니다.

아브람처럼 사래도 자신이 임신할 수 없으니까 몸종인 하갈을 통해서 아기를 낳겠다는 인간적인 생각을 했습니다.

사래가 아브람에게 이르되 여호와께서 내 출산을 허락하지 아니하셨으니 원하건대 내 여종에게 들어가라 내가 혹 그로 말미암아 자녀를 얻을까 하노라 하매 아브람이 사래의 말을 들으니라(창 16:2).

사래의 실수는 자신이 임신하지 못한 이유가 하나님이 허락하시지 않았기 때문이라고 단정한 것이었습니다. 사래는 자기 마음대로 하나님의 뜻을 정해 마침표를 찍고 말았습니다. 그러나 하나님은 쉼표를 찍으십니다. "지금은 아기가 없으나, 곧 아기가 생길 것이다." 하지만 사래는 자기 마음대로 단정해 버렸습니다. "아기가 없다. 하나님이 없다. 약속은 없다." 이렇게 말입니다. 우리는 어렵고 힘들 때 "하나님은 이런 분이시다. 하나님은 약속을 어기셨다"라고 마음대로 단정하지 말아야 합니다.

하나님은 도대체 왜 아브람과 사래를 임신이 불가능한 나이까지 데리고 가신 후에야 아기를 주셨을까요? 여기에는 몇 가지 이유가 있습니다. 첫째는 하나님께는 불가능이 없다는 것을 가르쳐 주시기 위해서였습니다. 둘째는 아브람의 믿음을 시험하시기 위해서였습니다. 그가 정말 믿음의 조상이라면 이 정도의 시험까지 필요했던 것입니다. 그리고 그보다 더 중요한 이유가 있는데, 먼 훗날 동정녀에게서 메시아가 태어나실 것을 계획하시고, 먼저 아브람에게 불가능한 상황에서도 아기를 낳을 수 있다는 사실을 보여 주심으로써 구속사적인 가르침을 주시고자 했던 것입니다.

무슨 일이든지, 불가능해 보이고 이해되지 않을 때라도 미리 단정하고 모든 것이 끝났다고 말하지 마십시오. 하나님의 역사는 '쉼표'이지 '마침표'가 아닙니다. 지금은 어둡지만 새벽이 올 것입니다. 모든 일이 불가능한 것 같고 어려울 때 예수님께 나오십시오. 그 상황, 사건을 구속사적으로 해석해 보십시오. 기적이 일어날 것이며 상상할 수 없는 놀라운 일들이 우리 생애에 벌어질 것입니다.

2절에서 볼 수 있는 사래의 또 다른 실수는 자신의 인간적인 생각을 실제 행동으로 옮겼다는 것입니다. 자신의 몸종인 하갈을 아브람의 첩으로 주었습니다. 이는 지극히 세속적이고, 비윤리적이고, 인간적인 방법입니다. 사람들은 급하면 원리와 원칙을 쉽게 무시하고 편법을 씁니다. 편법은 쉽고 지름길처럼 보입니다. 그러나 그 결과는 언제나 비극적이고 비참한 법입니다.


## 하나님 없는 이 세상은 도망가는 사람들로 가득 차 있다

사래는 애굽에서 얻은 몸종 하갈이 대신 임신하게 함으로써 자신의 모든 문제와 불만과 갈등을 해결하려고 했습니다. 그러나 그것은 어리석은 선택이었습니다. 결과는 사래의 뜻대로 되지 않았습니다.

힘들고 어려울 때 감정적으로 일을 처리하면 사고가 생기고 후회하게 됩니다. 지금의 사래는 극도로 불안하고 두려움에 사로잡혀 있었습니다. 어쩌면 우울증 증세까지 보였을지도 모를 일입니다. 그래서 그녀의 행동은 실수할 확률이 높았습니다. 그녀는 판단력을 잃었습니다. 어려울 때일수록 마음을 곱게 써야 합니다. 사람이 급해지면 마음을 곱게 쓰지 않습니다.

사래의 실수 다음에 이어지는 것이 아브람의 실수입니다. 아브람은 사래가 고통과 극도의 불안함 속에서 내뱉은 말에 아무 생각 없이 동의했습니다. 그가 온전한 믿음의 사람이었다면 사래의 제안을 거절했어야 합니다. 왜냐하면 그것은 그녀의 진실이 아니었기 때문입니다. 그것은 투정이요, 갈등의 표현이었습니다.

이때 아브람은 이렇게 말했어야 합니다. "여보, 당신이 오죽하면 그런 말을 하겠소. 포기하지 마시오. 절대 그러면 안 되오. 하나님의 약속을 믿고 기다립시다." 임신하지 못하는 사래를 위로하고, 격려하고, 용기를 주었어야 마땅합니다. 이것이 믿음의 사람이요, 아내를 사랑하는 남편이 할 일이었습니다. 아브람은 사래의 인간적인 고통을 헤아리지 못하고 아내의 제안을 수락하고 말았습니다. 여기서 비극이 시작되었습니다.

아브람의 아내 사래가 그 여종 애굽 사람 하갈을 데려다가 그 남편 아브람에게 첩으로 준 때는 아브람이 가나안 땅에 거주한 지 십 년 후였더라(창 16:3).

아브람이 믿음의 여행을 시작한 때가 75세였고, 지금은 85세입니다. 이때 그가 실수를 했고, 이스마엘을 낳은 때는 그의 나이가 86세였습니다. 10년의 세월이 지났지만 그의 믿음은 성숙하지 않았고 완성되지도 않았습니다. 아브람은 계속 넘어지고 실수했습니다. 여기서 배우게 되는 사실은 사람은 세월이 가고 나이가 든다고 해서 성숙해지는 것은 아니라는 것입니다. 세상을 사는 요령과 기술만 발달될 뿐입니다.

아브람이 하갈과 동침하였더니 하갈이 임신하매 그가 자기의 임신함을 알고 그의 여주인을 멸시한지라(창 16:4).

아브람은 하갈과 동침했고 쉽게 임신했습니다. 사래가 그렇게도 원했던 임신이 하갈에게는 아주 쉽게 이루어졌습니다. 임신 사실을 알게 된 하갈이 어떻게 변했습니까? 사래의 몸종이었으나 사래의 주인으로 군림하려고 했습니다. 이것은 모든 인간의 속성입니다. 아기를 가졌다는 사실 때문에 여주인 노릇을 하려 한 것입니다.

이것은 사래가 의도한 결과가 아니었습니다. 모든 일이 사래의 뜻대로 이루어지지 않습니다. 인간적이고 세속적인 방법은 처음에는 그럴듯해 보이지만 시간이 갈수록 우리를 딜레마에 빠뜨리고 맙니다. 그러나 반대로 하나님의 방법은 처음에는 어렵다가도 시간이 갈수록 우리로 하여금 은혜와 복을 경험하게 합니다.

자신의 몸종이 주인 행세를 하려 할 때 사래의 심정이 어떠했겠습니까? 충분히 짐작하고도 남습니다. 분하고, 원통하고, 속이 뒤집힐 지경이었을 것입니다. 살고 싶은 의욕마저 느끼지 못했을뿐더러 신경질적으로 변했을 것입니다.

> 사래가 아브람에게 이르되 내가 받는 모욕은 당신이 받아야 옳도다 내가 나의 여종을 당신의 품에 두었거늘 그가 자기의 임신함을 알고 나를 멸시하니 당신과 나 사이에 여호와께서 판단하시기를 원하노라(창 16:5).

아니, 이 실수를 누가 저질렀습니까? 사래입니다. 그런데 누가 화를 냅니까? 사래입니다. 그렇습니다. 실수한 사람이 더 화를 냅니다. 죄지은 사람이 큰소리칩니다. 사래 자신이 실수하고서는 그 책임을 아브람에게 뒤집어씌웠습니다. 죄에는 변명하고 책임을 전가시키는 특성이 있습니다.

이런 모습은 아담에게서도 볼 수 있었습니다. 아담은 선악과를 먹었고, 하나님이 그런 아담을 찾아오셔서 "내가 네게 먹지 말라 명한 그 나무 열매를 네가 먹었느냐"(창 3:11)라고 물으셨습니다. 그때 아담은 "제가 선악과를 따 먹었습니다"라고 말하지 않고 변명했습니다. "하나님이 주셔서 나와 함께 있게 하신 여자 그가 그 나무 열매를 내게 주므로 내가 먹었나이다"(창 3:12). 이 말은 "선악과를 먹은 것은 사실이지만 그 책임은 하와에게 있고, 더 근본적으로는 하나님께 있습니다"라고 말한 것이나 마찬가지입니다.

어떤 사람은 도둑질을 하고서도 이렇게 말합니다. "아니, 도대체 우리 사회에서 도둑질하지 않고 어떻게 살 수 있습니까?" 어떤 사람은 술을 먹고서 이렇게 시를 씁니다. "이 사회가 나를 술 먹게 한다." 정말 그렇습니까? 아닙니다. 그것은 책임 전가입니다.

사래는 적극적으로 아브람에게 항의했습니다. 그녀는 모든 실수가 다 남편 때문이라고 했습니다. 과연 이 시점에서 항의한다고 무슨 소용이 있겠습니까? 상황은 이미 쏟아진 물이었습니다. 우리는 이러한 상황에 부딪혔을 때 현명하게 대처해야 합니다. 그러나 대부분의 사람들은 감정적으로 대처해서 분노를 쏟아 놓습니다. 그러나 분노를 쏟아 놓으면 어려운 일이 더 많이 생깁니다. 가장 지혜로워 보여도 결과를 보면 미련한 것이고, 제일 빠른 길을 선택한 것 같아 보여도 막상 결과를 보면 자신이 제일 늦습니다.

> 아브람이 사래에게 이르되 당신의 여종은 당신의 수중에 있으니 당신의 눈에 좋을 대로 그에게 행하라 하매 사래가 하갈을 학대하였더니 하갈이 사래 앞에서 도망하였더라(창 16:6).

아브람은 거친 사래의 요구를 거절할 수 없었습니다. 그래서 "당신의 눈에 좋을 대로 그에게 행하라"라고 말했습니다. 이것은 아브람이 행한 두 번째 실수였습니다. 아브람은 이미 사래가 몸종을 첩으로 줄 때 거절했어야 합니다. 그러나 일이 벌어진 상태에서는 하갈을 학대하지 말아야 했습니다. 그럼에도 아브람은 사래와 하갈이 싸울 때 사래의 손을 들어 주었습니다. 하갈을 무참하게 버린 것입니다. 하갈에게 무슨 죄가 있습니까?

첫 단추를 잘못 끼우면 계속 잘못 끼우게 되어 있습니다. 아브람뿐만 아니라 사래도 계속해서 실수를 저질렀습니다. 그녀는 하갈을 학대했습니다. 하갈을 아브람의 첩으로 줄 때와 사뭇 다른 태도입니다. 하갈을 아브람에게 준 것은 바로 사래 자신이었습니다. 따라서 하갈을 학대하지 말았어야 합니다. 그러나 사래는 복수하듯이 하갈을 학대했습니다.

하갈이 갈 데가 어디 있겠습니까? 그래도 학대를 견디다 못해 사래를 떠났습니다. 이것이 인류의 역사입니다. 잘못된 시작은 잘못된 결과를 낳고, 잘못된 결과는 무책임과 학대를 낳고, 결국 학대는 그의 곁을 떠나게 만듭니다.

하나님 없는 세상은 도망가는 사람들로 가득 찬 세상입니다. 우리가 사는 이 세상은 끊임없이 도피하는 사람들로 가득 찬 세상입니다. 아내는 학대하는 남편에게서 도망가고, 자식은 일만 하고 성공만 하되 사랑은 하지 않는 부모에게서 도망갑니다. 또한 학생은 실력 없는 선생에게서 도망가고, 노동자는 착취하는 주인에게서 도망가며, 백성은 독재하는 정치가로부터 도망갑니다. 이 세상의 모든 사람이 피해 다니고 도망을 다닙니다. 이것이 창세기 16장 1-6절이 우리에게 주는 메시지입니다.


## 믿음의 사람도 실수하지만, 하나님의 은혜로 다시 선다

우리가 여기서 얻을 수 있는 교훈이 있습니다.

첫째, 사람은 누구든지 실수할 수 있다는 것입니다. 로마서 3장 10절은 "의인은 없나니 하나도 없으며"라고 말합니다. 아무리 믿음의 사람이라 할지라도 인간은 누구나 죄의 본성 때문에 어쩔 수 없이 실수하는 존재라는 사실을 인정해야 합니다. 하나님의 값없는 은혜가 아니면 어느 누구도 바로 설 수 없습니다.

우리가 믿음의 경주를 끝까지 할 수 있는 것은 우리가 완전하기 때문이 아닙니다. 실수하고 부족하지만 하나님이 우리를 붙잡아 주시기 때문이라는 사실을 알아야 합니다. 하나님이 아브람을 믿음의 조상으로 삼으신 것은 그에게 믿음이 있어서거나 그의 행동이 의로워서거나 그가 실수하지 않아서가 아닙니다. 이렇게 형편없고 결정적인 실수를 했음에도 하나님은 끝까지 그를 믿음의 사람으로 세워 주셨습니다. 이것이 은혜입니다. 우리는 그 은혜의 보좌 앞으로 나가야 합니다.

다른 사람의 실수에 관용하기 바랍니다. 배우자가 용서받을 수 없는 죄를 지었다 할지라도 용서하십시오. 그 까닭은 우리도 용서

받은 죄인이기 때문입니다. 아브람이 실수를 저질렀지만 하나님은 그를 도중에 포기하시지 않고 믿음의 조상으로 계속 이끌어 가셨습니다. 사도 바울은 자신이 하나님 앞에 계속 서 있을 수 있던 이유를 이렇게 설명했습니다. "내가 나 된 것은 하나님의 은혜입니다. 나는 나의 연약한 것을 자랑합니다. 나의 실수를 자랑합니다. 나의 연약함으로 인해 하나님의 강하심과 위대하심이 드러났기 때문입니다"(고전 15:10; 고후 12:9 참조).

우리는 하나님의 성령의 놀라운 능력과 인도하심과 붙잡으심 때문에 끝까지 믿음의 경주를 할 수 있습니다. 신실하신 하나님, 용서하시는 하나님, 끝까지 기다려 주시는 하나님, 마치 죄를 짓지 않은 사람을 만나시듯이 항상 우리를 대하시는 하나님을 바라보십시오.

둘째, 아무리 어렵고 힘들 때라도 인간적인 방법을 써서는 안 된다는 것입니다. 세속적인 방법을 흉내 내서는 안 됩니다. 아브람과 사래는 힘들고 어려울 때 하나님의 말씀을 붙들기보다는 세상적인 방법을 택해서 양자를 들이려 했고 몸종을 통해 아기를 얻으려고 했습니다. 그러나 이것은 모두 하나님의 뜻이 아니었습니다.

어렵고 힘들 때 감정적으로 대처하지 마십시오. 손쉬운 인간적인 생각을 선택하지 마십시오. 그냥 고난을 견디십시오. 고통을 당하십시오. 신앙의 위기는 한 번만 오지 않고 계속 옵니다. 고통도 그렇습니다. 하나님의 약속을 계속 믿고 나갈 것인가, 아니면 인간적인 방법을 통해 쉽게 갈 것인가, 이 둘의 싸움은 우리 생애에 계속됩니다. 그럴 때마다 어려운 길을 택하십시오. 좁은 길을 택하십시오. 고통의 길이지만 하나님의 뜻을 택하십시오. 그것만이 우리가 살 수 있는 길입니다.

아브람이 인간적인 생각과 방법을 택함으로써 저지른 실수는 주님이 오실 때까지 겪어야 하는 고통이 되었습니다. 그렇게 낳은 자식이 이스마엘이고, 그가 바로 아랍인의 조상이기 때문입니다.

셋째, 아브람이 회복할 수 없는 엄청난 실수를 저질렀음에도 불구하고 하나님은 하나님의 계획을 포기하시지 않았다는 것입니다. 인간의 실수가 하나님의 계획을 포기시킬 수 없습니다. 인간의 죄는 하나님의 사랑을 막을 수가 없습니다. 죄보다 큰 것은 하나님의 사랑입니다. 실수보다 큰 것이 하나님의 섭리와 계획입니다. 믿음의 사람도 실수할 수 있다는 사실, 그러나 믿음의 사람은 하나님의 은혜로 다시 일어선다는 사실을 여기서 배우게 됩니다.

약속의 말씀을 붙잡으십시오. 어렵고 힘들 때 인간적인 방법을 택하지 마십시오. 그냥 믿음으로 계속 가십시오. 하나님의 약속과 복이 반드시 나타날 것입니다.

# 11

## 나의 하나님은
## 우리의 하나님이십니다

창세기 16:7-16

## 하나님은 모든 이방인을 구원하기 원하신다

하나님은 약속의 자녀인 이삭에게만 복 주신 것이 아니라 아브람의 서자인 이스마엘에게도 약속의 자녀처럼 복을 주셨습니다. 우리는 여기서 원수까지 사랑하시며 모든 이방인을 구원하기 원하시는 하나님의 깊고 깊은 사랑을 깨달을 수 있습니다.

믿음의 사람 아브람도 큰 실수를 했습니다. 그는 하나님의 약속의 말씀대로 약속의 자녀를 기다렸지만 10년이 지나도 임신되지 않자 순간적으로 불신앙에 빠졌습니다. 불신앙에 빠지면 약속을 신뢰하지 못하게 되고, 그러면 세상 사람들이 쓰는 인간적인 방법을 선택하게 됩니다.

실수에는 두 가지가 있습니다. 본질적인 실수와 순간적인 실수입니다. 본질적인 실수는 구원을 잃어버려 멸망에 이르는 실수입니다. 순간적인 실수는 구원을 잃어버리지는 않지만 약속의 말씀을 붙잡지 못했기에 좌절하고, 절망하고, 수치를 겪게 되는 실수입니다. 하갈은 이런 사래와 아브람의 불신앙 때문에 임신하게 되었습니다. 그러나 자신이 임신한 사실을 알게 된 하갈은 몸종이었음에도 여주인의 자리를 넘보았습니다. 이것이 보통 인간의 죄 된 모습입니다.

사래는 자기가 의도하지 않았던 일을 만났고, 아브람도 전혀 상상하지 못했던 일을 경험했습니다. 사래는 아브람의 처분대로 임신한 하갈을 학대했고, 하갈은 이를 견디다 못해 도망갔습니다. 이 장은 그다음의 이야기를 전해 줍니다.

> 여호와의 사자가 광야의 샘물 곁 곧 술 길 샘 곁에서 그를 만나 이르되 사래의 여종 하갈아 네가 어디서 왔으며 어디로 가느냐 그가 이르되 나는 내 여주인 사래를 피하여 도망하나이다(창 16:7-8).

우리는 여기서 한 가지 놀라운 사실을 발견하게 됩니다. 하나님이 학대당해 도망한 하갈에게 찾아오셨다는 것입니다. 우리는 하나님이 '아브람의 하나님'이라고 믿었습니다. 그래서 하나님이 사래에게는 복을 주셨지만 하갈은 버려진 존재라고 생각했습니다. 그런데 하나님은 하갈을 찾아오셨습니다.

사실 하갈의 입장에서 보면 얼마나 원통하고 고통스러웠겠습니까? 아브람은 자기를 버렸고, 사래는 자기를 학대했습니다. 그래서 도망을 치긴 했는데 하소연할 곳조차 없었습니다. 그녀는 하나님마저도 자기를 버리셨다고 생각했습니다. 그래서 사람이 살지 않는 황량한 광야로 갔다가 한 샘물을 만나 그 곁에 앉아 낙망과 좌절을 되씹고 있었습니다.

바로 그때 하나님의 천사가 나타나 "사래의 여종 하갈아"라고 불렸습니다. 이것은 하갈의 현주소를 확인한 것이었습니다. 즉 "하갈아, 네 위치는 사래의 몸종이었다"라고 말한 것입니다. 그러고는 "네가 어디서 왔으며 어디로 가느냐"라고 물었습니다. 이 질문은 하나님을 모르는 모든 인생에게 던져지는 것입니다. "인생은 어디서 와서, 무엇을 하다가, 어디로 가는 것일까?" 이것이 모든 철학자가 추구했던 질문이고, 모든 종교가 생겨난 이유입니다.

'하나님은 없다'고 생각하는 사람들은 인생이란 우연히 태어나서, 생존경쟁의 세상에서 피투성이가 되도록 싸우며 살다가, 어느 날 죽어서 그저 사라져 버리는 존재라고 생각합니다. 그러나 하나님을 믿는 사람들에게는 이 질문에 대한 분명한 해답이 있습니다. 우리는 인생이란 우연히 이 세상에 태어난 존재가 아니라 하나님의 계획에 의해, 하나님으로부터 왔으며, 하나님을 위해 직장을 갖고 열심히 이 세상을 살다가, 어느 날 하나님이 부르시면 그분께로 돌아가는 삶이라고 분명하게 이야기할 수 있습니다. 이렇게 자기 인생에 대해 확고한 생각이 있는 사람들은 두려워하거나 방황하지 않습니다.

그러나 하갈은 그렇지 못했습니다. 그녀의 대답은 반쪽 대답이었습니다. "어디서 왔느냐"라는 질문에 대해 "나는 내 여주인 사래를 피하여 도망하나이다"라고 대답했지만, "어디로 가느냐"라는 물음에는 대답이 없었습니다. 그렇습니다. 도망자는 갈 곳이 없습니다. 세상에 태어나긴 했는데 과연 어디로 가야 하는지 모르는

데 인생의 문제가 있습니다.

하갈의 대답은 철학적인 대답이 아니었습니다. 아주 현실적이었습니다. "내가 도망가고 있는 사실은 분명합니다. 하지만 어디로 가야 하는지는 모르겠습니다"라고 말한 것입니다. 광야를 떠돌아다니는 하갈의 모습은 가인이 동생을 죽이고 유리방황하던 모습과 아주 흡사합니다.

하나님은 하갈을 내버려 두시지 않았습니다. 아브람도, 사래도 하갈을 버렸지만 하나님은 버리시지 않았습니다. 하나님은 우리를 버리시지 않습니다. 하나님은 우리의 신음 소리도 들으십니다. 억울한 마음, 애통한 마음, 분한 마음을 다 이해하십니다. 이스라엘 백성이 400년 동안 애굽의 종으로 있을 때도 하나님은 그들의 신음 소리를 들으시고 모세를 보내 그들을 해방시키셨습니다. 또한 이스라엘 백성이 70년 동안 바벨론 포로로 잡혀 가 있을 때도 그들의 기도와 신음 소리에 응답하셨습니다.

예수님도 맹인 거지 바디매오가 "다윗의 자손 예수여 나를 불쌍히 여기소서"(막 10:47) 하며 절규했을 때 무시하시지 않고 들어주셨습니다. 또한 부자이지만 외로웠던 삭개오가 예수님이 보고 싶어서 돌무화과나무에 올라가 소리도 지르지 못하고 마음 졸이며 지켜보고만 있을 때 예수님은 삭개오의 그 침묵의 소리를 들으셨습니다. 그래서 그곳을 지나실 때 나무에 올라간 삭개오를 쳐다보시며 "삭개오야 속히 내려오라 내가 오늘 네 집에 유하여야 하겠다"(눅 19:5)라고 말씀하셨습니다.

요한복음 14장 18절에서 예수님은 "내가 너희를 고아와 같이 버려두지 아니하고 너희에게로 오리라"라고 말씀하셨습니다. 이사야 49장 15절은 하나님이 하나님의 백성을 얼마나 사랑하시는지를 이렇게 표현했습니다.

> 여인이 어찌 그 젖 먹는 자식을 잊겠으며 자기 태에서 난 아들을 긍휼히 여기지 않겠느냐 그들은 혹시 잊을지라도 나는 너를 잊지 아니할 것이라(사 49:15).

하나님은 우리의 기도를 들으시고, 우리의 신음 소리를 들으십니다. 하나님은 약한 자 편에 서십니다.

## 우리는 하나님의 말씀에 순종해 모두 제자리로 돌아가야 한다

> 여호와의 사자가 그에게 이르되 네 여주인에게로 돌아가서 그 수하에 복종하라(창 16:9).

하나님은 우리를 또 한 번 놀라게 하셨습니다. 하나님의 말씀은 너를 도와주겠다든지, 복수해 주겠다든지, 새로운 길을 열어 주겠다는 것이 아니었습니다. 그 지긋지긋한 사래의 학대 아래로 다시 돌아가라는 것이었습니다.

이 말씀을 듣는 순간 하갈의 마음이 어떠했겠습니까? '죽으면 죽었지, 다시는 그곳으로 가지 않겠다'는 마음이었을 것입니다. 그러나 하나님은 그곳으로 돌아가라고 말씀하셨습니다.

여기서 발견하게 되는 믿음의 비밀은 '순종'입니다. 복의 열쇠는 순종입니다. '네 여주인에게로 돌아가라'는 말은 '만약 내 말을 듣고 여주인에게로 돌아가면 그녀가 변해 있을 것이다'라는 의미입니다. 순종은 세상을 변화시키고 상황을 바꿉니다.

또한 '옛 주인에게로 돌아가라'는 말은 '본래의 위치로 환원하라'는 말입니다. 참된 행복은 제자리로 돌아가는 것입니다. 하나님과의 관계에서 정위치로 돌아가는 것이 행복의 길입니다. 그러나 인간은 하나님께로 돌아가기를 거부합니다. 그럼에도 하나님은 계속해서 "내게로 돌아오라"고 말씀하십니다.

남편과 아내는 모두 제 위치로 돌아와야 합니다. 혹시 아내가 싫어서 집 밖으로 도는 남편이 있다면 집으로 돌아가기를 바랍니다. 하나님은 "네 아내에게로 돌아가라"고 말씀하십니다. 집을 나가면 새로운 세계가 있는 것 같지만 그곳에는 더 큰 비극이 기다리고 있을 뿐입니다. 한편, 남편이 힘들게 해서 밖으로 도는 아내가 있다면 역시 이 말씀을 들으십시오. "제 위치로 돌아가라." 자녀들도 마찬가지입니다. 자녀의 행복은 아버지, 어머니와 화해하고 집으로 돌아가는 데 있습니다. 그러므로 돌아가십시오.

제 위치로 돌아가라는 하나님의 말씀은 하갈을 괴롭히려는 의도가 아니었습니다. 물론 사래의 몸종으로 다시 돌아가기란 결코 쉬운 일이 아니었습니다. 그 얼마나 어렵고, 고통스럽고, 힘든 일이겠습니까? 그러나 한번 다르게 생각해 봅시다. 그렇게 힘들고, 자존심 상하고, 어렵지만 만약 하갈이 돌아가겠다고 결정했다면 하갈은 자기 마음가짐을 새롭게 했을 것입니다. 성격도 죽였을 것입니다. 그러면 그의 인생도 달라지게 되어 있습니다. 우리는 모두 자기 자리로 돌아가야 합니다.

그렇다면 과연 제자리로 돌아가게 하는, 혹은 깨어진 관계를 다시 돌아오게 하는 열쇠는 무엇이겠습니까? 순종입니다. 자기 감정이 아니라 하나님의 말씀에 순종하는 것입니다. 바로 그렇게 하신 분이 예수 그리스도이십니다.

> 그는 근본 하나님의 본체시나 하나님과 동등됨을 취할 것으로 여기지 아니하시고 오히려 자기를 비워 종의 형체를 가지사 사람들과 같이 되셨고 사람의 모양으로 나타나사 자기를 낮추시고 죽기까지 복종하셨으니 곧 십자가에 죽으심이라(빌 2:6 - 8).

예수님의 삶을 한마디로 표현하면 '하나님의 뜻에 순종하는 삶'이라고 할 수 있습니다.

그가 아들이시면서도 받으신 고난으로 순종함을 배워서 온전하게 되셨은즉 자기에게 순종하는 모든 자에게 영원한 구원의 근원이 되시고(히 5:8 - 9).

하나님의 구원은 예수 그리스도의 순종으로 완성되었습니다. 그리고 이제 하나님의 복은 우리의 순종으로 완성됩니다. 가정의 회복과 복도 우리의 순종으로 완성됩니다.

여호와의 사자가 또 그에게 이르되 내가 네 씨를 크게 번성하여 그 수가 많아 셀 수 없게 하리라(창 16:10).

여기서 약속의 자녀가 아닐지라도 순종하면 하나님의 복을 동일하게 받는다는 사실을 알 수 있습니다. 하갈은 약속의 자녀를 잉태하지 않았습니다. 아브람과 사래의 실수로 임신했습니다. 불신앙 때문에 생긴 결과입니다. 그렇지만 하나님은 이삭만이 아니라 이스마엘에게도 복 주셨습니다.

한편, 약속의 자녀인 이삭의 특권은 단지 이스마엘보다 물질적 축복을 더 많이 받는 것이 아니었습니다. 약속의 자녀가 가지는 가장 큰 특권은 그 자손 가운데서 온 인류를 구원하실 메시아가 태어나신다는 것입니다.

많은 사람이 선택을 독점이라고 생각합니다. 이스라엘 백성의 실수도 하나님을 독점하는 데 있었습니다. 그들은 하나님은 이방인의 하나님이 되실 수 없다고 생각했습니다. 할례 받은 자, 율법을 받은 자만의 하나님이셔야 한다고 생각했습니다. 그러나 하나님이 이스라엘 백성에게 기대하신 것은 이스라엘 자손 가운데서 메시아가 태어나시는 것이었습니다. 하나님의 뜻은 이스라엘 백성이 메시아를 독점하는 것이 아니었습니다. 그러나 그들은 하나님이 주신 특권을 물질적으로, 세속적으로 해석했기 때문에 수많은 고난을 겪어야만 했습니다.

하나님은 하갈에게 "네가 내 말을 듣고 순종하면 네 자손으로 크게 번성하게 하여 그 수가 많아 셀 수 없게 될 것이다"라고 말씀하셨습니다. 이 땅에 아직도 이스마엘 자손이 번창하고 있는 것은 바로 이 예언의 응답입니다.

> 여호와의 사자가 또 그에게 이르되 네가 임신하였은즉 아들을 낳으리니 그 이름을 이스마엘이라 하라 이는 여호와께서 네 고통을 들으셨음이니라(창 16:11).

하나님은 하갈에게 아들을 낳을 것이라고 예언하셨습니다. 그리고 그 이름을 '이스마엘'이라 지으라고 하셨습니다. 이는 '고통에서 해방했다'라는 뜻입니다. 여기서 우리는 하갈의 한을 풀어주시는 하나님의 넓고 큰 사랑을 목격하게 됩니다.

저는 이 말씀을 묵상하면서 큰 충격과 도전을 받았습니다. 우리는 우리가 원하는 하나님을 소유하기 원합니다. 하나님이 우리 편만 사랑하시기를 원하고, 내 식구만 돌보시기를 원하는 이기적인 마음이 있습니다. 우리는 하나님이 내 편이 아닌 사람에게는 잘해 주시지 않기를 바랍니다. 그러나 하나님은 그렇게 하시지 않습니다. 그래서 놀랍게도, 예수님을 믿는 팀이 예수님을 믿지 않는 팀에게 질 수도 있는 것입니다. 우리는 하나님을 너무 제한적이고 자기중심적으로 해석하려는 경향이 있습니다. 이런 태도는 버려야합니다.

하나님은 우리를 사랑하십니다. 뿐만 아니라 우리의 원수도 사랑하십니다. 하나님은 교회가 많은 남한만 사랑하시는 것이 아니라 교회가 없는 북한도 사랑하십니다. 하나님은 이스라엘만 사랑하시는 것이 아니라 팔레스타인 해방 기구도 사랑하십니다. 하나님은 그런 분이십니다. 하나님은 넓고, 크고, 영원하신 분입니다.

비록 이스마엘은 실수로 태어난 자녀였지만 하나님은 아브람의 약속의 자녀처럼 하갈의 자녀도 축복해 주셨습니다.

그가 사람 중에 들나귀같이 되리니 그의 손이 모든 사람을 치겠고 모든 사람의 손이 그를 칠지며 그가 모든 형제와 대항해서 살리라 하니라(창 16:12).

이 말씀은 앞으로 이스마엘 자손이 살아갈 모든 삶이 응축된 예언입니다. '사람 중에 들나귀같이 되리니'라는 말은 사막에서 낙타를 타고 들나귀처럼 살아가는 모습을 말합니다. 그리고 그들의 손에는 칼과 피가 있다고 했습니다. 역사적으로 많은 테러와 폭력과 납치가 이스마엘의 후예와 무관하지 않게 일어났습니다. 그리고 테러를 받은 사람들은 또다시 그들에게 복수하는 모습을 볼 수 있습니다. 이 말씀은 그런 내용을 담고 있습니다.

## 나의 하나님은 우리의 하나님도 되신다

하갈이 자기에게 이르신 여호와의 이름을 나를 살피시는 하나님이라 하였으니 이는 내가 어떻게 여기서 나를 살피시는 하나님을 뵈었는고 함이라(창 16:13).

하갈은 하나님을 만났습니다. 하갈은 평소에 '하나님은 사래의 하나님이실 뿐 나의 하나님은 아닐 것이다'라고 생각했습니다. 자신은 버려진 존재요, 소망 없는 존재요, 아무리 노력해도 출신이 나빠서 성공할 수 없다고 생각했습니다. 그러나 하나님은 사래의 하나님이실 뿐 아니라 하갈의 하나님도 되십니다. 그리고 하나님은 우리의 하나님이십니다. 하나님은 서자의 하나님이시기도 합니다. 적자나 서자나 똑같이 복 주십니다.

이후 하갈은 "나를 만나 주신 하나님은 목자처럼 나를 지켜 주시는 분이고, 나를 보호하시고 내 기도를 들으시는 분이다"라고 고백했습니다. 이런 하나님을 만난 하갈은 얼마나 감동하고 은혜가 충만했는지 모릅니다.

하갈은 그 하나님을 잊을 수가 없었습니다. 하나님을 만난 순간 사래에 대한 분노가 다 풀렸고, 결코 돌아갈 수 없다고 생각했던 집으로 돌아갈 용기를 갖게 되었습니다. 하나님의 말씀은 우리에게 용기를 줍니다. 사랑할 용기도 주고, 용서할 용기도 주고, 회개할 용기도 줍니다. 그래서 하갈은 그 장소의 이름을 '브엘라해로이'라고 지었습니다.

> 이러므로 그 샘을 브엘라해로이라 불렀으며 그것은 가데스와 베렛 사이에 있더라(창 16:14).

'브엘라해로이'라는 말은 '나를 감찰하시는 생존자의 우물'이라는 뜻입니다. 여기서 우리는 하나님은 약속의 자녀만 복 주시는 것이 아니라 아브람의 서자도 약속의 자녀처럼 복 주신다는 사실을 알 수 있습니다. 우리는 원수까지 사랑하며 모든 이방인을 구원하라는 하나님의 깊고 깊은 사랑을 깨달아야 합니다. '하나님은 이스마엘도 사랑하신다'라는 말은 하나님이 이방인도 사랑하신다는 의미입니다. 마태복음 5장 43-45절에서 예수님은 이렇게 말씀하셨습니다.

> 또 네 이웃을 사랑하고 네 원수를 미워하라 하였다는 것을 너희가 들었으나 나는 너희에게 이르노니 너희 원수를 사랑하며 너희를 박해하는 자를 위하여 기도하라 이같이 한즉 하늘에 계신 너희 아버지의 아들이 되리니 이는 하나님이 그 해를 악인과 선인에게 비추시며 비를 의로운 자와 불의한 자에게 내려주심이라(마 5:43-45).

하나님은 예수님을 믿는 사람들에게만 빛을 비춰 주시고, 그 옆에 있는 불신자들에게는 빛을 비춰 주시지 않는 분이 아닙니다. 예수님을 믿는 사람은 사업에 성공하게 하시고, 예수님을 믿지 않는 사람은 저주하시는 분이 아닙니다. 선택받았든지 그렇지 않든지 간에 하나님의 말씀에 순종하기로 결정하면 복을 주십니다. 선택받았다고 할지라도 하나님의 말씀에 불순종하면 저주가 임하며, 선택받지 않았다고 할지라도 하나님의 약속의 말씀을 신뢰하고 의지하면 하나님이 복 주십니다.

여기서 우리는 약자 편에 서시는 하나님, 우리의 고통과 신음 소리를 들으시고 우리를 불쌍히 여기시는 하나님을 만나게 됩니다.

하갈이 아브람의 아들을 낳으매 아브람이 하갈이 낳은 그 아들을 이름하여 이스마엘이라 하였더라 하갈이 아브람에게 이스마엘을 낳았을 때에 아브람이 팔십육 세였더라(창 16:15-16).

하갈은 집으로 돌아갔으며, 아브람은 그녀를 받아 주었습니다. 사래도 받아 주었습니다. 집으로 돌아가고 받아들여 주는 복이 우리에게도 있기를 바랍니다. 남편들이여, 아내에게로 돌아가십시오. 아내들이여, 남편에게로 돌아가십시오. 집을 떠난 자녀들이 있습니까? 부모에게로 돌아가십시오. 무서워서, 혹은 지긋지긋해서 못 가겠습니까? 걱정하지 마십시오. 하나님은 우리에게 "네가 돌아가면 내가 복을 주리라. 그 문제는 해결될 것이다"라고 약속하십니다.

하갈이 이스마엘을 낳을 때 아브람의 나이는 86세였습니다. 따라서 이스마엘을 임신한 때는 85세였습니다. 아브람은 100세에 이삭을 낳았으므로 이스마엘은 이삭보다 14살이나 손위였습니다. 약속의 아들 이삭이 태어나려면 아직도 14년이나 더 기다려야 했습니다. 믿음은 기다리는 것이며 순종하는 것입니다. 할 수 없다고 생각되고 내 감정에 맞지 않다 해도 하나님의 말씀이기에 순종하는 것입니다.

## 2부

# 하나님의 약속과 성취

창세기 17:1-21:34

신실하신 하나님은 말씀하신 대로 반드시 일을 이루시는 분입니다.
때가 되면 태어날 것이라는 말씀대로 이삭이 태어났습니다.
하나님은 환경에 따라 말씀을 바꾸시지 않습니다.
오히려 하나님의 말씀대로 환경이 바뀝니다.

# 12

## 언약으로
## 깨우시는 하나님을 기다립니다

창세기 17:1-8

## 전능하신 하나님 앞에서 행하여 완전하라

아브람이 이스마엘을 낳은 후 13년의 세월이 흘렀습니다. 그는 이스마엘이 자라는 모습을 보면서 온갖 시름을 잊고 지낸 것 같습니다. 사래가 임신할 수 있느냐 없느냐는 갈등도 사라졌습니다. 하나님의 약속은 있었지만 실제로 이루어지기가 거의 불가능했기에 아브람도, 사래도 체념했습니다. 그간 아무 일도 일어나지 않았습니다. 사람들은 "세월이 약이겠지요" 하면서 모든 것을 다 잊어버립니다. 그러나 하나님은 흘러가는 세월 중에도 시계를 보고 계십니다. 시간을 다 계산하고 계십니다.

> 아브람이 구십구 세 때에 여호와께서 아브람에게 나타나서 그에게 이르시되 나는 전능한 하나님이라 너는 내 앞에서 행하여 완전하라 내가 내 언약을 나와 너 사이에 두어 너를 크게 번성하게 하리라 하시니(창 17:1-2).

아브람뿐만 아니라 사래와 하갈과 이스마엘도 어떤 일이 일어나리라고는 생각지도 못했습니다. 모두 아무 일이 없다는 듯이 잊고 지냈습니다. 그러나 하나님은 잊지 않고 계셨습니다. 우리는 잊을지라도 하나님은 잊지 않으시고, 우리는 포기할지라도 하나님은 포기하지 않으십니다. 이사야 49장 15절에서 하나님은 "여인이 어찌 그 젖 먹는 자식을 잊겠으며 자기 태에서 난 아들을 긍휼히 여기지 않겠느냐 그들은 혹시 잊을지라도 나는 너를 잊지 아니할 것이라"라고 말씀하셨습니다.

그렇습니다. 아브람의 나이 99세, 이스마엘을 낳은 지 13년 후에 아브람과의 약속을 한시도 잊지 않으신 하나님이 나타나셨습니다. 왜 하나님이 갑자기 아브람에게 나타나셨을까요?

아브람이 하나님의 약속을 믿고 견딜 수 있는 인내의 시간은 10년이었습니다. 그는 10년이 지나자 믿음을 잃고 실수를 저질렀습니다. 그 결과 태어난 아들이 이스마엘입니다. 그러나 하나님의 계획은 25년이었습니다. 그리고 바로 지금이 24년째 되는 해였습니다. 이제 1년만 더 기다리면 하나님의 계획이 이루어질 시점이었습니다. 하나님이 이 시점에 나타나신 이유는 아브람을 격려하시고, 그에게 다시 믿음을 주시고, 비전을 상기시켜 그가 마지막까지 기다릴 수 있도록 도와주시기 위함이었습니다.

하나님이 오셔서 아브람에게 주신 메시지는 무엇입니까? 첫 번째 메시지는, "나는 전능한 하나님이라 너는 내 앞에서 행하여 완전하라"라는 말씀입니다. 하나님은 전능하신 분입니다. 만약 하나님께 조금이라도 불가능이나 불완전한 것이 있다면 하나님이 아닙니다. '하나님은 전능하시다'라는 말은 하나님은 계시지 않곳이 없고 못하시는 일이 없다는 뜻입니다.

그렇다면 하나님이 왜 아브람에게 자신이 전능하다는 선언을 하셨을까요? 아브람이 전능하신 하나님을 믿지 않았기 때문입니다. 하나님의 약속이 있었음에도 그 약속이 실현 불가능하고 모든 것이 다 끝났다고 생각했기 때문에 다시 가르치신 것입니다.

아브람의 믿음은 휴면 상태였습니다. 그래서 하나님이 잠을 깨우셨습니다. "아브람아, 나는 전능한 하나님이다." 이 말씀은 곧 이런 뜻입니다. "나는 어제나 오늘이나 영원토록 동일한 하나님이다. 나는 약속을 반드시 지키는 하나님이다. 내 계획대로 모든 일이 차질 없이 이루어질 것이다. 너는 잠에서 깨어나고 불신앙에서 깨어나라. 24년 전에 내가 너에게 한 약속을 잊지 말아라. 네 태가 끊어져서 네가 자녀를 낳는 것이 불가능하다는 것을 모든 사람이 알지만, 나는 분명히 약속대로 행할 것이다."

또한 하나님은 다음과 같은 말씀을 덧붙이셨습니다. "너는 내 앞에서 행하여 완전하라." '완전하다'라는 말은 하나님 앞에서 거룩하다는 뜻입니다. 믿음의 회복은 곧 거룩의 회복입니다. 하나님이 아무리 완전하셔도 아브람이 그것을 받을 만한 거룩이 없다면 하나님의 기적은 일어날 수가 없습니다. 따라서 하나님은 아브람에게 거룩하게 되어 다시 새롭게 믿음을 갖도록 그를 격려하신 것입니다.

이와 같은 말씀을 후에 모세도 들었습니다. 모세는 40년간 자기

의에 취해 있던 사람입니다. 조국을 사랑했고 하나님을 사랑했습니다. 그러나 그 사랑은 인간적인 사랑이었기에 결국 살인으로 끝나고 말았습니다. 그는 절망했습니다. 이후 모세는 광야에서 40년 동안 버림받은 생활을 했습니다. 모세는 잊힌 사람이었습니다. 그러나 하나님은 그를 계속 지켜보며 시간을 계산하고 계셨습니다.

드디어 모세가 80세가 되었을 때, 그는 여느 날과 똑같이 산에 오르는 길에 불붙은 떨기나무를 보게 되었고 그 앞으로 나아가다가 하나님을 만났습니다. 모세가 하나님께 다가가자 하나님이 말씀하셨습니다. "이리로 가까이 오지 말라 네가 선 곳은 거룩한 땅이니 네 발에서 신을 벗으라"(출 3:5). 아브람에게 하신 말씀과 같은 말씀입니다.

여호수아에게도 같은 일이 일어났습니다. 그가 젖과 꿀이 흐르는 가나안 땅에 들어가기 위해 여리고성 앞에 섰을 때입니다. 여호수아는 절망했습니다. 어느 누구도 무너뜨리고 들어갈 수 없을 정도로 강력한 성이 버티고 서 있었기 때문입니다. 바로 그때 칼을 빼어 손에 든 하나님의 군대 대장이 나타났습니다. 여호수아가 "너는 우리를 위하느냐 우리의 적들을 위하느냐"(수 5:13)라고 묻자 그는 "나는 여호와의 군대 대장으로 지금 왔느니라"(수 5:14상)라고 대답했습니다. 여호수아는 그 말을 듣자 무릎을 꿇고 말했습니다. "내 주여 종에게 무슨 말씀을 하려 하시나이까"(수 5:14하). 바로 그때 하나님이 하신 말씀이 "네 발에서 신을 벗으라 네가 선 곳은 거룩

하나라"(수 5:15)였습니다.

하나님은 아브람에게도 "네 발에서 신을 벗으라"라고 요구하셨습니다. "너는 거룩하라"라고 말씀하신 것입니다. 하나님은 우리에게도 동일한 요구를 하십니다. "너는 내 앞에서 행하여 완전하라"라는 말씀은 "너는 이제 변해야 한다. 과거의 사람으로는 하나님의 일을 할 수 없다. 과거를 다 버리고 이제 새롭게 새 마음으로 내 앞에 서야 한다"는 뜻입니다.

옛일이 다 잊힌 줄 알았던 아브람이 얼마나 놀랐을까요? 아브람은 숨죽이고 엎드려서 하나님의 말씀을 들을 수밖에 없었습니다.


## 하나님은 '아브라함'으로 바꾸기 위해 시계를 보고 계신다

아브람이 엎드렸더니 하나님이 또 그에게 말씀하여 이르시되 보라 내 언약이 너와 함께 있으니 너는 여러 민족의 아버지가 될지라 (창 17:3-4).


이 말씀은 24년 전 아브람이 갈대아 우르를 떠날 때 하나님이 하셨던 말씀입니다. 당시 하나님은 "내가 너로 큰 민족을 이루고 네게 복을 주어 네 이름을 창대하게 하리니 너는 복이 될지라"(창 12:2)라고 말씀하셨습니다. 이 말씀을 들은 아브람은 흥분했으며 기대와 꿈에 부풀었습니다. 그 후 고향과 친척과 아버지의 집을 떠나 하나님이 보여 주실 땅으로 걸어갔습니다.

처음에는 하나님의 약속을 믿고 잘 견뎠습니다. 그러나 10년이 지나자 흔들리기 시작했고, 하나님께 양자나 데리고 살겠다면서 투정했습니다. 한술 더 떠서 아내 사래는 몸종 하갈을 통해 아기를 갖자는 제안까지 했습니다. 이러한 불신앙적인 태도로 끝까지 하나님의 시간을 기다리지 못했기에 아브람과 사래 사이에는 상처가 남게 되었습니다. 결국 원하지 않은 아들이 태어난 것입니다. 그가 이스마엘입니다. 인간적인 생각과 방법은 하나님의 의를 이루지 못하고 오히려 상처만 낳습니다.

그런데 다 잊을 만한 이때에 하나님이 다시 나타나셔서 그 상처를 건드리셨습니다.

이제 후로는 네 이름을 아브람이라 하지 아니하고 아브라함이라 하리니 이는 내가 너를 여러 민족의 아버지가 되게 함이니라(창 17:5).

다시 찾아오신 하나님은 아브람의 이름을 '아브라함'으로 바꾸어 주셨습니다. 이는 옛 이름과 옛 사람을 버리라는 뜻입니다. 과거의 방식으로는 하나님의 일을 할 수 없다는 의미입니다. 우리가 겪는 대부분의 갈등은 이전의 내 방식으로 하나님을 믿고 싶어 하는 데서 비롯합니다.

하나님께 돈이나 능력이나 방법이 없어서 하나님이 우리를 부르십니까? 그렇지 않습니다. 하나님이 우리에게 원하시는 것은 돈이나 능력이나 방법이 아닙니다. 하나님이 우리에게 원하시는 것은 우리가 옛것을 버리고 새사람이 되는 것입니다.

자녀를 낳아서 "아버지", 혹은 "어머니"라 불려 본 적이 있습니까? 말도 잘 못하는 아이가 "아빠"라고 처음 불렀을 때 그 기쁨은 말로 다할 수 없을 것입니다. 그러나 그보다 더 감격스러운 순간은 온 국민으로부터 "당신은 우리 민족을 역경과 죽음에서 건져 낸 사람이기에 우리의 국부(國父)이십니다"라는 말을 들을 때일 것입니다. 얼마나 영광스러운 일입니까? 그런데 한 개인의 아버지나 한 민족의 아버지도 아닌 '온 열방과 모든 민족의 아버지'라는 말을 듣게 된다면 얼마나 감격스럽겠습니까? 아브라함을 다시 찾아오신 하나님은 지금 아브라함이 그렇게 될 것이라고 말씀하신 것입니다.

이제 아브라함의 인생의 판도가 달라졌습니다. 사람은 누구를 만나느냐에 따라서 미래가 결정됩니다. 갈대아 우르에서 살고 있었던 아브라함은 하나님을 만났기에 자기가 살던 땅을 떠나 발걸음을 옮겼고 비전을 가졌습니다. 그리고 '한 가족의 아버지'에서 '온 열방의 조상'으로 바뀌는 놀라운 복을 받았습니다.

## 아브라함을 다시 찾아가신 하나님이 베푸신 세 가지 복

> 내가 너로 심히 번성하게 하리니 내가 네게서 민족들이 나게 하며
> 왕들이 네게로부터 나오리라(창 17:6).

하나님은 아브라함이 하나님을 믿었다는 단순한 사실 때문에 엄청난 복을 약속하셨습니다.

첫째로, 번성의 복을 약속하셨습니다. 믿음을 가지면 번성하는 복도 받습니다. 창세기의 복은 "생육하고 번성하여 땅에 충만하라"는 것이었습니다. 정상적인 축복은 번영과 번성입니다. 고난은 위장된 복입니다. '네게서 민족들이 나게 하며 왕들이 네게로부터 나오리라'라는 말은 모든 민족의 조상이 될 것이라는, 즉 번성의 약속을 설명한 것입니다.

> 내가 내 언약을 나와 너 및 네 대대 후손 사이에 세워서 영원한 언약
> 을 삼고 너와 네 후손의 하나님이 되리라(창 17:7).

둘째로, 하나님은 후손이 대대로 복을 받게 하겠다는 약속을 하셨습니다. 하나님의 복과 언약은 아브라함과 하나님의 관계에서만 유효하지 않습니다. 하나님은 아브라함의 후손들의 하나님이 될 것이라고 약속하셨습니다.

여기서 우리는 하나님의 복은 계승된다는 사실을 알 수 있습니다. 저주는 삼사 대에서 그치지만 복은 수천 대에 이릅니다. 출애굽기 20장 6절에서 하나님은 "나를 사랑하고 내 계명을 지키는 자에게는 천 대까지 은혜를 베푸느니라"라고 말씀하셨습니다.

우리는 어떻습니까? 우리가 받은 복이 자녀들에게도 이어지고 있습니까? 어떤 분이 이런 말을 했습니다. "저희 어머니는 나이가 많으십니다. 그리고 평생 불교를 신봉하셨습니다. 그래서 지금 제가 예수님을 믿으시라는 말을 못 하겠습니다. 어머니가 얼마나 혼돈스러우시겠습니까? 편안하게 잘 살고 계신데 괜히 심기를 불편하게 해 드려서야 되겠습니까? 어머니가 돌아가시고 나서 교회에 나가고 싶습니다."

그래서 저는 조용히 이런 말씀을 드렸습니다. "그 말은 '어머니를 지옥까지 잘 모셔다 드린 후에 저는 천국으로 가겠습니다'라는 말과 똑같습니다. 당신이 어머니에게 해 드릴 수 있는 가장 최선의 것은 먹을 것, 입을 것보다 어머니의 영혼을 천국으로 인도하는 것입니다." 자녀들에게도 마찬가지입니다. 우리가 자녀들에게 줄 수 있는 가장 최선의 것은 그들을 구원으로 인도하는 것입니다.

우리는 부모님을 떠올릴 때 어떤 믿음을 기억합니까? 그리고 우리의 믿음은 과연 자녀들에게 전달될 만합니까? 하나님은 아브라함의 복이 천 대에 이르도록 이어지리라고 말씀하셨습니다. 이후 아브라함의 믿음은 이삭에게, 이삭의 믿음은 야곱에게 전달되었습니다.

우리 자녀들에게 이런 고백이 있어야 하지 않겠습니까? "아버지는 내가 간혹 밤에 깰 때마다 기도하고 계셨어", "어머니는 새벽 기도를 다니셨지", "우리 가정에 어려운 시련이 있을 때 부모님이 하나님을 붙들고 끝까지 견디셨던 모습이 기억나." 지금 자녀들이 우리에게서 기억할 만한 믿음의 유산이 있습니까? 자녀들에게 이어 줄 믿음의 유산이 있기를 바랍니다. 자녀들이 부모인 우리를 생각하면서 눈물을 흘리며 자신들의 자녀들에게 이야기해 줄 무엇인가가 있기를 간절히 바랍니다. 믿음은 전승되며, 복은 수천 대로 이어집니다.

창세기 17장 7절에서 알 수 있는 또 한 가지 사실은 하나님의 언약은 영원한 언약이라는 것입니다. 하나님의 언약은 일시적인 것도 아니고, 시간이 지난다고 쇠하는 것도 아닙니다. 오히려 세월이 갈수록 더 강해지고 분명해지는 언약이 하나님의 언약입니다.

내가 너와 네 후손에게 네가 거류하는 이 땅 곧 가나안 온 땅을 주어 영원한 기업이 되게 하고 나는 그들의 하나님이 되리라(창 17:8).

셋째로, 하나님은 아브라함에게 땅의 복을 주셨습니다. 이스라엘 백성에게 땅은 아주 중요한 의미가 있었습니다. 그들에게 땅은 축복의 통로이자 근본이었습니다. 땅은 동서고금을 막론하고 중요합니다. 하나님의 땅을 가지고 투기하는 나라는 망하고 맙니다.

땅으로 돈벌이하는 사람은 한때 돈을 벌지는 모르겠지만 또한 땅 때문에 망할 것입니다.

하나님은 갈대아 우르에서 잘 살고 있는 아브라함에게 나타나셔서 "너는 너의 고향과 친척과 아버지의 집, 곧 '땅'을 떠나 내가 네게 보여 줄 '땅'으로 가라"(창 12:1 참조)고 말씀하셨습니다. 지금 살고 있는 땅은 축복의 땅이 아니라는 의미입니다. 저주의 땅에서 축복의 땅으로 옮겨 가라고 말씀하신 것입니다. 축복의 땅은 바로 젖과 꿀이 흐르는 '약속의 땅'이었습니다. 그래서 아브라함은 자신이 살던 땅을 떠나 미지의 약속의 땅을 향해 믿음의 여행을 시작했습니다.

이는 모세도 마찬가지였습니다. 자기 민족 이스라엘이 애굽에서 400년 동안 종살이할 때 그는 애굽의 문화에 머물지 않고 그들을 이끌고 하나님이 지시하신 땅, 약속의 땅을 향해 애굽을 탈출했습니다. 이것을 가리켜 '출애굽'이라고 합니다. 그것은 결코 쉬운 일이 아니었습니다. 기근도, 목마름도, 질병도, 원수들의 공격도 있었습니다. 기막히게 어려운 일들이 산적해 있었습니다. 그러나 이스라엘 백성은 약속의 땅을 향한 행진을 멈추지 않았습니다.

믿음은 약속의 땅을 향한 멈추지 않는 행진입니다. 우리는 약속의 땅으로 가는 도중에 우리의 주의를 끌고 초점을 흐리게 만드는 많은 일을 만납니다. 그러나 결코 행진을 멈추어서는 안 됩니다. 여호수아도 약속의 땅에 들어가기 위한 행진을 계속했습니다. 그가 이스라엘 백성을 이끌고 여리고성과 전쟁을 치른 것은 약속의 땅에 들어가게 하시려는 하나님의 목표를 이루기 위함이었습니다.

하나님의 약속의 땅은 현재 이스라엘이 위치한 지정학적 의미에서의 땅만을 의미하는 것이 아닙니다. 진정한 약속의 땅은 새 하늘과 새 땅, 하나님의 영원한 땅입니다. 우리는 거기까지 하나님의 약속을 믿고 나아가야 합니다.

하나님은 아브라함에게 나타나셔서 가나안을 약속의 땅으로 주겠다고 말씀하셨습니다. 그러나 이어서 더 중요한 말씀을 하셨습니다. 하나님이 그것을 가리켜 '영원한 기업'이라고 하신 것입니다. 하나님이 말씀하신 '영원한 기업'은 세상이 보는 기업의 개념과 다릅니다. 이는 아브라함의 자손으로 이 땅에 오실 메시아, 예수 그리스도가 하나님의 나라를 이 땅에 이루시면 믿는 자들이 받게 될 새 하늘과 새 땅을 의미합니다.

그러나 인간의 생각은 먹는 것과 입는 것, 쾌락을 느끼는 것, 물질을 소유하는 것으로 그 의미를 제한해 버렸습니다. 어떻게 이런 것들이 영원한 것이 될 수 있습니까? 하나님의 기업은 영원한 기업입니다. 하나님의 '약속의 땅'은 천국까지 이르는 새 하늘과 새 땅입니다.

아브라함의 믿음은 하나님의 말씀을 들은 순간, 다시 살아나기 시작했습니다. 말씀을 들으면 믿음이 살아나고, 하나님을 만나면 잠에서 깨어납니다. 하나님은 언약의 성취가 1년밖에 남지 않았음을 아시고 아브라함에게 나타나셨고 그의 믿음을 새롭게 하셨습니다. 하나님은 이처럼 끝까지 포기하시지 않습니다. 기다림은 고통스럽지만, 그때도 하나님은 시간을 계산하고 계시다는 사실을 알아야 합니다. 하나님은 너무 이르게도, 너무 늦게도 오시지 않고 정확한 때에 오십니다. 참된 믿음이란 하나님을 믿고 기다리는 것입니다.

하나님은 아브라함을 포기하시지 않았습니다. 따라서 모든 것이 끝난 것이 아닙니다. 이제부터 다시 시작입니다. 믿음의 실패를 경험하면 하나님이 찾아오시며 회복시키십니다. 믿음의 상처도 어루만져 주십니다. 서자가 태어났다고 해도, 13년이 지났어도 포기하시지 않습니다. 하나님은 약속하신 대로 반드시 이루시는 분입니다. 잠에 빠진 자들을 깨우시고 체념한 자들을 격려하십니다.

그렇다면 이러한 하나님과의 반복적인 갈등은 언제까지나 계속되는 것일까요? 그렇지 않습니다. 갈등도, 고난도 영원하지 않습니다. 아브라함에게 약속이 성취되기까지 1년밖에 남지 않았듯이, 갈등과 고난에는 반드시 끝이 있습니다. 하나님이 우리로 기다리게 하시는 이유는 예수 그리스도까지 이르게 하시기 위함입니다. 성경은 "믿음의 주요 또 온전하게 하시는 이인 예수를 바라보자"(히 12:2)라고 말합니다. 히브리서 기자는 예수님을 이렇게 소개합니다.

이는 하나님의 영광의 광채시요 그 본체의 형상이시라 그의 능력의 말씀으로 만물을 붙드시며 죄를 정결하게 하는 일을 하시고 높은 곳에 계신 지극히 크신 이의 우편에 앉으셨느니라(히 1:3).

그러므로 함께 하늘의 부르심을 받은 거룩한 형제들아 우리가 믿는 도리의 사도이시며 대제사장이신 예수를 깊이 생각하라(히 3:1).

아브라함의 믿음은 예수 그리스도에게서 해답을 얻게 되며, 그의 기다림은 예수 그리스도까지 이어집니다. 하나님이 아브라함에게 주신 모든 복은 예수 그리스도와 연관되어 있으며, 그 모든 복이 바로 예수 그리스도에게 와서 완성됩니다.

# 13

## 나는 하나님을 사랑하는
## 마음의 할례자입니다

창세기 17:9-16

## 할례는 '신실하신 하나님'의 표징이다

우리는 하나님이 약속을 지키시지 않고 지체하신다고 생각합니다. 그러나 하나님은 약속을 어기시지도, 지체하시지도 않습니다. 하나님은 한 번도 약속을 어기신 일이 없고, 한 번도 생각을 바꾸신 일이 없습니다. 그리고 그분이 하신 말씀은 반드시 지키시고 이루십니다.

이러한 사실을 아브라함의 생애를 보면서 배우게 됩니다. 하나님이 아브라함에게 주고자 하셨던 믿음의 시간은 25년이었습니다. 그러나 아브라함은 25년을 제대로 견디지 못하고 몇 번이나 곤두박질했습니다. 실패하기도 하고, 의심하기도 하고, 좌절하기도 했습니다. 그러나 하나님은 한 번도 하나님의 계획이나 시간을 바꾸신 적 없이 아브라함을 격려하시고, 깨우시며, 믿음의 사람으로 만드셨습니다. 민수기 23장 19절은 하나님을 이렇게 묘사합니다.

하나님은 사람이 아니시니 거짓말을 하지 않으시고 인생이 아니시니 후회가 없으시도다 어찌 그 말씀하신 바를 행하지 않으시며 하신 말씀을 실행하지 않으시랴(민 23:19).

하나님의 언약의 성취를 기다리는 동안 아브라함은 여러 번 넘어졌습니다. 기근이 왔을 때 가나안 땅에 있지 못하고 애굽으로 피신을 갔다가 큰 수치를 당했습니다. 조카 롯과의 갈등도 있었습니다. 10년이 지났을 때 믿음이 몹시 흔들린 적도 있습니다. 그러다가 결국 불신앙 때문에 이스마엘을 낳고 말았습니다.

이스마엘을 낳은 지 13년이 될 때까지 아브라함은 체념과 좌절 속에서 그 시간을 보냅니다. 13년 동안 좌절과 상처 속에서 이스마엘을 키우며 살아온 아브라함을 하나님이 찾아오셨습니다. 휴면 상태에 들어갔던 그의 믿음을 깨우시기 시작했습니다. 하나님은 결코 포기하지 않으셨고, 잊지 않으셨습니다. 하나님은 시계를 보고 계셨을 뿐입니다.

하나님이 "나는 전능한 하나님이라 너는 내 앞에서 행하여 완전하라 내가 내 언약을 나와 너 사이에 두어 너를 크게 번성하게 하리라"(창 17:1-2)라고 말씀하시자 아브라함은 눈을 뜨기 시작했습니다. 먼지가 날리고 거미줄이 끼었다고 생각했던 그 낡은 언약, 잊힌 언약을 하나님이 다시 들고 나오신 것입니다. 엎드려 있던 아브라함은 서서히 기지개를 켜면서 하나님의 약속을 받아들이기 시작했습니다. 이때 하나님이 아브라함에게 한 가지를 당부하셨습니다.

하나님이 또 아브라함에게 이르시되 그런즉 너는 내 언약을 지키고 네 후손도 대대로 지키라(창 17:9).

하나님의 권면은 "내가 네게 약속하지 않았느냐? 그것은 24년 전에 네게 주었던 약속이 아니냐? 그리고 중간에 다시 회복시켜 주었던 약속이 아니냐? 이 말씀을 네게 줄 텐데, 너는 이 약속을 지켜라. 그리고 네 자손들도 지키게 하라"라는 의미입니다. 성경에서 볼 수 있는 하나님의 일관된 메시지는 "내 말을 듣고 조금도 의심하지 않고 순종하면 너와 네 자녀가 복을 받는다"입니다.

대부분의 사람들은 하나님과 멀리 떨어져 있기 때문에 하나님의 약속의 말씀을 믿기보다는 자기 생각이나 현실을 더 의지하는 경향이 있습니다. 아브라함도 13년 동안 믿음의 휴면 상태에 들어갔을 때는, 물론 하나님의 약속을 믿지 않은 것은 아니지만, 주변 환경, 즉 더 이상 아이를 가질 수 없다는 현실을 더 신뢰했습니다. 우리도 하나님을 믿지 않는 것은 아닙니다. 하지만 하나님을 제한할 때가 많습니다. 우리가 성령님을 의지하지 않는 것은 아닙니다. 그러나 성령님 역시 제한할 때가 많습니다. 만약 우리가 성경에 기록된 말씀을 어린아이같이 믿는다면 기적이 일어날 것입니다. 그러나 제한하면 제한하는 것 이상은 절대 이루어지지 않습니다.

아무리 부모가 믿음을 가졌다 할지라도 자녀들에게 그 믿음을 전해 주기란 대단히 어렵습니다. 우리는 자신이 잘 믿는 것은 어느 정도 하는데, 자녀들이 믿음을 갖게 하는 데는 게으른 부분이 있습니다. '우리 세대와 다르지 않느냐' 하는 생각 때문에 자녀가 고등 학교 3학년이 되면 교회에 가기보다 과외 공부를 하러 가기를 은근히 원합니다. 오히려 아이가 교회에 가겠다고 하는데 야단치는 부모도 있습니다. 이것이 우리의 현실입니다.

혹시 자녀들의 믿음을 위해서 이사해 본 적이 있습니까? 자녀의 믿음을 위해 직장을 옮긴 경험이 있습니까? 자녀들의 믿음을 위해서 어떤 희생을 했습니까? 이처럼 부모는 믿음의 대가를 치러야만 아이들에게 믿음이 전달됩니다. 하나님은 아브라함에게 "너는 내 언약을 지키고 네 후손들도 언약을 지키게 하라"라고 말씀하셨습니다.

너희 중 남자는 다 할례를 받으라 이것이 나와 너희와 너희 후손 사이에 지킬 내 언약이니라(창 17:10).

하나님은 아브라함을 사랑하시기 때문에 약속을 주셨을 뿐만 아니라 그 약속이 후대까지, 메시아가 오실 때까지, 성령이 오실 때까지 자녀들에게 전수되도록 특별한 징표를 주셨습니다. 그것이 할례입니다. 할례는 남자 생식기의 포피를 제거하는 수술입니다. 아이가 태어난 지 8일 만에 할례 의식을 행하는데, 이는 선택받은 백성이라는 표를 만들어 주는 것이라고 할 수 있습니다.

하나님은 아브라함과 하신 약속이 매우 중요하기 때문에 날마다 이 약속을 생각하고 잊지 않게 하시기 위해 사람의 몸에 표징을 주셨습니다. 매일 그 표징을 보면서 죽을 때까지 약속을 기억하도록 하시기 위함이었습니다. 자녀들과 또 그 자녀들이 매일 그 표징을 보면서 '나는 하나님의 사람이다. 나는 하나님의 약속을 받은 사람이다'라는 사실을 기억하도록 하기 위한 것이었습니다. 메시아가 태어나실 때까지 말입니다.

> 너희는 포피를 베어라 이것이 나와 너희 사이의 언약의 표징이니라 (창 17:11).

할례는 하나님의 언약의 표징입니다. 하나님은 구약 시대에는 남자의 생식기에 할례를 행함으로써 약속을 기억하도록 하셨습니다. 그러나 예수님이 오신 이후에는 할례가 하나님과 우리 사이의 언약의 증표가 아니라, 말씀과 십자가와 보혈과 성령의 역사가 하나님과 우리 사이의 언약의 증표가 되었습니다. 그리하여 우리는 육체에 할례를 행하는 사람이 아니라 마음에 할례를 행하는 사람으로 새롭게 태어났습니다.

왜 하나님이 남자의 살에 이런 표를 하게 하셨을까요? '하나님의 약속은 변하지 않는다. 하나님은 신실하신 분이다. 하나님은 약속하신 것은 반드시 이루신다. 이 약속은 우리 자녀들을 통해 이루어진다'는 사실을 보여 주시기 위해서였습니다. 우리 하나님이 얼마나 섬세하시고, 얼마나 자상하시고, 얼마나 우리를 배려하시는

지 이루 말할 수 없습니다.

하나님은 구약에서 약속하셨고, 신약에서 성취하셨습니다. 그리고 예수님을 통해, 성령을 통해 약속하셨고, 요한계시록을 통해 완성하십니다.

하나님과 인간의 관계는 '약속과 성취'의 관계입니다. 우리는 집을 한 채 사고팔아도 계약을 합니다. 약속에 있어서 가장 중요한 것은 약속이 지켜지는가, 아닌가입니다. 약속은 지켜질 때 의미가 있습니다. 약속이 지켜지는 사회를 가리켜 '신용 사회'라고 합니다. 약속이 지켜지는 나라는 모든 것이 쉽고, 편안하고, 안전합니다. 반대로 약속이 지켜지지 않는 나라는 돈으로 문제를 해결하고, 서로 의심하고, 사기가 만연한 나라가 됩니다.

대부분의 인간이 가지고 있는 본질적인 상처는 배신입니다. 인간은 배신을 하고 배신을 당해 본 경험이 많습니다. 약속이 지켜지지 않는 것이 배신입니다. 그래서 하나님은 아브라함에게 약속을 주셨을 뿐만 아니라 약속을 반드시 이루겠다는 표징으로 할례를 주셨습니다.

> 너희의 대대로 모든 남자는 집에서 난 자나 또는 너희 자손이 아니라 이방 사람에게서 돈으로 산 자를 막론하고 난 지 팔 일 만에 할례를 받을 것이라(창 17:12).

하나님은 자녀들이 자기 의사를 표현할 수 없는 나이에, 아무것도 모르는 나이에 할례를 하게 하심으로써 하나님의 백성으로서의 길을 가게 하셨습니다.


## 선택은 특권이 아니라 감사요, 섬길 수 있는 기회다

12절에 매우 재미있는 표현이 나옵니다. 할례는 아브라함의 가족뿐만 아니라 이방 사람에게서 돈으로 산 자를 막론하고 누구든지 남자라면 다 받아야 한다는 것입니다. 이것은 우리를 놀라게 합니다. 보통 사람들은 가문, 혈통, 학벌 등을 중요하게 생각합니다. 이런 생각은 이스라엘 백성에게도 있었습니다. 이스라엘 백성은 '선택받은 백성'이라는 특권 의식을 가지고 있었습니다. 그들은 선택받은 사람이라는 명분으로 하나님을 독점했습니다. 그런데 이 말씀을 보면, '도대체 이스라엘 백성은 언제 선택받았는가?'라는 생각이 듭니다.

이스라엘은 하나님의 선택을 받았습니다. 그렇다면 선택받기 전에 그들은 무엇이었습니까? 당연히 이방인이었습니다. 그들도 별것 아니었습니다. 선택받은 날부터 하나님의 백성이 된 것입니다. 아브라함도 갈대아 우르에서 살던 보통 사람이었습니다. 하나님이 그를 불러내셔서 믿음의 사람으로 만드시고 할례를 주신 것뿐입니다. 그전에는 그도 이방인에 불과했습니다.

우리를 보십시오. 우리는 하나님의 자녀입니다. 그전에는 무엇이었습니까? 우리는 진노의 자식이었습니다. 하나님도 없었고, 약속도 없었고, 이스라엘 밖에 있는 이방인에 불과했습니다. 하지만 하나님의 은혜로 예수님을 믿게 되어서 이제는 마귀로부터 떠나 하나님의 자녀가 되어 구원받고 천국을 소유하는 영적 상속권을 갖게 된 것입니다.

선택은 특권이 아니라 감사입니다. 선택받았다는 것은 감사하고 감격스러운 사실입니다. 내가 선택받았다는 오만과 교만과 특권 의식은 선택의 본질이 아닙니다. 하나님이 왜 이스라엘 백성을 택하셨습니까? 이스라엘 백성 중에서 메시아가 태어나게 하시고, 그 메시아로 하여금 온 인류를 구원하는 역할을 하도록 하시기 위해서입니다. 그럼에도 이스라엘 백성은 하나님의 놀라운 은혜를 깨닫지 못하고 나만 잘 먹고 잘 입고, 내 가정만 잘 살면 된다고 생각하며 하나님을 독점하려 했습니다. 그러면서 '다른 사람들에게는 하나님에 대해서 나눠 줄 필요가 없다'는 잘못된 생각을 했습니다. 그래서 숱한 어려움을 겪었습니다.

하나님이 우리를 불러 주신 까닭은 우리만 잘 먹고 잘 살게 하시기 위함이 아닙니다. 우리가 구원받은 데는 구원받지 못한 다른 사람을 구원하라는 하나님의 특별한 뜻이 있는 것입니다. 하나님이 나를 부자로 만들어 주셨다면 가난한 자를 도우십시오. 건강하다면 병든 자를 도우십시오. 지식을 가졌다면 배우지 못한 사람을 도와주십시오. 이것이 '선택'이 갖는 의미입니다. 그러나 우리가 하나님의 놀라운 선택과 특권을 잊고 우리 자신을 위해서만 이용하고, 누리고, 독점한다면 하나님이 얼마나 슬퍼하시겠습니까?

> 너희의 대대로 모든 남자는 집에서 난 자나 또는 너희 자손이 아니라 이방 사람에게서 돈으로 산 자를 막론하고 난 지 팔 일 만에 할례를 받을 것이라 너희 집에서 난 자든지 너희 돈으로 산 자든지 할례를 받아야 하리니 이에 내 언약이 너희 살에 있어 영원한 언약이 되려니와(창 17:12-13).

여기에 사용된 표현을 주의해서 보십시오. 하나님의 사랑을 받는 이유는 아브라함의 씨이기 때문이 아닙니다. 노예로 팔려 온 사람도 하나님의 자녀가 될 수 있습니다. 예수님은 바리새인과 서기관들이 자신들이 하나님의 선택된 백성이라고 자랑하고 있을 때 "속으로 아브라함이 우리 조상이라고 생각하지 말라 내가 너희에게 이르노니 하나님이 능히 이 돌들로도 아브라함의 자손이 되게 하시리라"(마 3:9)라고 말씀하셨습니다.

선택받았다는 것은 오히려 겸손할 수 있는 기회요, 감격할 수 있는 기회, 봉사할 수 있는 기회입니다. 물론 하나님이 먼저 나를 구원하시기 위해 나를 택하신 것은 사실입니다. 그러나 이에 못지않게 중요한 사실은 아직 구원받지 못한 많은 영혼을 구원하시기 위해서도 나를 택하셨다는 것입니다. 하나님이 사도 바울을 선택하신 것은 그를 구원하시기 위함이었지만, 더 큰 의미는 이방인을 위한 택한 그릇으로 쓰시기 위해서였습니다. 바울은 로마서 10장 13절에서 "누구든지 주의 이름을 부르는 자는 구원을 받으리라"라고 말했습니다.

헬라인이나 유대인이나 종이나 자유인이나 다 그리스도 안에서 하나가 되었습니다. 이것이 복음입니다. 복음은 유대인과 이방인을 구분하지 않고, 종이나 자유인을 구분하지 않으며, 배운 자와 배우지 못한 자를 구분하지 않으며, 프롤레타리아와 부르주아를 구분하지 않습니다. 부자도 구원받을 자격이 있고, 가난한 자도 구원받을 자격이 있습니다. 종도 구원받을 자격이 있고, 주인도 구원받을 자격이 있습니다. 이것이 복음입니다.


## 우리 믿음이 껍데기 믿음, 형식적인 믿음이 아니기를…

할례를 받지 아니한 남자 곧 그 포피를 베지 아니한 자는 백성 중에서 끊어지리니 그가 내 언약을 배반하였음이니라(창 17:14).

여기서 한 가지 더 생각해 볼 부분이 있습니다. 아브라함의 자손이든 노예이든 할례를 받아 하나님의 백성이 되었습니다. 그런데 유대인들은 할례를 받은 자와 받지 않은 자를 구분했습니다. 할례 자체가 중요한 것이 아닙니다. 할례는 목적이 아니라 수단에 불과합니다. 할례는 표징입니다.

우리는 하나님의 목적은 생각하지 않고 수단만 생각하는 경향이 있습니다. 그러나 수단이 목적이 되면 타락합니다. 이것이 율법주의, 형식주의입니다. 형식은 시대마다 달라집니다. 그러나 형식을 가진 사람은 형식을 절대화하려고 합니다. 여기에 타락이 있고, 독재가 있고, 위기가 있습니다. 할례도 마찬가지입니다. 유대인들은 할례 받지 못한 사람은 선택받지 못한 사람이라고 정죄하고 말았습니다. 잘못된 생각으로 종교적인 실수와 우를 범하고 만 것입니다.

할례 자체는 중요하지 않습니다. 중요한 것은 약속입니다. 약속의 표로 할례가 주어진 것입니다. 신약 성경은 할례는 몸에 하는 것이 아니요, 마음에 하는 것이라고 말합니다(롬 2:29). 구약 성경에도 그와 같은 말씀이 있습니다.

네 하나님 여호와께서 네 마음과 네 자손의 마음에 할례를 베푸사 너로 마음을 다하며 뜻을 다하여 네 하나님 여호와를 사랑하게 하사 너로 생명을 얻게 하실 것이며(신 30:6).

진짜 할례는 하나님의 사랑을 기억하고 믿는 것입니다. 그러면 마음을 다하고, 뜻을 다하고, 성품을 다해 하나님을 사랑하게 됩니다. 로마서 2장 25 - 26절에서 사도 바울은 우리가 율법을 지켰다면 할례가 의미 있지만, 율법을 지키지 못했다면 할례가 무슨 의미가 있겠느냐고 말했습니다. 그렇기 때문에 무할례자가 율법을 지키면 할례를 받은 것과 같이 되고, 할례자가 율법을 어기면 무할례자와 같이 됩니다. 우리 믿음이 껍데기 믿음, 형식적인 믿음, 종교적인 믿음이 아니기를 바랍니다. 하나님을 사랑하고, 하나님의 약속을 믿고 신뢰하는 믿음을 갖게 되기를 바랍니다.

그리스도 예수 안에서는 할례나 무할례나 효력이 없으되 사랑으로써 역사하는 믿음뿐이니라(갈 5:6).

할례나 무할례가 아무것도 아니로되 오직 새로 지으심을 받는 것만이 중요하니라(갈 6:15).

하나님은 우리에게 믿음을 주시고, 믿음의 표징을 주셨습니다. 구약 시대에는 그 믿음의 표징이 할례였습니다. 그러나 할례의 형식이 아니라 할례의 내용이 중요합니다. 하나님이 우리에게 주시고자 하는 메시지도 할례의 내용이 중요하다는 것입니다.

하나님이 또 아브라함에게 이르시되 네 아내 사래는 이름을 사래라 하지 말고 사라라 하라 내가 그에게 복을 주어 그가 네게 아들을 낳아 주게 하며 내가 그에게 복을 주어 그를 여러 민족의 어머니가 되게 하리니 민족의 여러 왕이 그에게서 나리라(창 17:15-16).

하나님은 약속의 표징으로 할례를 명하신 다음에 한 가지를 더 말씀하셨습니다. 사래의 이름을 '사라'로 바꾸라는 것입니다. 그러면서 "사라는 아들을 낳을 것이며 여러 민족의 어머니가 될 것이다"라고 말씀하셨습니다.

여기서 우리는 몇 가지 사실을 알 수 있습니다. 첫째, 남자나 여자나 똑같다는 것입니다. 하나님은 아브라함의 이름만 바꾸시지 않고 그의 기업의 동역자인 아내의 이름도 바꿔 주시며 복 주셨습니다. 하나님은 남자와 여자를 똑같이 만드셨습니다. 남자가 여자보다 우월하지 않습니다. 둘째, 하나님은 사라도 여러 민족의 어머니가 되게 해 주겠다고 약속하셨습니다. 저는 이 말씀을 통해 얼마나 은혜를 받는지 모릅니다. 100년 전에 선교사님들이 한국에 와서 학교를 지었습니다. 그분들은 한국 민족의 믿음의 아버지입니다. 우리는 그분들의 이름을 기억합니다. 우리가 복음을 전해 주었기 때문에 우리의 이름을 기억해 주는 사람이 몇 명이나 됩니까? 여러 민족의 아버지, 여러 민족의 어머니란 민족과 국경을 초월해 모든 민족이 아브라함과 사라의 믿음을 알아볼 것이라는 의미입니다. 하나님이 아브라함과 사라를 그런 사람으로

만들어 주시는 것입니다. 얼마나 영광스러운 일입니까! 하나님이
우리에게도 이런 복을 주시기 바랍니다.

# 14

## 약속의 자녀를 낳는 믿음으로
## 거듭나게 하소서

창세기 17:17-27

## 나의 신앙은 가짜인가, 진짜인가, 아니면 진짜 같은가?

아브라함이 99세가 되었을 때 하나님이 나타나셨습니다. 실로 긴 시간이 흘렀습니다. 아브라함이 갈대아 우르를 떠난 지 24년이 지난 것입니다. 하나님은 이때 아브람의 이름을 '아브라함'(여러 민족의 아버지)으로 바꾸어 주셨습니다. '여러 민족의 아버지가 된다'는 말은 '믿음의 조상이 된다'는 뜻입니다. 아브라함은 엎드려서 하나님의 말씀을 계속 듣고 있었습니다.

> 아브라함이 엎드려 웃으며 마음속으로 이르되 백 세 된 사람이 어찌 자식을 낳을까 사라는 구십 세니 어찌 출산하리요 하고(창 17:17).

사람은 누구든지 마음속으로 생각하는 바가 있습니다. 입으로 표현하는 말은 장소와 대상에 따라서 과장되거나 왜곡될 수 있지만 속생각은 그렇지 않습니다. 어린아이들은 생각을 그대로 표현합니다. 그러나 어른들은 속마음과 겉으로 표현되는 말이 다릅니다. 나이가 들고 세상을 경험하다 보면 자기 속에 없는 것을 말하는 법을 배우게 됩니다. 속으로 말하는 것이 진실입니다. 아브라함도 엎드려서 속으로 진심을 이야기했습니다.

하나님이 끊임없이 "네 아내 사라에게서 약속의 자녀가 태어나리라"라고 말씀하셨음에도, 아브라함은 엎드려서 하나님의 말씀을 들으면서 속으로 '하나님, 말도 안 되는 이야기입니다. 누가 들어도 웃을 이야기입니다'라고 생각했습니다. 이처럼 아브라함은 지난 24년 동안 수없이 하나님을 만났고 그분의 음성을 들으며 살아왔지만 결정적인 순간마다 하나님을 신뢰하지 못하고 의심했습니다. 겉으로는 진실로 믿는 것 같았습니다. 누가 봐도 "아브라함은 믿음의 사람이야"라고 말할 수 있을 정도로 신실해 보였습니다. 하지만 사실은 24년이 지났음에도 그는 여전히 "하나님, 믿지 못하겠습니다"라고 고백했습니다.

우리는 여기서 아브라함의 믿음이 가짜였음을 보게 됩니다. 교회에 오래 다니고 목사나 장로라는 직분을 받았다 해도 신앙은 가짜일 수 있습니다. 진짜처럼 착각하며 살 수 있습니다. 아브라함의 믿음은 하나님이 주시는 말씀을 믿는 믿음이 아니라 극히 인간적이고 세속적인 믿음이었다는 사실이 여기서 드러났습니다.

참된 믿음은 결코 인간적인 생각이나 환경에 의해 만들어지지 않습니다. 진정한 믿음은 인간이 만드는 것이 아닙니다. 믿음은 인간의 지식이나 경험에 의해 얻어지는 확신이 아닙니다. 그러나 많은 사람이 믿음을 그렇게 이해하고 있습니다.

나이가 들면 성숙해지지만, 성숙해진다고 믿음이 생기는 것은 아닙니다. 지혜가 많고 인생을 노련하게 사는 사람이 있지만 그 지혜나 노련한 경험이 믿음은 아닙니다. 하나님이 우리에게 주시고 자 하는 믿음은 인간 안에는 존재하지 않습니다. 그것은 '절대 은 혜'로만 얻을 수 있습니다. 하나님만이 주실 수 있는, 전혀 질이 다르고 독특한 하나님의 은혜입니다. 바로 이것이 믿음입니다.

하나님은 아브라함에게서 인간적인 성숙함과 경험에서 나오는 믿음을 원하신 것이 아니었습니다. 오히려 그러한 믿음이 다 무너지기를 기다리셨습니다. 그 기간이 24년이었습니다. 사람들은 끊임없이 자기를 신뢰합니다. 자기 생각과 자기 방식으로 하나님을 믿습니다. 그러나 하나님은 그런 것들이 사라지기를 원하십니다.

히브리서 11장 6절은 "믿음이 없이는 하나님을 기쁘시게 하지 못하나니 하나님께 나아가는 자는 반드시 그가 계신 것과 또한 그가 자기를 찾는 자들에게 상 주시는 이심을 믿어야 할지니라"라고 말합니다. 인간에 의해 조작된 믿음, 인간에 의해 경험되고 훈련된 믿음은 하나님을 기쁘시게 할 수 없습니다. 겉으로 보기에는 그럴듯하지만 기적을 일으키지는 못합니다. 하나님에게서가 아니라 인간에게서 나온 믿음이기 때문입니다.

그럼에도 불구하고 우리는 내가 이해할 수 있는 믿음, 내가 경험하거나 생각할 수 있는 믿음을 끝까지 붙들고 하나님께 나갑니다. 그러고선 "나는 믿음이 있습니다. 믿음으로 행했습니다"라고 말합니다. 그러나 그것은 아무런 기적도 일으킬 수 없는 인간적인 믿음에 불과합니다.

아브라함은 인간적인 믿음을 24년간이나 가지고 있었습니다. 그리고 하나님이 직접 말씀하시는 순간까지도 자기의 믿음을 포기하지 않았습니다. 자신의 판단과 생각을 붙들고 있었습니다. 그래서 속으로 웃은 것입니다.

세속적이고 인간적인 믿음은 자기 신념입니다. 대부분의 사람들은 적극적이고 긍정적인 사고방식이 곧 믿음이라고 착각합니다. 그러나 그것은 믿음의 한 모습일 수는 있지만 믿음 자체는 아닙니다. 어떤 사람들은 경험이나 지식을 통해 얻어진 확신을 믿음처럼 갖고 있습니다. 또 어떤 경우는 신뢰할 만한 기관에서 조사한 통계 자료를 사실로 받아들입니다. 여론을 믿음으로 받아들이는 사람도 있습니다. 그러나 이것은 하나님이 원하시는 믿음이 아닙니다. 이러한 통계나 지식이나 과학에 근거한 믿음은 결국 좌절과 절망과 실패를 경험하게 만듭니다.

인간적인 믿음일수록 그럴듯해 보입니다. 왜냐하면 인간적이기 때문입니다. 합리적인 믿음일수록 설득력이 있습니다. 이해하기 쉽기 때문입니다. 그러나 그러한 믿음은 날이 갈수록 미궁에 빠지고 맙니다. 아브라함도 미궁에 빠졌습니다. 왜냐하면 그는 하나님의 약속을 아직도 신뢰하지 않았고, 약속보다는 환경을, 기적보다는 신체 조건을 우선으로 생각했기 때문입니다.

## 하나님은 이삭만 아니라 이스마엘도 사랑하신다

하나님의 말씀을 들은 아브라함은 이스마엘이나 데리고 살겠다며 하나님을 설득했습니다. 인간적인 믿음은 하나님을 설득하려고 합니다.

> 아브라함이 이에 하나님께 아뢰되 이스마엘이나 하나님 앞에 살기를 원하나이다(창 17:18).

이에 하나님이 무엇이라고 답하셨습니까? "아니라 네 아내 사라가 네게 아들을 낳으리니 너는 그 이름을 이삭이라 하라 내가 그와 내 언약을 세우리니 그의 후손에게 영원한 언약이 되리라"(창 17:19)라고 말씀하셨습니다. 하나님의 생각은 아브라함의 생각과 달랐습니다. 아브라함의 그럴듯하고 인간적인 생각에 하나님은 "아니다!"라고 답하셨습니다. "사라가 인간적으로는 아기를 낳을 수 없는 상황이지만 나는 아기를 줄 것이며, 내가 약속한 자녀가 네 아내에게서 분명히 날 것이다"라고 강력하게 말씀하셨습니다.

옳은 이야기를 끝까지 주장하면 확신이고 비전입니다. 그러나 틀린 이야기를 끝까지 주장하면 고집입니다. 틀렸다면 고집 피우지 말고 바꾸고 고치십시오. 그러나 옳다면 끝까지 가십시오. 어떤 어려움이 있더라도 바꾸지 마십시오. 이것이 하나님의 성품입니다. 하나님은 환경 때문에 포기하시는 분이 아닙니다.

우리는 여기서 또 하나의 사실을 배우게 됩니다. 그것은 이스마엘이 잘못되어서 하나님이 이삭을 택하신 것이 아니라는 사실입니다. 왜 하나님은 이스마엘을 택하시지 않고 이삭을 택하셨을까요? 이삭은 약속의 자녀이기 때문입니다. 그리고 하나님의 구원 계획 때문입니다.

하나님은 사라에게서 태어날 아이가 딸이 아니라 아들이라고 말씀하셨고, 친히 '이삭'이라는 이름까지 지어 주셨습니다. 임신도 하지 않았는데 이름까지 지어 주시는 분이 하나님이십니다. 그 하나님이 우리의 하나님이시며 우리의 미래요, 약속이시요, 소망이십니다.

하나님이 우리에게 모호하게 말씀하실 때는 작정하신 때가 아직 멀었다는 뜻입니다. 그러나 구체적으로 말씀하실 때는 때가 아주 가깝다는 의미입니다. 지금 아브라함을 찾아오신 하나님은 아들을 낳을 것이며 그 이름을 이삭이라고 하라며 아주 구체적으로 말씀하셨습니다. 때가 가까운 것입니다.

이스마엘에 대하여는 내가 네 말을 들었나니 내가 그에게 복을 주어 그를 매우 크게 생육하고 번성하게 할지라 그가 열두 두령을 낳으리니 내가 그를 큰 나라가 되게 하려니와 내 언약은 내가 내년 이시기에 사라가 네게 낳을 이삭과 세우리라(창 17:20-21).

하나님은 공평하고, 마음이 넓고, 배려가 깊은 분이십니다. 아브라함이 "이스마엘이나 상속자로 삼겠습니다"라고 말하자 하나님은 "내가 너에게 줄 약속의 자녀는 이삭이다"라고 말씀하신 후에 이스마엘도 버리지 않겠다고 하셨습니다.

이스마엘을 위한 복은 이삭에게 주신 복과 별다르지 않습니다. 하나님은 이삭에게 주신 복을 그대로 이스마엘에게도 주셨습니다. 하나님은 우리에게도 복을 주십니다. 모든 믿는 자에게 동일한 복을 주기를 원하십니다.

하나님은 약속의 자녀인 이삭의 후손을 통해 먼 훗날 메시아를 태어나게 하시려고 이삭을 낳게 하셨습니다. 이것이 핵심입니다. 하나님이 교회를 세우시고 우리를 보내신 이유가 무엇입니까? 우리를 통해 많은 미전도 종족에게 선교사를 보내고 전도하도록 하시기 위해서입니다. 하나님은 이삭에게 주신 복을 이스마엘에게도 똑같이 주셨듯이, 모든 그리스도인에게 똑같이 복을 주십니다. 선택이라는 말에는 메시아적 의미가 담겨 있습니다. 그러므로 선택받은 우리에게는 그리스도의 복음을 전할 사명이 주어졌습니다.

거의 모든 사람이 자기를 괴롭히고 죽이려는 사람을 좋아하지 않습니다. 우리는 원수를 사랑하기 어려운 존재입니다. 그러나 하나님은 나와 다른 편에 선 사람도 사랑하십니다. 그 사람들에게도 햇볕과 공기를 주십니다. 긍휼과 은혜를 베풀어 주십니다. 우리는 하나님이 내 편만 사랑해 주시면 좋겠다고 생각합니다. 그러나 하나님은 다른 편도 사랑하십니다. 우리가 원하는 것은 분열이지만, 하나님이 원하시는 것은 연합입니다. 하나님은 모든 사람이 구원받기를 원하십니다. 하나님은 이삭만 사랑하시는 것이 아니라 이스마엘도 사랑하셨습니다. 그분이 하나님이십니다.

하나님은 메시아를 이 세상에 보내기 위해 이삭이 태어나게 하셔야 했습니다. 21절에서 하나님은 이에 대한 좀 더 구체적인 사인을 주셨습니다. 이삭이 태어날 날짜, 즉 '내년 이 시기'에 태어날 것을 알려 주신 것입니다. 그리고 하나님은 떠나셨습니다.

## 하나님의 믿음에 기초해 믿음생활을 다시 시작하라

하나님은 이제 하실 일을 다 하셨습니다. 하나님은 아브라함을 붙잡고 24년이나 씨름하셨습니다. 하나님이 아브라함을 붙잡고 싸우신 까닭은 그의 인간적인 믿음이 다 소진되게 하시기 위함이었습니다. 하나님은 인간적인 믿음을 가지고 살아가기에 수치를 당하고 위기에 처한 아브라함을 구해 주시고 격려해 주셨습니다. 하나님은 아브라함을 야단치거나 혼내시지 않았습니다. 그가 기근을 만나 도망갔을 때도, 언약을 믿지 못해 불안해할 때도, 이스마엘을 낳았을 때도 다시 격려하시고 다시 언약을 주셨습니다.

우리가 신앙적으로 자주 곤두박질하는 까닭은 아직도 옛 사람이 살아 있기 때문입니다. 하나님을 믿지 않거나 성령을 체험하지 않았기 때문이 아닙니다. 끝까지 옛 사람을 물고 늘어지기 때문입니다. 우리가 별 볼 일 없는 자존심 때문에 자기를 포기하지 않는 것이 문제입니다. 어머니가 자식에게 밥을 주는데 어떻게 더러운 그릇에 줄 수 있겠습니까? 깨끗한 그릇에 밥을 담아 주고 싶은 것이 당연합니다. 마찬가지로, 어떻게 하나님이 옛 사람을 갖고 있는 사람에게 기적을 베푸실 수 있겠습니까? 예수님의 이름으로 우리가 옛 사람을 포기하게 되기를 바랍니다.

인간적인 믿음이 발전된다고 해서 하나님의 믿음이 되는 것은 아닙니다. 오히려 인간적인 믿음을 포기하고 죽을 때 하나님이 새로운 믿음을 주십니다. 그리고 믿음을 붙들고 있는 사람에게 하나님은 기적을 베푸십니다.

이에 아브라함이 하나님이 자기에게 말씀하신 대로 이날에 그 아들 이스마엘과 집에서 태어난 모든 자와 돈으로 산 모든 자 곧 아브라함의 집 사람 중 모든 남자를 데려다가 그 포피를 베었으니(창 17:23).

믿음이란 '내 생각대로'가 아니라 '하나님이 말씀하신 대로'입니다. '내 경험대로'가 아니며, '여론'이나 '조사 기관에서 말하는 대로'가 아닙니다. '하나님이 말씀하신 대로' 순종할 때가 바로 믿음이 생기는 순간입니다. 이런 의미에서 23절은 중요한 구절입니다. 왜냐하면 아브라함이 처음으로 인간적인 믿음을 포기하고 하나님의 믿음을 받아들인 순간이기 때문입니다.

아브라함이 자기를 포기하기까지 24년이 걸렸습니다. 자기 식으로 믿고, 행동하고, 주장하던 모든 것을 포기하고 "이제는 하나님식으로 살겠습니다"라고 고백한 것입니다. 그래서 그는 자기와 이스마엘과 집에서 태어난 모든 사람과 돈으로 산 모든 사람 곧 아브라함의 집 사람 중 모든 남자에게 할례를 행했습니다.

믿음은 결단입니다. 몇 가지 시험해 보고 비교해서 제일 좋은 것을 선택하는 것이 믿음이 아닙니다. 믿음은 모험입니다. 전부를 얻든지, 혹은 전부를 잃는 것이 믿음입니다. 믿음은 자기 포기입니다. 자기를 포기하지 않고 믿음을 가질 수 없습니다. 결단 없이 믿음을 가질 수 없습니다. 그래서 믿음을 갖기 직전에는 얼마나 무섭고 두려운지 모릅니다. 한 번의 결단이 모든 것을 결정하기 때문입니다. 하나님에 대해서 이처럼 결단하는 것이 믿음입니다.

23절에서 아브라함은 아주 중요한 결단을 했습니다. 바로 앞선 22절까지는 하나님의 말씀을 의심하고 계산했지만, 이제는 모든 인간적인 믿음과 결별을 선언했습니다. 하나님의 말씀대로 살기로 결정했습니다. 우리도 지금까지 가지고 있던 인간적인 모든 믿음과 결별하고 하나님이 주시는 새 믿음, 거룩한 믿음, 성령의 믿음, 보혈의 믿음을 갖게 되기를 바랍니다.

인간적인 믿음을 가진 사람들은 자꾸 이것저것 따집니다. 인간적인 생각이 지배할 때는 이리저리 뒤척거리게 됩니다. 그러나 하나님의 믿음을 가진 사람들은 복잡하지 않습니다. 하나님의 말씀에 기초를 둔 사람들은 단순하게 삽니다. 하나님만 생각하면 되기 때문입니다.

> 아브라함이 그의 포피를 벤 때는 구십구 세였고 그의 아들 이스마엘이 그의 포피를 벤 때는 십삼 세였더라(창 17:24-25).

흥미로운 사실은 이 모든 일이 약속의 자녀인 이삭이 태어나기 전에 끝났다는 것입니다. 그 이유는 아브라함이 이삭이 태어나기 전에 믿음으로 할례를 행함으로써 인간적인 믿음이 아니라 하나님의 믿음을 가진 사람으로 거듭나야 했기 때문입니다. 그래야만 약속의 자녀가 믿음에 기초해 설 수 있기 때문입니다. 마찬가지로, 우리도 인간적인 믿음이 종식되어야 하나님의 믿음이 시작됩니다.

> 그날에 아브라함과 그 아들 이스마엘이 할례를 받았고 그 집의 모든 남자 곧 집에서 태어난 자와 돈으로 이방 사람에게서 사온 자가 다 그와 함께 할례를 받았더라(창 17:26-27).

이제 아브라함은 손에 쥐고 있는 모든 것을 내려놓고 하나님이 말씀하신 대로 할례를 행했습니다. 이제부터는 아브라함의 삶에서 하나님이 움직이시기 시작했습니다. 만약 우리가 인간적인 믿음을 계속 가지고 있다면 우리 스스로가 움직여야 합니다. 그러나 만약 하나님이 주신 믿음을 가지고 있다면 하나님이 움직이십니다.

하나님이 주시는 새 믿음, 거룩한 믿음, 성령 충만한 믿음에 기초해 믿음생활을 다시 시작하기 바랍니다. 그 믿음은 기적을 일으킬 것입니다. 왜냐하면 내가 만든 믿음이 아니기 때문입니다. 어떤 믿음에 기초해 여기까지 왔습니까? 혹시 하나님이 주신 믿음이 아니라 인간적인 생각에 기초한 믿음으로 지금까지 왔다면 이 순간 과감히 버리십시오. 그리고 다시 태어나기를 바랍니다.

# 15

## 사람으로 오신 주님,
## 내 마음의 집에 모십니다

창세기 18:1-15

**말씀하시는 하나님, 볼 수 있는 하나님, 만질 수 있는 하나님**

하나님은 아브라함에게 나타나셔서 여러 가지 말씀을 하신 후에 떠나셨습니다. 그리고 다시 아브라함을 찾아오셨습니다. 하나님은 우리를 늘 잊지 않고 찾아오십니다.

> 여호와께서 마므레의 상수리나무들이 있는 곳에서 아브라함에게 나타나시니라 날이 뜨거울 때에 그가 장막 문에 앉아 있다가 눈을 들어 본즉 사람 셋이 맞은편에 서 있는지라 그가 그들을 보자 곧 장막 문에서 달려 나가 영접하며 몸을 땅에 굽혀(창 18:1-2).

아브라함은 마므레 상수리 수풀 근처에 장막을 치고 살았습니다. 어느 날 그는 지중해의 태양이 작열하는 정오에 장막 입구에 앉아 여러 가지 생각에 잠겨 있었습니다. 아마도 얼마 전 하나님이 나타나셔서 해 주신 여러 말씀들을 기억하면서 이런 생각을 했을 것입니다. '그렇다. 하나님이 옳으시다. 곧 아내가 임신하게 될 것이다.'

바로 그때였습니다. 전혀 예기치 못한 일이 일어났습니다. 아브라함 앞에 세 사람이 나타난 것입니다. 그들은 보통 사람이 아니었습니다. 굉장히 존귀한 자들이었던 것 같습니다. 아마도 형용할 수 없는 영광스런 모습을 했을 것입니다. 그들을 본 아브라함은 맞이하러 다가갔습니다. 걸어가지 않고 달려 나갔습니다. 그러고는 고개를 숙이고 몸을 땅에 굽혀 그들을 영접했습니다. 이런 대접은 존귀한 자들에게만 할 수 있는 일입니다. 아브라함은 그들을 진심으로 환영했습니다.

그런데 이 모습은 아브라함의 지난 24년의 생애 가운데서 한 번도 볼 수 없었던 특이한 태도였습니다. 전에 하나님이 오셔서 말씀하실 때는 이렇게 반응한 적이 없습니다. 지금 나타난 세 사람은 누구입니까? 1절 상반 절을 보면 알 수 있습니다. "여호와께서 … 나타나시니라." 야훼 하나님이 오신 것입니다. 그런데 2절에는 하나님이 세 사람의 모습으로 나타나셨습니다.

우리는 여기서 하나님에 관해 굉장히 놀라운 사실을 발견하게 됩니다. 그것은 하나님이 사람의 모습으로 오셨다는 것입니다. 지금까지 하나님은 '말씀'하셨습니다. 아브라함은 "너는 너의 고향과 친척과 아버지의 집을 떠나 내가 네게 보여 줄 땅으로 가라"(창 12:1)라는 말씀도 음성으로 들었습니다. 때로는 환상 중에 하나님의 말씀을 듣기도 했습니다. 그러나 사람으로 오셔서 말씀하시는 하나님을 만난 적은 이번이 처음입니다.

'세 사람'을 삼위일체로 해석할 수도 있겠지만, 좀 다르게 볼 수도 있습니다. 히브리서 13장 2절은 사람을 사랑하고 대접해야 한다면서 구약 시대의 한 사건을 예로 들어서 "부지중에 천사들을 대접한 이들이 있었느니라"라고 말했습니다. 아브라함이 천사를 대접한 일을 가리킵니다. 따라서 세 사람 중에 한 분은 하나님이시고, 나머지 두 사람은 천사로 볼 수도 있습니다. 어쨌든 아브라함은 사람으로 오신 하나님을 만났습니다.

여기에 나타나신 하나님은 어떤 분이십니까? 하나님은 이방 신과 다르십니다. 이방 신은 저 멀리에 있는 신, 무서운 신, 너무나 위엄 있어 인간으로 하여금 숨도 못 쉬게 할 만큼 권위주의적인 신입니다. 바알과 아세라, 로마 신화와 그리스 신화에 나오는 신들이 그 예입니다.

그러나 하나님은 그런 신들과 다르십니다. 아브라함에게 나타나셨고 우리가 믿는 하나님은 '말씀하시는 하나님'이십니다. 우리가 외롭고 힘들 때 음성을 들려주시고, 절망했을 때 용기를 주시고, 길을 잃었을 때 길을 가르쳐 주시고, 두려움에 사로잡혔을 때 "두려워하지 말라. 나는 너의 전능한 하나님이다"라고 친히 말씀하시는 인격적인 분이십니다. 가까이 계셔서 우리와 대화하시는 분입니다.

그러나 여기서는 더 놀랍게도, 사람의 모습으로 오셔서 우리와 이야기하시고 음식도 같이 나누시는 하나님을 볼 수 있습니다. 하나님은 이처럼 우리 가까이에 계신 분입니다. 이 모습은 먼 훗날 사람의 모습으로 오셔서 인류의 모든 죄를 지고 십자가에 달리신 메시아 예수 그리스도에게서 나타납니다. 얼마나 놀라운 일입니까? 사람으로 오신 예수 그리스도, 그분은 창세기에서 이미 아브라함에게 나타나셨던 바로 그 하나님이십니다.

하나님은 인간으로 오시는 분입니다. 하나님은 우리 가운데 계십니다. 많은 사람이 예배드리러 올 때 하나님을 생각하고 옵니다. 그러나 실제로 하나님이 자신이 예배드리는 자리에 계시다고 믿지는 않습니다. 하나님이 살아 계시다는 사실만 간신히 기억해 낼 뿐입니다. 이는 마치 설교자가 강단에 직접 나와서 설교하느냐, 아니면 미리 찍어 놓은 설교 영상을 틀어 놓느냐의 차이와 같습니다. 또는 누군가의 얼굴을 보지 않고 이야기하면 험한 이야기도 마다하지 않고 늘어놓지만, 막상 그의 얼굴을 보고 있으면 말도 꺼내지 못하는 것과 같습니다.

하나님은 개념이나 사상이나 철학이 아니라 바로 여기에 계시는 우리의 하나님이십니다. 창세기 18장에서 아브라함에게 나타나신 하나님은 말씀하시는 하나님, 볼 수 있는 하나님, 만질 수 있는 하나님이십니다. 욥도 이러한 하나님을 경험한 후 이렇게 고백했습니다.

> 내가 주께 대하여 귀로 듣기만 하였사오나 이제는 눈으로 주를 뵈옵나이다(욥 42:5).

아브라함은 놀랍게도 사람으로 오신 하나님을 만났습니다. 그는 직감적으로 하나님이심을 알았고, 형용할 수 없는 감동을 받았습니다. 그래서 그는 걸어가 맞이할 수 없어서 달려 나갔고, 몸을 굽혀 맞이했습니다.

## 낭비는 하나님을 만난 사람만이 할 수 있는 감격스런 행위다

이르되 내 주여 내가 주께 은혜를 입었사오면 원하건대 종을 떠나 지나가지 마시옵고 물을 조금 가져오게 하사 당신들의 발을 씻으시고 나무 아래에서 쉬소서(창 18:3-4).

여기서 하나님을 정말 사랑하고, 간절히 사모하고, 애타게 기다렸던 한 사람의 심정을 읽을 수 있습니다. 아브라함은 떠나 지나가지 말아 달라고 애원했습니다. 마치 떠나가려는 사람의 옷자락을 붙잡는 것 같은 모습입니다. "떠나지 마시고 여기 잠시 계십시오. 떠나가시면 저는 죽고 말 것입니다. 저는 당신의 발을 씻겨 드리고 싶습니다"라고 말한 것입니다. 이는 지난 24년간 아브라함에게서 한 번도 볼 수 없었던 모습입니다. 아브라함은 변했습니다.

변화된 아브라함을 보면서 신약 성경의 한 여인이 생각났습니다. 예수님이 베다니 나병환자 시몬의 집에서 식사하실 때 한 여인이 매우 값진 향유 옥합을 가지고 와서 그 옥합을 깨뜨려 예수님의 머리에 부었습니다(막 14:3). 이것이 향기 나는 진정한 예배입니다.

그러나 성령을 받지 못하고 하나님을 만난 적이 없는 사람들은 값비싼 향유를 드린 여인의 마음과 예배를 이해하지 못합니다. 오히려 그들을 비판합니다. 가룟 유다처럼 말입니다. 가룟 유다는 사회주의 사상을 가진 사람이었습니다. 그래서 향유 옥합을 깨뜨린 여인의 행동을 보면서 "어찌하여 이 향유를 허비하는가 이 향유를 삼백 데나리온 이상에 팔아 가난한 자들에게 줄 수 있었겠도다"(막 14:4-5)라고 말했습니다.

그러나 그것은 가룟 유다의 생각이었을 뿐, 예수님은 그렇게 생각하시지 않았습니다. 예수님은 가룟 유다에게 "가만 두라 너희가 어찌하여 그를 괴롭게 하느냐 그가 내게 좋은 일을 하였느니라 … 그는 힘을 다하여 내 몸에 향유를 부어 내 장례를 미리 준비하였느니라"(막 14:6-8)라고 말씀하셨습니다. 여인은 거룩한 낭비를 했던 것입니다.

모처럼 사랑하는 사람과 식사를 하게 되면 아무 데서 아무 음식이나 먹습니까? 그렇지 않습니다. 돈이 좀 들더라도 근사한 곳에 가서 먹습니다. 따지고 보면 낭비라고 할 수 있습니다. 집에 가서 밥을 해 먹으면 식사비가 10분의 1도 들지 않을 것입니다. 그러나 사랑하니까 낭비하는 것입니다.

우리는 하나님께 낭비할 때가 있습니다. 그렇게 하지 않아도 되지만 우리의 시간을 다 드립니다. 몇 시간만 드려도 되지만 24시간 모두 하나님께 드립니다. 하나님이 좋아서, 더 드리고 싶어서 내 시간, 내 돈, 내 자존심, 심지어는 내 직업까지도 드립니다. 바로 이것이 하나님을 만난 사람만이 가질 수 있는 감동이요, 감격입니다.

내가 떡을 조금 가져오리니 당신들의 마음을 상쾌하게 하신 후에 지나가소서 당신들이 종에게 오셨음이니이다 그들이 이르되 네 말대로 그리하라(창 18:5).

아브라함은 사람의 모습으로 오신 하나님의 발을 씻어 드릴 뿐 아니라 떡도 대접하고 싶었습니다. 아브라함의 요청에 세 사람은 "네 말대로 그리하라"라고 말했습니다. 예배는 '내가 드림으로써'가 아니라 '하나님이 받아 주심으로써' 완성됩니다. 우리가 아무리 예배를 드려도 하나님이 받으시지 않으면 소용이 없습니다. 헌금을 드리고, 찬송을 하고, 눈물을 흘려도 하나님이 받으시지 않는다면 헛수고일 뿐입니다. 그러나 하나님은 아브라함의 간절한 바람을 받아들이셨습니다. 아브라함은 신이 났습니다. 할렐루야! 우리의 예배와 기도도 하나님께 받아들여지기를 간절히 바랍니다.

아브라함이 급히 장막으로 가서 사라에게 이르되 속히 고운 가루

세 스아를 가져다가 반죽하여 떡을 만들라 하고 아브라함이 또 가축 떼 있는 곳으로 달려가서 기름지고 좋은 송아지를 잡아 하인에게 주니 그가 급히 요리한지라(창 18:6-7).

아브라함은 정신을 차리지 못할 정도로 흥분했습니다. 세 사람의 말을 듣자마자 장막으로 '급히' 가서 아내에게 빨리 밀가루를 반죽해서 떡을 만들라고 말했습니다. 그리고 그 말이 끝나기도 전에 다시 가축 떼 있는 곳으로 달려가서 기름지고 좋은 송아지를 잡아서 하인에게 주고 요리하라고 명했습니다.

불행하게도 오늘날 우리에게는 지금 아브라함과 같은 흥분과 감격이 없습니다. 일과 사람에 지쳐서 마음의 여유를 갖지 못한 채 하나님께 나올 때가 한두 번이 아닙니다. 아브라함의 모습을 보면서 떠오르는 신약 성경의 인물이 있습니다. 삭개오입니다. 그는 돈이 많았고 권력과 지위도 있었으나 인생이 너무 외롭고 허전했습니다. 그래서 예수님을 만나 보고 싶었습니다. 어른 체면에도 불구하고 돌무화과나무 위로 올라갔습니다. 어떤 사람은 비유하기를, 부산 세관장이 컨테이너 위에 올라간 것과 똑같다고 했습니다.

삭개오는 예수님을 보았습니다. 예수님은 돌무화과나무 아래에 이르시자 갑자기 삭개오를 쳐다보셨습니다. 그러고는 "삭개오야 속히 내려오라 내가 오늘 네 집에 유하여야 하겠다"(눅 19:5)라고 말씀하셨습니다. 그 말씀을 들은 삭개오는 흥분과 기쁨과 감격을 감출 길이 없었습니다. 예수님을 집으로 영접한 삭개오는 "주여 보시옵소서 내 소유의 절반을 가난한 자들에게 주겠사오며 만일 누구의 것을 속여 빼앗은 일이 있으면 네 갑절이나 갚겠나이다"(눅 19:8)라고 고백했습니다. 바로 이것이 참된 헌금이요, 예배입니다.

아브라함이 엉긴 젖과 우유와 하인이 요리한 송아지를 가져다가 그들 앞에 차려 놓고 나무 아래에 모셔 서매 그들이 먹으니라(창 18:8).

참된 신앙은 하나님과 함께 먹는 것입니다. 기독교는 식탁 공동체입니다. 기독교는 도서관이나 강의실에서 찾을 수 있는 것이 아닙니다. 식탁에 둘러앉아 함께 식사하면서 참된 공동체를 경험하게 됩니다. 우리는 그 자리에서 밥을 먹는 것이 아니라 사랑을 먹습니다. 우리가 힘든 이유는 서로의 사랑을 볼 수 없기 때문입니다. 가족은 서로의 얼굴을 보면서 사랑을 확인합니다.

볼지어다 내가 문밖에 서서 두드리노니 누구든지 내 음성을 듣고 문을 열면 내가 그에게로 들어가 그와 더불어 먹고 그는 나와 더불어 먹으리라(계 3:20).

예수님의 말씀처럼 참된 신앙은 함께 먹고 마시는 것입니다. 우리는 예수 그리스도의 살을 떡으로 먹고, 그분의 피를 포도주로 마시면서 하나님이 우리에게 베풀어 주신 큰 복을 함께 누립니다. 여기에 진정한 하늘의 평화가 있고 세상 사람들이 알지 못하는 기쁨이 있습니다. 이것이 예배입니다.

하나님의 새로운 공동체에는 아브라함이 체험한 감동과 감격과 기쁨이 있습니다. 초대교회가 그러했습니다. 오순절날 성령이 임하셨을 때 사람들이 회개했고 일시에 3,000명이 예수님을 믿고 구원받았습니다. 그리고 그 누구의 명령도 없었는데 서로 모여 사도의 가르침을 받고 떡을 떼며 기도했습니다. 이 세상에서 경험할 수 없는 놀랍고 새로운 기쁨, 새로운 교제, 새로운 관계를 경험하기 시작했습니다. 이것이 바로 교회의 모습입니다. 오늘날 교회가 세상을 변화시키지 못하는 이유는 새로운 공동체의 모습에서 떠나 세상을 닮아 가기 때문입니다.


## 하나님은 우리가 새 믿음을 갖기 원하신다

아브라함과 세 사람은 나무 밑 그늘에서 풍성한 식탁을 나누었습니다. 그때 세 사람이 아브라함에게 "네 아내 사라가 어디 있느냐?"라고 물었고, 아브라함은 "장막에 있나이다"라고 답했습니다.

세 사람은 배불리 먹고 나서야 이야기를 시작했습니다. 그전까지는 자신들이 아브라함을 찾아온 이유도 말하지 않았습니다. 그들은 교제하고 관계가 형성된 후에야 자신들이 온 목적을 말했습니다. 먼저 예배가 있어야 사명이 존재합니다. 관계와 교제가 있을 때에야 사명이 주어집니다. 그러나 우리는 일부터 먼저 하려고 합니다. 그래서 일이 피곤하고 힘겹습니다. 먼저 하나님과 깊은 관계를 형성하고 나서 일을 하면 즐겁고 신납니다. 그때는 밤을 새워도 즐겁습니다.

> 그가 이르시되 내년 이맘때 내가 반드시 네게로 돌아오리니 네 아내 사라에게 아들이 있으리라 하시니 사라가 그 뒤 장막 문에서 들었더라(창 18:10).

하나님이 아브라함을 찾아오신 목적은 사라에게 아들이 있을 것이라고 말해 주기 위해서였습니다. 하나님은 아브라함에게 24년 전이나 지금이나 변함없이 똑같은 말씀을 하셨습니다. 하나님이 우리를 향해 변함없이 하시는 말씀은 오직 하나입니다. "나는 너를 사랑한다. 너는 나를 잊을지라도 나는 너를 잊지 않는다. 네가 너 자신을 포기해도 나는 너를 포기하지 않는다. 나는 너를 배신하지 않는다. 나는 너를 끝까지 사랑할 것이다. 네 인생을 끝까지 책임질 것이다."

하나님이 아브라함에게 변함없이 하신 말씀은 "네게 아들이 있을 것이다"라는 말씀이었습니다. 하나님은 어떤 장애물이 있을지라도, 아무리 불가능해 보일지라도 현실을 뛰어넘어 약속을 이룰 것이라고 말씀하셨습니다.

하나님은 이번에는 그 말을 사라에게 하고 싶으셔서 아브라함의 아내 사라를 찾으셨습니다. 여기서 알 수 있는 것은 남편이 믿음이 있다고 해서 아내도 믿음이 있는 것은 아니라는 사실입니다. 사라는 아직도 불신앙과 인간적인 믿음을 가지고 있었습니다. 아브라함은 자기가 잘못되었다는 사실을 깨달아 인간적인 믿음을 버렸지만 사라는 아직 그렇지 못했습니다.

> 아브라함과 사라는 나이가 많아 늙었고 사라에게는 여성의 생리가 끊어졌는지라 사라가 속으로 웃고 이르되 내가 노쇠하였고 내 주인도 늙었으니 내게 무슨 즐거움이 있으리요(창 18:11-12).

사라는 속으로 웃으면서 '도대체 우리 부부의 나이가 몇인데 아이를 낳을 수 있다는 말인가?'라고 생각했습니다. 이름이 '사래'에서 '사라'로 바뀌었는데도 하나님의 능력을 믿지 못한 것입니다. 이것이 우리의 모습은 아닙니까? 우리는 하나님을 믿습니다. 그렇다면 하나님의 능력도 믿습니까? 그렇지 못한 것이 우리의 현실입니다. 믿으려고 하지만 믿어지지 않습니다. 그래서 언제나 인간적인 생각으로 돌아가고 맙니다. 그런 이유로 믿으면서도 외롭고, 하나님을 의지하면서도 불안한 것입니다.

여호와께서 아브라함에게 이르시되 사라가 왜 웃으며 이르기를 내가 늙었거늘 어떻게 아들을 낳으리요 하느냐(창 18:13).

하나님은 사라의 불신앙을 지적하셨습니다. 하나님도 속이 타셨습니다. 약속의 자녀를 주시기 직전인데도 사라는 불신 가운데 있었습니다. 그래서 하나님이 아브라함에게 다시 오신 것입니다.

여호와께 능하지 못한 일이 있겠느냐 기한이 이를 때에 내가 네게로 돌아오리니 사라에게 아들이 있으리라(창 18:14).

이런 일이 마리아에게도 있었습니다. 마리아가 "나는 남자를 알지 못하니 어찌 이 일이 있으리이까"(눅 1:34)라고 묻자 하나님의 천사가 이렇게 말했습니다. "대저 하나님의 모든 말씀은 능하지 못하심이 없느니라"(눅 1:37). 그 말을 듣는 순간 마리아는 새로운 믿음을 갖게 되었습니다. 그리고 "주의 여종이오니 말씀대로 내게 이루어지이다"(눅 1:38)라고 고백한 후 임신하게 되었습니다.

하나님은 아브라함이 24년 동안 간직한 보잘것없는 믿음을 버리고 하나님이 주시는 새로운 믿음을 갖기 원하셨습니다. 사라에게도 마찬가지였습니다. 하나님은 우리 역시 우리가 갖고 있는 인간적인 믿음을 버리고 하나님이 주시는 약속의 믿음을 갖기 원하십니다.

사라가 두려워서 부인하여 이르되 내가 웃지 아니하였나이다 이르
시되 아니라 네가 웃었느니라(창 18:15).

사라의 말대로 사라는 웃지 않았습니다. 단지 속으로 웃었을 뿐
입니다. 우리도 겉으로는 부인하지 않습니다. 겉으로는 좋은 그리
스도인입니다. 그러나 속으로는 믿지 않습니다. 그러나 하나님은
겉을 보시지 않고 중심을 보십니다. 그래서 "아니다. 웃었느니라.
너는 믿음이 있는 것 같지만 실제로는 믿지 않고 있다. 그래서 불
안하고 두려운 것이다"라고 말씀하신 것입니다. 과거의 믿음으로
는 아무리 노력해도 소용이 없습니다. 세월만 낭비할 따름입니다.
하나님이 주시는 믿음을 소유하십시오. 그 안에 예수 그리스도가
계십니다.

**16**

# 중보 기도하며
# 예수님의 마음을 배웁니다

창세기 18:16 - 33

## 하나님과 친해지면 하나님의 비밀도 알게 된다

하나님이 아브라함에게 사람의 모습으로 오신 것은 특별한 목적이 있으셨기 때문입니다. 하나님은 두 가지 목적을 가지고 계셨습니다. 첫 번째 목적은 사라를 위한 것이었습니다. 세 사람이 아브라함을 찾아와서 충분한 교제를 나눈 후에 한 말은 "네 아내 사라가 곧 아들을 갖게 될 것이다"였습니다. 이 말씀은 하나님이 아브라함에게 줄곧 하신 말씀이었습니다. 그런데 여기서 또다시 말씀하신 이유는 간단합니다. 사라가 아직도 그 사실을 믿지 않았기 때문입니다.

인간이 조작하고, 경험하고, 의지로 만든 믿음은 하나님의 믿음이 아닙니다. 그러나 사라는 그때까지도 믿음이 그 수준에 머물러 있었던 것입니다. 그래서 하나님은 다시 한번 사라에게 "네게 아들이 있을 것이다"라고 말씀하셨습니다. 그러나 사라는 그 말을 듣고 속으로 웃었습니다. 그래도 하나님은 "그런 일이 반드시 일어날 것이다"라고 말씀하시면서 사라를 설득하셨습니다. 당사자가 믿어야 기적이 일어나지 않겠습니까?

두 번째 목적은 이제 곧 소돔과 고모라가 불 심판을 받을 것이라는 사실을 말씀해 주시기 위해서였습니다.

그 사람들이 거기서 일어나서 소돔으로 향하고 아브라함은 그들을
전송하러 함께 나가니라(창 18:16).

아브라함의 집에서 환대를 받은 세 천사는 장소를 옮겼습니다.
또 다른 목적이 있었기 때문입니다. 그들의 또 다른 목적지는 소돔
이었습니다. 그들은 소돔과 고모라를 향해 떠났고, 아브라함은 전
송을 마쳤습니다.

그런데 돌발적인 사건이 생겼습니다. 소돔으로 향하던 그들이
뒤돌아서서 어떤 이야기를 해 준 것입니다.

여호와께서 이르시되 내가 하려는 것을 아브라함에게 숨기겠느냐
(창 18:17).

이 장면을 보면 하나님이 원래는 그냥 가시려고 했던 것 같습니
다. 한참 가시다가 마음이 바뀌었습니다. '아니지, 아브라함에게는
이야기해야지' 하며 돌아오셔서 속마음을 아브라함에게 털어놓으
셨습니다. 보통은 우리가 하나님께 속마음을 털어놓아야 하는데
하나님이 속마음을 아브라함에게 털어놓으셨습니다. 왜 그렇습니
까? 친하기 때문입니다. 친한 사람에게는 비밀이 없습니다.

사람은 누구나 더 친한 사람이 있고, 덜 친한 사람이 있습니다.
더 친한 사람에게는 마음속 비밀을 털어놓습니다. 그러나 덜 친한

사람에게는 말을 골라서 합니다. 어느 정도까지만 이야기하고 그 이상의 이야기는 하지 않습니다.

지난 24년 동안 아브라함과 하나님 사이에는 갈등이 있었습니다. 아브라함은 하갈과 이스마엘을 얻고 나서도 13년 동안이나 믿음의 휴면기를 보냈습니다. 그리고 하나님이 다시 나타나셔서 아브라함에게 "두려워하지 말라. 나는 너의 상급이라. 너는 내 앞에서 완전하라. 네게 아들이 있을 것이다"라고 말씀하실 때까지도 둘 사이는 그렇게 친밀한 관계가 아니었습니다.

그러나 결국 아브라함은 인간적인 모든 믿음을 포기하고 하나님의 믿음을 받아들였고, 할례를 행했습니다. 그때부터 하나님과 아브라함 사이가 아주 가까워졌습니다. 그리고 하나님이 사람의 모습으로 찾아오셨을 때 그분이 하나님이시라는 사실을 발견한 아브라함은 즉시 하나님이 그냥 가시지 못하게 붙들었습니다. 그러고는 발을 씻어 드리고, 떡을 대접하고, 송아지를 잡아 요리를 해 드리며 극진히 대접했습니다. 이전의 아브라함에게서는 전혀 볼 수 없었던 태도입니다. 아마도 이때 하나님과 굉장히 친해졌던 것 같습니다.

하나님을 믿되, 하나님과 친해지기 바랍니다. 개인적으로 친해지십시오. 어떤 사람은 하나님을 잘 믿고 교회도 열심히 나오는데, 그냥 스쳐 지나가는 것같이 전혀 하나님과 친하지 않습니다. 이런 사람은 아무리 교회에 오래 다녀도 변화가 없습니다. 그러나 하나님과 친한 사람은 하나님의 말씀도 듣고 하나님의 음성도 들으며, 하나님의 비밀도 알게 되고 자신의 비밀도 하나님께 알려 드립니다. 그 복을 받는 우리가 되기를 바랍니다.

## 하나님은 심판하시기 전 마지막으로 한 번 더 기회를 주신다

아브라함은 강대한 나라가 되고 천하 만민은 그로 말미암아 복을 받게 될 것이 아니냐 내가 그로 그 자식과 권속에게 명하여 여호와의 도를 지켜 의와 공도를 행하게 하려고 그를 택하였나니 이는 나 여호와가 아브라함에게 대하여 말한 일을 이루려 함이니라 (창 18:18-19).

사람의 모습으로 오신 하나님의 말씀의 요점은 두 가지입니다. 첫 번째는 하나님이 아브라함을 강대국으로 만들어 주겠다는 것입니다. 이 말씀은 새로운 이야기가 아닙니다. 앞서 하나님은 아브라함에게 "내가 너로 큰 민족을 이루고 네게 복을 주어 네 이름을 창대하게 하리니 너는 복이 될지라"(창 12:2), "너는 여러 민족의 아버지가 될지라"(창 17:4)라고 말씀하신 바 있습니다.

이어서 하나님은 자녀에 관해 "이런 복을 주기 위해 내가 너와 네 자녀들을 택했고, 그 약속은 자녀들에게도 이어질 것이다"라고 말씀하셨습니다. 그러나 이 말씀도 새로운 말씀이 아니라 예전에 이미 하신 말씀이었습니다.

두 번째로, 하나님은 이제까지 한 번도 말씀하시지 않았던 새로운 사실을 이야기하셨습니다. 바로 소돔과 고모라에 대한 말씀이었습니다. 소돔과 고모라의 죄악이 너무 심각해서 하나님이 친히 그 사실을 알아보려고 가시는 중이라는 것입니다. 소돔과 고모라의 심판이 임박했습니다.

> 여호와께서 또 이르시되 소돔과 고모라에 대한 부르짖음이 크고 그 죄악이 심히 무거우니 내가 이제 내려가서 그 모든 행한 것이 과연 내게 들린 부르짖음과 같은지 그렇지 않은지 내가 보고 알려 하노라(창 18:20-21).

여기서 우리는 두 가지 사실을 알 수 있습니다. 먼저, 죄는 부르짖는다는 것입니다. 우리가 죄를 지으면 죄는 가만히 있지 않고 소리를 지릅니다. 남을 억울하게 하고, 눈물을 흘리게 하고, 학대하고, 고통을 주면 그 고통이 그대로 있는 것이 아닙니다. 그 고통스러워하는 소리가 하나님의 귀에 들립니다. 하나님은 400년 동안 애굽에서 말할 수 없는 고통과 압제를 당하며 종살이했던 이스라엘 백성의 신음 소리를 들으셨기에 모세를 보내셔서 그들을 해방시키겠다고 말씀하셨습니다.

다른 사람이 억울하게 눈물 흘리도록 하지 마십시오. 압제하고 고통스럽게 하지 마십시오. 당장은 힘이 있으니 괜찮다고 생각할지 모르지만 결코 그렇지 않습니다. 그 소리가 하나님께 들린다는 사실을 잊지 마십시오.

또 하나 여기서 알 수 있는 사실은 하나님은 심판하시기 전에 친히 오셔서 확인하신다는 것입니다. 하나님은 소돔과 고모라를 그냥 심판하시지 않고 일단 오셔서 확인하셨습니다. '확인한다'라는 말은 '기회를 준다'라는 뜻입니다. 마지막 기회가 한 번 더 주어진다는 의미입니다. 그때 소돔과 고모라 사람들이 회개하고 마음을 바꾸었다면 무사했을 것입니다. 그러나 하나님의 천사들이 확인 조사 차 소돔과 고모라에 갔을 때 그곳 사람들은 무례하게 행했을 뿐 아니라 악행을 저질렀습니다. 결국 소돔과 고모라 사람들은 심판하고자 하시는 하나님의 마음을 확정하게 만들었습니다.

그러나 아브라함은 어떤 모습입니까? 소돔과 고모라가 심판받을 것이라는 하나님의 천사들의 말을 들은 아브라함은 너무나 당황했습니다. 어쩔 줄 몰라 안절부절못했습니다. 소돔과 고모라에 조카 롯이 살고 있었기 때문입니다.

롯이 도대체 누구기에 아브라함을 이렇게 당황하게 만들었을까요? 사실 롯은 별 볼 일 없는 사람이었습니다. 믿음의 사람이 아니었습니다. 극히 인간적이며 항상 부담되는 사람, 물질 중심적인 사람이었습니다. 아브라함과 롯 사이에 갈등이 있을 때 롯은 자기의 이익을 좇아 소돔과 고모라로 떠났습니다. 이런 사람이 어떻게 사랑할 만한 가치가 있겠습니까?

그러나 아브라함에게는 이상하게도 롯에 대한 사랑이 있었습니다. 창세기 14장을 보면, 롯이 한때 위기에 빠진 적이 있습니다. 동방의 왕들 사이에 전쟁이 일어났을 때 소돔과 고모라의 왕이 패해서 그곳에 살던 롯 역시 모든 것을 빼앗기고 포로로 잡혀갔습니다. 이 소식을 들은 아브라함은 앞뒤를 돌아보지 않고 자기 집에서 기른 사람 318명을 데리고 곧바로 무모한 공격을 시도했습니다.

대부분의 사람들은 도움을 줄 때 자기가 손해 보지 않는 선에서 마칩니다. 자신에게 해가 돌아오고 문제가 생기면 절대 도와주지 않습니다. 손해 보면서까지 도와주는 경우는 거의 없습니다. 그러나 아브라함은 손해를 염두에 두지 않고 오직 롯을 위해서 전쟁에 참여했고 그를 구해 주었습니다. 지금도 아브라함은 자기의 이익과 행복을 좇아 소돔과 고모라에 살고 있던 조카 롯이 마음에 걸렸습니다.

그 사람들이 거기서 떠나 소돔으로 향하여 가고 아브라함은 여호와 앞에 그대로 섰더니(창 18:22).

아마도 두 천사는 소돔과 고모라로 떠났던 것 같습니다. 세 사람 중에 한 사람을 붙잡았는데, 하나님이셨습니다. 아브라함은 하나님 앞에 섰습니다. 이미 소돔과 고모라를 향한 심판이 시작되었고,

그들에게는 시간이 없었습니다. 영화에서 보았듯이, 시한폭탄 타이머가 작동하기 시작하면 정한 시간 내에 폭탄을 해체해야 하듯이, 아브라함의 상황은 급박했습니다. '아브라함은 여호와 앞에 그대로 섰더니'라는 말씀에서 어쩔 줄 몰라 다급한 마음으로 하나님 앞에 서 있는 아브라함의 모습을 볼 수 있습니다.

## 참된 중보 기도자는 수치스런 마음을 가지고 기도하는 자다

별 볼 일 없고, 허물도 많고, 나에게 많은 해를 끼쳤던 사람을 사랑하기란 쉬운 일이 아닙니다. 대체로 사람들은 가치 있는 일에는 시간도 내고 헌신도 합니다. 그러나 가치 없는 일을 위해 일하는 사람은 없습니다. 사귀어 봐야 별 볼 일 없는 사람을 위해 희생하기란 거의 불가능한 일입니다. 한 걸음 더 나아가서 나에게 해를 끼치고 힘들게 하는 사람을 사랑한다는 것은 더더욱 어려운 일입니다.

그러나 그런 사람을 사랑하신 분이 예수님이십니다. 그분은 우리같이 별 볼 일 없는 사람, 잊어버려도 아무 상관없는 사람, 배신을 잘하고, 실수도 많고, 강퍅하고, 하나님께 대드는 사람을 잊지 않으시고, 버리지 않으시고 사랑하셨습니다. 그리고 그런 우리를 위해 십자가에 못 박혀 돌아가셨습니다. 아브라함은 지금 예수님의 이 마음을 배우고 있었습니다. 믿음은 예수님의 마음을 배우는 것입니다.

아브라함이 가까이 나아가 이르되 주께서 의인을 악인과 함께 멸하려 하시나이까(창 18:23).

아브라함은 하나님께 무슨 말을 하긴 해야겠는데 "하나님, 롯 좀 살려 주십시오"라고 직접적으로 말하지는 못했습니다. 고민하던 아브라함에게 좋은 생각이 떠올랐습니다. '하나님의 공의에 호소해 보자!' 그래서 그는 하나님께 "소돔과 고모라가 자기 죄로 인해 심판받는 것은 당연합니다. 하지만 혹시라도 소돔과 고모라에 의인이 있다면 어떻게 하시겠습니까?"라고 물었습니다.

그 성 중에 의인 오십 명이 있을지라도 주께서 그곳을 멸하시고 그 오십 의인을 위하여 용서하지 아니하시리이까(창 18:24).

아브라함이 하나님께 가장 처음 제시한 카드는 '50명'이었습니다. "소돔과 고모라의 죄가 아무리 크고 많다 할지라도 그 땅에 의인 50명이 있다면 어떻게 하시겠습니까? 공의의 하나님이 의인 50명을 소돔과 고모라와 함께 멸망시키신다면 그것은 모순입니다." 그는 지금 이렇게 큰소리치고 있는 것입니다.

주께서 이같이 하사 의인을 악인과 함께 죽이심은 부당하오며 의인과 악인을 같이 하심도 부당하니이다 세상을 심판하시는 이가 정의를 행하실 것이 아니니이까(창 18:25).

아마도 아브라함은 마치 자기가 하나님인 양 목소리를 제법 높이고 얼굴도 상기된 상태에서 의기양양하게 말했던 것 같습니다. 이 말은 틀린 말이 아니었습니다. 그러나 생각해 보면, 아브라함은 별 볼 일 없는 롯 때문에 하나님 앞에서 목소리를 높였습니다.

여호와께서 이르시되 내가 만일 소돔 성읍 가운데에서 의인 오십 명을 찾으면 그들을 위하여 온 지역을 용서하리라(창 18:26).

하나님은 아브라함의 예상을 깨고 매우 쉽게 허락하셨습니다. 좋다고 허락하셨을 뿐 아니라 의인이 50명만 있으면 그 땅의 모든 백성까지 용서하겠다고 말씀하셨습니다. 아브라함은 다시 고민했습니다.

아브라함이 대답하여 이르되 나는 티끌이나 재와 같사오나 감히 주께 아뢰나이다 오십 의인 중에 오 명이 부족하다면 그 오 명이 부족함으로 말미암아 온 성읍을 멸하시리이까(창 18:27-28).

하나님의 응답을 들은 아브라함은 자신이 하나님 앞에서 티끌처럼 작아 보였고 부끄러워서 어쩔 줄을 몰랐습니다. 그래서 "하나님, 5명만 빼면 어떨까요? 의인이 45명이 있어도 그 성을 멸하시겠습니까?"라고 물었습니다. 하나님은 이번에도 아무 갈등 없이 "좋다"고 말씀하셨습니다.

> 아브라함이 또 아뢰어 이르되 거기서 사십 명을 찾으시면 어찌 하려 하시나이까 이르시되 사십 명으로 말미암아 멸하지 아니하리라 (창 18:29).

아브라함은 하나님의 눈치를 슬그머니 살피며 '40명', 다시 '30명', 또다시 '20명'을 차례로 제안했습니다. 하나님은 매번 "좋다"고 하셨습니다. 그리고 이번이 마지막이라고 하면서 '10명'을 제안했습니다. 하나님은 주저하시지 않고 "좋다"고 하셨습니다.

> 아브라함이 또 이르되 주는 노하지 마옵소서 내가 이번만 더 아뢰리이다 거기서 십 명을 찾으시면 어찌 하려 하시나이까 이르시되 내가 십 명으로 말미암아 멸하지 아니하리라(창 18:32).

이 대화를 들을 때 무슨 생각이 듭니까? 저는 아브라함이 너무 비참해졌다고 생각합니다. 50명에서 45명으로, 다시 40명, 30명, 20명, 10명으로 의인의 숫자를 바꿀 때마다 아브라함이 얼마나 부끄러웠을까요? 이것이 중보 기도자의 모습입니다. 하잘것없고 가치 없는 사람을 위해서 간구하는 것입니다. 아브라함은 하나님께 미움 받으면 갈 데가 없었습니다. 그럼에도 그는 하나님을 붙잡았고 수치를 각오하는 모험을 시작했습니다.

사랑은 수치를 당하는 것입니다. 수치를 겪지 않는 것은 사랑이 아닙니다. 자녀가 잘못되었을 때 부모가 수치를 당합니다. 부모는 수치를 당하면서도 자녀를 사랑합니다. 배우자를 위해 수치와 모멸감을 가져 보지 못한 사람은 배우자를 사랑하는 것이 아니라 이용하는 것입니다.

예수님은 우리를 위해 수치를 당하셨고, 매를 맞으셨고, 모멸감을 맛보셨습니다. 내가 한 일이라고는 배신과 죄짓는 것뿐인데도 예수님은 나를 잊지 못하시고 아무 말 없이 십자가에 못 박혀 돌아가셨습니다. 예수님도 처음에는 이 일을 감당하기 힘들어하셨습니다. 그래서 하나님께 기도하셨습니다.

아버지여 만일 아버지의 뜻이거든 이 잔을 내게서 옮기시옵소서 그러나 내 원대로 마시옵고 아버지의 원대로 되기를 원하나이다 (눅 22:42).

이것이 중보 기도입니다. 예수님이 수치와 모멸을 당하셨기에 우리가 구원받을 수 있었던 것입니다. 그럼에도 우리는 내 옆에 있는 별 볼 일 없는 사람들, 작은 자, 가치 없는 사람들을 위해 희생하는 데 너무나 많이 주저하고 고민합니다. 아마도 가치 있는 사람이라면 시간도 내고 헌신도 했을 것입니다. 그러나 아무도 찾아가지 않는 사람, 아무도 돌보지 않는 사람, 버려진 사람을 위해서는 희생해 본 적이 별로 없습니다. 참된 중보 기도자는 아브라함처럼, 예수님처럼 수치스런 마음을 가지고 기도하는 자입니다.

여기서 또 한 가지 발견하는 사실이 있습니다. 아브라함의 수치스런 중보 기도가 자신을 위한 기도가 아니었다는 것입니다. 참된 중보 기도는 나를 위한 기도가 아닙니다. 참된 인생은 나를 위해 사는 것이 아닙니다. 우리의 삶과 고민은 다 나 때문입니다. 다른 사람의 문제 때문에 고민하고 내 인생을 바친 적은 거의 없습니다.

여호와께서 아브라함과 말씀을 마치시고 가시니 아브라함도 자기 곳으로 돌아갔더라(창 18:33).

하나님은 아브라함과 말씀을 마치신 후 떠나셨습니다. 이것으로 대화는 끝이 났습니다. 아브라함은 가슴이 아팠습니다. 그러나 중보 기도의 능력은 살아 있습니다. 그 후 어떻게 되었습니까? 비록 소돔과 고모라는 멸망했지만 롯은 심판 중에 구원을 받았습니다. 중보 기도의 승리입니다. 아브라함의 이 비참하고 처절한 중보 기도를 통해 생각나는 말씀이 있습니다.

그때에 베드로가 나아와 이르되 주여 형제가 내게 죄를 범하면 몇 번이나 용서하여 주리이까 일곱 번까지 하오리이까 예수께서 이르시되 네게 이르노니 일곱 번뿐 아니라 일곱 번을 일흔 번까지라도 할지니라(마 18:21-22).

일곱 번의 용서는 인간의 한계입니다. 그러나 예수님은 "일곱 번뿐 아니라 일곱 번을 일흔 번까지라도 용서하라"고 말씀하셨습니다. 무한히 용서하시는 하나님, 끝없이 기다리시는 하나님, 십자가에서 자기의 생명을 아끼지 않으신 예수님이 우리가 믿는 하나님이십니다.

가치 없는 사람을 위해서 일할 수 있겠습니까? 별 볼 일 없는 사람을 위해서 일할 수 있겠습니까? 그때 예수님을 만날 수 있을 것입니다. 반면에 똑똑하고, 그럴듯하고, 가치 있는 사람들과만 사귀고 있다면 예수님의 마음을 전혀 느끼지 못할 것입니다. 예수님은 고아와 과부와 힘없는 사람들을 사랑하셨습니다. 병자와 귀신 들린 자와 창녀와 간음하다 현장에서 붙잡힌 사람을 사랑하셨고, 그들을 한 번도 외면하신 적이 없습니다. 예수님은 우리를 외면하시지 않습니다.

# 17

## 소돔 세상에서 두 발 모두
## 하나님께 두기 원합니다

창세기 19:1-11

## 그저 하나님을 믿는 사람과 하나님을 만난 사람은 다르다

사는 지역이 어디냐에 따라 어떤 종류의 갈등을 겪을지가 결정됩니다. 한국에 사는 사람들은 한국이 안고 있는 시대적인 갈등을 함께 안고 삽니다. 서울에 사는 사람들은 누구나 교통 체증을 겪어야하며, 원하지 않아도 서울 공기를 마시고 살아야 합니다. 미국에 사는 사람들은 미국 사회가 안고 있는 갈등을 똑같이 겪습니다. 인종 간의 갈등, 폭력, 마약, 성 외에도 여러 가지 도덕적 위기를 함께 겪어야 합니다. 북한 동포들도 마찬가지입니다. 북한에 태어났다는 한 가지 이유 때문에 굶주림을 경험해야 하고, 종교적이거나 정치적인 자유를 누릴 수 없습니다.

롯은 소돔과 고모라를 선택했기 때문에 그 성이 안고 있는 모든 갈등을 함께 겪어야 했습니다. 그가 원하든 원하지 않았든 소돔과 고모라의 죄악은 그에게 영향력을 주었습니다. 롯은 기근과 고통과 어려움이 있지만 그래도 하나님이 약속하신 땅을 택할 것인지, 화려하고 매력 있는 도시를 택할 것인지를 놓고 고민했습니다. 결국 물이 넉넉하고 여호와의 동산처럼 풍요로운 애굽 땅과 같은 소돔과 고모라를 택해 떠났습니다. 롯에게 소돔과 고모라는 마치 꿈의 궁전처럼(황금 성처럼) 느껴졌습니다. 멋있고 매력 있는 곳, 문화적이고 세련된 도시, 모든 것이 있는 곳이라고 생각했습니다.

그러나 소돔과 고모라는 또 다른 얼굴을 가지고 있었습니다. 그 땅은 역사상 가장 사악한 죄의 도성이었습니다. 그 도시가 얼마나 악했는지는 하나님이 유황불로 심판하실 수밖에 없을 정도로 타락했다는 사실로 알 수 있습니다. 사람들은 '악하다'라는 사실을 중요하게 여기지 않는 것 같습니다. 쾌락과 명예와 이익을 준다면 얼마든지 가서 살려고 생각합니다.

소돔과 고모라에 사는 사람들은 매일같이 죄를 먹고 마시는 문화 가운데서 살아야 했습니다. 롯도 예외가 될 수는 없었습니다. 그곳 사람들과 함께 사업을 해야 했고, 그곳에서 아이들을 교육해야 했습니다. 소돔과 고모라가 안고 있는 갈등을 피할 길이 없었습니다.

처음에는 소돔과 고모라가 좋았을 것입니다. 그러나 살면 살수록 괴로워졌습니다. 죄가 너무 관영했기 때문입니다. 롯은 소돔을 떠나야 했습니다. 그러나 그 사실을 깨달은 때는 이미 늦었습니다. 사업 기반과 인간관계가 모두 그 땅에 있었기 때문입니다. 늦은 나이에 모든 것을 두고 떠나기란 너무나 무모한 일이었습니다.

이것이 오늘날 많은 사람의 고민입니다. 잘못된 줄 알면서도 그 길로 가고 있으며, 문제가 있다는 사실을 알면서도 돌아서지 못합니다. 롯이 그러했습니다. 포기할 수도 없고 피할 수도 없는 상태에서 갈등과 고민이 점점 깊어졌습니다.

저녁때에 그 두 천사가 소돔에 이르니 마침 롯이 소돔 성문에 앉아 있다가 그들을 보고 일어나 영접하고 땅에 엎드려 절하며 이르되 내 주여 돌이켜 종의 집으로 들어와 발을 씻고 주무시고 일찍이 일어나 갈 길을 가소서 그들이 이르되 아니라 우리가 거리에서 밤을 새우리라(창 19:1-2).

하나님의 두 천사가 날이 저물 때 소돔에 도착했습니다. 바로 그때 롯은 소돔 성문에 앉아 있었습니다. 이것은 롯이 바람을 쐬러 나왔다거나 두 천사를 마중하러 온 것이 아니라 깊은 고민과 갈등에 빠져 있었음을 의미합니다.

우리는 가까운 사람이 암에 걸렸거나 집안이 망하게 되었거나 사랑하는 사람과 사별하게 되면 강변에 나와 흐르는 강물을 우두커니 바라보게 됩니다. 홀로 산에 올라가 마냥 허공을 응시하며 시간을 보내기도 합니다. 이처럼 롯은 깊은 갈등 가운데 있었습니다. 왜 롯이 이런 갈등을 하게 되었을까요? 롯의 생애를 전체적으로 살펴보면 그 이유를 쉽게 알 수 있습니다.

롯은 아브라함을 따라 갈대아 우르를 떠나 믿음의 여행을 시작했습니다. 하나님을 섬기고 믿었으며 사랑했습니다. 그도 하나님의 명령에 함께 순종한 사람입니다. 그러나 롯은 아브라함과 달랐습니다. 결정적인 위기가 올 때마다 언제나 도망갔습니다. 하나님보다는 세상이나 물질을 택했습니다. 언제나 편하고 화려한 길을 택했습니다.

하나님을 믿지 않았기 때문일까요? 아닙니다. 롯도 하나님을 믿었고 하나님의 비전을 보았습니다. 그렇다면 아브라함과 무슨 차이가 있는 것입니까? 롯의 생애를 보면 그는 하나님을 믿었지만 하나님의 음성을 한 번도 들어 보지 못했습니다. 그는 하나님을 직접 만난 경험이 없었습니다.

하나님을 믿는 사람들 가운데는 그저 하나님을 믿는 사람과 하나님을 만난 사람이 있습니다. 이 둘은 서로 차이가 있습니다. 많은 그리스도인이 교회에 나오면서도 갈등하는 이유는 하나님을 믿지만 하나님을 만난 경험이 없기 때문입니다. 이런 사람들은 편하게 신앙생활 할 때는 아무런 문제를 느끼지 못하다가 위기 앞에 서면 언제나 물질과 세상과 이성으로 돌아섭니다.

아브라함과 롯은 하나님의 길을 같이 갔지만 두 사람의 길은 서로 달랐습니다. 롯은 하나님을 따라간 것이 아니라 아브라함을 따라갔던 것입니다. 신약에도 이와 비슷한 사람이 나옵니다. 성령 받기 전의 베드로입니다. 베드로는 예수님을 만난 순간 예수님께 반했고 그분을 사랑했습니다. 가족도, 직업도 다 버리고 예수님을 따랐습니다. 기적도 보았고, 말씀도 들었습니다. 예수님의 삶을 정말 가까이에서 보기도 했습니다. 그러나 베드로는 세상적이고 인간적인 믿음을 가졌습니다. 인간적으로 예수님을 사랑했고, 인간적으로 헌신하며 충성했습니다. 그래서 늘 넘어졌습니다. 다 된 것 같은데 막상 뚜껑을 열어 보면 아무것도 없는 사람이 베드로였습니다.

어느 날 예수님이 자신이 십자가에 못 박혀 죽을 것이라고 예언하셨을 때 베드로는 인간적인 충성심이 발동했습니다. 그래서 "주여 그리 마옵소서 이 일이 결코 주께 미치지 아니하리이다"(마 16:22)라고 말했습니다. 멋진 말이었지만 실상 내용은 아무것도 없었습니다. 그 말을 들으신 예수님은 "사탄아 내 뒤로 물러가라"(마 16:23)라고 말씀하셨습니다.

누가복음 22장 54절을 보면, 예수님이 체포당해 로마 군사들에게 끌려가실 때 베드로는 드러나게 따르지도, 도망가지도 않았습니다. 그저 '멀찍이' 예수님을 좇았습니다. 드러나게 좇자니 자신이 없고 도망가자니 양심이 괴로웠던 것입니다. 예수님이 새벽까지 재판을 받고 계실 때 한 계집종이 베드로를 보고 "너도 갈릴리 사람 예수와 함께 있었도다"(마 26:69)라고 말했습니다. 그 말을 듣는 순간, 베드로는 깜짝 놀라 예수라는 사람을 모른다고 부인했습니다. 결국 베드로는 그 밤에 세 번씩이나 예수님을 부인했습니다. 베드로가 왜 이렇게 되었습니까? 예수님을 믿고 사랑하고 따랐지만 예수님을 몰랐던 까닭입니다.

교회에 다니지만 교회를 모르고, 하나님을 믿지만 하나님을 모르는 사람들은 고민이 그치지 않습니다. 갈등이 계속될 것입니다. 그것이 롯의 모습입니다. 롯은 소돔에 가지 말았어야 했습니다. 그러나 화려함과 매력에 이끌려 소돔에 갔고, 그곳에 정착하고 말았습니다.

사람이 비겁해지거나 갈등을 겪는 순간은 두 마음을 품을 때입니다. 확고한 믿음이 없을 때, 하나님을 만난 체험이 없을 때, 단순히 머리로만 이해하고 있을 때, 습관적인 신앙을 가졌을 때 그 믿음은 아무런 능력을 줄 수 없으며, 오히려 갈등만 깊어질 뿐입니다. 한 발은 교회에, 한 발은 세상에 둔다면 얼마나 갈등이 심하겠습니까? 두 발을 모두 하나님께 두기까지 갈등이 멈추지 않을 것입니다. 두 발 모두 하나님께 두십시오. 그러면 갈등이 사라집니다.

예수님은 "그런즉 너희는 먼저 그의 나라와 그의 의를 구하라 그리하면 이 모든 것을 너희에게 더하시리라"(마 6:33)라고 말씀하셨습니다. 하나님께 모든 것을 의탁했다고 해서 세상에서 망하지 않습니다. 오히려 하나님이 우리의 삶을 보호하시고, 지키시며, 복 주십니다.


## 하나님을 만나는 데 늦은 나이란 결코 없다

그렇다면 성문에 앉은 롯은 무슨 생각을 하고 있었을까요? 헤어진 삼촌 아브라함을 생각했을지도 모릅니다. 화려하고, 멋있고, 쾌락을 주는 소돔에서의 삶이 행복이 아니라는 사실을 안 지금 너무나 외롭고, 고독하고, 사는 것이 허무하다는 생각에 삼촌을 그리워하고 있었을지도 모릅니다. '그때가 좋았지…' 하면서 말입니다.

　어쩌면 롯은 아브라함이 아니라 하나님을 묵상하고 있었을지도 모릅니다. 이렇게 추측할 수 있는 근거가 1-2절에 있습니다. 어떻게 낯선 사람들을 영접하면서 땅에 엎드려 절할 수 있습니까? 땅에 엎드려 절한다는 것은 예배를 뜻합니다. 만약 사막에서 길을 잃고 방황하는 사람 앞에 사랑하는 친구가 나타난다면 어슬렁어슬렁 가서 만나겠습니까? 아닙니다. 정말 좋아서 뛰어가 껴안고 소리를 지를 것입니다. 지금 롯은 두 천사를 보고 그와 같은 마음으로 반가웠던 것입니다. 이것이 롯의 생애에 처음으로 하나님을 만난 경험이었습니다. 그래서 롯은 그들을 반갑게 맞이하고 땅에 엎드려 절했습니다.

　롯은 그들을 그냥 보낼 수가 없었습니다. 하나님을 만난 사람은 하나님을 그냥 보내지 않습니다. "제발 저희 집에 오셔서 발을 씻고 주무시고 일찍이 일어나 갈 길을 가소서"라고 간청했습니다. 롯이 그동안 얼마나 고독했는지를 보여 줍니다. 저는 롯의 말을 이렇게 들었습니다. "나는 돈도, 명예도, 인기도 싫다. 이 모든 것은 결코 나에게 행복과 평안을 주지 않았다. 나는 하나님에 대해 목마르다. 하나님을 뵙고 싶다."

　그러나 천사들은 갈 길이 바빴기 때문에 롯의 제안을 거절했습니다. 이 밤에 이 도시가 얼마나 악을 행하는지 다 살펴보아야 한다는 것이었습니다. 그러나 롯은 간청했습니다.

롯이 간청하매 그제서야 돌이켜 그 집으로 들어오는지라 롯이 그들을 위하여 식탁을 베풀고 무교병을 구우니 그들이 먹으니라(창 19:3).

롯은 두 천사를 놓아주지 않았습니다. 정말 간절히, 온 정성을 다해 자기 집에 유할 것을 청했습니다. 두 천사는 롯의 간청에 못 이겨 마음을 바꾸었습니다. '간청했다'는 말에는 깊은 의미가 있습니다. 간청하면 하나님의 마음을 바꿀 수 있다는 사실을 여기서 배울 수 있습니다.

삭개오는 예수님을 보기 위해 돌무화과나무에 올라갔습니다. 맹인 바디매오는 예수님이 자기 앞을 지나치시게 하지 않고 "다윗의 자손 예수여 나를 불쌍히 여기소서"(막 10:47)라고 외쳤습니다. 이 말은 "예수님, 제 인생이 여기서 끝날 수는 없습니다. 허무한 인생, 고독한 인생, 자살하고 싶은 제 인생에 주님이 들어오셔야 합니다. 저는 하나님과 관계를 맺고 싶습니다"라고 간절히 부탁한 것입니다. 우리도 하나님을 꼭 붙잡기를 바랍니다.

롯은 늦게 철이 든 사람입니다. 좋은 시절은 다 보내고 이렇게 늦게야, 소돔과 고모라가 멸망하기 직전에서야 인생의 진실을 알게 되었고 하나님에 대해 목말라했습니다. 그러나 안심하십시오. 하나님을 만나는 데 늦은 나이란 결코 없습니다. 늦게라도 하나님을 만나야 합니다.

롯처럼 허송세월하고 나서야 가장 소중한 것이 무엇인지를 깨달은 사람이 있습니다. 야곱입니다. 그는 모든 것을 얻었지만 단 한 가지만은 얻지 못했습니다. 하나님이었습니다. 그래서 그는 얍복강에서 불안해하며 배회했습니다. 그날 밤 야곱은 하나님을 만났습니다. 그는 하나님을 붙잡고서 "당신이 내게 축복하지 아니하면 가게 하지 아니하겠나이다"(창 32:26)라고 애원했습니다. 하나님이 그와 씨름할 때 허벅지 관절을 쳐서 어긋났으나 야곱은 하나님을 놓지 않았습니다. 그러자 하나님이 그의 이름을 물으셨고, 그에게 새 이름, '이스라엘'을 주셨습니다. 이제라도 하나님을 붙잡고서 하나님 없이는 살 수 없다고 고백하십시오.

## 하나님의 사람은 결국 하나님의 사람이다

> 그들이 눕기 전에 그 성 사람 곧 소돔 백성들이 노소를 막론하고 원근에서 다 모여 그 집을 에워싸고(창 19:4).

하나님의 천사들이 왔다는 소리를 듣고 소돔 사람들이 순식간에 롯의 집으로 몰려들었습니다. 우리는 여기서 두 가지 사실을 배울 수 있습니다. 첫 번째로, 천사가 왔다는 사실은 사탄이 가장 먼저 안다는 것입니다. 마귀는 우리가 은혜 받는 것을 제일 싫어합니다. 하나님이 오시는 소식을 마귀가 먼저 압니다. 그래서 막으려고 합니다. 마귀는 예수님이 십자가를 지실 수 없게 하려고 여러 가지 유혹과 방해를 했습니다. 심지어 예수님의 제자들을 통해서도 십자가를 지지 말라고 유혹했습니다. 지금도 마귀는 우리가 은혜를 받지 못하도록 수없이 유혹합니다. 우는 사자처럼 우리를 집어삼키려고 합니다. 우리의 삶에는 이와 같은 영적 전쟁이 있습니다.

두 번째로, 소돔 백성이 노소를 막론하고 원근에서 다 모였다는 사실을 통해 악은 개인적인 것이 아니라 집단적이고 총체적이라는 사실을 알 수 있습니다. 소돔 사람들은 아이든 어른이든 누구든지 악의 무리가 되고 만 것입니다. 오늘날 악의 문제도 구조의 문제입니다. 정치적이고, 경제적이고, 집단적으로 악을 행하고 있습니다. 이것이 바로 소돔과 고모라의 모습이었습니다.

롯을 부르고 그에게 이르되 오늘 밤에 네게 온 사람들이 어디 있느냐 이끌어 내라 우리가 그들을 상관하리라(창 19:5).

사탄은 무서운 기세로 천사들을 공격하려고 했습니다. 롯은 당황했습니다. 그는 자기를 찾아온 천사들을 보호하기 위해 필사의 노력을 했습니다.

롯이 문밖의 무리에게로 나가서 뒤로 문을 닫고 이르되 청하노니 내 형제들아 이런 악을 행하지 말라 내게 남자를 가까이하지 아니한 두 딸이 있노라 청하건대 내가 그들을 너희에게로 이끌어 내리니 너희 눈에 좋을 대로 그들에게 행하고 이 사람들은 내 집에 들어왔은즉 이 사람들에게는 아무 일도 저지르지 말라 그들이 이르되 너는 물러나라 또 이르되 이 자가 들어와서 거류하면서 우리의 법관이 되려 하는도다 이제 우리가 그들보다 너를 더 해하리라 하고 롯을 밀치며 가까이 가서 그 문을 부수려고 하는지라(창 19:6-9).

롯은 자기 딸들을 포기할지언정 자기 집에 찾아온 하나님의 천사들을 내줄 수가 없었습니다. 이것이 하나님을 만난 사람의 모습입니다. 하나님을 만난 사람은 어떤 대가를 치러서라도 신앙을 포기하지 않으려고 합니다. 하나님을 만난 사람은 생명을 걸고서라도 신앙을 지킵니다. 그러므로 하나님을 만나는 것이 중요합니다. 하나님의 음성을 들으며 개인적인 관계를 맺는 것이 중요합니다.

이 말씀은 소돔 백성이 얼마나 거칠고 사악한지를 보여 주며, 또한 평소에 롯에 대해 좋지 않은 감정을 갖고 있었다는 사실을 알려 줍니다. 그래서 그들은 롯의 집에 들어온 천사들이 아니라 롯을 죽이겠다고 위협했습니다.

롯은 악한 사람들과 살았지만 결국 하나님의 사람이었습니다. 하나님의 사람은 아무리 악한 사람들과 살아도 결국은 하나님의 사람입니다. 어려서부터 예수님을 믿는 집에서 자란 사람은 아무리 타락해도 언젠가는 다시 하나님을 찾게 됩니다. 하나님의 사람이기 때문입니다. 롯은 소돔과 고모라에서 살았지만 하나님의 택한 백성이었습니다.

> 그 사람들이 손을 내밀어 롯을 집으로 끌어들이고 문을 닫고 문밖의 무리를 대소를 막론하고 그 눈을 어둡게 하니 그들이 문을 찾느라고 헤매었더라(창 19:10-11).

롯은 물리적으로 더 이상 어떻게 해 볼 방법이 없었습니다. 이제는 자기마저 죽게 되었습니다. 악한 소돔 백성의 공격의 화살을 막거나 피할 길이 없었습니다. 그들은 이제 막 문을 뜯고 들어오려 했습니다. 인간이 아무 일도 할 수 없을 때, 그때 하나님이 개입하십니다. 이렇게 곤란할 때 하나님의 천사가 개입했습니다. 롯이 보호하려 한 천사가 오히려 문을 열고 롯을 집 안으로 끌어들이고 문을 닫아 롯을 구했습니다. 그리고 순식간에 밖에 있던 사람들의 눈을 멀게 만들었습니다. 이것은 심판의 시작을 의미합니다. 이제 더 이상 소돔 땅을 조사할 일이 없었습니다. 심판이 이미 시작되었습니다.

우리는 이 간단한 이야기 속에서 두 가지 놀라운 영적 교훈을 발견하게 됩니다.

첫 번째로, 죄의 도성은 반드시 심판을 받는다는 사실입니다. 그것은 소돔과 고모라뿐만이 아닙니다. 이 지상에 존재했던 수많은 나라가 세워졌다가 사라졌습니다. 수많은 문명이 세워졌다가 무너졌습니다. 왜 사라졌습니까? 단 한 가지 이유, 즉 죄 때문이었습니다. 죄가 쌓이면 심판을 부릅니다. 역사는 영원하지 않습니다. 역사의 마지막이 있습니다. 우리는 종말을 향해 가고 있습니다. 그날에는 하나님의 심판이 있을 것입니다. 예수님은 심판주로 이 세상에 다시 오실 것입니다.

두 번째로, 심판 중에라도 하나님은 하나님의 백성을 구하신다는 사실입니다. 하나님의 사람은 아무리 죄인들과 함께 산다고 할지라도 결국은 하나님께로 돌아오게 되어 있습니다. 롯은 마지막 순간에 구원받았습니다. 가까스로 구원을 얻은 것입니다.

예수님이 십자가에 달리실 때 그 옆에 달려 있던 강도도 가까스로 구원을 얻었습니다. 젊은 시절, 그 많은 세월을 강도짓 하는 데 낭비하고서 죽기 직전에 예수님으로부터 구원을 받았습니다. 구원받은 순간, 그는 이런 생각을 했을 것입니다. '내가 왜 그 많은 세월을 낭비하며 지냈던가! 도대체 어디서 허송 생활하다 온 것인가!' 새찬송가 273장 가사입니다. "나 주를 멀리 떠났다 이제 옵니다 나 죄의 길에 시달려 주여 옵니다(1절) / 그 귀한 세월 보내고 이제 옵니다 나 뉘우치는 눈물로 주여 옵니다(2절)."

우리는 어떻습니까? 교회는 오래 다녔지만 몸만 왔다 갔다 하지는 않습니까? 앞으로도 계속 지금처럼 살 생각입니까? 우리에게 남은 것과 변한 것은 무엇입니까? 아직도 방황합니까? 이제는 하나님의 품에 안길 때가 되었다고 생각하지 않습니까? 롯은 뒤늦게 철이 든 사람입니다. 죄 속에 빠져 헤매다 보니 나중에서야 하나님이 귀한 줄 알았습니다. 그러나 롯은 바로 그때 하나님을 붙잡았습니다.

# 18

## 롯처럼 못난 사람도
## 하나님은 구원하십니다

창세기 19:12-23

**참된 구원이란 저주의 도시에서 약속의 땅으로 가는 것이다**

소돔과 고모라를 향한 하나님의 심판이 시작되었습니다. 시간이
촉박해졌습니다.

> 그 사람들이 롯에게 이르되 이 외에 네게 속한 자가 또 있느냐 네 사
>
> 위나 자녀나 성 중에 네게 속한 자들을 다 성 밖으로 이끌어 내라
>
> (창 19:12).

하나님의 천사들은 롯에게 긴급 메시지를 전했습니다. 이제 심
판이 시작되었으니 롯에게 속한 자는 누구든지 성 밖으로 이끌어
내라는 내용이었습니다. 우리는 여기서 두 가지 놀라운 사실을 깨
달을 수 있습니다.

첫째, 하나님은 롯뿐만 아니라 롯에 속한 사람들을 모두 구원해
주신다는 것입니다. 사도행전 16장 31절은 "주 예수를 믿으라 그
리하면 너와 네 집이 구원을 받으리라"라고 말합니다. 하나님의
구원은 우리에게만 해당되지 않습니다. 하나님은 우리에게 속한
모든 사람을 구원하기 원하십니다.

이와 비슷한 예가 구약에 또 있습니다. 이스라엘 백성이 가나

안 여리고성에 정탐꾼들을 보냈을 때입니다. 정탐꾼들은 자신들을 숨겨 준 기생 라합에게 한 가지 약속을 했습니다. "여리고성을 함락할 때 너를 구원해 주겠다"라는 것이었습니다. 그런데 여리고성이 함락될 때 기생 라합만 구원받은 것이 아니라 그 가족까지 구원을 얻었습니다.

믿음은 개인적인 것입니다. 나 자신이 예수님을 나의 구주로 믿고 구원받는 것입니다. 그렇지만 놀라운 사실은, 한 사람이 예수 그리스도를 믿음으로 말미암아 그 가족 전체에 구원의 복이 허락된다는 것입니다.

언젠가 예수님을 믿지 않는 가정에서 추도 예배를 인도한 일이 있습니다. 대가족이 한자리에 모였습니다. 예배를 드리는데 한 자매가 계속 눈물을 흘렸습니다. 알고 보니 예수님을 믿는 집안에서 자란 자매였습니다. 그런데 시집와서 교회를 다니지 못하다가 오랜만에 목사님을 만나 하나님의 말씀을 들으니 감격해서 눈물을 참지 못한 것입니다. 하나님이 그 자매의 눈물을 기억하시리라 믿습니다. 혼자 믿는다고 괴로워하지 마십시오. 하나님이 가족들을 모두 구원해 주실 것입니다. 하나님이 롯뿐만 아니라 그와 관련된 사람들도 구원하셨듯이, 우리와 관련된 가족들도 구원해 주실 줄 믿습니다.

둘째, 구원이란 심판당해 멸망하는 성 밖으로 이끌어 내는 것이라는 사실입니다. 소돔성에 계속 머물러 있으면 성이 멸망하면서 우리 역시 구원의 길을 잃게 됩니다. 이스라엘 백성은 430년 동안 애굽에서 살았습니다. 애굽은 화려한 도시였습니다. 그러나 하나님은 그들이 계속 애굽에서 살기를 원하시지 않았습니다. 그곳은 역사가 있고, 화려하고, 문명이 발달한 도시이지만 영생을 주지는 못했습니다. 하나님은 그들에게 그 도시를 빨리 빠져나와서 젖과 꿀이 흐르는 약속의 땅으로 가라고 말씀하셨습니다.

구원이란 애굽에서 빠져나와 약속의 땅으로 가는 것을 의미합니다. 애굽은 이 세상의 모델입니다. 그리고 영적으로 죄와 사탄의 역사가 관영한 곳입니다. 이러한 곳이 복의 도시일 수 없습니다. 참된 구원이란 저주의 도시에서 빠져나와 약속의 땅으로 가는 것입니다.

이 세상에 살지만 이 세상에 머물지는 마십시오. 여기는 우리가 영원히 살아야 할 약속의 땅이 아닙니다. 우리는 이 세상을 구원해야 합니다. 그러나 이 세상은, 소돔과 고모라는 우리가 머물러야 할 목표가 결코 아닙니다.

그들에 대한 부르짖음이 여호와 앞에 크므로 여호와께서 이곳을 멸하시려고 우리를 보내셨나니 우리가 멸하리라(창 19:13).

이 지상은 언젠가 없어지고 말 것입니다. 이 세상은 영원하지 않습니다. 주님은 분명히 다시 오셔서 의로운 재판장으로 이 세상을 심판하실 것입니다. 죄는 반드시 심판받게 되어 있습니다.

심판은 하나님이 하시지만 실행은 천사들이 합니다. 천사들은 "우리가 멸하리라"라고 말했습니다. 요한계시록을 보면 천사들은 하나님께 찬양과 경배했습니다. 그러나 동시에 진노의 대접을 땅에 쏟기도 했습니다. 인류 역사의 마지막 날 예수님이 다시 오실 때 이 세상은 심판을 받고, 그때 천사들은 진노의 대접을 쏟을 것입니다.

소돔과 고모라가 멸망한다는 긴급 소식을 들은 롯은 마음이 급해졌습니다. 어쩔 줄 몰라 당황하기 시작했습니다. 평소에 믿음으로 살지 않은 사람은 위기에 처하면 어쩔 줄 모릅니다. 교회를 다녀도 평소에 신앙생활을 차분히 하지 않은 사람은 암에 걸리거나 사업에 어려움이 생기는 등 어려움을 만나면 갈대처럼 흔들리고 맙니다.

롯이 바로 그런 사람이었습니다. 하나님을 믿고 신뢰했지만 자기 마음대로 살았습니다. 그래서 소돔에 가서 살았습니다. 그는 하나님을 믿으면서도 세상적인 삶을 살았습니다. 그는 하나님을 따라간 것이 아니라 사람을 따라갔습니다. 늦게야 철이 들었고 하나님을 만났습니다. 그러나 그는 위기를 감당할 능력이 없었습니다. 그의 마음은 이리저리 흔들렸습니다.

## 머뭇거리지 말고 푯대를 향해 계속 전진하라

롯이 나가서 그 딸들과 결혼할 사위들에게 말하여 이르기를 여호와께서 이 성을 멸하실 터이니 너희는 일어나 이곳에서 떠나라 하되 그의 사위들은 농담으로 여겼더라(창 19:14).

롯의 사위들은 전혀 하나님을 믿지 않았기에 롯은 그들이 가장 큰 근심거리였습니다. 그래도 급한 마음에 사위들을 찾아가서 하나님의 메시지를 전했습니다. 여호와께서 곧 이 성을 멸하실 것이니 일어나 이 성을 떠나야 한다고 말했습니다. 그러나 사위들은 롯의 말을 농담으로 여겼습니다.

우리가 하나님의 말씀을 농담으로 여기지 않기를 간절히 바랍니다. 하나님의 말씀을 진지하게 들으십시오. 하나님의 말씀은 지나가도 되는 이야기가 아닙니다. 사위들은 롯의 말을 전혀 믿지 않았을 뿐 아니라 하나님의 존재도 인정하지 않았습니다. 그래서 롯에 속한 사람들임에도 불구하고 소돔과 함께 멸망당했습니다. 하나님은 우리에게 기회를 주십니다. 그러나 하나님의 말씀을 농담으로 여기는 사람은 구원받을 수 없습니다.

노아 시대에도 이런 일이 있었습니다. 노아는 방주를 지었습니다. 그러나 사람들은 그를 조롱했습니다. 심판이 다가온다는 말을 믿지 않았습니다. "날씨가 이렇게 좋고 세상이 평화로운데 무슨 심판이 오느냐?" 하며 노아의 말을 농담으로 여겼습니다. 그들은 여전히 시집가고 장가가기 바빴습니다. 그러나 하나님의 때가 되자 방주의 문이 닫혔고 심판이 시작되었습니다. 큰 깊음의 샘들이 터지며 하늘의 창문들이 열려 비가 땅에 쏟아졌습니다. 세상 사람들은 하나님의 섭리를 믿지 않습니다. 믿지 않을 뿐 아니라 조롱하고 농담으로 여깁니다. 사위들이 하나님의 메시지를 농담으로 여기자 롯의 마음은 더 다급해졌습니다. 하나님의 메시지를 가진 사람들은 다급합니다. 하나님의 복음의 메시지를 갖지 않은 사람들은 모든 것을 농담으로 여기고 심각하게 받아들이지 않습니다. 그러나 그것은 엄청난 결과를 낳습니다.

> 동틀 때에 천사가 롯을 재촉하여 이르되 일어나 여기 있는 네 아내와 두 딸을 이끌어 내라 이 성의 죄악 중에 함께 멸망할까 하노라(창 19:15).

사위를 설득하는 데 실패한 롯에게 천사가 와서 시간이 없다고 재촉했습니다. 동틀 때였습니다. 이제 해가 뜨면 심판이 임한다고 말했습니다. 구원은 시급한 것입니다. 머뭇거릴 시간이 없습니다. 그러나 사람들은 "오늘만 날이냐? 내일도 있고, 모레도 있다. 시간이야 얼마든지 있다"라고 말합니다. 사람들은 인생이 무한하게 펼쳐질 것이라고 착각합니다. 그렇지 않습니다. 다가오는 미래는 멀어 보이지만 지나간 과거는 순간입니다. 과거가 얼마나 빨리 우리의 삶을 지나갔습니까?

사람들은 여유가 있을 때 시간을 소중히 쓰지 못하고 낭비합니다. 그러다가 위기 앞에 섰을 때 비로소 시간이 없다는 사실을 느낍니다. 더 이상 손쓸 수 없는 시간이 오고 나서야 깨닫습니다. 롯은 지금 당장 성 밖으로 나가지 않으면 소돔성과 함께 멸망할 수밖에 없는 처지에 놓였습니다.

우리에게는 시간이 많지 않습니다. 시간이 많다고, 영원히 건강할 것이라고 착각하지 마십시오. 내 주머니에 언제나 돈이 넉넉하리라고 생각하지 마십시오. 건강도, 돈도 순식간에 없어집니다. 시간이 주어질 때 하나님께 헌신하십시오.

롯은 결국 천사들의 재촉에 못 이겨 가족들과 함께 소돔성을 떠나야 했습니다. 그러나 막상 떠나려고 하자 롯은 머뭇거리고 주저했습니다. 떠나야 할 줄 알면서도 선뜻 떠나지 못했습니다.

그러나 롯이 지체하매 그 사람들이 롯의 손과 그 아내의 손과 두 딸의 손을 잡아 인도하여 성 밖에 두니 여호와께서 그에게 자비를 더하심이었더라(창 19:16).

지체할 시간이 없는데 롯은 자꾸 지체했습니다. 지금 떠나지 않으면 죽는데 말입니다. 롯은 왜 지체했을까요? 미련 때문이었을 것입니다. 소돔을 떠나야 하는 줄은 알았지만 미련 때문에 주저했습니다. 어쩌면 몇 달 전에 계약을 해 둔 집이나 땅이 있거나 준공식이 있었을지도 모릅니다. 모든 것을 두고 쉽게 떠날 수가 없었을 것입니다. 발이 떨어지지 않았을 것입니다. 인간관계를 끊기도 정말 어려웠을 것입니다. 사실 롯보다 더 나오기 힘들어한 사람은 롯의 아내였습니다. 그녀는 결국 뒤돌아보아 소금 기둥이 되고 말았습니다.

여기서 우리는 "지체하지 말라"는 교훈을 얻을 수 있습니다. 중요한 것과 덜 중요한 것을 구분하라는 의미입니다. 중요한 것을 위해서는 덜 중요한 것을 빨리 포기해야 합니다.

천사가 지체하고 주저하는 롯의 손을 잡고 강제로 끌고 나갔습니다. 등을 떠밀며 급하게 나가도록 했을 것입니다. 여기서 구원이란 내 발로 가는 것이 아니고 이끌려 가는 것이라는 사실을 깨닫게 됩니다. 하나님을 믿어도 점잖게 믿으면 얼마나 좋겠습니까? 자기가 다 알아서 자기의 의지와 노력으로 예수님을 믿으면 얼마나 좋을까요? 그런 판단력이 있으면 얼마나 좋겠습니까? 그러나 대부분의 사람들은 알아서 믿지 않습니다. 어색하고, 쑥스럽고, 냉소적이고, 빈정대는 모습으로 예수님을 믿습니다. 억지로 등 떠밀려서 교회에 옵니다. 그러나 지나고 나서 돌이켜 보면 그것이 바로 은혜라는 사실을 깨닫습니다.

이끌려서 억지로 교회에 왔다는 사실 때문에 자존심이 상했다고 생각하지 마십시오. 성경은 "여호와께서 그에게 자비를 더하심이었더라"라고 말합니다. 떠밀려 오는 것이 하나님의 사랑입니다. 사실 하나님이 우리에게 애타게 부탁하실 이유가 없습니다. 그런데도 하나님은 우리를 잊지 않으시며 끝까지 손을 잡고 등을 떠밀어서 심판의 도성에서 내보내십니다. 이것이 바로 하나님의 사랑입니다. 이 같은 하나님의 강요하는 사랑이 아니면 우리는 구원받지 못했을지도 모릅니다.

> 그 사람들이 그들을 밖으로 이끌어 낸 후에 이르되 도망하여 생명을 보존하라 돌아보거나 들에 머물지 말고 산으로 도망하여 멸망함을 면하라(창 19:17).

성 밖에 나왔다고 구원이 끝난 것은 아닙니다. 천사들은 계속 말했습니다. "이제 위기는 벗어났지만 여기에 머무르면 죽는다. 앞에 있는 산으로 계속 도망가라. 그래야 살 수 있다." 이것이 생명 보존의 법칙입니다. 예수님을 믿고 구원받으면 모든 것이 끝입니까? 그렇지 않습니다. 예수님을 믿고 구원받은 순간부터 푯대를 향해 계속 한길을 가야 하는 것이 신앙생활입니다.

천사들은 "생명을 보존하라"라고 말하면서 두 가지를 명했습니다. 첫째는 돌아보지 말라는 것입니다. 과거로 돌아가지 말라는 의미입니다. 과거에서 빠져나왔다면 그것과 단절하라는 뜻입니다.

둘째는 머물지 말라는 것입니다. 신앙생활을 하다 보면 좋은 환경을 만납니다. 그러면 '여기가 좋사오니' 하며 목표를 잃고 안일한 환경에 주저앉기 쉽습니다. 그러나 천사는 머물면 죽는다고, 계속 산으로 도망가는 것만이 살길이라고 말했습니다.

여기서 "돌아보거나 들에 머물지 말라"라는 말씀에서 자전거가 생각납니다. 생명 보존의 법칙은 자전거와 같습니다. 자전거는 앞으로만 가지 뒤로 가는 법이 없습니다. 그리고 자전거는 일단 타면 머뭇거리거나 정지하면 넘어집니다. 머뭇거리지 말고 페달을 계속 밟아야 합니다. 주님은 우리에게 "힘들고 어려워도 너는 잘 가고 있다. 고통이 있더라도, 사람들이 뭐라 해도 흔들리지 말고 푯대이신 그리스도를 향해 계속 전진하라"라고 말씀하십니다.

## 하나님은 자격 없는 사람에게도 똑같이 복 주신다

> 롯이 그들에게 이르되 내 주여 그리 마옵소서 주의 종이 주께 은혜를 입었고 주께서 큰 인자를 내게 베푸사 내 생명을 구원하시오나 내가 도망하여 산에까지 갈 수 없나이다 두렵건대 재앙을 만나 죽을까 하나이다(창 19:18-19).

하나님의 천사가 손을 붙들어 성 밖으로 이끌어 내고 어떻게 행해야 할지를 가르쳐 주었음에도 불구하고 롯의 태도에는 감사하는 모습이 없었습니다. 한번 해 보겠다는 말조차 없었습니다. 그리고 결국 그는 "나는 못하겠습니다"라고 말했습니다. 롯은 정말 가까스로, 억지로 구원받은 사람이었습니다. 그는 눈앞에 보이는 것도 못하겠다고 하는 사람이었습니다.

계속해서 롯은 "보소서 저 성읍은 도망하기에 가깝고 작기도 하오니 나를 그곳으로 도망하게 하소서 이는 작은 성읍이 아니니이까 내 생명이 보존되리이다"(창 19:20)라고 말했습니다. 롯은 하나님께 택하심을 받은 사람이지만 그릇이 작았습니다. 겁도 많고, 모험심도 없고, 믿음도 없는 데다가, 손에 쥐어 준 떡도 먹지 못하고, 원망과 불평이 많은 사람이었습니다.

그러나 이 말씀을 묵상하면서 저는 큰 은혜를 받았습니다. 하나님은 아브라함처럼 믿음이 좋은 사람만 사랑하시는 것이 아니고 믿음이 없고 소심한 사람도 사랑하시며 버리시지 않는다는 사실을 깨달았기 때문입니다. 하나님이 똑똑하거나 능력 있는 사람만 구원하신다면 우리는 어떻게 구원받을 수 있겠습니까? 하나님은 절대로 그런 분이 아니십니다.

어떤 집에 잘나고 똑똑한 큰아들이 있었습니다. 좋은 학교를 졸업해 좋은 직장을 얻었습니다. 그러나 작은아들은 혼자 살 능력이 없었습니다. 그렇다면 그 부모님은 과연 똑똑한 큰아들만 키울까요? 그렇지 않습니다. 혼자 살 능력이 없는 작은아들을 위해 큰아들 몰래 따로 통장을 만들어 갑절이나 관심을 가지고 보호합니다. 이처럼 못나고, 믿음도 없고, 사람들이 배신자라고 부르는, 아무 가치 없는 사람도 하나님은 사랑하십니다.

그가 그에게 이르되 내가 이 일에도 네 소원을 들었은즉 네가 말하는 그 성읍을 멸하지 아니하리니 그리로 속히 도망하라 네가 거기 이르기까지는 내가 아무 일도 행할 수 없노라 하였더라 그러므로 그 성읍 이름을 소알이라 불렀더라(창 19:21-22).

바꿔 말하면, "내가 이제까지 너의 말을 다 들어주었는데 그 정도를 못 들어주겠느냐? 너 때문에 그 성을 멸하지 않겠다. 빨리 그리로 가거라. 네가 그곳에 갈 때까지 심판하지 않고 너를 보호하겠다"라고 말씀하신 것입니다. 바로 이분이 하나님이십니다. 걱정하지 마십시오. 하나님은 교회에 나오지 않았다고, 미련하게 굴었다고 야단치시는 분이 아닙니다. 하나님은 우리를 사랑하십니다. 하나님은 우리가 구원받기를 원하십니다.

결국 롯은 큰 산으로 도피하지 못하고 작은 산으로 겨우 몸을 피했습니다. 사실 롯이 받은 구원은 부끄러운 구원이었습니다. 그러나 하나님은 그런 사람도 이처럼 사랑하셨습니다. 우리가 기억해야 할 사실이 있습니다. 하나님은 똑똑하고, 건강하고, 좋은 가문에서 태어난 사람만 원하시는 분이 아닙니다. 족보도 없고, 가치도 없고, 많은 사람에게 사랑받지 못하는 사람이라도 그를 눈동자처럼 사랑하시며 보호하십니다.

예수님도 그렇게 하셨습니다. 예수님은 창녀를 만나 주셨고, 세리와 귀신 들린 자, 불치병에 걸린 자를 만나 주셨습니다. 배고픈 자를 만나면 먹을 것을 주셨습니다. 그분이 예수 그리스도이십니다. 그렇다면 이제 우리는 무엇을 해야겠습니까? 사랑할 만한 가치가 없는 사람을 만나 주십시오. 우리가 돕지 않아도 상관없던 분들을 만나 보지 않겠습니까?

롯이 소알에 들어갈 때에 해가 돋았더라(창 19:23).

하나님은 롯과의 약속을 신실하게 지키셨습니다. 롯이 소알성에 도착하기까지 심판을 보류하셨습니다. 이처럼 하나님은 가치 없는 사람도 사랑하십니다. 자격 없는 사람도 자격 있는 사람과 똑같이 복 주십니다. 하나님은 우리를 이토록 사랑하십니다.

# 19

# 나의 중보 기도에 응답하사
# 살려 주소서

창세기 19:24 - 38

**구원받았다고 끝이 아니라 푯대를 향해 전진해야 한다**

하나님은 죄로 가득 찬 소돔과 고모라를 불로 심판하기 시작하셨습니다.

> 여호와께서 하늘 곧 여호와께로부터 유황과 불을 소돔과 고모라에 비같이 내리사 그 성들과 온 들과 성에 거주하는 모든 백성과 땅에 난 것을 다 엎어 멸하셨더라(창 19:24-25).

여기서 발견하게 되는 사실이 있습니다. 첫 번째, 죄는 반드시 심판을 받는다는 것입니다. 대부분의 사람들은 죄를 지어도 심판받지 않는다고 생각하기 때문에 쉽게 죄를 짓습니다. 들키지만 않으면 괜찮다고 생각해 버립니다. 그러나 들키든 들키지 않든 죄는 사라지지 않습니다. 한 번 죄를 지으면 그 죄는 계속 남아 있습니다. 죄가 쌓이면 어느 날 심판으로 바뀝니다.

노아 시대가 그러했습니다. 노아 시대 사람들은 죄가 관영해 심판을 받지 않으면 안 될 정도로 심각했습니다. 이에 하나님은 물로 세상을 쓸어버리기로 결심하셨습니다. 그들의 죄가 얼마나 깊고 광범위하던지 모든 것을 멸하지 않으면 안 될 정도였습니다.

로마서 1장 18절은 "하나님의 진노가 불의로 진리를 막는 사람들의 모든 경건하지 않음과 불의에 대하여 하늘로부터 나타나나니"라고 말합니다. 하나님은 사랑이십니다. 그렇지만 동시에 하나님은 진노하시는 분임을 우리는 알아야 합니다. 하나님은 죄를 내버려 두시지 않고 반드시 심판하십니다.

두 번째, 심판은 우연히 이루어지지 않는다는 것입니다. 심판은 죄에 대한 단순한 응답이 아닙니다. 그보다 더 깊은 의미가 있습니다. 심판자의 의지가 있는 것입니다. 이 세상이 죄를 회개하지 않으면 심판은 반드시 임하게 되어 있습니다. 로마서 6장 23절은 "죄의 삯은 사망"이라고 말합니다. 개인의 삶도 마찬가지입니다.

사람은 언젠가 한 번은 죽게 되어 있습니다. 우리가 죽는다는 사실을 꼭 기억하십시오. 이것은 불길한 이야기가 아니라 축복입니다. 대부분의 사람들은 죽지 않을 것처럼 살아가지만 언젠가는 모두 죽습니다. 한 번 죽는 것은 사람에게 정해진 것이요, 그 후에는 심판이 있습니다(히 9:27).

세 번째, 심판에는 개인적인 심판도 있지만 집단적인 심판도 있다는 것입니다. 유황불의 심판이 소돔과 고모라에 내려졌습니다. 소돔과 고모라 백성은 하나님의 심판이 임할 때 개인적으로 아무리 착하고 하나님을 믿더라도 그 도시 안에 살기에 다 같이 심판을 받습니다. 개인적으로는 억울한 일이지만 도시가 망하니까 개인도 망하는 것입니다.

25절에는 "그 성들과 온 들과 성에 거주하는 모든 백성과 땅에 난 것을 다 엎어 멸하셨더라"라고 기록되어 있습니다. 불의 심판으로 그 성만 멸망한 것이 아니라 그 주변이 멸망했고 그곳에 사는 백성과 그 땅에 나는 모든 것이 멸망당했습니다. 개인이 잘못했으면 개인이 회개하면 됩니다. 그러나 집단이 심판을 받게 되면 개인과 상관없이 모두에게 그 심판이 임합니다. 소돔과 고모라가 심판받을 때 살아남는 방법은 착하게 살고 회개하는 것이 아닙니다. 살기 위해서는 그 도성에서 빠져나와야만 합니다. 그 방법밖에 없습니다.

어떤 집단에 깡패가 있으면 착하게 살고 싶어도 착하게 살 수 없습니다. 매일 죄를 짓고 주일에 교회에 와서 "하나님, 잘못했습니다"라고 기도한다고 해결되는 것이 아닙니다. 그 사람이 살 수 있는 유일한 길은 그곳에서 빠져나오는 것입니다.

롯의 아내는 뒤를 돌아보았으므로 소금 기둥이 되었더라(창 19:26).

롯의 아내는 롯과 함께 아브라함을 좇아 갈대아 우르를 떠난 사람입니다. 그리고 롯이 아브라함을 떠나 소돔으로 이사할 때는 남편 롯을 따라 소돔에 왔습니다. 그녀는 소돔이 멸망할 때 남편 덕택에 하나님의 은혜를 입어서 천사의 도움으로 성 밖으로 빠져나오는 복도 받았습니다. 그러나 그만 뒤를 돌아보아서 소금 기둥이 되는 비참한 운명을 맞이했습니다.

하나님의 천사가 롯과 그의 아내와 딸들을 소돔성 밖으로 끌어냈습니다. 일단 위기는 극복한 것입니다. 그러나 소돔성 밖으로 끌어냈다고 구원이 완성된 것이 아닙니다. 하나님의 천사는 "돌아보거나 들에 머물지 말고 산으로 도망하여 멸망함을 면하라"(창 19:17)라고 말했습니다.

예수님을 믿고 구원받은 사람이 가야 할 길이 있습니다. 구원받았다고 끝난 것이 아닙니다. 푯대를 향해 계속 전진해야 합니다. 그러나 앞으로 나아갈 때 위기가 있습니다. 돌아가고 싶은 충동입니다. 우리는 이미 과거로 돌아갈 수 없는 사람들입니다. 과거로 돌아가려 하지 마십시오. 과거가 아무리 좋았고, 화려했고, 미련이 있다 해도 우리는 과거로 돌아가면 죽습니다. 우리는 죄에서, 사탄에게서, 하나님 없는 세계에서 빠져나왔습니다. 우리가 할 일은 푯대를 향해 전진하는 것입니다.

롯의 아내는 왜 뒤를 돌아보았을까요? 두 가지 이유를 추측할 수 있습니다. 첫 번째는 하나님의 말씀을 우습게 생각했기 때문입니다. 하나님의 말씀을 농담으로 생각했다가 멸망한 또 다른 사람들이 있는데, 바로 롯의 사위들입니다. 그들은 롯이 심판을 받게 되었으니 빨리 그곳에서 빠져나오라고 했지만 그 말을 농담으로 여겼습니다. 하나님의 말씀을 농담으로 생각하지 마십시오. 천사들의 경고를 심각하게 받아들이지 않고 아무 생각 없이 뒤를 돌아본 롯의 아내는 소금 기둥이 되었습니다.

롯의 아내가 뒤를 돌아본 두 번째 이유는 소돔에 대한 미련 때문입니다. 물질이 많은 곳에는 미련이 생기기 마련입니다. 물질을 포기하기란 쉬운 일이 아닙니다. 물질을 포기할 수 있는 용기가 없을 때 과거로 돌아가려는 미련이 남습니다. 아마 롯의 아내는 물질에 대한 미련이 많았던 것 같습니다. 뒤돌아보지 마십시오. 과거로 돌아가지 마십시오. 미래를 향해 가는 사람에게 소망이 있습니다.


## 하나님은 아브라함의 중보 기도를 기억하사 롯을 구원하셨다

아브라함이 그 아침에 일찍이 일어나 여호와 앞에 서 있던 곳에 이르러 소돔과 고모라와 그 온 지역을 향하여 눈을 들어 연기가 옹기가마의 연기같이 치솟음을 보았더라(창 19:27-28).


성경은 한 도시가 통째로 멸망해 사라지는 모습이 옹기 가마에서 치솟는 연기 같다고 말합니다. 심판은 순식간이라 그리 오래 걸리지 않습니다. 죽음도 순식간입니다. 돈이 빠져나가는 것, 명예를 잃어버리는 것도 마찬가지입니다.

아브라함은 멀리서 소돔과 고모라가 멸망하는 모습을 보았습니다. 그때 아브라함은 어떤 생각이 들었을까요? 여기서 최소한 두 가지를 생각해 볼 수 있습니다.

첫째, 아브라함은 하나님의 약속의 땅에 머무는 것이 화려한 소돔성에 머무는 것과 비교될 수 없는 복이라는 생각을 했을 것입니다. 약속의 땅은 고통스러운 땅입니다. 화려하지도 않고, 기근이 있으며, 용기가 필요한 곳입니다. 환영해 주는 사람이 없는 외롭고 고독한 곳입니다. 옳은 일은 언제나 그렇습니다. 그러나 믿음의 사람은 옳기 때문에 묵묵히 자기 일을 합니다. 반면, 소돔성은 화려한 도시요, 문화의 도시입니다. 많은 사람에게 행복을 안겨 줄 듯한 무지개 같은 도시입니다. 롯과 그의 아내는 소돔성을 택했습니다. 아브라함과 사라는 우직하게도 매력 없고, 척박하며, 갈등과 기근이 있는 약속의 땅을 선택했습니다. 결과는 어떻습니까? 매력 있는 도시는 잿더미가 되어 버렸습니다.

약속의 땅에 머무는 것이 복입니다. 인생은 전체를 봐야 합니다. 단면을 보면 실수하기 쉽습니다. 지금 맛본 성공이 계속적인 성공이 될지는 끝까지 지켜봐야 압니다. 반면, 지금의 실패가 인생의 실패가 될 수 없습니다. 하나님의 복은 단면으로 잘라 놓고 보면 복으로 보이지 않습니다. 그러나 하나님은 신실하시고 변함이 없으십니다. 택하신 백성에게 의롭게 보상하십니다. 지는 것 같지만 이기고, 안되는 것 같지만 되고, 망하는 것 같지만 사는 것이 하나님의 길입니다.

넓은 길이라고 다 택하지 마십시오. 좁은 길이라도 하나님이 택하신 길이라면 그 길을 가십시오. 사람의 명예와 박수 소리가 있는 직장에 다니는 것이 성공은 아닙니다. 돈도 적고 명예도 없지만 하나님이 원하시는 곳이라면 바로 그곳이 직장이 되어야 합니다.

둘째, 소돔성이 멸망하는 현장을 목격한 아브라함은 '롯은 어떻게 되었을까?' 생각했을 것입니다. 그는 롯을 구원하기 위해 하나님을 붙들고 간절하게 중보 기도한 사람입니다. 과연 롯은 구원받을 수 있을지, 안타까움과 기다림 같은 마음이 아브라함에게 있었을 것입니다. 이것이 바로 예수님을 믿는 사람의 마음입니다.

> 하나님이 그 지역의 성을 멸하실 때 곧 롯이 거주하는 성을 엎으실 때에 하나님이 아브라함을 생각하사 롯을 그 엎으시는 중에서 내보내셨더라(창 19:29).

하나님은 아브라함을 생각하사 그 성을 엎으시는 중에 롯을 내보내셨습니다. 이것은 실로 놀라운 소식입니다. 여기서 우리는 두 가지 사실을 깨닫습니다.

첫째, 위기와 심판에 다 망하는 것은 아니라는 사실입니다. 하나님의 백성은 망할 때 다 망하는 것 같으나 사실 망하지 않습니다. 하나님이 피할 길을 주십니다. 복의 길을 예비해 주십니다. 소돔과 고모라는 완전히 초토화되었습니다. 그런데 하나님은 아브라함을 생각하사 그 엎으시는 중에 롯을 끌어내셨습니다.

둘째, 중보 기도의 능력에 대해 깨달을 수 있습니다. 아브라함은 앞서 창세기 18장에서 소돔과 고모라의 심판 소식을 들었습니다. 그 소식을 듣자마자 마치 얍복강의 야곱처럼 하나님의 옷을 꼭 붙들었습니다. 그리고 하나님과 논쟁을 시작했습니다. 아브라함은 50명에서 시작한 의인 논쟁이 10명에 이르기까지 필사적인 기도를 계속했습니다. 하나님은 아브라함에게 모든 것을 양보하셨습니다. 소돔과 고모라가 멸망한 것을 보니 아브라함의 기도가 수포로 돌아간 듯했습니다. 그러나 29절을 보면 그 기도가 결코 허공을 치는 기도가 아니었음을 알 수 있습니다.

하나님이 들으시지 않는 것 같고 응답하시지 않는 것 같아도 하나님은 응답하고 계십니다. 하나님은 하나님의 백성의 기도를 결코 땅에 흩어 버리시지 않습니다. 우리의 기도에 반드시 응답하시고, 또 그것을 기억하십니다. 롯에게 구원받을 만한 믿음이 없을 때 하나님은 아브라함의 중보 기도를 기억하사 롯을 구원해 주셨습니다. 우리가 지금까지 지내 온 것은 하나님의 은혜입니다. 우리의 믿음이 좋아서가 아니라 누군가 우리를 위해 기도했기 때문에 우리가 지금 이 자리까지 올 수 있었던 것입니다. 자녀를 위해 기도하십시오. 기적이 일어납니다. 친구를 위해 기도하십시오. 기적이 일어납니다. 기도에는 능력이 있습니다.

예수님은 승천하셔서 하나님 보좌 우편에 계십니다. 거기서 예수님은 무엇을 하고 계실까요? 로마서 8장 34절을 보면 예수 그리스도에 대해 설명하면서 "하나님 우편에 계신 자요 우리를 위하여 간구하시는 자시니라"라고 기록되어 있습니다. 예수님은 지금도 우리를 위해 기도하고 계십니다. 성령도 우리와 함께 계시고 말할 수 없는 탄식으로 우리를 위해 대신 기도하고 계십니다. 로마서 8장 27절은 "성령이 하나님의 뜻대로 성도를 위하여 간구하심이니라"라고 말합니다.

우리가 예수님을 믿게 된 까닭은 누군가 우리를 위해 아브라함처럼 기도했기 때문입니다. 우리가 지쳐서 기도할 수 없을 때도 누군가 우리의 영혼을 위해 새벽마다 눈물을 흘리며 기도했기에 지금의 우리가 있는 것입니다. 그렇다면 이 말씀은 우리에게 무슨 교훈을 줍니까? 우리가 기도하면 다른 사람이 살고, 한 나라가 변하며 기적이 일어난다는 것입니다.

## 인간적인 방법은 더 큰 재앙을 초래한다

롯이 소알에 거주하기를 두려워하여 두 딸과 함께 소알에서 나와 산에 올라가 거주하되 그 두 딸과 함께 굴에 거주하였더니(창 19:30).

롯은 아브라함의 기도 덕분에 살아나기는 했지만, 롯 자신은 믿음이 없는 사람이었습니다. 간신히 구원받은 사람이며 창피하게 구원받은 사람입니다. 롯은 소알로 도망갔지만 불안했습니다. 그래서 두 딸과 함께 거처를 옮겨 하나님이 처음에 도망가라고 하신 산으로 갔습니다. 롯은 항상 인간적이었고 인간적인 선택을 했습니다. 소알을 선택한 까닭도 두려움 때문이었고, 산으로 도망간 이유도 믿음으로 간 것이 아니라 두려움을 극복하고 위기를 피해 보려는 생각에서였습니다.

두려움이나 인간적인 생각으로 선택할 경우 가면 갈수록 위기를 만납니다. 그러나 믿음으로 한 일은 위기를 막습니다. 인간적인 선택을 한 롯은 이후 상상할 수 없는 위기를 만났습니다. 그것은 자기 딸들과 동침하게 된 사건입니다.

큰딸이 작은딸에게 이르되 우리 아버지는 늙으셨고 온 세상의 도리를 따라 우리의 배필 될 사람이 이 땅에는 없으니 우리가 우리 아버지에게 술을 마시게 하고 동침하여 우리 아버지로 말미암아 후손을 이어 가자 하고 그 밤에 그들이 아버지에게 술을 마시게 하고 큰딸이 들어가서 그 아버지와 동침하니라 그러나 그 아버지는 그 딸이 눕고 일어나는 것을 깨닫지 못하였더라(창 19:31-33).

믿음을 잃어버리고 두려움으로 가득 찬 롯에게는 항상 실수할 구멍이 있었습니다. 위기의 구멍이 있었던 것입니다. 믿음으로 사는 사람들에게는 그 위기의 구멍이 다 막힙니다. 우리는 믿음으로 살아야 합니다.

여기서 딸들이 아버지와 동침하게 된 동기가 나쁜 동기는 아닙니다. 자손을 번식시키자는 동기였습니다. 당시 상황에서는 남자들이 없었기 때문에 이해 가능한 일입니다. 그러나 목적이 옳다고 수단과 방법을 바꿔도 괜찮은 것은 아닙니다. 목적이 옳으면 방법도 옳아야 합니다. 인간적인 방법은 더 큰 재앙을 초래합니다.

롯의 딸들은 왜 그런 발상을 했을까요? 하나님을 믿지 않았기 때문입니다. 하나님을 신뢰했다면 하나님이 자손을 낳을 수 있도록 해 주셨을 것입니다. 그러나 그들은 하나님의 방법을 믿지 않았습니다. 그리고 자신들이 이해하는 전통적인 방법이나 문화적인 방법, 또는 그간 살아온 소돔과 고모라의 사고방식으로 문제를 해결하려고 했습니다. 그래서 결국 그들은 아버지와 동침하는 위험한 상황까지 가게 되었습니다.

이튿날 큰딸이 작은딸에게 이르되 어젯밤에는 내가 우리 아버지와 동침하였으니 오늘 밤에도 우리가 아버지에게 술을 마시게 하고 네가 들어가 동침하고 우리가 아버지로 말미암아 후손을 이어 가자 하고 그 밤에도 그들이 아버지에게 술을 마시게 하고 작은딸이 일어나 아버지와 동침하니라 그러나 아버지는 그 딸이 눕고 일어나는 것을 깨닫지 못하였더라(창 19:34-35).

우리는 여기서 두 가지 사실을 발견할 수 있습니다. 첫째, 성경은 부끄러운 일을 감추지 않는다는 것입니다. 그래서 성경은 사실입니다. 성경은 진실을 그대로 말합니다. 만약 이 일이 우리 가정의 일이라면 드러내겠습니까? 그렇지 않을 것입니다. 그러나 성경은 이처럼 부끄러운 일들도 드러냅니다.

둘째, 롯의 딸들에게는 죄책감이나 양심의 가책이 없다는 것입니다. 죄가 깊으면 양심이 마비됩니다. 그들은 죄가 관영했던 소돔과 고모라에 너무 오래 살았기 때문에 그것이 죄라고 느끼지 못했습니다. 자녀들을 하나님의 말씀으로 양육하십시오. 성경에서 말하는 기준이 중요하다는 것을 자녀들이 알아야 합니다. 세상의 기준을 따라가면 그다음은 심판입니다.

> 롯의 두 딸이 아버지로 말미암아 임신하고 큰딸은 아들을 낳아 이름을 모압이라 하였으니 오늘날 모압의 조상이요 작은딸도 아들을 낳아 이름을 벤암미라 하였으니 오늘날 암몬 자손의 조상이었더라 (창 19:36-38).

두 딸이 임신해 낳은 아들이 이스라엘 백성과 늘 갈등 관계를 가져 온 모압과 암몬 족속의 조상이라는 사실은 역사의 아이러니입니다.

노아 시대의 물 심판이 지나가고 유황과 불의 심판이 지나가도 죄는 사라지지 않았습니다. 심판이 오면 죄는 죽은 듯하지만 심판이 지나가면 죄는 다시 살아납니다. 이것이 죄입니다. 그 죄가 오늘 여기까지 온 것입니다.

그러면 이 무서운 죄의 파도를 막을 수 있는 방법은 무엇입니까? 물 심판도, 불 심판도 아닙니다. 죄를 막을 수 있는 것은 예수 그리스도의 십자가 보혈입니다. 우리 안에 흐르고 있는 죄를 막을 수 있는 것은 채찍도 아니요, 심판도 아닙니다. 오직 예수 그리스도의 피 뿌림을 받는 것입니다. 예수 그리스도를 믿으십시오. 그분의 보혈을 의지하십시오. 그래야 이 무서운 죄의 파도에서 구원받을 수 있습니다.

# 20

# 또다시 실수하지만
# 하나님은 또 믿어 주십니다

창세기 20:1-18

## 하나님은 아브라함이 실수할 때마다 용서하셨다

인간이 본질적으로 실수하는 존재라면 실수하는 인간을 용서하시는 것이 하나님의 본질입니다. 아브라함은 믿음생활을 시작하면서 큰 실패를 경험했습니다. 그는 약속의 땅에 도착했을 때 기근을 만나 애굽으로 피신했습니다. 그때 그는 두려움에 사로잡혀 아내를 누이라고 속였습니다. 이 사건 때문에 애굽 왕에게 아내를 빼앗길 뻔했지만 하나님이 개입해 주셔서 가까스로 구원받았습니다. 그런데 아브라함은 똑같은 실수를 저지르고 말았습니다.

> 아브라함이 거기서 네게브 땅으로 옮겨가 가데스와 술 사이 그랄에 거류하며 그의 아내 사라를 자기 누이라 하였으므로 그랄 왕 아비멜렉이 사람을 보내어 사라를 데려갔더니(창 20:1-2).

여기서 두 가지 사실을 알 수 있습니다. 첫째, 사람이 나이가 들었다고 성숙해지는 것은 아니라는 사실입니다. 젊었을 때의 실수는 있을 법한 일이라고 생각할 수 있어도, 늙어서 실수는 이해하기 어렵습니다. 그러나 나이가 들수록 반드시 더 성숙해지는 것은 아닙니다. 책을 많이 읽고 공부를 열심히 한다고 성숙하는 것도 아닙니다. 외적으로는 더 점잖아지고 교양 있는 것처럼 보일지 모르지만, 인간은 나이가 들수록 욕망이 더 커집니다. 나이가 들수록 추해지는 인간을 자주 경험하게 되는 까닭도 그 때문입니다.

둘째, 인간은 시련을 겪고 나서도 변화되거나 고쳐지지 않는 존재라는 것입니다. 아브라함은 이 사건이 있기 바로 직전에 소돔과 고모라가 죄로 인해 잿더미로 변한 놀라운 심판을 목격했습니다. 그럼에도 또다시 거짓말하는 죄를 지었습니다.

하나님은 아브라함이 100세가 되기까지 수차례 나타나셔서 말씀하시고, 예언하시고, 권면하셨습니다. 더욱이 당시는 아브라함의 아내 사라의 배 속에 이삭이 자라고 있었습니다. 이처럼 하나님의 언약이 실현되는 도중에도 아브라함은 변하지 않았습니다. 사람은 언제, 어떻게 변합니까? 200년을 살면 성숙해질까요? 아닙니다. 나이에 상관없이 사람은 예수 그리스도의 보혈로 거듭나고 변합니다. 사람은 예수님을 믿고 예수님의 보혈로 구원받을 때 본질적인 변화를 경험합니다.

그런데 아브라함이 실수한 것보다 더 놀라운 사실이 있습니다. 그것은 아브라함이 실수할 때마다 하나님이 용서하시고 다시 받아들여 주셨다는 사실입니다. 하나님의 용서하심, 그분의 신실하심은 영원합니다. 하나님은 우리를 한두 번 용서하시는 것이 아니라 계속해서 용서하시고, 똑같은 죄를 계속 지을 때도 용서해 주십니다. 하나님은 우리가 젊었을 때 지은 죄도 용서하시고, 늙어서 저지른 죄도 용서해 주십니다. 하나님의 사랑과 신실하심은 변함이 없습니다.

> 그 밤에 하나님이 아비멜렉에게 현몽하시고 그에게 이르시되 네가 데려간 이 여인으로 말미암아 네가 죽으리니 그는 남편이 있는 여자임이라(창 20:3).

하나님은 결정적인 순간에 개입하셨습니다. 아브라함이 실수했지만 하나님은 직접 개입하셔서 아브라함과 사라를 보호해 주셨습니다. 필요하다면 꿈에라도 나타나셔서 위기를 막아 주십니다. 하나님은 아비멜렉의 꿈에 나타나셔서 사라로 인해 너는 죽을 것이라고 말씀하셨습니다. 일종의 협박을 하신 것입니다. 하나님은 이토록 하나님의 자녀, 택하신 백성을 사랑하시고 보호해 주십니다.

## 우리가 하나님 뜻대로 살지 않으면 주변 사람이 고통당한다

> 아비멜렉이 그 여인을 가까이하지 아니하였으므로 그가 대답하되 주여 주께서 의로운 백성도 멸하시나이까 그가 나에게 이는 내 누이라고 하지 아니하였나이까 그 여인도 그는 내 오라비라 하였사오니 나는 온전한 마음과 깨끗한 손으로 이렇게 하였나이다(창 20:4-5).

사실 아비멜렉은 잘못이 없었습니다. 잘못이 있다면 거짓말을 한 아브라함과 사라에게 있었습니다. 그런데 하나님은 아비멜렉 편이 아니라 아브라함 편이셨습니다.

어떻게 보면 이 부분은 시험 들기에 딱 알맞은 말씀입니다. 하나님이 아비멜렉 편에 서시지 않고 아브라함 편에 서셨다는 것은 너무도 분명한 하나님의 편애이기 때문입니다. 이것은 놀랄 만한 사실입니다. 하나님은 공정하신 분입니다. 그러나 택하신 백성에게는 편애라고 느낄 정도로 그들의 편에 서십니다. 자기 아들이 아무리 망나니짓을 한다고 해도 옆집 모범 학생에게 유산을 물려주는 부모는 없습니다. 결국 자기 아들 편에 서는 아버지의 심정이 바로 하나님의 마음입니다. 불공정한 것이 아니라, 이것이 바로 부모의 사랑입니다. 우리를 향한 하나님의 사랑입니다.

아비멜렉은 하나님께 항의했습니다. 아브라함과 사라가 속여서 일이 이렇게 된 것이지 자신은 온전한 마음과 깨끗한 손으로 이 일을 행했다고 말했습니다. 아비멜렉의 말은 사실이었습니다. 항의하는 아비멜렉에게 하나님은 이렇게 말씀하셨습니다.

하나님이 꿈에 또 그에게 이르시되 네가 온전한 마음으로 이렇게 한 줄을 나도 알았으므로 너를 막아 내게 범죄하지 아니하게 하였나니 여인에게 가까이하지 못하게 함이 이 때문이니라(창 20:6).

하나님의 대답은 간단했습니다. "네가 만약 그 여인을 범했다면 이미 내가 심판했을 것이다. 그러나 네가 아직 그 여인을 범하지 않았기 때문에 꿈에 나타나 죄짓지 못하게 하려는 것이다." 그러면서 하나님은 아비멜렉에게 "너를 막아 내게 범죄하지 아니하게 하였나니"라고 말씀하셨습니다. 아비멜렉이 아브라함과 사라에게 저지른 죄는 곧 하나님께 저지른 죄라는 뜻입니다.

하나님이 아비멜렉에게 현몽하신 이유 중 하나는 아비멜렉으로 하여금 사라에게 가까이하지 못하게 하려 하심이었습니다. 하나님은 이렇게 사라의 몸을 보호해 주셨습니다. 먼 훗날 사라의 후손에게서 약속의 자손, 메시아가 태어나시기 때문입니다.

> 이제 그 사람의 아내를 돌려보내라 그는 선지자라 그가 너를 위하여 기도하리니 네가 살려니와 네가 돌려보내지 아니하면 너와 네게 속한 자가 다 반드시 죽을 줄 알지니라(창 20:7).

하나님의 의도는 분명했습니다. 비록 아브라함이 실수해서 이런 일이 생겼지만, 그 여인을 범하지 말고 빨리 돌려보내라고 단호히 말씀하셨습니다. "나는 사라의 몸을 보호하는 하나님이다. 만약 네가 그 여인을 범하면 정녕 너와 네 가족이 다 죽을 것이다"라고 엄히 경고하셨습니다. 착하고 의롭게 산다고 하나님이 보호하시는 것은 아닙니다. 우리가 하나님께 구원받고 사랑받는 까닭은 택하심을 받았다는 단 한 가지 이유 때문입니다. 우리가 내 자녀라는 한 가지 이유만으로 자녀에게 무조건적인 사랑을 베푸는 것처럼, 하나님도 우리가 잘났든 못났든 우리를 보호하시고 인도하십니다.

하나님은 결코 우리를 포기하시지 않습니다. 끝까지 우리를 변화시키실 것입니다. 끝까지 우리를 하나님의 자녀로 온전히 세워 주실 것입니다. 하나님은 우리를 믿음의 자녀, 약속의 자녀, 복의 자녀로 만들겠다고 말씀하십니다. 신앙생활을 하다가 넘어지고 쓰러지더라도 다시 일어나십시오. 늙어서 죄를 지었다 해도 포기하지 말고 하나님께 나오십시오.

아비멜렉이 그날 아침에 일찍이 일어나 모든 종들을 불러 그 모든 일을 말하여 들려주니 그들이 심히 두려워하였더라 아비멜렉이 아브라함을 불러서 그에게 이르되 네가 어찌하여 우리에게 이렇게 하느냐 내가 무슨 죄를 네게 범하였기에 네가 나와 내 나라가 큰 죄에 빠질 뻔하게 하였느냐 네가 합당하지 아니한 일을 내게 행하였도다 하고 아비멜렉이 또 아브라함에게 이르되 네가 무슨 뜻으로 이렇게 하였느냐(창 20:8-10).

아브라함은 입이 열 개라도 할 말이 없었습니다. 자기가 분명히 잘못했기 때문입니다. 아비멜렉의 항의는 옳았습니다. 그는 하나님께 항의했을 뿐 아니라 아브라함을 불러서 따졌습니다. "내가 도대체 너에게 무슨 해를 끼쳤고 무슨 원한을 샀기에 네가 나와 우리나라를 큰 죄에 빠지게 했느냐?"라고 물었습니다. 자기 앞에 벌어진 상황에 대한 정확한 질문이었습니다.

이 질문에 대해 아브라함은 세 가지 이유를 들어 대답했습니다. 그러나 믿음의 사람이 한 말이라고 하기에는 너무나 어처구니없는 답변이었습니다.

아브라함이 이르되 이곳에서는 하나님을 두려워함이 없으니 내 아내로 말미암아 사람들이 나를 죽일까 생각하였음이요 또 그는 정말로 나의 이복 누이로서 내 아내가 되었음이니라 하나님이 나를 내 아버지의 집을 떠나 두루 다니게 하실 때에 내가 아내에게 말하기를 이후로 우리의 가는 곳마다 그대는 나를 그대의 오라비라 하라 이것이 그대가 내게 베풀 은혜라 하였었노라(창 20:11-13).

첫째는 그 땅에 하나님을 믿는 사람들이 없기 때문에 혹시 누군가 아내를 빼앗기 위해 자신을 죽일 것 같아 두려웠기 때문이라고 했습니다. 믿음의 사람, 하나님을 신뢰하는 사람이 할 수 있는 말은 아닙니다.

둘째 이유는 더 황당합니다. 아브라함은 실제로 이 여인이 자기 이복 누이라고 말했습니다. 그러나 사라가 아브라함에게 누이입니까, 아내입니까? 아무리 인척 관계에서 누이라고 할 만한 이유가 있더라도 사라는 그의 아내였습니다. 아내는 아내이고, 누이는 누이입니다. 아브라함은 이처럼 말도 되지 않는 이유를 내세워 자기를 합리화했습니다.

셋째는 아내와 약속했기 때문이라고 했습니다. 하나님이 자기가 아버지의 집을 떠나 두루 다니게 하셨을 때 어디를 가든지 사라더러 아내라고 하지 않고 누이라고 말하기로 약속했다는 것입니다. 그러나 이것은 어디까지나 둘이서 한 약속이지 변명거리가 될 수는 없습니다.

하나님의 사람이 잘못 판단하고, 거짓말하고, 하나님의 뜻대로 살지 않으면 주변 사람들이 고통을 당합니다. 요나가 하나님의 말씀에 순종하지 않았을 때 요나와 함께 배에 탄 사람들이 고통을 겪었습니다. 한국 사회의 모든 고통은 교회의 책임입니다. 그리고 교회의 모든 책임은 목사에게 있습니다.


## 하나님은 택하신 자의 기도를 듣기 원하신다

아비멜렉은 변명하는 아브라함을 어떻게 대했습니까?

아비멜렉이 양과 소와 종들을 이끌어 아브라함에게 주고 그의 아내 사라도 그에게 돌려보내고 아브라함에게 이르되 내 땅이 네 앞에 있으니 네가 보기에 좋은 대로 거주하라 하고 사라에게 이르되 내가 은 천 개를 네 오라비에게 주어서 그것으로 너와 함께한 여러 사람 앞에서 네 수치를 가리게 하였노니 네 일이 다 해결되었느니라(창 20:14-16).

우리는 전도할 때 가끔 "너나 잘 믿어라"라는 말을 듣습니다. 왜냐하면 예수님을 믿는다고 하면서 너무나 형편없는 인격자로 사는 사람이 많기 때문입니다. "예수 안 믿어도 나같이 살면 된다"는 말을 듣는 것은 예수님을 믿는 사람에게 견디기 힘든 수모입니다. 마찬가지로, 이 말씀은 아비멜렉이 거꾸로 하나님의 사람처럼 행하고 있으며 진짜 하나님의 사람인 아브라함은 변명하고 거짓말하는 초라한 모습을 보여 줍니다. 아비멜렉은 형편없는 이유로 자기를 속여 하나님께 호되게 야단맞게 한 아브라함에게 양과 소와 종들과 은 1,000개를 주어서 후대했습니다.

아브라함이 하나님께 기도하매 하나님이 아비멜렉과 그의 아내와 여종을 치료하사 출산하게 하셨으니 여호와께서 이왕에 아브라함의 아내 사라의 일로 아비멜렉의 집의 모든 태를 닫으셨음이더라 (창 20:17-18).

아비멜렉에게 아내를 되돌려 받고 양과 소와 종들과 은 1,000개까지 받은 아브라함은 너무 미안했을 것입니다. 그래서 아브라함은 아비멜렉을 위해 하나님께 기도했습니다. 하나님이 그의 기도를 들어주셔서 사라 때문에 닫아 두신 아비멜렉 집의 모든 태를 다시 풀어 주셨습니다.

우리는 이 사건을 통해 세 가지 사실을 배울 수 있습니다.

첫째, 하나님은 인간의 실수와 연약함을 아시고도 우리를 사랑하시되 끝까지 사랑하신다는 것입니다. 하나님은 우리의 도덕성, 윤리, 선행에 상관없이 우리를 사랑하십니다. 젊었을 때뿐 아니라 늙었을 때도 사랑하시고, 우리의 죄를 용서해 주십니다.

아브라함만 실수한 것은 아닙니다. 앞서 창세기 20장 5절을 보면 사라도 거짓말했음을 알 수 있습니다. 둘 다 거짓말을 했습니다. 그러나 하나님이 거짓말한 사람들에게도 약속의 자녀를 주시고 믿음의 사람으로 삼으셨다는 사실은 우리에게 큰 감동을 줍니다. 우리가 잘나서 하나님께 부르심을 받은 것이 아니고, 기도를 열심히 하고 십일조를 잘하는 모범적인 그리스도인이기 때문에 쓰임 받는 것도 아닙니다. 실수 많고 연약한 사람이지만 하나님의 절대 선택과 절대 사랑 때문에 하나님이 우리를 버리시지 않고 끝까지 하나님의 자녀로 삼아 주시는 것입니다.

둘째, 비록 하나님의 선택을 받지 않은 이방인이라 할지라도 하나님을 순수하게 사랑하고, 신뢰하고, 순종하는 사람은 하나님이 선택받은 사람과 똑같은 은혜를 주신다는 것입니다. 하나님은 하나님을 붙들고 하나님께 나아가는 자에게 동일한 복을 베푸십니다.

그 사람이 바로 여리고성의 한 주막에 살던 기생 라합이었습니다. 그녀는 하나님을 믿는 사람이 아니었습니다. 그러나 이스라엘 백성이 홍해를 가르고, 요단강을 건너고, 여리고성으로 진격해 오는 상황을 목격하면서 자기가 믿던 신이 가짜이고 그들의 신이 진짜 하나님이심을 깨달았습니다. 라합은 "너희의 하나님 여호와는 위로는 하늘에서도 아래로는 땅에서도 하나님이시니라 그러므로 이제 청하노니 … 나의 부모와 나의 남녀 형제와 그들에게 속한 모든 사람을 살려 주어 우리 목숨을 죽음에서 건져 내라"(수 2:11-13)라고 말했습니다. 그래서 그녀는 구원받았으며, 놀랍게도 예수님의 족보에 들어가는 복까지 받았습니다. 얼마나 놀라운 이야기입니까!

신약의 고넬료도 하나님을 사랑하는 이방인이었습니다. 그는 유대인이 아니었을 뿐만 아니라 율법 교육도 받지 않았습니다. 그러나 그는 평소에 구제를 많이 하고 하나님을 경외하는 사람이었기 때문에 놀라운 복음을 듣고 믿었으며 성령 세례를 받았습니다.

아비멜렉을 보면 생각나는 사람이 있습니다. 마태복음 15장에 나오는 이방 여인입니다. 그녀에게는 흉악한 귀신 들린 딸이 있었습니다. 아무리 애써도 딸을 고칠 수가 없었습니다. 그래서 예수님께 찾아와 딸을 고쳐 달라고 부탁했습니다. 그러나 예수님은 평소 모습답지 않은 대답을 하셨습니다. "자녀의 떡을 취하여 개들에게

던짐이 마땅하지 아니하니라"(마 15:26). 여인을 개와 같이 취급하신 것입니다.

그러나 그녀는 자존심을 내세우거나 화를 내지도, 포기하거나 대들지도 않았습니다. 오히려 "주여 옳소이다마는 개들도 제 주인의 상에서 떨어지는 부스러기를 먹나이다"(마 15:27)라고 말했습니다. "그렇습니다. 저는 개입니다. 주님이 주시는 부스러기라도 먹겠습니다"라고 고백한 것입니다. 바로 이것이 가난한 마음이며, 겸손한 마음입니다. 하나님을 찾는 마음입니다. 예수님이 그렇게 말씀하신 이유는 여인의 믿음을 시험하시기 위해서였습니다. 여인의 고백을 들으신 예수님은 "여자여 네 믿음이 크도다 네 소원대로 되리라"(마 15:28)라고 말씀하셨고, 그때로부터 그녀의 딸이 나았습니다.

하나님과 싸우려고 하지 마십시오. 우리의 이해와 상식으로 모두 이해할 수 없을지라도 하나님을 원망하지 마십시오. 60만 명이나 되는 유대인들이 나치에 의해 가스실에서 죽어 갔습니다. 참으로 하나님을 원망할 만하지 않습니까? 그러나 유대인들은 그처럼 참혹한 일을 겪었음에도 하나님을 원망하지 않았습니다.

하나님을 원망하지 않은 또 한 사람이 있습니다. 욥입니다. 그는 10명의 자녀들을 모두 잃고 자기 기업도 모두 무너져 버린 재난을 당했습니다. 게다가 질그릇 조각으로 긁어야 할 정도로 온몸에 종기가 났습니다. 그의 아내조차 "하나님을 욕하고 죽으라"(욥 2:9)

라고 말했습니다. 친구들도 그를 이해하지 못했습니다. 이러한 절대 고독 속에서도 욥은 하나님을 원망하지 않았습니다. 그래서 결국에는 회복과 복을 받았습니다.

신앙생활을 하다 보면 이해할 수 없는 일들이 많이 일어납니다. 그래도 하나님을 원망하거나 불평하지 마십시오. 하나님을 믿기 바랍니다. 하나님의 다리를 붙잡고 매달리십시오. 그렇게 하나님께 나아갈 때 흉악한 귀신 들린 딸을 고치신 것처럼 우리에게 복을 더해 주실 줄 믿습니다.

셋째, 하나님의 사람의 기도가 중요하다는 것입니다. 앞서 창세기 20장 7절을 보면 알 수 있듯이, 아브라함은 구약 최초의 선지자였습니다. 하나님은 이상하게도 아비멜렉에게 "아브라함의 기도로 네가 살리라"라고 말씀하셨습니다. 실제로 아브라함의 잘못으로 이 모든 일이 벌어졌는데도, 하나님은 오히려 아비멜렉에게 아브라함의 기도를 받으라고 명하셨습니다.

아비멜렉이 아브라함에게 후대한 이유는 하나님을 두려워했기 때문입니다. 그래서 비록 아브라함이 잘못했지만 하나님의 선지자이기에 양과 소와 종들과 은 1,000개를 그의 아내와 함께 내주었으며 아브라함의 기도를 받았습니다. 이처럼 택한 자의 중보 기도는 매우 중요합니다. 아브라함이 소돔과 고모라를 위해 중보 기도했을 때 하나님은 롯을 구원해 주셨습니다. 아브라함이 아비멜렉을 위해 기도할 때 하나님은 그 집의 닫힌 태를 모두 열어 주셨습니다. 이것이 택한 자의 기도를 받으시는 하나님의 놀라운 사랑입니다.

교회 밖을 나가면 수많은 사람이 있습니다. 그러나 하나님은 그들의 기도보다 믿는 자의 기도를 들어주기 원하십니다. 우리는 하나님이 택하신 백성이기 때문입니다. 우리의 기도가 우리의 가정을 살릴 수 있습니다. 비록 우리는 도덕적으로는 완전한 자가 아니지만 하나님의 사랑을 입은 자, 하나님이 기뻐하시는 자, 하나님이 택하신 자이기 때문에 하나님이 우리의 기도를 통해 이 민족을 고치시고, 통일을 이루시고, 세상을 변화시키실 것입니다.

하나님은 아브라함의 기도를 듣기 원하신 것처럼 택하신 우리의 기도를 듣기 원하십니다. 그래서 우리에게는 기도해야 할 책임이 있습니다.

# 21

## 내 사명은 세상에
## 참 웃음을 선물하는 것입니다

창세기 21:1-7

## 하나님은 말씀하신 대로 반드시 일을 이루시는 분이다

드디어 25년의 세월이 지나고 수많은 우여곡절 끝에 약속의 말씀대로 이삭이 태어났습니다. 여기서 우리는 믿음이란 한순간에 생기는 것이 아님을 배웁니다. 믿음은 쉽게 생기지 않습니다. 수많은 상처와 아픔을 경험하고 자신의 연약함을 고백하면서 싹틉니다. 아브라함이 온전한 믿음을 갖기까지 25년이라는 세월이 걸렸고, 모세는 40년이나 걸렸습니다. 그러니 비록 내게 믿음이 없고 갈등이 있더라도 포기하지 마십시오. 지금은 믿음을 소유하기 시작하는 과정입니다.

여호와께서 말씀하신 대로 사라를 돌보셨고 여호와께서 말씀하신 대로 사라에게 행하셨으므로(창 21:1).

'말씀하신 대로'라는 표현이 2회나 반복되었습니다. 하나님은 말씀하신 대로 반드시 일을 이루시는 분입니다. 하나님은 신실하신 분이기에 약속을 어기시지 않습니다. 하나님은 사라를 찾아오셔서 아들이 있을 것이라고 말씀하셨고, 말씀대로 사라는 임신을 했습니다. 그리고 때가 되면 태어날 것이라는 말씀대로 이삭이 태어났습니다. 하나님은 환경에 따라 말씀을 바꾸시지 않습니다. 오히려 하나님의 말씀대로 환경이 바뀝니다.

> 사라가 임신하고 하나님이 말씀하신 시기가 되어 노년의 아브라함에게 아들을 낳으니(창 21:2).

이 말씀에서 발견할 수 있는 사실이 있습니다.

첫째, '하나님이 말씀하신 시기'라는 말이 중요합니다. 이삭은 아무 때나 태어나지 않았습니다. 하나님이 말씀하신 그 시간에, 정한 그때 태어났습니다. 하나님은 시간을 계산하고 계셨습니다. 하나님은 정한 시간에 임신하게 하셨고, 정한 시간에 해산하게 하셨습니다. 예수님도 아무 때나 오시지 않고 하나님의 때에 이 땅에 오셨습니다.

우리는 우연히 태어난 존재가 아닙니다. 하나님의 계획에 의해 태어난 사람들입니다. 우리는 내 마음대로 인생을 살다가 이 세상을 떠나지 않고, 하나님의 시간이 되어 태어나 살다가 하나님이 정하신 때에 이 세상을 떠납니다.

믿음이 없는 사람은 인생 만사가 우연이라고 생각합니다. 그러나 하나님을 믿는 사람은 하나님의 계획과 하나님의 시간이 있다고 고백합니다. 그리고 한 걸음 더 나아가 "역사의 이해는 시간의 이해"라고 말합니다. 역사는 시간과 공간 속에서 이루어집니다.

그 역사도 하나님이 주관하십니다. 하나님이 역사를 주관하시고 내 인생을 주관하신다는 말은 내게 주어진 시간이 60년이든 80년이든 다 하나님의 계산 속에 있다는 뜻입니다. 전도서 3장 2절은 사람이 "날 때가 있고 죽을 때가 있으며"라고 말합니다.

하나님이 시간을 계산하고 계시다는 것이 사실이라면 우리는 비로소 안심할 수 있습니다. 모르면 불안하고, 알면 안심이 됩니다. 사물의 이치를 모르면 조급하고, 알면 여유가 생깁니다. 하나님의 시간을 이해하면 마음이 평안합니다. 우리 마음에 여유와 안심이 있기를 간절히 바랍니다.

둘째, 노년의 아브라함, 나이 100세가 되어 도저히 아이를 낳을 수 없는 아브라함이 아이를 낳았다는 것입니다. 하나님께서는 불가능이 없다는 사실을 분명히 보여 주셨습니다.

하나님은 시간을 만드셨고 시간 안에서 역사를 운행하시지만 시간을 초월하십니다. 시간 안에 사는 인간에게는 불가능한 일이 많지만 시간을 초월하신 하나님께는 불가능이 없습니다. 하나님의 시간으로 들어가서 보십시오. 내 시간 안에서만 살지 말고 하나님의 시간에 동참하면 그분의 세계를 경험할 수 있습니다. 이것을 가리켜 '믿음의 세계'라고 합니다.

셋째, 아브라함이 아들을 낳았다는 것입니다. 이 표현은 3절에서도 이어집니다. '아브라함에게 낳은 아들'이라는 표현입니다.

아브라함이 그에게 태어난 아들 곧 사라가 자기에게 낳은 아들을 이름하여 이삭이라 하였고(창 21:3).

여기서 우리는 아이를 낳는 것이 아버지라는 사실을 배웁니다. 대부분의 사람들은 아이를 어머니가 낳는다고 생각합니다. 그러나 실은 아버지가 아이를 낳습니다. 이 사실을 받아들이지 않기 때문에 가정에 큰 문제가 생기는 것입니다. 여자는 아이를 임신하고 해산합니다. 그러나 남자가 씨를 줍니다. 그래서 자녀는 아버지를 닮습니다.

아버지가 아들을 낳았다는 것이 히브리적 사고입니다. 아이들은 사상이나 신앙 등 모든 것을 아버지를 통해 배웁니다. 그러나 우리의 현실은 어머니 중심입니다. 자녀 교육과 양육을 모두 어머니에게 맡기는 것은 비극입니다. 아버지가 해야 하는 일입니다. 어머니 때문에 가출한 자녀는 거의 없습니다. 자녀들은 거의 모두 술 마시는 아버지, 어머니를 때리는 아버지, 소리 지르는 아버지, 밤 늦게 오는 아버지 때문에 가출합니다.

몇 해 전 결혼상담소 9주년 기념 예배 겸 자금 모금 예배 때 설교하기 위해 미국을 방문했습니다. 그때 저는 깜짝 놀랐습니다. 상담한 자료들을 모아서 도표를 만들었는데, 9년 동안 가정 문제를 가지고 상담하러 찾아온 사람들은 대부분 여자였고, 남자는 20%가 안 되었습니다. 그리고 80%의 여자들이 제일 많이 상담한 내용은 남편의 외도였고, 두 번째는 자녀 교육 문제, 세 번째는 부부 간의 성격 문제와 갈등이었습니다.

결국 여자들을 울리고 집을 떠나게 만든 사람은 남자들이었습니다. 그래서 저는 그 자리에서 "남성들이여, 회개하십시오!"라고 외치지 않을 수 없었습니다. 남자들이 아버지의 역할을 제대로 한다면 자녀들은 방황하지 않습니다. 남자들이 남편 역할을 제대로 한다면 여자들은 집 밖으로 나돌지 않습니다. 모두 아버지의 문제입니다. 아버지가 제자리로 돌아오면 됩니다.

자녀 교육 때문이라면 직업이나 진급도 포기하는 멋있는 아버지가 있기를 바랍니다. 그보다 더 중요한 일은 없기 때문입니다. 지금 아버지의 자리로 돌아가기를 기도합니다. 그렇게 되면 아내는 안정감을 되찾을 것이고, 자녀들은 행복해질 것이며, 주변의 수많은 문제가 하나둘 순식간에 사라질 것입니다.

## '웃는 자' 이삭은 앞으로 오실 메시아의 표상이다

아브라함이 아들을 낳았는데. 그의 이름은 이삭이었습니다. 이삭은 아브라함이 지은 이름이 아니라 하나님이 지어 주신 이름이었습니다.

하나님이 이르시되 아니라 네 아내 사라가 네게 아들을 낳으리니 너는 그 이름을 이삭이라 하라 내가 그와 내 언약을 세우리니 그의 후손에게 영원한 언약이 되리라(창 17:19).

옛 사람, 세상적인 사람의 이름을 가지고는 하나님의 복을 받을 수 없습니다. 이삭의 이름 뜻은 '웃는다'입니다. 하나님이 이 이름을 주신 배경은 창세기 18장 12 - 15절에서 찾을 수 있습니다. 사라가 아들을 낳을 것이라는 하나님의 말씀을 믿지 않고 비웃다가 하나님께 들켜 야단 맞는 장면이 나옵니다. 그래서 '이삭'이라는 이름이 붙게 되었습니다.

사라의 비웃음을 뜻한 이름이었지만 이삭이 태어나자 오히려 많은 사람에게 기쁜 웃음을 주기 시작했습니다. 아마도 제일 처음으로 웃은 사람은 아브라함일 것입니다. 일반적으로 자녀를 출산하는 나이에 아기를 낳아도 좋은데, 100세의 나이에 아기를 낳았으니 얼마나 좋았겠습니까?

그러나 아브라함보다 더 기막힌 사람은 사라였습니다. 나이 90에 어떻게 아기에게 젖을 먹일 수 있겠습니까? 사실 사라에게는 상처가 있었습니다. 몸종 하갈 때문에 받은 상처였습니다. 사라는 하갈이 낳은 이스마엘을 하는 수 없이 길러야 했습니다. 결국 하갈과 이스마엘을 내쫓았지만 하나님이 다시 들여보내셨습니다. 그때 사라의 마음이 얼마나 아팠을까요? 그녀의 고통과 상처가 얼마나 컸을까요? 그러나 이삭을 낳자 그 모든 열등감과 상처, 고통이 순식간에 사라져 버리고 말았습니다. 이삭은 모든 사람에게 기쁨을 주었습니다. 동네 사람들도 모두 이삭을 구경하러 모였다가 한 번씩 안고 만져 보았을 것입니다.

그런데 우리의 삶에도 기쁨을 주시고 웃음을 주시는 분이 한 분 계십니다. 바로 예수 그리스도이십니다. 예수님은 그분을 영접한 자에게 상상할 수 없는 생의 환희와 기쁨과 의미를 안겨 주셨습니다. 교회의 비극은 교회의 건물을 보여 주고 기독교를 가르쳤지만 예수님을 보여 주지는 않았다는 데 있습니다. 우리는 기독교를 믿으러 교회를 다니는 사람들이 아니라 예수님을 만나러 교회를 다니는 사람들입니다. 예수님을 만나십시오. 그분이 웃음과 위로를 주실 것입니다. 우리 삶의 길과 진리와 생명이 되시는 예수님을 만나십시오.

예수님은 가난한 자의 친구이셨고 병든 자의 위로자이셨습니다. 소외된 사람들, 과부들, 세상에서 버림받고 귀신 들린 사람들을 만나 주셨습니다. 그분을 만나면 걷지 못하는 자가 일어나고, 듣지 못하는 자의 귀가 열리고, 나병이 낫고, 귀신이 떠나가고, 새로운 삶을 찾았습니다. 교회에 와서 예수님을 만나기를 간절히 바랍니다. 다른 것은 생각하지 마십시오.

이삭은 세상에 태어날 때 말을 하지는 못했지만 그를 보는 모든 사람에게 기쁨을 나누어 주었습니다. 예수님은 이 세상에 오실 때 어둠에 사로잡혀 있던 수많은 사람에게 광명을 주셨습니다.

이삭은 어떻게 모든 사람에게 기쁨을 줄 수 있었을까요?

첫째, 불가능한 상황 가운데 태어났기 때문입니다. 일반적인 상황에서 태어났다면 특별히 기뻐할 이유가 없습니다. 모든 가능성이 다 끊어진 절망과 불가능 가운데 태어났기에 그 아이를 볼 때마다 사람들은 '하나님이 함께하시면 불가능이 없구나'라는 생각을 하게 되었습니다.

둘째, 이삭은 우연히 태어난 것이 아니라 하나님의 말씀대로 약속의 자녀로 태어났기 때문입니다. 우리는 아브라함을 가리켜 '약속의 자녀'라고 말하지 않습니다. 아브라함은 '믿음의 조상'입니다. 그러나 믿음의 조상인 아브라함이 낳은 아들 이삭은 '약속의 자녀'라고 합니다. 약속의 자녀에게서 메시아가 태어나셨습니다. 그 후로 누구든지 메시아이신 예수 그리스도를 믿는 사람은 약속의 자녀가 되는 복을 받았습니다.

셋째, 이삭은 모든 사람에게 기쁨을 주기 위해 태어났기 때문입니다. 그의 이름 뜻은 '웃음'이었습니다. 이삭을 본 사람은 대화를 하든 하지 않든 기쁨이 솟아났습니다. 우리는 우연히 태어나지 않았습니다. 우리가 세상에 태어난 목적은 약속의 자녀로서 모든 사람을 기쁘고 즐겁게 하기 위해서라는 사실을 기억하기 바랍니다. 우리가 가정에 들어가면 가정이 행복할 것입니다. 직장에 가면 직장이 행복해질 것입니다. 모든 사람을 즐겁고 기쁘게 해 주십시오. 그들에게 웃음을 주십시오. 그것이 우리가 태어난 이유요, 예수님이 이 땅에 오신 이유요, 이삭이 태어난 이유입니다.

그래서 '나'는 참으로 소중한 존재입니다. 우리는 보통 사람들이 아닙니다. 우리는 세상에 참된 기쁨을 주러 온 사람들입니다. 우리는 세상의 쓰레기를 치우고 모든 불의와 거짓을 없애기 위해 이 세상에 보내심을 받은 사람들입니다.

> 그 아들 이삭이 난 지 팔 일 만에 그가 하나님이 명령하신 대로 할례를 행하였더라 아브라함이 그의 아들 이삭이 그에게 태어날 때에 백 세라(창 21:4-5).

성경에는 이삭의 어릴 적 기록이 거의 없습니다. 이삭이 젖을 뗄 때 아브라함이 큰 잔치를 베풀었다는 창세기 21장 8절이 그의 유년기에 대한 기록의 전부입니다. 예수님도 유년기에 대한 기록이 없습니다. 30세가 되기까지 몇 가지 기록 외에는 없습니다. 우리는 아기가 태어나면 열심히 사진을 찍고 육아 일기를 씁니다. 하지만 서른이 넘어서도 기억할 만한 일이 별로 없는 사람도 있습니다. 과거에 연연하는 사람일수록 더욱 그렇습니다. 사람은 서른 이후의 인생을 어떻게 사느냐가 중요합니다.

예수님은 이삭이 앞으로 오실 메시아의 표상이라고 말씀하셨습니다.

너희 조상 아브라함은 나의 때 볼 것을 즐거워하다가 보고 기뻐하였느니라 유대인들이 이르되 네가 아직 오십 세도 못되었는데 아브라함을 보았느냐 예수께서 이르시되 진실로 진실로 너희에게 이르노니 아브라함이 나기 전부터 내가 있느니라 하시니(요 8:56 - 58).

히브리서 11장 17 - 19절도 이삭이 메시아의 표상이라고 설명합니다.

아브라함은 시험을 받을 때에 믿음으로 이삭을 드렸으니 그는 약속들을 받은 자로되 그 외아들을 드렸느니라 그에게 이미 말씀하시기를 네 자손이라 칭할 자는 이삭으로 말미암으리라 하셨으니 그가 하나님이 능히 이삭을 죽은 자 가운데서 다시 살리실 줄로 생각한지라 비유컨대 그를 죽은 자 가운데서 도로 받은 것이니라(히 11:17-19).

예수님은 하나님의 독생자로서 인류의 화목 제물이 되셨고, 아브라함은 이삭을 화목 제물로 하나님께 드렸던 것입니다. 여기서 우리는 이삭의 모습과 예수님이 서로 깊은 연관성이 있음을 알 수 있습니다. 아브라함은 이삭을 제물로 바칠 때 '이 아이는 죽지 않는다. 부활할 것이다'라는 믿음이 있었습니다. 하나님도 독생자 예수 그리스도를 인류의 죄를 위해 십자가에 던지실 때 예수님이 영원히 무덤에 갇히는 것이 아니라 사흘 만에 부활할 것을 아셨습니다.

본문인 창세기 21장 4절에는 이삭이 난 지 팔 일 만에 할례를 받았다는 기록이 있는데, 그것은 이삭이 약속의 자녀임을 보여 주는 사실입니다. 그리고 아브라함이 100세에 아들을 낳았다는 것은 하나님께는 불가능이 없다는 사실을 여실히 나타냅니다.

그러나 여기에는 단순히 약속의 자녀요, 하나님은 전능하시다는 메시지보다 더 큰 메시지가 숨어 있습니다. 예수 그리스도를 믿는 자는 모두 약속의 자녀라는 메시지입니다. 아브라함이 아이를 낳을 수 없는 100세에 아이를 낳은 것처럼 먼 훗날 메시아가 이 땅에 태어나실 때 사람들이 전혀 믿을 수 없지만 성령으로 잉태되어 동정녀 마리아에게서 나실 것이라는 사실을 미리 가르쳐 주신 것입니다. 우리는 약속의 자녀입니다. 하나님은 예수 그리스도로 말미암아 약속의 자녀로 우리를 부르셨습니다.


## 하나님, 나를 웃게 하시는 분

사라가 이르되 하나님이 나를 웃게 하시니 듣는 자가 다 나와 함께 웃으리로다(창 21:6).

참 재미있는 구절입니다. 사라가 여기서 경험한 하나님은 '나를 웃게 하시는 하나님'입니다. 이 말이 중요한 이유는 당시 사람들은 하나님은 전지전능하시고, 완전하시고, 실수가 없으시고, 근엄하셔서 감히 아무도 접근할 수 없는 분이라고 생각했기 때문입니다. 사람들은 하나님을 두렵고 무섭게만 생각했습니다. 그러나 신약에서 예수님은 하나님을 '아버지 하나님'으로 가르쳐 주셨습니다. 우리와 가깝고 자상한 하나님이심을 의미합니다.

여기서 사라가 경험한 하나님이 '웃기시는' 하나님입니다. 지극히 개인적인 분이시라는 뜻입니다. 유머가 있으시고, 나를 사랑하시고, 나를 감싸 주시고, 나에게 기적을 베풀어 주신 놀라운 하나님이시라는 뜻이 바로 이 말씀 속에 담겨 있습니다.

하나님은 우주를 창조하신 전능한 하나님이시지만, 사라가 경험한 하나님은 '나와 함께 계시고 내 삶에 개입하셔서 웃지 않을 수 없는 기막힌 일들을 만들어 주시는 하나님'이셨습니다. 정말 좋고 신기해서 기절할 만큼 좋으신 하나님, 하루 종일 생각해도 좋은 분이셨습니다. 사라는 이삭을 안고 있을 때마다 그 하나님이 떠올랐을 것입니다.

사라의 기쁨을 예를 들어 표현해 보겠습니다. 매월 고정된 월급을 받는 회사원이 있었습니다. 어느 날 은행에 가서 수십 만 원을 인출하려고 통장 조회를 해 보았습니다. 그런데 놀랍게도 통장에 100억 원이 들어와 있는 것입니다! 깜짝 놀랐지만 처음에는 전산 착오라 생각하고 넘어갔습니다. 그러나 며칠이 지나자 그 돈이 정말 자기 소유라는 사실이 확인되었습니다. 그 순간 너무나 놀랐습니다. 그때부터 그 일을 생각할 때마다 도무지 믿기지 않아 놀랍기만 했습니다.

하지만 다음 날이 되고, 또 그다음 날이 되자 그 사실을 생각만 하면 실실 웃음이 나와 참을 수가 없었습니다. 자동차를 봐도, 집을 봐도 즐거운 웃음을 참을 수가 없었습니다. 이제는 그 자동차나 집을 아무 갈등 없이 살 수 있기 때문이었습니다.

바로 이것이 사라의 기쁨이요, 우리가 받은 구원의 기쁨입니다. 생각해 보면 예수님을 믿고 기절하지 않은 것이 신기합니다. 우리가 하나님의 자녀가 되고 천국을 소유하게 되었는데 어떻게 기절하지 않을 수 있습니까? 그것이 사실이라면 우리는 적어도 1년 동안 쉬지 않고 "와!" 하고 감탄사를 연발해야 합니다.

사람들이 강퍅하게 사는 이유는 마음에 감동과 감격이 없기 때문입니다. 하나님을 만난 일이 없기 때문입니다. 아마 이삭을 낳은 사라는 매일 감동을 맛보며 살았을 것입니다. 젖을 먹일 때마다, 기저귀를 갈 때마다 하나님이 행하신 일에 감격하며 기쁨을 이기지 못했을 것입니다. 이것이 바로 구원입니다. "내가 하나님의 자녀라니! 웬 은혜요, 웬 사랑인가" 하며 눈물이 나서 어쩔 줄 모르고 자다가도 벌떡 일어나는 것이 우리가 받은 구원입니다.


또 이르되 사라가 자식들을 젖먹이겠다고 누가 아브라함에게 말하였으리요마는 아브라함의 노경에 내가 아들을 낳았도다 하니라(창 21:7).

사라가 아이를 낳아 젖을 먹일 줄은 아무도 몰랐습니다. 그러나 아브라함은 노년에 아들을 얻었고 그 사실을 크게 기뻐했습니다. 우리가 약속의 자녀로서 주변 사람들을 행복하게 만들어 주기를 간절히 바랍니다. 그들을 축복하며 기쁘게 해 주십시오. 그들이 우리를 보기만 해도 문제가 해결되기를 바랍니다.

**22**

# 육신의 생각을 내쫓고
# 자유한 자로 살아갑니다

창세기 21:8 - 21

**이삭은 영적으로, 육적으로 건강하게 잘 자랐습니다**

이삭의 탄생은 모든 사람에게 기쁨을 주었습니다. 아브라함과 사라뿐 아니라 주변에 있는 모든 사람도 기뻐했습니다. 이삭을 보면 '하나님이 불가능한 일을 가능하게 하셨다'라는 생각이 떠오르기 때문입니다. 이처럼 예수 그리스도를 만나는 사람들마다 기쁜 소식을 듣게 되고, 은혜와 복을 받습니다. 누가복음 2장 14절은 예수님의 탄생에 대해 이렇게 말합니다.

> 지극히 높은 곳에서는 하나님께 영광이요 땅에서는 하나님이 기뻐하신 사람들 중에 평화로다 하니라(눅 2:14).

이삭의 출생이 아브라함과 사라와 모든 사람에게 복이었던 것처럼, 예수 그리스도의 탄생은 하나님께 영광이 되었고 이 땅의 모든 사람에게 평화를 주었습니다. 기쁨과 복을 주시는 예수님을 만나기 바랍니다. 예수님을 만나면 가슴이 시원해집니다. 얼마나 좋은지 모릅니다. 하나님의 자녀가 되기 때문입니다.

예수님을 믿으면 평생토록 지은 죄도 깨끗이 씻음을 받습니다. 죄의 뿌리를 뽑아 죄 사함을 받게 해 주시는 분이 바로 예수 그리스도이십니다. 그래서 누구든지 예수님을 믿는 자마다 죄 사함의 복과 하나님의 자녀가 되는 복을 받습니다. 예수님을 믿고 영접하면 영원한 생명을 얻습니다. 천국이 보장됩니다. 그러니 우리는 웃지 않을 수 없습니다. 우리가 영생을 얻어 천국에서 영원히 살게 된다니, 얼마나 기쁜 일입니까! 이처럼 예수님은 우리에게 평안과 능력을 주시는 분입니다. 예수님과 이삭처럼 우리의 삶이 모든 사람에게 복이 되기를 바랍니다.

> 아이가 자라매 젖을 떼고 이삭이 젖을 떼는 날에 아브라함이 큰 잔치를 베풀었더라(창 21:8).

이스라엘 사람들은 대부분 2-3세에 젖을 뗀다고 합니다. 따라서 아브라함이 큰 잔치를 베푼 때는 이삭이 두세 살 된 무렵이었습니다. 이 말씀은 이삭이 아무 사고 없이 건강하게 잘 자랐다는 뜻입니다. 아이가 세상에 태어난 것도 기쁨이지만 잘 자라는 것도 부모에게는 큰 즐거움이 됩니다. 세상에서 여러 환난과 고난을 겪다가도 집에 돌아와 잠자는 아이를 보는 순간, 온갖 시름이 사라집니다.

누가복음 2장 40절에는 예수님의 어린 시절이 이렇게 기록되어 있습니다.

> 아기가 자라며 강하여지고 지혜가 충만하며 하나님의 은혜가 그의

위에 있더라(눅 2:40).

여기서 예수님이 자라실 때 네 가지 복을 받으셨다는 사실을 발견하게 됩니다. 첫째, '자라는 복'입니다. 자라는 것은 좋은 일입니다. 아이가 자라지 않으면 부모의 마음이 아픕니다. 예수님은 잘 자라셨습니다. 둘째, '강하여지는 복'입니다. 예수님은 유약한 어린이가 아니라 강하고 씩씩하게 자라셨습니다. 셋째, '지혜가 충만한 복'입니다. 이처럼 예수님은 육체적 건강과 정신적 건강이 조화를 이룬 어린이로 자라셨습니다.

예수님이 자라실 때 받으신 가장 큰 복은 네 번째 복인데, '하나님의 은혜가 그 위에 임하는 복'입니다. 자녀에게 하나님의 은혜가 임하는 것보다 더 큰 복은 없습니다. 자녀는 어릴 때는 부모의 품에서 자라지만 대학에 들어가거나 사회생활을 하고 결혼하면 부모의 품을 떠나 영원히 돌아오지 않습니다. 과연 누가 우리 자녀를 끝까지 책임지고 키울 수 있습니까? 부모가 키우는 데는 한계가 있습니다. 하나님이 키우시도록 해야 합니다. 하나님의 은혜가 자녀 위에 임하도록 기도하고 축복하는 것보다 중요한 일은 없습니다.

예수님처럼 이삭도 자랐고, 강하여졌고, 지혜가 충만해졌고, 하나님의 은혜가 떠나지 않는 복이 임했을 것입니다. 이삭은 건강하게 자랐습니다. 그런 이삭에게 문제가 생겼습니다.

# 아무리 힘들어도 우리 안에 있는 옛 자아는 끊어 버려야 한다

> 사라가 본즉 아브라함의 아들 애굽 여인 하갈의 아들이 이삭을 놀
> 리는지라 (창 21:9).

이스마엘은 이삭보다 14살이나 위였습니다. 아브라함은 86세에 이스마엘을 낳았고, 100세에 이삭을 낳았습니다. 아마도 이때는 이스마엘이 사춘기로 예민한 나이인 16-17세였을 것입니다. 그는 어린 동생 이삭을 놀리고 핍박했습니다. 어느 가정에서나 일어날 수 있는 일입니다.

영국에서 목회를 할 때였습니다. 한 교인의 아이가 두 살 터울로 동생이 생기자 갓 태어난 동생을 괴롭히기 시작했습니다. 부모의 사랑을 독차지하다가 그 사랑이 동생에게 옮겨 갔다고 느낀 것입니다. 그러던 어느 날 부모님이 없을 때 이 아이가 동생의 눈을 손가락으로 찔러 버렸습니다. 다행히 실명하지는 않았지만, 이것이 시기하고 질투하는 인간의 모습입니다.

이스마엘이 동생을 놀리는 모습을 이삭의 어머니 사라가 보았습니다. 우리는 자신이 모욕당하는 것은 어느 정도 참을 수 있지만 자식이 모욕당하는 것은 참지 못합니다. 이삭이 이복형에게 학대받는 모습을 본 사라 역시 견딜 수 없었습니다. 그 즉시 아브라함에게 달려가 따졌습니다. 당장 이스마엘과 하갈을 내쫓으라고 했습니다.

이삭이 태어나자 문제가 생긴 것입니다. 그러나 이 사건은 가정에서 일어나는 단순한 사건이 아니었습니다. 사도 바울은 이 사건을 굉장히 중요하게 여겨 갈라디아서 4장 22절 이하에서 이렇게 해석했습니다.

기록된 바 아브라함에게 두 아들이 있으니 하나는 여종에게서, 하나는 자유 있는 여자에게서 났다 하였으며 여종에게서는 육체를 따라 났고 자유 있는 여자에게서는 약속으로 말미암았느니라 이것은 비유니 이 여자들은 두 언약이라 하나는 시내산으로부터 종을 낳은 자니 곧 하갈이라 이 하갈은 아라비아에 있는 시내산으로서 지금 있는 예루살렘과 같은 곳이니 그가 그 자녀들과 더불어 종노릇하고 오직 위에 있는 예루살렘은 자유자니 곧 우리 어머니라(갈 4:22-26).

바울은 이 사건이 하나의 비유라고 설명했습니다. 아브라함의 두 아들 중에 하나는 여종에게서 난 자요, 다른 하나는 자유 있는 여자에게서 난 자라고 했습니다. 전자는 '육체를 따라 난 자'라고 말했으며, 후자는 '약속으로 말미암은 자'라고 말했습니다. 바울은 이스마엘이 이삭을 놀린 사건을 단순히 이복형이 이복동생을 희롱한 일로 본 것이 아니라 영적인 사건으로 해석했습니다.

우리의 관심은 여기에 있습니다. 다시 말해, 우리는 육체를 따라 난 자가 성령을 따라 난 자를 핍박한 사건을 봅니다. 이러한 해석은 계속되는 갈라디아서 말씀을 보면 잘 나타나 있습니다.

> 형제들아 너희는 이삭과 같이 약속의 자녀라 그러나 그때에 육체를
> 따라 난 자가 성령을 따라 난 자를 박해한 것같이 이제도 그러하도
> 다 그러나 성경이 무엇을 말하느냐 여종과 그 아들을 내쫓으라 여
> 종의 아들이 자유 있는 여자의 아들과 더불어 유업을 얻지 못하리
> 라 하였느니라 그런즉 형제들아 우리는 여종의 자녀가 아니요 자유
> 있는 여자의 자녀니라(갈 4:28-31).

성경에 따르면, 이스마엘은 육체를 따라 난 자이고 이삭은 약속
의 말씀을 따라 난 자입니다. 바울은 "그로부터 먼 훗날 메시아가
태어나 우리를 구원하셨다. 따라서 예수 그리스도를 믿는 자녀들
은 모두 약속의 자녀다"라고 말했습니다.

우리는 약속의 자녀입니다. 이삭에게서 태어났기 때문이 아니
라 예수님을 믿기 때문입니다. 우리는 이스마엘에게서 태어났기
때문에 육체의 자녀라고 말하지 않습니다. 비록 이스마엘의 후손
이라고 할지라도 예수님을 믿으면 약속의 자녀가 되는 복을 주십
니다.

"형제들아 너희는 이삭과 같이 약속의 자녀라 그러나 그때에 육
체를 따라 난 자가 성령을 따라 난 자를 박해한 것같이 이제도 그
러하도다"라는 갈라디아서 4장 28-29절 말씀이 무슨 의미입니

까? 이스마엘이 이삭을 놀린 사건은 영적인 문제라는 것입니다. 우리 안에는 두 가지 모습이 있습니다. 육체를 따라 난 자의 모습이 있고, 약속을 따라 난 자의 모습이 있습니다. 이 둘이 서로 싸운다는 의미입니다. 육체를 따라 난 자녀를 거부하지 않으면 육체를 따라 낳은 자녀가 약속을 따라 낳은 자녀를 핍박하고 희롱합니다.

우리는 예수님을 믿고 하나님의 자녀가 되었습니다. 우리에게는 하나님의 영이신 성령이 거하십니다. 그러나 성령이 계심에도 불구하고 우리 안에 육체의 자녀, 즉 육체의 생각이 계속 있으면 그것들이 영의 생각을 지배합니다. 그래서 신앙생활, 하나님을 섬기는 생활에서 승리하지 못하고 갈등하며 육체에 지고 맙니다. 이어지는 30절에서 바울은 "여종과 그 아들을 내쫓으라", 즉 "네 안에 있는 육신의 소욕을 몰아내라. 그리하면 성령의 열매를 맺을 것이다"라고 말했습니다.

이 같은 사도 바울의 해석을 듣고 다시 창세기 본문으로 돌아가면 그 뜻이 분명해집니다.

그가 아브라함에게 이르되 이 여종과 그 아들을 내쫓으라 이 종의 아들은 내 아들 이삭과 함께 기업을 얻지 못하리라 하므로(창 21:10).

육신의 일은 영의 기업을 계승하지 못합니다. 로마서 8장 5-7절은 "육신을 따르는 자는 육신의 일을, 영을 따르는 자는 영의 일을 생각하나니 육신의 생각은 사망이요 영의 생각은 생명과 평안이니라 육신의 생각은 하나님과 원수가 되나니 이는 하나님의 법에 굴복하지 아니할 뿐 아니라 할 수도 없음이라"라고 말합니다.

육신의 생각은 하나님과 원수가 된다고 성경은 분명히 이야기합니다. 우리는 예수님을 믿고, 구원을 받고, 성령을 체험했으면서도 우리 안에 있는 육신의 생각을 포기하지 않고 옛 사람의 모습을 그대로 가지려고 합니다. 나의 옛 사람, 옛 자아를 포기하지 않고 신앙생활을 하려고 하기 때문에 육의 생각이 영의 생각을 지배하고, 육신의 일이 영의 일을 간섭하며 희롱하는 일들이 생기는 것입니다. 정말 예수님을 잘 믿고 싶다면 우리 안에 있는 육신의 생각을 끊어 버리십시오. 그래야만 자유 있는 자의 삶을 살 수 있습니다.

사라는 이삭이 희롱당하는 것을 견디다 못해 하갈과 이스마엘을 내쫓기로 결심했고, 그 결심을 남편에게 당당하게 이야기했습니다. 아브라함은 사라의 요구에 깊이 고민했습니다.

아브라함이 그의 아들로 말미암아 그 일이 매우 근심이 되었더니 하나님이 아브라함에게 이르시되 네 아이나 네 여종으로 말미암아 근심하지 말고 사라가 네게 이른 말을 다 들으라 이삭에게서 나는 자라야 네 씨라 부를 것임이니라(창 21:11-12).

두 여자를 얻으면 두 자녀가 태어나 육신적인 갈등을 하지 않을 수가 없습니다. 아브라함도 예외는 아니었습니다. 이스마엘이 태어난 것은 하나님의 뜻이 아니었습니다. 아브라함의 인간적인 생각으로 태어난 것입니다. 그래서 갈등과 고민이 생겼습니다. 처음에 하갈을 내쫓았을 때 끝났다면 지금 같은 문제는 없었을 테지만, 하나님이 하갈을 집으로 돌려보내셨습니다. 그래서 아브라함은 이스마엘을 받아들여 키웠고 정도 들었습니다. 그러나 약속대로 이삭이 태어나자 갈등이 생겨났습니다.

아브라함은 사라가 하갈과 이스마엘을 내쫓으라고 강력하게 요구할 때 아내의 말대로 그들을 쉽게 내쫓을 수도, 그렇게 하지 않을 수도 없었습니다. 이스마엘도 자기 피붙이이기 때문이었습니다. 그 고민이 11절에 나타나 있습니다. 아브라함은 이스마엘 때문에 깊이 근심했습니다.

그러나 하나님이 사라의 손을 들어 주셨습니다. 12절에서 하나님은 아브라함에게 "근심하지 말고 사라가 네게 이른 말을 다 들으라"라고 말씀하셨습니다. 이때 아브라함의 마음이 얼마나 아팠겠습니까? 비록 실수로 낳은 아들이지만 자기 아들이요, 하갈은 자기 아들을 낳아 준 사람이었기에 매정하게 내쫓는 일이 쉽지는 않았을 것입니다.

이 말씀은 예수님을 믿고 나서 육신의 생각을 떼어 내는 일이 얼마나 중요한지를 보여 줍니다. 사람들은 예수님도 믿고 옛 사람도 그냥 데리고 살려고 합니다. 그래서 둘 사이에 갈등이 생깁니다. 그러나 하나님은 우리 안에 있는 옛 자아를 살려 두지 말고 내쫓으라고 말씀하십니다. 아브라함은 너무나 고통스러웠지만 하나님의 명령은 분명했습니다. 아무리 힘들고 어려워도 옛 사람을 끊어 버리라고 하셨습니다. 아브라함은 자기 살을 뜯어내는 듯한 고통을 겪었습니다. '어떻게 이스마엘을, 하갈을 내쫓으란 말인가? 모두 같이 살면 좋을 텐데…' 하고 생각했을 것입니다.

## 하나님은 이삭도, 이스마엘도, 모든 이방인도 사랑하신다

결국 아브라함은 하나님의 명령에 순종하기로 했습니다. 아마도 그날 아브라함은 잠을 이루지 못했을 것입니다. 아내 앞에서 차마 고통스런 모습을 보여 주지 못했을 것입니다. 그러나 그의 고민은 너무나 깊었습니다. 아브라함이 깊이 고민하자 하나님이 나타나셨습니다.

> 그러나 여종의 아들도 네 씨니 내가 그로 한 민족을 이루게 하리라 하신지라(창 21:13).

우리는 여기서 놀라운 하나님을 만나게 됩니다. 하나님은 아브라함에게 "네가 실수해서 낳은 아들이지만 그 아들에게 복을 주어 큰 민족을 이루게 해 주겠다"라고 말씀하셨습니다. 성경을 보면 하나님이 이삭에게 주신 복이나 이스마엘에게 주신 복이 다르지 않습니다. 하나님은 마음이 넓은 분이십니다.

> 아브라함이 아침에 일찍이 일어나 떡과 물 한 가죽 부대를 가져다 가 하갈의 어깨에 메워 주고 그 아이를 데리고 가게 하니 하갈이 나 가서 브엘세바 광야에서 방황하더니(창 21:14).

아브라함은 새벽에 일어나 하갈과 이스마엘에게 집을 떠나도록 짐을 꾸려 주기 시작했습니다. 물과 떡을 장만해서 하갈의 어깨에 메워 주었습니다. 어쩌면 금이나 은 같은 패물을 주머니에 넣어 주 었을지도 모릅니다. 아브라함과 하갈과 이스마엘 사이에서는 아 마도 가슴 아픈 이별의 대사가 오갔을 것이며, 셋 다 울었을 것입 니다. 아브라함은 살을 에는 고통을 감수하면서 이 불쌍한 여인과 아들을 내보냈습니다.

이 모습이 바로 나의 옛 사람을 끊는 고통입니다. 옛 사람은 생 각만큼 쉽게 끊어지지 않습니다. 자기 피붙이를 내보내야 하는 아 브라함의 마음처럼 고통스러운 일입니다. 그러나 이스마엘과 하 갈을 내보내는 아픔을 겪지 않으면 우리의 옛 자아는 죽지 않습니 다. 우리 안에 옛 사람과 새사람이 둘 다 살아 있다면, 육의 생각과 영의 생각을 모두 품고 있다면 이스마엘이 어린 이삭을 희롱한 것처럼 육의 생각이 영의 생각을 희롱할 것입니다.

이어지는 15절부터는 이 사건이 더욱 드라마틱하게 전개됩니다.

> 가죽 부대의 물이 떨어진지라 그 자식을 관목덤불 아래에 두고 이
> 르되 아이가 죽는 것을 차마 보지 못하겠다 하고 화살 한 바탕 거리
> 떨어져 마주 앉아 바라보며 소리 내어 우니(창 21:15-16).

아브라함의 집에서 쫓겨난 하갈과 이스마엘은 물이 떨어져 입
술과 목이 다 탈 지경이었습니다. 하갈은 관목덤불 그늘에 이스마
엘을 앉히고 화살을 쏴서 도달할 만한 거리쯤 떨어진 곳으로 가 털
썩 주저앉았습니다. 그리고 죽어 가는 아들을 쳐다보며 서럽게 울
기 시작했습니다. 과연 이스마엘과 하갈은 어떤 기도를 드렸을까
요? 하나님이 그들의 방성대곡하는 소리와 간절한 기도를 들으셨
습니다.

> 하나님이 그 어린아이의 소리를 들으셨으므로 하나님의 사자가 하
> 늘에서부터 하갈을 불러 이르시되 하갈아 무슨 일이냐 두려워하지
> 말라 하나님이 저기 있는 아이의 소리를 들으셨나니(창 21:17).

하나님은 놀라우신 분입니다. 사라와 이삭의 기도만 들으시는
것이 아니라 하갈과 이스마엘의 기도와 통곡도 들으셨습니다. 우

리는 원수가 꼭 죽었으면 좋겠다고 생각하지만 하나님은 그 원수를 사랑하라고 말씀하시는 분입니다.

하나님은 하갈에게 "내가 네 기도 소리를 다 들었다. 너의 통곡과 저 아이의 기도를 들었다. 이제 일어나 아이의 손을 붙들어라. 내가 이 아이로 큰 민족을 이루게 할 것이다"라고 말씀하셨습니다. 하나님은 우리가 저지른 실수까지도 책임지시는 분입니다. 하나님은 고통 가운데 있는 그들에게 샘물을 주셨습니다.

하나님이 하갈의 눈을 밝히셨으므로 샘물을 보고 가서 가죽 부대에 물을 채워다가 그 아이에게 마시게 하였더라(창 21:19).

성경은 하나님이 이스마엘과 함께 계셨다고 기록합니다. 하나님은 결코 이스마엘을 버리시지 않았습니다.

하나님이 그 아이와 함께 계시매 그가 장성하여 광야에서 거주하며 활 쏘는 자가 되었더니 그가 바란 광야에 거주할 때에 그의 어머니가 그를 위하여 애굽 땅에서 아내를 얻어 주었더라(창 21:20-21).

저는 하나님이 아랍 세계를 구원하시리라 믿습니다. 하나님은 이스라엘뿐만 아니라 아랍 민족도 사랑하십니다. 그리고 모든 이방인도 사랑하십니다. 지금 중동에서 벌어지는 전쟁은 성경의 바른 진리를 깨닫지 못해서 생긴 육적인 싸움입니다. 이삭이 크냐, 이스마엘이 크냐는 적자와 서자의 싸움입니다. 그러나 그 질문의 해답은 없습니다. 하나님의 뜻은 거기에 있지 않습니다. 이삭과 이스마엘의 싸움은 영적인 것이지 육적인 싸움을 의미하는 것이 아닙니다.

그렇다면 하나님이 이삭을 약속의 자녀로 선택하신 이유는 무엇입니까? 이유는 한 가지입니다. 먼 훗날 이삭의 후손 가운데 메시아가 태어나게 하시기 위해서였습니다. 누구든지 메시아를 만나고 그분을 믿는 자는 구원을 얻습니다. 약속의 자녀의 참된 의미는 육체나 족보나 혈통에 있지 않습니다. 이방인이든 이스마엘의 후손이든 예수 그리스도를 만나는 것에 참된 의미가 있습니다. 예수님을 만남으로써 저주받은 인생이 되살아납니다. 하나님이 모든 인류를 구원하기 원하시는 비밀을 이삭을 통해 주신 것입니다.

# 23

## 이 땅을 감동시키는
## 그리스도인 되게 하소서

창세기 21:22 - 34

## '아브라함은 하나님이 항상 함께하신다'는 단 하나의 이유

이삭이 태어난 이후 아브라함은 모든 사람에게 축복과 사랑을 받는 삶을 살았습니다. 창세기 21장이 끝나고 22장에는 아브라함이 이삭을 제물로 바치는 사건이 나옵니다. 과연 당시 이삭의 나이는 얼마나 되었을까요?

성경에 정확한 나이가 나오지 않기 때문에 많은 사람이 추측합니다. 나뭇짐을 지고 산을 올랐다는 표현을 보아 청소년쯤 되었을 것이라는 의견도 있고, 25세가량 되었을 것이라는 견해도 있습니다. 또 어떤 사람은 예수님이 공생애를 시작하신 나이와 같이 30세였을 것이라고도 말합니다. 어쨌든 이삭이 제물로 드려진 때는 어린 시절이 아니라는 사실은 분명합니다. 아버지와 함께 나뭇짐을 지고 산을 오를 수 있을 정도의 나이였습니다. 그때가 되기까지 성경은 다른 기록을 남기지 않았습니다.

그러나 우리는 여기서 아브라함이 주변의 많은 사람으로부터 존경과 사랑을 받았다는 사실을 엿볼 수 있습니다. 하나님은 아브라함이 믿음의 삶을 시작할 때 "내가 너로 큰 민족을 이루고 네게 복을 주어 네 이름을 창대하게 하리니 너는 복이 될지라"(창 12:2)라고 말씀하셨습니다. 하나님은 약속을 반드시 지키시는 신실하신 분입니다. 정말로 아브라함은 모든 믿는 자의 조상이 되었을 뿐만 아니라 그 자신도 많은 복을 받았습니다. 예수 그리스도를 믿는 우리도 이러한 복을 받아 복의 사람이 되기를 간절히 바랍니다.

아브라함은 당시 주변 국가의 사람들에게까지 알려졌고 그 국가의 왕들도 그의 이름을 알았습니다.

> 그때에 아비멜렉과 그 군대 장관 비골이 아브라함에게 말하여 이르되 네가 무슨 일을 하든지 하나님이 너와 함께 계시도다(창 21:22).

창세기 21장 32절을 보면, 여기에 나오는 아비멜렉과 그 군대 장관 비골은 블레셋 사람이었습니다. 그들은 아브라함보다 더 권력 있는 사람이었습니다. 작은 사람이 큰 사람을 찾아가는 것이 일반적인 상식입니다. 그러나 큰 사람인 아비멜렉이 작은 사람인 아브라함을 찾아간 것입니다. 그것도 군대 장관까지 대동하고 찾아가 조약을 체결하자고 이야기했습니다.

과연 무엇 때문에 자기 지역에 온 한 이민자를 찾아가서 조약을 맺자고 제안했을까요? 아비멜렉의 말에서 알 수 있듯이, '아브라함이 무엇을 하든지 하나님이 함께 계신다'라는 단 하나의 이유 때문이었습니다. 아브라함의 인격이 훌륭하거나, 권력이 있다거나, 군사력이 있어서가 아니었습니다. 아비멜렉이 볼 때 아브라함이 하는 일마다 항상 하나님이 개입하신다는 그 사실 하나 때문에 그를 찾아온 것이었습니다.

실은 창세기 20장에서 아브라함과 사라는 남방으로 이동하다가 아비멜렉을 만난 적이 있습니다. 그때 아브라함은 아내 사라를 누이라고 속이는 비겁한 잘못을 저질렀습니다. 그때 아비멜렉은 사라가 정말로 아브라함의 누이인 줄 알고 자기 아내로 삼았습니다. 그러자 하나님이 아비멜렉의 꿈에 나타나셔서 사실을 말씀해 주셨고, 깜짝 놀란 아비멜렉은 다음 날 당장 사라를 돌려보내면서 아브라함에게 따져 물었습니다.

아비멜렉이 얼마나 놀랐겠습니까? 꿈에 천사가 나타나 사라를 건드리지 말라고 계시했으니 아브라함이라는 사람이 보통 사람은 아니라고 생각했을 것입니다. 그리고 창세기 20장 17절을 보면, 아브라함이 아비멜렉을 위해 기도하자 그 집안의 닫힌 태가 모두 열렸습니다.

이 모든 일을 지켜본 아비멜렉은 크게 놀라며, '과연 아브라함은 누구이며 무엇을 하는 사람이기에 그가 기도하면 태가 열리는가? 그를 잘못 건드렸다가는 큰일 나겠구나'라고 생각을 했을 것입니다. 그래서 그는 이렇게 고백했습니다. "네가 무슨 일을 하든지 하나님이 너와 함께 계시도다." 이것이 바로 하나님의 사람의 특징입니다.

하나님의 사람이란 똑똑하고 유능한 사람을 의미하는 것이 아닙니다. 하나님의 사람의 특징은 무슨 일을 하든지, 어디를 가든지 하나님이 그와 함께하신다는 것입니다. 그 모습을 모든 사람, 특히 불신자들이 볼 수 있다는 점입니다. 그러므로 "이 교회는 정말 하나님이 함께하시는구나"라는 말을 듣는 교회가 진짜 교회입니다. 우리 삶에 하나님이 함께하신다는 표적이 보이기를 바랍니다. 가족과 친족과 주변의 많은 사람이 그 모습을 보기를 간절히 기도합니다.

이삭도 하나님이 함께하신 사람이었습니다. 이삭은 우물 파는 데 명수였습니다. 당시 우물을 파기란 쉬운 일이 아니었습니다. 우물을 판다고 해서 물이 나온다는 보장을 할 수 없는 상황이었기에, 그 일은 모험이자 큰 투자였습니다. 그러나 이삭은 우물을 파는 대로 물이 나왔습니다.

그러자 주변 사람들이 이삭의 우물을 빼앗았습니다. 이삭은 그들과 싸우지 않고 다른 곳에 가서 우물을 팠습니다. 그곳에서도 물이 나왔습니다. 주변 사람들은 다시 그 우물을 빼앗았고, 이삭은 다시 다른 우물을 팠고, 그곳에서도 어김없이 물이 나왔습니다. 그러자 사람들이 겁을 내기 시작했습니다. '이 사람 잘못 건드렸다가는 큰일 당하겠다'라는 생각이 들었던 것입니다. 우리에게도 이런 복이 있기를 바랍니다.

출애굽 사건을 보십시오. 사실 모세라는 사람이 별 볼 일 있는 사람이었습니까? 그러나 하나님이 모세와 함께하심으로 그는 애굽에 10가지 재앙을 일으키는 큰 기적을 행했습니다. 뿐만 아니라 홍해를 가르고 바위에서 물이 솟아나게 했습니다. 사람들은 그런 모세를 보고 두려워하기 시작했습니다. 모세는 바로왕에게 갈 때 사람을 끌고 가지 않았습니다. 민중을 이용한 여론 정치를 하지 않았습니다. 그는 담대하게 하나님의 이름으로 나아갔습니다. 하나님의 사람은 다른 사람의 세력을 끌어들이거나 여론을 이용하지 않습니다. 하나님의 사람은 하나님을 의지할 뿐입니다.

하나님은 모세만이 아니라 여호수아와도 함께하셨습니다. 여호수아가 가나안 땅을 점령할 때 여리고성이 무너졌습니다. 그는 가는 곳마다 승승장구했습니다. 전략이 뛰어났기 때문이 아니라 하나님이 그와 함께하셨기 때문입니다.

우리는 본문을 통해 하나님이 함께하시면 세상 사람들이 존경하며 찾아온다는 사실을 발견할 수 있습니다. 구약의 예언자들은 별 볼 일 없고, 외롭고, 고독하며, 쫓기는 사람들이었습니다. 그러나 당대의 유력한 왕들은 예언자들을 가장 두려워했습니다. 아합왕은 엘리야를 두려워했습니다. 하나님의 사람이기 때문에, 하나님이 그와 함께하시기 때문이었습니다.

다니엘은 예언자 가운데 매우 인상 깊은 사람 중 한 명입니다. 그는 포로가 되어 이방 국가로 잡혀 갔습니다. 그러나 하나님을 신뢰하는 사람이었기에 그 나라의 왕이 그를 택해 곁에 두는 복을 누렸습니다. 느부갓네살왕뿐 아니라 다리오왕까지 2대에 걸쳐 국가의 서열 3위 자리에 올랐습니다. 요셉은 이방 국가에 팔려간 데다 옥살이까지 한 사람이었습니다. 그러나 하나님이 함께하심으로 말미암아 그 나라의 총리대신까지 될 수 있었습니다.

이것이 교회이며 그리스도인입니다. 그리스도인은 하나님이 함께하시는 사람입니다. 세상이 바라보고 감동하고 감격하는 것이 참된 교회의 모습입니다.

## 세상에 영향력을 주고 세상을 변화시키는 사람이 되어야 한다

그런즉 너는 나와 내 아들과 내 손자에게 거짓되이 행하지 아니하기를 이제 여기서 하나님을 가리켜 내게 맹세하라 내가 네게 후대한 대로 너도 나와 네가 머무는 이 땅에 행할 것이니라(창 21:23).

아브라함은 이방인이고 나그네인데 도대체 그에게 무슨 힘이 있겠습니까? 그런데 아브라함에게 그 나라 주인이 와서 "내가 네게 후대한 대로 너도 나와 네가 머무는 이 땅에 행할 것이니라"라고 부탁했습니다. 이런 말을 들으면 얼마나 기분이 좋은지 모릅니다. 이것이 하나님을 믿는 사람들의 특권입니다.

그러나 오늘날의 기독교는 그렇지 못합니다. 교회의 체면이 땅에 떨어지는 부끄러운 일들이 자주 일어납니다. 저는 이런 기도를 드립니다. "하나님, 한국의 기독교와 성직자와 그리스도인들이 이 땅의 모든 사람에게 감동을 주게 하여 주옵소서."

사람은 감동을 받아야 변합니다. 물리적인 힘이나 양적인 힘이 세상을 변화시키지 못합니다. 교회의 숫자가 많다고 세상이 변하는 것이 아닙니다. 돈의 힘도 세상을 변화시키지 못합니다. 교회도 많아졌고, 교인들도 많아졌습니다. 그러나 세상은 변하지 않았습니다. 하나님이 우리와 함께하심을 사람들이 볼 수 있을 때 세상은 변합니다. 적은 수라도 하나님이 함께하심을 세상 사람들에게 보여 줄 수 있다면 세상은 변할 것입니다.

아비멜렉은 아브라함과 동맹을 맺지 않고 살기에는 뭔가 불안했습니다. 그래서 자기 나라 땅에 와서 사는 한 사람, 어쩌면 별 볼일 없는 한 사람에게 군대 장관을 대동하고 찾아가서 동맹을 맺자고 제안했습니다. 우리는 여기서 세상에 영향력을 주는 아브라함을 만납니다. 우리도 세상에 영향력을 주고 세상을 변화시키는 사람들이 되기를 바랍니다.

> 아브라함이 이르되 내가 맹세하리라 하고 아비멜렉의 종들이 아브라함의 우물을 빼앗은 일에 관하여 아브라함이 아비멜렉을 책망하매 아비멜렉이 이르되 누가 그리하였는지 내가 알지 못하노라 너도 내게 알리지 아니하였고 나도 듣지 못하였더니 오늘에야 들었노라 (창 21:24-26).

아비멜렉이 아브라함에게 온 이유 중 하나는 어떤 사건 때문이었습니다. 자기의 종들이 아브라함의 우물을 빼앗았다는 사실을 알고는 하나님이 두려워 찾아온 것입니다. 여기서 아브라함의 믿음의 유연성을 발견할 수 있습니다. 아비멜렉은 이방인이요, 이방인의 왕이었고, 아브라함은 하나님의 택한 사람이었습니다. 이 말씀은 하나님의 사람이 이방인과 계약을 체결하는 장면입니다. 그러나 아브라함은 주저하지 않고 계약을 맺었습니다.

하지만 아브라함의 후손인 유대인들은 이방인들을 개 취급했고 같이 음식조차 나누지 않았습니다. 그들은 이방인과 자리를 같이 하는 것도 피했으며 하나님의 선민임을 자부하면서 살았습니다. 그러나 믿음의 조상 아브라함은 배타적이거나 유아독존적인 고집을 부리는 사람이 아니었습니다. 그는 사람들과 더불어 살았습니다. 이것은 신앙을 타협한 것이 아닙니다.

우리에게는 신앙의 유연성이 필요합니다. 흔히 예수님을 잘 믿는 사람이라고 하면 세상 사람들과 어울리지 못하는 이상한 사람 취급을 받거나 자기만 구원받은 사람인 양 행동하는 비인격적인 사람으로 비치기 쉽습니다. 그러나 실상 예수님은 세상 사람들이 만나기를 기피하는 창녀와 죄인들, 세리들, 귀신 들린 자들, 저주받은 자로 여겨진 나병 환자들을 만나 주셨고 그들을 고쳐 주셨습니다. 예수님은 신앙의 오만함도, 배타성도 없으셨습니다. 그분은 누구나 만나셨습니다.

우리는 예수님을 믿는다는 이유로 너무나 많이 구분합니다. 자기와 다르다는 이유로 정죄하는 태도를 갖기 쉽습니다. 그리고 예수님을 믿는다는 이유로 너무나 비인격적일 때도 많습니다. 이것이 세상 사람들로 하여금 예수님을 믿지 못하게 방해하는 요인이 되곤 합니다. 아브라함은 이방인을 배척하지 않고 받아들임으로써 그 땅에 하나님 나라를 이루어 내는 모습을 우리에게 보여 주었습니다.

신약에서 베드로는 환상 중에 보자기를 보았습니다. 보자기 안에는 불결한 짐승이 있었는데 하나님이 일어나 잡아먹으라고 명하셨습니다. 그러나 베드로는 하나님이 명하셨는데도 먹지 않겠다고 담대하게 말했습니다. 그러자 하나님의 두 번째 소리가 있으되, "하나님께서 깨끗하게 하신 것을 네가 속되다 하지 말라"(행 10:15) 하셨습니다. 이런 일이 세 번이나 있었습니다.

우리는 종교의 이름으로, 인간적인 생각으로 하나님을 제한할 때가 많습니다. 그러나 하나님은 대한민국의 하나님이시기도 하지만 우주와 온 세계의 하나님이시기도 합니다. 우리는 그 하나님의 마음을 가질 필요가 있습니다.

선교를 하다 보면 "우리나라에도 가난하고 불쌍한 사람들이 많고 할 일도 많은데 꼭 해외에 가서 선교를 해야 합니까?"라고 말하는 분들을 봅니다. 설득력 있고 일리 있는 말입니다.

그러나 우리나라에 왔던 선교사들을 생각해 보십시오. 그들은 그들이 살던 사회에서 최고 지성인들이었습니다. 할 일이 얼마나 많았겠습니까? 만약 그들이 똑같은 생각을 했다면 한국 땅에 오지 않았을 것이며, 병원도 학교도 세워지지 않았을 것입니다. 그들이 하나님의 비전과 예수님의 마음을 품고 이 땅에 왔기 때문에 대한민국이 불과 100년 만에 이런 기적과 같은 발전을 일으킨 것이 아닙니까? 우리는 생각을 넓혀야 합니다. 하나님의 마음을 가져야 합니다.

## 무슨 일을 하든 "하나님이 여기 계신다!" 선언하라

아브라함은 아비멜렉의 종들이 자신의 우물을 빼앗은 일을 이야기했습니다. 아비멜렉이 조약을 맺자고 제안하자 그 이야기를 툭 던진 것입니다. 분위기가 얼마나 어색해졌겠습니까? 당황한 아비멜렉은 자기는 모르는 일이라고 발뺌했습니다.

> 아브라함이 양과 소를 가져다가 아비멜렉에게 주고 두 사람이 서로 언약을 세우니라(창 21:27).

우물 사건도 있었고, 아비멜렉이 직접 찾아온 상황이었기에 아브라함은 빼앗긴 우물을 돌려 달라고 요구할 수 있었습니다. 그러나 그는 우물 이야기를 하고 나서 오히려 양과 소를 가져다가 아비멜렉에게 주었습니다. 우리는 대개 물리적인 힘에 의해 계약을 하곤 합니다. 그러나 억지로 계약한 사람들은 언젠가 계약을 파기하고 복수합니다. 할 수 없이 맺는 계약은 반드시 깨집니다. 계약할 때는 부드럽게 해야 오래갑니다.

아브라함은 우물을 빼앗겼음에도 아비멜렉과 계약을 맺으면서 그 일을 문제 삼지 않았습니다. 그리고 오히려 아비멜렉에게 양과 소를 주었습니다. 작은 것을 내어 주고 큰 것을 얻은 것입니다. 여기서 아브라함의 뛰어난 처세술을 볼 수 있습니다. 아브라함처럼 현재보다 미래를 생각하는 사람이 지도자입니다.

> 아브라함이 일곱 암양 새끼를 따로 놓으니 아비멜렉이 아브라함에게 이르되 이 일곱 암양 새끼를 따로 놓음은 어찜이냐 아브라함이 이르되 너는 내 손에서 이 암양 새끼 일곱을 받아 내가 이 우물 판 증거를 삼으라 하고 두 사람이 거기서 서로 맹세하였으므로 그곳을 브엘세바라 이름하였더라(창 21:28-31).

아브라함은 아비멜렉에게 양과 소를 주면서 암양 새끼 일곱을 따로 구분했습니다. 아비멜렉이 이유를 묻자 "이 암양 새끼 일곱 마리로 내가 이 우물을 팠다는 증거를 삼으시오"라고 자신의 의도를 밝혔습니다. 앞서 언급했듯이, 아비멜렉의 종들이 아브라함의 우물을 강제로 빼앗은 일이 있었기 때문입니다. 아브라함은 이 우물은 내가 판 것이라는 증거를 확실히 해 두고자 한 것입니다. 아브라함의 지혜로운 행동에 아비멜렉은 아브라함이 하고자 하는 대로 계약을 맺었습니다. 이 우물이 바로 '브엘세바'입니다. 브엘세바의 뜻은 '맹세의 우물'입니다.

아울러 아브라함은 이 일로 끝내지 않았습니다.

> 그들이 브엘세바에서 언약을 세우매 아비멜렉과 그 군대 장관 비골은 떠나 블레셋 사람의 땅으로 돌아갔고 아브라함은 브엘세바에 에셀나무를 심고 거기서 영원하신 여호와의 이름을 불렀으며 그가 블레셋 사람의 땅에서 여러 날을 지냈더라(창 21:32-34).

아비멜렉은 아브라함과 언약을 맺고 블레셋 땅으로 돌아갔습니다. 하지만 아브라함은 그곳에 에셀나무를 심었습니다. 언약의 증거였습니다. 사람은 죽지만 나무는 계속 자랄 것입니다. 이 나무를 보는 사람마다 '아브라함이 암양 새끼 일곱 마리로 우물을 판 증거를 삼았다'라는 사실을 떠올릴 것입니다. 아브라함은 기념식수를 하는 데 그치지 않고 한 걸음 더 나아가 영원하신 여호와의 이름을 불렀습니다. 이 우물은 영원히 자기 것이라는 선언입니다.

우리는 무엇을 하든지 에셀나무를 심어야 합니다. 무슨 일을 하든지 영원하신 하나님이 여기 계신다고 선포해야 합니다. 개업하시는 분은 일터에 에셀나무를 심기 바랍니다. 무슨 장사를 하든,

어디서 일을 하든 영원하신 하나님이 함께하신다는 사실을 기억하고 선포하기 바랍니다.

우리는 이방인까지 받아들이는 아브라함의 믿음의 융통성을 보았습니다. 그러나 그는 결코 신앙을 타협하지는 않았습니다. 예수님은 우리에게 "너희는 가서 모든 민족을 제자로 삼아 아버지와 아들과 성령의 이름으로 세례를 베풀고"(마 28:19)라고 말씀하셨습니다. 우리는 모든 족속, 모든 열방, 모든 나라로 복음을 들고 나가야 합니다. 대상을 제한하지 말고 가야 합니다. 그리고 그곳에 에셀나무를 심어야 합니다. 가는 곳마다 하나님은 영원하시다는 사실을 선포하는 우리가 되기를 바랍니다.

우리는 무엇을 하든지 에셀나무를 심어야 합니다. 무슨 일을
하든지 영원하신 하나님이 여기 계신다고 선포해야 합니다.
어디서 일을 하든 영원하신 하나님이 함께하신다는 사실을
기억하고 선포하기 바랍니다.

## 3부

# 아브라함의 순종과 하나님의 뜻

창세기 22:1-25:18

이삭의 이야기는 예수님의 이야기이고,
아브라함은 하나님의 이야기입니다.
이삭을 제물로 바치는 이야기는 인류를 구원하기 위해
자신의 아들을 세상에 내어 주는 아버지의 이야기입니다.

# 24

## 이삭의 이야기는
## 예수 그리스도의 이야기입니다

창세기 22:1-2

## 가장 사랑하는 대상을 포기하는 것, 그것이 신앙이다

아브라함의 믿음의 삶에는 큰 계기가 두 번 있었습니다. 첫 번째는 하나님이 갈대아 우르에서 아브라함을 부르신 사건입니다. 당시 하나님은 아브라함에게 "너는 너의 고향과 친척과 아버지의 집을 떠나 내가 네게 보여 줄 땅으로 가라"(창 12:1)라고 말씀하셨습니다. 이 사건은 아브라함의 인생에 분기점이 되었습니다. 하나님의 음성은 우리 인생에 분기점을 만들어 줍니다. 하나님을 만나는 것은 우리 인생에 새로운 시작을 가져옵니다.

아브라함은 가족과 함께 갈대아 우르를 떠났습니다. 떠나는 것이 구원의 시작입니다. 떠나지 않으면 구원이 시작되지 않습니다. 믿음은 자기가 살던 정든 고향과 친척을 떠나는 일입니다. 우리는 익숙한 것, 가족이나 친척, 고향을 의지합니다. 우리는 의지하는 대상을 떠날 때 하나님을 의지하게 됩니다.

그러나 이것이 아브라함의 생애의 전부는 아닙니다. 아브라함은 오랜 시간 실수와 갈등을 겪으면서 믿음이 성장했습니다. 믿음이 완성될 무렵, 하나님은 아브라함에게 100세에 얻은 아들 이삭을 달라고 요구하셨습니다. 신앙생활을 하다 보면 속된 말로, 하나님이 병 주시고 약 주신다고 느껴질 때가 있습니다. 하나님은 우리가 자녀를 얻는 기쁨을 누리게도 하시지만, 그 자녀를 데려가시기도 합니다.

누구든지 인생에서 결정적인 사건이 있기 마련입니다. 사람을 만나는 것은 결정적인 사건이 아닙니다. 하나님을 만나는 것이 결정적인 사건입니다. 아브라함이 늙어서 인생의 마지막 지점에 다다랐을 때 하나님 앞에 부르심을 받은 사건이 이 장의 본문입니다.

여호와께서 이르시되 네 아들 네 사랑하는 독자 이삭을 데리고 모리아 땅으로 가서 내가 네게 일러 준 한 산 거기서 그를 번제로 드리라(창 22:2).

두 번째 하나님의 부르심은 감당하기 어려운, 너무나 가혹한 시련이었습니다. 그것은 아브라함이 자신의 생명보다 더 귀중하게 여기는, 100세에 얻은 아들 이삭을 포기하라는 것이었습니다.

여기서 우리는 신앙의 중요한 두 번째 명제를 보게 됩니다. 내가 가장 좋아하고 사랑하는 대상을 포기하는 것, 그것이 신앙입니다. 믿음이 생기지 않는 이유는 익숙한 곳에서 떠나지 않기 때문입니다. 익숙한 것을 계속 붙잡고 의지하며 살려고 하기 때문입니다. 믿음의 마지막 시험은 자기가 사랑하고, 좋아하고, 가지고 싶은 것을 얼마큼 포기할 수 있느냐입니다.

그 일 후에 하나님이 아브라함을 시험하시려고 그를 부르시되 아브
라함아 하시니 그가 이르되 내가 여기 있나이다(창 22:1).

하나님은 아브라함을 믿음의 조상으로 만드시기 위해 오랫동안
훈련시키셨습니다. 아브라함은 본디 믿음의 사람이 아니었습니
다. 아브라함이 믿음이 있어서 하나님이 그를 택하신 것이 아니라,
하나님의 믿음 때문에 아브라함이 선택받은 것입니다. 우리가 사
랑스럽고 구원받을 만한 가치가 있어서 하나님이 우리를 택하신
것이 아닙니다. 하나님의 사랑이 우리를 택한 것입니다. 자식이 똑
똑해서 부모가 사랑하는 것이 아니라, 부모가 그 사랑을 자식에게
조건 없이 베푸는 것입니다.

아브라함은 세상의 사람이었습니다. 그러나 하나님은 아브라함
을 하나님의 수준으로 한꺼번에 끌고 오시지 않고 조금씩 성장시
키셨습니다. 그래서 시간이 많이 걸렸습니다. 하나님은 우리를 수
준에 맞게 다루십니다. 갑자기 하나님의 수준까지 끌고 간다면 우
리는 정신이 이상해지거나, 포기하거나, 도망갈 것입니다. 그렇기
때문에 내가 답답한 것이 아니라 하나님이 답답하신 것입니다.

하나님은 아브라함을 계속 연단시키셨습니다. 아브라함은 실수
도 하고, 갈등도 하고, 절망도 하고, 좌절도 하면서 하나님을 조금
씩 따라갔습니다. 드디어 아브라함은 이삭을 낳았습니다.

아브라함은 이방인으로 타국에서 살았습니다. 인생은 원래 남

의 나라에 사는 것입니다. 이 세상은 내 나라가 아닙니다. 이 세상은 사탄이 지배하는 땅입니다. 우리의 영원한 고향은 하늘 나라입니다. 우리는 잠깐 남의 나라에 살기 때문에 고독하고, 외롭고, 힘들고, 허무하고, 병이 듭니다. 하늘 나라에 가면 그런 일은 없을 것입니다.

많은 세월이 흘러 아브라함의 믿음도 완숙한 단계가 되었습니다. 믿음의 완숙은 실패를 통해 이루어집니다. 성공한 사람들은 실패한 사건보다 성공한 사건들만 말합니다. 그러나 사실 성공은 실패라는 과정 없이 이루어지지 않습니다. 고통이라는 과정을 거치지 않고 성숙은 있을 수 없습니다. 아브라함도 마찬가지였습니다. 하나님은 오랜 세월 참으셨습니다. 아브라함을 위해 끝까지 기다리셨습니다. 아브라함은 점점 믿음이 성숙한 사람으로 변해 갔습니다.

성숙이란 어떤 일을 당해도 흔들리지 않는 믿음에 이르는 것입니다. 얻을 때만 아니라 줄 때도 흔들리지 않는 것, 건강할 때만 아니라 병들 때에도, 살 때만 아니라 죽을 때도 평안한 것입니다. 부도가 나고, 사랑하는 자식이 죽어 가도 흔들리지 않는 것, 그것이 믿음입니다. 우리가 그런 믿음에까지 이르기를 간절히 바랍니다.

# 하나님을 100% 신뢰한다면 우리의 믿음은 100%입니다

하나님은 아브라함의 믿음이 성숙한 단계까지 왔다고 생각하셨을 때 다시 나타나셨습니다. 창세기 22장 1절을 보면, 하나님은 아브라함에게 무엇을 주기 위해 오신 것이 아니라 빼앗기 위해서 오셨습니다. 모두 다 주셨기 때문에 이제는 빼앗아 보시는 것입니다. 하나님은 아브라함을 '시험하시려고' 오셨습니다.

시험은 아주 중요합니다. 두란노에서 목사님들을 대상으로 목회 연구원을 하는데 아무리 좋은 강의를 해도 원하는 수준까지 도달하지 않았습니다. 그 원인을 찾아보았더니 시험이 없기 때문이었습니다. 숙제도 있고 시험도 있어야 성장도 있습니다. 학생들이 제일 싫어하는 것이 시험입니다. 그래도 시험은 꼭 있어야 합니다. 그래야 다음 단계로 올라갈 수 있습니다. 시험을 봐야 자신의 약점과 부족한 부분을 점검해서 알 수 있고 보완할 수 있습니다. 시험은 나쁜 것이 아닙니다.

하나님은 우리의 믿음을 시험하셔서 우리의 믿음의 약하고 잘못된 부분을 보완해 주십니다. 하나님은 아브라함을 이제 다 키웠다고 생각하시고 시험을 보시는 것입니다. 시험을 받을 때는 너무 힘들다는 생각이 듭니다. 그러나 그 시험을 통과해야만 하나님이 원하시는 믿음의 수준까지 갈 수 있습니다.

'시험'이라는 단어에는 세 가지 다른 말이 있습니다. 첫째, 한국 말로는 '시험'이지만 영어로는 '유혹'(temptation)이라고 부르는 시험이 있습니다. 이것은 하나님이 주시는 것이 아닙니다. 야고보서 1장 13절은 "사람이 시험을 받을 때에 내가 하나님께 시험을 받는다 하지 말지니"라고 말합니다. 하나님은 시험을 받으시지도, 시험하시지도 않습니다. 많은 사람이 자격을 점검하는 '시험'(test)과 유혹을 받는 '시험'(temptation)을 구분하지 못하기 때문에 하나님을 원망합니다. 하나님은 우리를 유혹하시지 않습니다. 다만 사탄이 우리를 유혹할 뿐입니다.

둘째, '시련'이라는 시험입니다. 야고보서 1장 12절은 "시험을 참는 자는 복이 있나니 이는 시련을 견디어 낸 자가 주께서 자기를 사랑하는 자들에게 약속하신 생명의 면류관을 얻을 것이기 때문이라"라고 말합니다. 사람은 누구든지 시련을 겪습니다. 자신이 잘못하지 않아도 시련은 옵니다. 시련은 누구든지 겪기 마련이고, 시련을 통해서 성장하고 성숙합니다. 시련이 올 때 잘 참고 받아들이는 사람은 복이 있습니다. 그에게는 생명의 면류관이 주어질 것입니다.

창세기 본문에 나오는 시험은 셋째로, 점검하는 '테스트'입니다. 하나님이 친히 우리를 위해 행하시는 것입니다. 1절에서 하나님은 아브라함을 '테스트'하기 위해 찾아오셨습니다.

하나님은 아브라함을 찾아와 "아브라함아" 하고 부르셨습니다. 아브라함은 "내가 여기 있나이다"라고 대답했습니다. 우리가 여기서 자세히 살펴볼 것은 지난날 아브라함의 대답과는 많은 차이가 있다는 점입니다. 하나님은 전에도 수없이 아브라함을 부르셨고 그에게 말씀하셨습니다. 그때마다 아브라함은 순종했습니다. 그러나 지금 아브라함의 대답은 조금 다릅니다. 아브라함이 "내가 여기 있나이다"라고 대답한 것은 "하나님, 어떤 명령을 내리실지라도 응답할 준비가 되어 있습니다"라는 뜻입니다.

마르틴 루터가 종교개혁을 하면서 이와 비슷한 말을 했습니다. 법정에서 재판을 받을 때 그는 가톨릭 신자들에게 수많은 압력을 받았습니다. 그러나 그는 "내가 여기 있습니다. 나는 바꿀 수 없습니다"라고 말했습니다. 그 대답이 종교개혁을 일으켰습니다.

사람들은 가장 쉬운 말 네 가지를 못한다고 합니다. 고마울 때 "감사합니다"라고 말하지 못하고, 미안할 때 "미안합니다"라고 못한답니다. "예"라고 대답해야 할 때 "예"라고 말하지 못하고, 틀린 것을 보고 "아닙니다"라고 말하지 못한다 합니다. 그러나 아브라함은 "예, 제가 여기 있습니다"라고 말했습니다.

아브라함을 부르시고 믿음을 점검하시는 하나님의 시험은 그에게 너무나 가혹한 시험이었습니다. 그 시험은 아들을 번제로 드리라는 것이었습니다. 사람들은 자신을 세워 주는 믿음에 관심이 있습니다. 믿음을 '갖겠다'는 것은 무엇을 '얻겠다'는 의미입니다. 사람들은 갖는 데 관심이 있고, 부자가 되고 권력을 쥐는 데 믿음이 필요하다고 말합니다. 그런데 하나님이 아브라함에게 원하시는 것은 무엇을 주겠다는 것이 아니라 빼앗겠다는 것입니다.

"내가 네게 100세에 아들을 주겠다"라는 말을 들으면 누구나 좋아합니다. 그런데 "내가 네게 100세에 얻은 아들의 생명을 가져가겠다"라고 말하면 사람들은 얼굴빛이 변하고 머뭇거립니다. 우리는 여기서 믿음의 중요한 정의를 발견합니다. 아들을 얻은 것처럼, 처음 믿음은 구원을 얻는 것입니다. 그러나 믿음의 마지막 단계는 받은 것을 빼앗기는 것입니다. 믿음이란 나를 포기하고 하나님을 바라보는 것입니다.

하나님을 100% 신뢰할 수 있다면 우리의 믿음은 100% 믿음입니다. 만일 50% 신뢰한다면 50% 믿음입니다. 무엇을 의지하는지가 우리의 믿음을 결정합니다. 믿음이란 하나님이 무엇을 얼마나 주시느냐가 아니라, 자신을 얼마나 포기하느냐에 달려 있습니다.

인간의 비극은 하나님을 의지하지 않고 유한한 자신을 의지하는 데서 비롯됩니다. 이제 곧 죽을 텐데 죽음을 준비하지 않고 마지막 순간까지 무엇인가 붙잡기 위해 노력합니다. 여기에 우리의 한숨과 고독이 있습니다. 자기를 꺾고 포기하지 않기 때문에 평생 교회를 들락날락해도 믿음의 세계에 발도 들여놓지 못합니다. 그저 종교적인 프로그램에 익숙할 뿐입니다. 하나님을 만나는 기회가 없는 까닭은 나를 포기하지 못하기 때문입니다.

## 성경적인 믿음은 그리스도를 바라보는 것이다

그런데 이어지는 2절에서 하나님은 아브라함을 보고 "너를 포기하라" 하시지 않고 "네 자식을 포기하라"고 말씀하셨습니다. 부모는 자식이 죽게 되었을 때 대부분 자식이 죽기보다는 자신이 죽기를 원합니다. 이것이 부모의 마음입니다. 암에 걸린 자식이 죽어갈 때 부모는 하나님께 기도하기를 "하나님, 제가 대신 죽을게요"라고 합니다. 바로 이것이 하나님의 마음입니다.

그런데 하나님이 그렇게 사랑하는 자식을 내놓으라고 하십니다. '네 아들 네 사랑하는 독자'라는 표현은 이 아들이 아브라함에게 얼마나 소중한지를 말해 줍니다. 참된 믿음이란 나의 생명과 존재보다 더 귀한 것을 포기하는 데 있습니다. 포기의 강도가 높아지면 믿음의 강도도 높아집니다. 포기하는 것이 없으면 장로가 되고, 집사가 되어도, 아무리 교회에 오래 다녔어도 소용이 없습니다.

왜 사람들은 자신을 의지할까요? 유한하고 죽을 수밖에 없는 자신을 의지하는 이유는 하나님을 의지하지 않기 때문입니다. 반대로 하나님을 의지하지 못하는 이유는 자신을 너무나 의지하기 때문입니다. 사람들은 이력서 쓰기를 좋아하고 수많은 훈장을 갖고 싶어 합니다. 그것이 자신을 표현하는 것이라고 생각합니다.

연예인 교회를 담임할 때 한 유명한 여배우가 어느 날 저를 찾아와 이렇게 고백했습니다. "목사님, 제가 대종상 받고 영화상 받은 것들 모두 장롱에서 치워 버렸습니다. 그것이 저를 속여 왔습니다.

제 인생을 속였습니다. 그 화려한 사람들의 목소리와 인기에 많은 세월을 보냈습니다."

하나님은 "네가 아니라 네 아들을 달라"고 집요하게 요구하십니다. 아들을 번제로 달라고 말씀하십니다. 그저 죽이거나 내보내라는 것이 아니라 '번제'로 달라고 하십니다. '번제'라는 말에는 대속의 의미가 담겨 있습니다. 번제의 제물이란 다른 사람의 죽음을 대신하는 제물이라는 의미가 있습니다. 우리가 제일 알기 쉬운 이야기가 《심청전》입니다. 심청이는 맹인인 아버지를 위해 자신의 몸을 던져 인당수에 빠져 죽었습니다. 아버지의 눈을 위해 자신의 몸을 버린 것입니다. 번제는 제물입니다.

한국 교회가 부흥하는 이유는 순교가 있었기 때문입니다. 미국 교회는 그 규모가 크다 할지라도 순교자가 없기 때문에 공허합니다. 제물이 없으면 아무것도 아닙니다. 예수님이 소중하신 이유는 온 인류를 위한 제물이 되셨기 때문입니다.

그는 근본 하나님의 본체시나 하나님과 동등됨을 취할 것으로 여기지 아니하시고 오히려 자기를 비워 종의 형체를 가지사 사람들과 같이 되셨고 사람의 모양으로 나타나사 자기를 낮추시고 죽기까지 복종하셨으니 곧 십자가에 죽으심이라(빌 2:6-8).

예수님은 우리를 대신해서 제물이 되셨습니다. 그분이 바로 예수 그리스도이십니다. 요한일서 4장 10절은 또 이렇게 말합니다.

사랑은 여기 있으니 우리가 하나님을 사랑한 것이 아니요 하나님이
우리를 사랑하사 우리 죄를 속하기 위하여 화목 제물로 그 아들을
보내셨음이라(요일 4:10).

이삭을 제물로 바치라는 하나님의 요구와 명령에는 우리가 생
각하지 못한 큰 비밀이 숨어 있습니다. 먼 훗날 이 땅에 하나님의
아들이 태어나실 텐데 하나님이 그 아들을 온 인류를 위해 번제로
내어 주실 것이라는 의미가 있었습니다. 이것은 단순히 하나님의
아들을 빼앗아 가는 것 이상입니다. 그러므로 이삭은 스스로 죽으
면 안 됩니다. 이삭이 죽는 방법이 아주 중요합니다. 스스로 죽거
나 누가 죽이는 것이 아니라 번제로 드려져야 합니다.

자기가 사랑하는 아들의 심장을 꺼내 피를 흘려야 한다는 사실
은 기가 막힌 일입니다. 아들을 달라고 하면 그저 주고 도망갈 수
있습니다. 그러나 그런 방법은 안 됩니다. 아버지가 칼을 들어 아
들의 심장을 찔러야만 합니다. 아버지는 고통 없이 아들을 죽일 수
없습니다. 고통당하는 아들을 지켜보아야 합니다. 기막힌 심정으
로 아들이 죽는 모습을 자기 눈으로 보아야 합니다.

바로 이것이 독생자 예수 그리스도를 십자가에 못 박도록 내주
고 고통하시는 하나님 아버지의 마음입니다. 하나님은 하나님의

아들이 십자가에서 죽으시는 장면을 목격하셔야만 했습니다. 피를 흘리며 "엘리 엘리 라마 사박다니"(마 27:46; 막 15:34) 하고 외치시는 모습을 하나님은 피하실 수 없었습니다. 그것이 십자가입니다. 그와 동일한 일을 아브라함을 통해 겪게 하시는 것입니다.

하나님은 예수님이 피 흘리시는 모습을 지켜보고 계셨습니다. 왜냐하면 우리를 사랑하시기 때문입니다. 하나님은 우리를 구원하시기 위해 이런 고통의 대가를 치르셨습니다. 예수 그리스도는 골고다 언덕으로 끌려가셨습니다. 이삭은 안방이나 논에서 죽일 수 없었고 산에서 죽여야 했습니다. 먼 길을 가서 죽여야 했습니다. 예수님이 그러셨기 때문입니다.

아브라함과 이삭은 사흘 길을 걸어 모리아산으로 갔습니다. 아버지가 아들에게 무슨 말을 했겠습니까? 생명처럼 사랑하는 아들을 번제로 드려야 하는 아버지, 아무것도 모른 채 아버지를 따라가는 이삭, 그 두 사람이 모리아산으로 가며 사흘 동안 나누었을 대화를 상상해 보십시오.

아브라함은 사흘을 겪었지만 하나님은 수천 년 동안 자기 아들을 자기 손으로 죽여야 한다는 사실을 묵상하셔야 했습니다. 하나님은 자기 아들을 이 세상에 보내셔서 30년 동안 돌보아 주셨습니다. 그 아들이 십자가에 달릴 때까지 하나님은 그 아픔을 겪으셔야 했습니다. 우리를 구원하기 위해 십자가에 못 박히게 내어 주고 참으셔야 했습니다.

차라리 어느 날 갑자기 십자가에 못 박아 버리면 쉽습니다. 죽임을 당하기 위해 걸어가는 아들의 모습을 그저 바라볼 수밖에 없는 아버지의 심정은 참을 수 없는 고통 자체입니다. 아브라함은 아들 이삭을 데리고 모리아산으로 가고 있습니다. 그 아들의 등 뒤에는 아들을 태울 나무가 지워져 있습니다. 아버지가 아들에게 무슨 말을 할 수 있겠습니까.

이것은 결국 예수님의 이야기입니다. 이삭의 이야기는 예수님의 이야기이고, 아브라함은 하나님의 이야기입니다. 이삭을 제물로 바치는 이야기는 인류를 구원하기 위해 자신의 아들을 세상에 내어 주는 아버지의 이야기입니다.

믿음이란 예수님을 만나는 것입니다. 적극적이고 생산적인 사고방식으로 하는 것이 믿음이 아닙니다. '믿으면 된다'는 말은 최면이지 믿음이 아닙니다. 믿음은 그리스도를 바라보는 것입니다. 믿음을 가진 사람도 병들어 죽을 수 있고 실패할 수 있습니다. 그러나 그때도 그리스도를 붙잡는다면 그것이 믿음입니다. 모든 것을 다 포기하고 예수 그리스도를 붙잡았다면 그것이 믿음입니다.

우리는 믿음을 너무나 세상적으로 잘못 사용하고 있습니다. 성경적인 믿음은 그리스도를 바라보는 것입니다. 어린양을 만나는 것입니다.


내가 그리스도와 함께 십자가에 못 박혔나니 그런즉 이제는 내가 사는 것이 아니요 오직 내 안에 그리스도께서 사시는 것이라 이제 내가 육체 가운데 사는 것은 나를 사랑하사 나를 위하여 자기 자신을 버리신 하나님의 아들을 믿는 믿음 안에서 사는 것이라(갈 2:20).

하나님은 아브라함에게 믿음의 시험을 하고 싶으셨습니다. 그것은 잔인하게 아들을 빼앗아 가시는 하나님의 모습이 아니라 메시아를 우리에게 주고 싶어 하시는 하나님의 사랑입니다. 놀라운 복입니다.

# 25

## 그리스도인은 죽어도 살고, 망해도 이깁니다

창세기 22:3-8

## 믿음은 순종하기로 '결단'하는 것이다

자기 자식을 죽여서 번제물로 바치는 것을 좋아하거나 기뻐할 사람은 아무도 없습니다. 아무리 믿음이 좋고 하나님의 명령이라 해도 정상적인 사람이라면 아들을 번제로 바치라는 하나님의 명령 앞에서는 고민하고 몸부림칠 것입니다.

그런데 창세기 22장 3절에서는 아브라함이 하나님의 이 엄청난 명령을 받고 나서도 이상할 정도로 담담하게 순종하는 모습을 볼 수 있습니다. 우리는 그 모습을 보면서 아브라함이 냉혈한이든지 아니면 종교적으로 단순한 인간이든지 둘 중 하나라고 생각할 것입니다. 그러나 아브라함은 종교에 세뇌된 사람도, 냉혈한도 아니었습니다. 그는 믿음의 사람이었습니다.

> 아브라함이 아침에 일찍이 일어나 나귀에 안장을 지우고 두 종과 그의 아들 이삭을 데리고 번제에 쓸 나무를 쪼개어 가지고 떠나 하나님이 자기에게 일러 주신 곳으로 가더니(창 22:3).

하나님의 음성을 들은 아브라함은 그다음 날 아침 일찍 일어나 나귀에 안장을 지우고 두 종과 아들 이삭을 데리고 하나님이 지시하신 곳을 향해 떠났습니다. 자식을 죽여야 하는데 아침 일찍 일어날 필요는 없습니다. 그러나 바로 이것이 아브라함의 믿음과 순종을 보여 줍니다. 우리는 여기서 아브라함이 침착하게 하나님의 명령에 순종하고 있는 모습을 볼 수 있습니다. 아브라함은 어떻게 자신의 감정을 숨기고 이렇게 행동할 수 있었을까요?

순종은 '결단'입니다. 마음이 결정되지 않은 채 따라가다 보면 방황하게 됩니다. 상황이 좋을 때는 전혀 문제가 안 되지만 위기에 부딪히면 방황하고 흔들립니다. 그러나 마음에 결정이 선 사람은 위기가 와도 가던 길을 계속 갑니다.

아브라함의 믿음에는 이미 결단이 있었습니다. 흔들리지 않는 헌신과 순종이 있었습니다. 그래서 하나님이 "네 아들 네 사랑하는 독자 이삭을 데리고 모리아 땅으로 가서 내가 네게 일러 준 한 산 거기서 그를 번제로 드리라"라고 하셨을 때 인간적으로는 감당할 수 없었지만 순종할 수 있었습니다.

3절을 보면 알 수 있듯이, 아브라함은 고민하거나 지체하지 않고 즉시 하나님이 지시하신 땅으로 갔습니다. 감당할 수도, 순종할 수도 없는 사건이지만 순종하기로 결정했습니다. 우리가 배워야할 믿음이 바로 여기 있습니다. 아브라함은 무슨 명령이든지, 감당할 수 있든지 없든지 상관없이 순종하기로 결심했습니다. 이것이 아브라함의 성숙한 믿음입니다. 성숙한 믿음이란 어떤 경우, 어떤 상황에도 흔들리지 않는 것입니다.

믿음이란 순종입니다. 히브리서 12장 2절은 "믿음의 주요 또 온전하게 하시는 이인 예수를 바라보자"라고 말합니다. 믿음을 가진 사람은 감당할 수 없고, 손해를 볼지라도 온전히 예수 그리스도를 바라보고 의지하며, 그분의 말씀에 순종합니다.

우리는 흔히 "믿음을 가진 사람은 만사형통한다"라는 말을 듣습니다. 그렇지 않습니다. 신앙생활을 한다고 모든 일이 다 잘되는 것은 아닙니다. 오히려 믿음을 가졌기 때문에 죽을 수도 있고, 손해를 볼 수도 있고, 패배할 수도 있습니다. 성공이나 실패, 건강하거나 병든 것은 믿음의 관심 대상이 아닙니다. 믿음은 '끝까지 하나님을 신뢰하고 순종할 수 있느냐'를 중요하게 여깁니다. 믿음은 정신력이 아니라 하나님의 말씀을 끝까지 믿는 것을 의미합니다.

어떤 사람은 믿음을 가지면 불가능도 가능해진다고 말합니다. 안 될 것이 없다고 말합니다. 물론 그렇습니다. 그러나 그렇지 않을 때도 있습니다. 왜냐하면 믿음은 성공을 목표로 하지 않기 때문입니다. 믿음은 모든 일이 잘되는 것이 목표가 아니라 그리스도를 따라가는 것, 그분의 말씀에 순종하는 것이 목표이기 때문입니다. 아브라함에게는 이 믿음이 있었습니다. 어떤 희생의 대가를 치르더라도 하나님이 주신 말씀을 순종하고 따라가겠다는 믿음 말입니다.

사실 아브라함에게 아버지로서의 슬픔과 고통과 번뇌가 없었던 것은 아닙니다. 그러나 놀라운 사실은 그가 하나님의 말씀을 순종하고, 믿고, 따르기로 결정한 순간부터 이 많은 현실적인 문제들이 승화되고, 정화되고, 새로운 차원으로 바뀌었다는 것입니다. 그래서 불가능이 가능해지고, 죽은 자가 살아나고, 없는 것이 생기게 되었습니다.

여기서 또 한 가지 발견할 수 있는 사실은 종이 뒤따라갔다는 것입니다. 왜 두 종을 데리고 갔을까요? 이삭은 이미 성숙한 성인이었습니다. 그는 아버지가 자신을 번제로 드리려 할 때 반항하면서 완력으로 이길 수 있었을 것입니다. 그렇다면 아브라함은 이삭이 반항할 것을 대비해서 종들을 데리고 갔을까요? 아니면 사흘 길이 먼 길이기 때문에 자기를 도울 종들이 필요해서 데리고 간 것일까요? 아마도 예수님이 골고다 언덕을 올라가셨을 때 옆에 두 강도가 있었다는 사실을 생각해 보면 일치하지 않을까 생각합니다. 어찌 되었든지, 이제 아버지와 아들이 번제를 드릴 산으로 두 종들과 함께 걸어갔습니다.

제삼일에 아브라함이 눈을 들어 그곳을 멀리 바라본지라(창 22:4).

드디어 아브라함은 사흘 길을 지나서 하나님이 지시하신 산을 멀리서 보았습니다. 사흘이라는 시간 동안 아브라함은 이삭의 죽음을 묵상했을 것입니다. 이삭과 함께 가고 있지만 그의 마음속에서 그를 지배하고 있는 생각은 자기 아들을 자기 손으로 죽여야 한다는 부인하고픈 사실이었을 것입니다.

흔히 아브라함의 마음에 아버지의 마음이라곤 없었을 것이라고 생각하기 쉬운데, 저는 절대 그렇지 않다고 생각합니다. 아브라함은 100세에 낳은 아들, 독자 이삭을 정말 사랑했습니다. 자기보다 더 사랑하는 아들을 죽여야 하는데, 냉혈한처럼 비인간적이지는 않았을 것입니다. 사흘은 그에게 너무나 긴 고통의 시간이었을 것입니다.

우리는 비행기나 기차를 타고 여행을 합니다. 특별히 비행기를 타면 굉장히 지루합니다. 10시간 이상 비행기를 타면 화장실을 왔다 갔다 하고 식사를 해도 지루합니다. 그런데 30분 후 공항에 도착한다는 방송이 나오면 얼마나 좋은지 모릅니다. 갑자기 피곤이 사라지고 내린다는 기쁨이 생깁니다. 목적지에 도착한다는 기쁨입니다. 그러나 아브라함은 전혀 달랐습니다. 목적지에 가까이 갈수록 더 괴로웠을 것입니다. 왜냐하면 자기 아들을 죽여야 하는 시간이 가까워졌기 때문입니다.

죽음을 생각하는 사람은 지혜로운 사람입니다. 사람들이 죽음 앞에서 당황하는 이유는 죽음을 깊이 생각하지 않았기 때문입니다. 그러나 죽음을 생각한 사람은 죽음이 현실로 다가올 때 두려워하지 않습니다. 담담하게 받아들입니다.

아브라함은 사흘 동안 아들과 사랑스럽게 대화했지만 사실 그의 내면에는 이삭을 번제로 드려야 하는 죽음에 대한 생각으로 가득했습니다. 그는 어떤 생각을 했을까요? 아브라함이 아버지의 마음을 가진 사람이라면 그는 통곡했을 것입니다. 순간순간 그는 견딜 수 없는 시간을 보냈을 것입니다. '왜 하나님은 100세에 낳은 아들을 달라고 하시는 것일까?', '이 아들을 죽여야 한다면 어떻게 죽여야 할까?' 등 많은 생각을 했을 것입니다.

이 사흘을 통해 우리는 예수님이 무덤에서 계시던 사흘을 생각해 볼 수 있습니다. 예수님은 사흘 동안 무덤에 갇혀 계셨습니다. 죽음을 통과하지 않은 부활은 없습니다. 고난을 통과하지 않은 영광은 없습니다. 그러므로 지금 아브라함은 죽음을 경험하고 있는 것입니다.

> 이에 아브라함이 종들에게 이르되 너희는 나귀와 함께 여기서 기다리라 내가 아이와 함께 저기 가서 예배하고 우리가 너희에게로 돌아오리라 하고(창 22:5).

드디어 하나님이 지시하신 산에 도착했습니다. 아브라함에게는 목적지에 도착했다는 사실이 기쁨도, 슬픔도 아니었습니다. 형언할 수 없는 감정이었을 것입니다. 하나님께 순종하는 기쁨이기도 하지만, 한편으로는 자기 아들을 죽여야 하는 슬픔이었을 수 있습니다.

## 참된 믿음은 부활 신앙을 갖는 것이다

이제 나귀와 사환들은 그 자리에 머물고, 이삭과 아브라함은 하나님이 지시하신 산으로 가야만 했습니다. 5절에서 특이한 점은 "내가 아이와 함께 저기 가서 예배하고 우리가 너희에게로 돌아오리라"라는 말씀입니다. 이 문장을 보면 슬퍼하는 표현은 없고, '아이를 데리고 예배하고 다시 돌아올 것'이라는 말만 나옵니다. 아들을 죽이러 가는데 아들을 죽이지 않겠다는 말인지, 죽이는 척만 하고 그저 돌아오겠다는 의미인지 정확히 알 수 없습니다.

우리는 여기서 아브라함의 믿음의 세계를 발견합니다. 하나님의 말씀에 순종하지만 다시 돌아오리라는 마음이 생겼다는 것입니다. 믿음의 기적입니다. 이 사건을 히브리서 기자는 "아브라함은 시험을 받을 때에 믿음으로 이삭을 드렸으니 그는 약속들을 받은 자로되 그 외아들을 드렸느니라"(히 11:17)라고 해석했습니다. 분명히 '아브라함이 이삭을 드렸다'고 말합니다.

이삭은 '약속의 자녀'로 칭함 받은 자입니다. 창세기 12장에서 하나님은 아브라함에게 "내가 너로 큰 민족을 이루고 네게 복을 주어 네 이름을 창대하게 하리니 너는 복이 될지라"(창 12:2)라고 약속하셨습니다. 아브라함은 그 말씀을 믿었습니다. 10년 동안 믿었습니다. 그런데 아무 일도 일어나지 않자 아브라함은 두려움이 생겼습니다. 하나님이 약속하셨는데도 아이가 없자 흔들리기 시작했습니다. 사라의 몸종 하갈을 얻어 이스마엘을 낳기까지 흔들렸습니다.

아브라함에게 아이가 태어난다는 것은 불가능한 일이었습니다. 하나님의 말씀은 좋지만 실제로 그런 일은 일어나지 않았습니다. 아브라함의 몸이 노인이 되어 가고 있었기 때문입니다. 그런데 놀라운 사건이 생겼습니다. 아브라함이 100세가 되고 사라가 90세였을 때 임신을 하게 된 것입니다. 그때 아브라함은 말씀은 지켜지고, 하나님의 약속은 변함이 없다는 사실을 깨달았습니다.

몸이 늙고 환경적으로 불가능해졌다 할지라도 하나님의 약속은 이루어진다는 사실을 알게 된 후부터 아브라함은 믿음을 갖기 시작했습니다. 그때까지는 흔들렸지만 이삭이 세상에 태어난 사건을 통해 인간의 방법, 지식, 이성, 환경과 상관없이 하나님의 약속은 지켜진다는 사실을 깨달은 것입니다. 그때부터 아브라함의 믿음에는 변화가 왔습니다.

그런데 아이와 행복하게 살다가 아이가 성인이 된 어느 날, 하나님이 아브라함에게 아이를 내놓으라고 말씀하셨습니다. 이때 아브라함은 자신감이 생겼습니다. '이삭은 죽어도 다시 산다'는 믿음이 있었습니다. 하나님이 이삭을 번제로 죽이라고 하셨을지라도 하나님의 약속은 반드시 지켜지고, 하나님이 하신 말씀은 반드시 이루어진다는 사실을 믿은 것입니다.

그래서 아브라함은 순종을 결심했습니다. 하나님이 어떤 모양으로 이삭을 다시 살려 주실지는 모르지만 그의 마음속에는 '이삭은 다시 산다'는 믿음이 있었습니다. 하나님의 약속을 믿은 것입니다. 우리도 천국이 있음을 믿고, 예수님이 다시 오실 것을 믿습니다. 하나님의 약속이기 때문입니다.

믿음이란 내 생각이나 환경, 이성을 믿는 것이 아닙니다. 또는 내 정신력이나 사람들의 말을 믿는 것도 아닙니다. 하나님의 약속의 말씀을 믿는 것이 믿음입니다. 하나님의 약속이 하나도 이루어지는 것 같지 않지만 결국 그 약속은 지켜지고 하나님은 승리하십니다. 역사의 마지막에 하나님은 승리하십니다. 그것을 가리켜 '부활 신앙'이라고 합니다. '죽어도 살고, 망해도 이긴다'는 믿음이 아브라함에게 생겼습니다.

아브라함은 모든 악한 권세와 죽음의 권세, 질병과 절망과 좌절을 꺾으시고 영광 가운데 승리하시는 하나님을 신뢰하기 시작했습니다. 요한복음 11장 25 - 26절에서 예수님은 죽은 나사로 앞에서 의심하는 마르다에게 "나는 부활이요 생명이니 나를 믿는 자는 죽어도 살겠고 무릇 살아서 나를 믿는 자는 영원히 죽지 아니하리니 이것을 네가 믿느냐"라고 물으셨습니다. 그러자 마르다는 태도를 바꾸어 "주여 그러하외다 주는 그리스도시요 세상에 오시는 하나님의 아들이신 줄 내가 믿나이다"(요 11:27)라고 대답했습니다.

참된 믿음이란 그리스도를 바라볼 뿐만 아니라 부활 신앙을 갖는 것입니다. 그래서 믿음을 가진 사람은 좌절하거나 절망하지 않습니다. 나를 죽인다 해도 포기하지 않고, 어떤 고난이나 손해가 따른다 해도 그리스도를 바라봅니다. 약속의 말씀을 믿는 사람에게는 부활 신앙이 있기 때문에 오히려 승리로 가득 찬 삶을 살아갑니다.

히브리서 기자는 이어지는 11장 19절에서 아브라함이 "하나님이 능히 이삭을 죽은 자 가운데서 다시 살리실 줄로 생각한지라"라고 묘사했습니다. 아브라함은 스스로 100세에 아들을 낳아 보았기 때문입니다. 그래서 하나님이 아들을 달라고 요구하실 때 아낌없이 드릴 수 있었습니다.

믿음을 가진 사람은 포기할 줄 압니다. 믿음이 없는 사람은 포기하지 못합니다. 믿음의 절정은 포기와 순종입니다. 믿음의 처음 단계는 무엇인가 소유하고 얻는 것입니다. 그러나 믿음의 완성 단계는 모든 것을 포기하는 것입니다.

5절에서 또 하나 발견할 수 있는 것은 이삭을 데리고 번제를 드리러 가고 있는 아브라함이 종들에게 '번제'라고 하지 않고 '예배'라고 했다는 사실입니다. '번제'는 죽는 것입니다. 죽음은 예배로 승화됩니다. 어린양 예수 그리스도가 십자가에 못 박혀 죽으심으로 말미암아 우리의 구원이 이루어졌고, 그분이 죽음에 머무르지 않고 부활하심으로 말미암아 그 사건이 우리에게 예배의 사건이 된 것입니다.

번제를 예배로 바꿀 수 있는 것은 바로 순종입니다. 아브라함은 "나는 내 아들 이삭을 죽이러 가고 있지만 그것은 하나님께 드리는 예배와 같다"고 말한 것입니다. 번제가 예배로 바뀌었고, 예배가 부활로 바뀌었습니다. 아브라함의 마음은 번제 전에 부활의 신앙으로 충만해 있었습니다. 그는 더 이상 두려워하지 않았습니다. 아브라함은 함께 따라온 종들과 나귀를 기다리게 한 후 이삭과 함께 약속의 장소로 올라갔습니다.

## 번제할 어린양은 먼 훗날 예수 그리스도이시다

> 아브라함이 이에 번제 나무를 가져다가 그의 아들 이삭에게 지우고 자기는 불과 칼을 손에 들고 두 사람이 동행하더니(창 22:6).

아브라함은 여기서 번제에 사용할 나무를 아들의 어깨에 지웠습니다. 예수님이 자신의 십자가를 지고 골고다 언덕을 오르신 것과 같습니다. 자기 십자가를 자기가 진 것입니다. 이삭은 자기 자신이 번제로 드려질 제물인데 그 나무를 직접 지고 갔습니다. 예수님은 우리에게 "아무든지 나를 따라오려거든 자기를 부인하고 날마다 제 십자가를 지고 나를 따를 것이니라"(눅 9:23)라고 말씀하셨습니다. 예수님은 자신이 져야 할 십자가를 지셨고, 이삭은 자기를 태울 나무를 지고 산을 올랐습니다.

우리도 우리가 져야 할 십자가를 져야 합니다. 십자가를 피하지 마십시오. 하나님은 우리에게 우리가 질 십자가를 주셨습니다. 십자가가 쉬워질 수 있는 비결은 자기를 부인하는 것입니다. 십자가가 무거운 이유는 자신을 부인하지 않기 때문입니다. 자기 자신을 고집하면 십자가는 고통스럽습니다. 그러나 자기를 부인하고 자기 십자가를 지면 다른 사람이 살아납니다. 내가 십자가를 지면 다른 사람이 구원을 얻는다는 의미입니다. 십자가를 짐으로 말미암아 이 나라와 가정과 민족을 구원하라는 것입니다.

이삭은 자기가 져야 할 나무를 어깨에 메고 하나님이 지시하신 장소로 갔습니다. 그런데 아버지는 한 손에는 불을 쥐고, 한 손에는 칼을 쥐고 있었습니다. 무서운 모습입니다. 아버지의 마음속에는 아들에게 두려움을 주거나 아들을 죽이고 싶은 마음은 없었습니다. 이것은 단순한 살인 행위가 아닙니다. 여기에는 상상할 수 없는 믿음과 사랑이 있었습니다. 한 손에는 칼을, 한 손에는 불을 쥔 모습은 마치 자기 아들을 십자가에 내어 주시는 하나님의 마음 같습니다.

하나님은 하나님의 아들이 십자가에 못 박혀 죽을 때 너무나 힘들고 고통스러우셨기 때문에 침묵하셨습니다. 침묵은 어떤 언어보다 무서운 언어입니다. 하나님은 아무 말씀도 하실 수 없었습니다. 십자가에서 "엘리 엘리 라마 사박다니"(마 27:46; 막 15:34)라고 부르짖는 아들의 목소리를 들으실 때 하나님은 침묵하셨습니다. 그러나 하나님은 예수님의 죽음을 외면하시지 않았습니다. 하나님은 아들의 죽음을 직면하셨습니다. 아들 예수가 미워서 죽이신 것이 아니라 우리를 구원하기 위해 그분은 독생자 예수 그리스도를 죽이셔야만 했습니다.

하나님은 지금 이 고통스러운 아버지의 마음을 아브라함에게 가르쳐 주고 계십니다. 아브라함은 사흘 동안 고통을 겪었지만 하나님은 수천 년 동안 고통스러우셨습니다. 우리는 예수 그리스도의 구원을 받아들였지만 아들을 내어 주신 하나님의 고통스러운 마음은 생각하지 않습니다. 이것은 마치 자식이 부모의 사랑을 받고 자라나지만 부모가 고민하고 괴로워하며 눈물을 흘렸다는 사실은 생각하지 않는 것과 같습니다. 자식은 다 자기가 잘난 줄 압니다. 자기가 똑똑해서 잘 자란 줄 압니다. 그렇지 않습니다. 부모는 자녀가 성장하기까지 수없이 많은 밤을 뜬눈으로 새우고, 학교에 등록금을 내기 위해 고생했고, 자존심을 굽혀야 했습니다.

인간을 구원하시기 위해 하나님이 얼마나 피눈물을 흘리시며 고통 속에 기다리셨는지를 아브라함은 그 사흘 동안 경험했습니다. 사람은 사랑을 깨달을 때 성숙해집니다. 하나님의 사랑, 부모의 사랑을 깨달을 때 우리는 할 말을 잃고 겸손해집니다.

7절에서 드디어 이삭이 입을 열었습니다. 이삭은 이미 자신이 죽으리라는 것을 알고 있었습니다. 예수 그리스도도 태어나실 때부터 자신의 삶이 십자가를 향해 가고 있음을 아셨습니다.


이삭이 그 아버지 아브라함에게 말하여 이르되 내 아버지여 하니

그가 이르되 내 아들아 내가 여기 있노라 이삭이 이르되 불과 나무
는 있거니와 번제할 어린양은 어디 있나이까(창 22:7).

아마 그때 아브라함은 이삭이 입을 열지 않기를 바랐을 것입니
다. 입을 열면 할 말이 없기 때문입니다. 아들의 질문에 아버지는
"내 아들아 내가 여기 있노라"라고 대답했습니다. 이 아브라함의
대답에는 깊은 고통이 숨어 있습니다. 기막힌 고통과 슬픔과 아픔
의 시간입니다. 이때 이미 아브라함의 눈에는 피눈물이 고였을 것
이며, 그의 심장은 더 이상 자신의 것이 아니었을 것입니다. 이것
은 곧 자기 아들을 십자가에 내주셔야 하는 하나님 아버지의 마음
과 동일한 것이었습니다.

번제할 어린양은 어디 있냐고 묻는 이삭의 질문은 십자가를 지
시기 위해 겟세마네 동산에서 기도하시던 예수님을 생각나게 합
니다. 예수님은 "아버지여 만일 아버지의 뜻이거든 이 잔을 내게
서 옮기시옵소서"(눅 22:42상)라고 기도하셨습니다. 예수님은 "꼭
이 십자가를 져야 합니까?"라고 땀이 피가 되도록 기도하셨습니
다. 그러나 결국 예수님은 "그러나 내 원대로 마시옵고 아버지의
원대로 되기를 원하나이다"(눅 22:42하)라고 하셨습니다.

아브라함이 이르되 내 아들아 번제할 어린양은 하나님이 자기를 위
하여 친히 준비하시리라 하고 두 사람이 함께 나아가서(창 22:8).

하나님은 침묵하셨지만, 아브라함은 "번제할 어린양은 하나님이 자기를 위하여 친히 준비하시리라"라고 대답했습니다. 우리는 여기서 하나님이 하실 수 있는 일이 있고, 사람이 할 수 있는 일이 있음을 발견합니다. 순종하며 나아가는 일은 사람이 할 일이지만, 친히 역사하셔서 기적을 베푸시는 일은 하나님이 하실 일입니다.

부활은 하나님이 베풀어 주십니다. 번제할 어린양은 하나님이 이미 하나님을 위해 친히 준비해 두셨습니다. 번제할 어린양은 먼 훗날 예수 그리스도이십니다. 하나님은 믿음으로 나아가는 사람에게 번제할 어린양을 선물해 주십니다. 아브라함은 자기 아들 이삭을 하나님께 드렸습니다. 하나님은 온 인류에게 예수 그리스도를 주셨습니다.

# 26

# '여호와 이레'의
# 하나님을 믿습니다

창세기 22:9-14

## 대가 없는 순종 없고, 순종 없는 믿음 없다

드디어 아브라함은 이삭과 함께 하나님이 지시하신 땅에 도착했습니다.

> 아브라함이 이르되 내 아들아 번제할 어린양은 하나님이 자기를 위하여 친히 준비하시리라 하고 두 사람이 함께 나아가서 하나님이 그에게 일러 주신 곳에 이른지라 이에 아브라함이 그곳에 제단을 쌓고 나무를 벌여 놓고 그의 아들 이삭을 결박하여 제단 나무 위에 놓고(창 22:8-9).

여기서 흔들리지 않는 아브라함의 모습을 볼 수 있습니다. 믿음이란 어떤 위기에도 흔들리지 않는 것입니다. 성공할 때뿐 아니라 실패할 때도, 건강할 때나 병들었을 때도 흔들리지 않습니다. 이것이 믿음입니다. 대부분의 사람들은 일이 잘되거나 상황이 좋으면 하나님을 찬양하고 잘 믿습니다. 그러나 위기에 부딪히거나 절망에 빠지면 쉽게 흔들립니다. 믿음을 쉽게 포기하려 합니다.

자기 아들을 죽여야 하는 이 엄청난 사건 앞에서 아브라함은 인간적으로 흔들리고 당황할 수밖에 없었지만, 말씀을 보면 의외로 아브라함은 매우 담담한 모습입니다. 그렇다고 그에게 아버지의 사랑이 없는 것은 아니었습니다. 참된 믿음이 생기면 죽음 앞에서도 담담해진다는 사실을 알 수 있습니다.

아브라함은 하나님이 모든 것을 준비해 주시리라고 믿었습니다. 믿음이란 무엇입니까? 하나님이 지켜 주시고 준비해 주심을 믿는 것입니다. 믿음은 정신력이 아니며, 자기 의지도 아닙니다. 믿음은 막연한 미래에 대한 기대감도 아닙니다. 하나님의 약속을 신뢰하고 하나님을 신뢰하는 것입니다.

신앙을 갖게 되면 두 가지 모습을 보입니다. 한쪽으로 보면 너무 잘되고, 한쪽으로 보면 너무 일이 안됩니다. 그래서 당황합니다. 아예 잘된다든지 안된다든지 하면 빨리 이해하겠는데, 어떻게 보면 다 잘될 것 같고, 어떻게 보면 되는 것이 별로 없습니다. 그래서 '나는 무엇을 의지할 것인가? 아무것도 없는 현실을 어떻게 믿을 것인가? 하나님이 주신 약속을 믿을 것인가?' 갈등합니다.

아브라함은 하나님이 지시하신 곳에 도착했습니다. 그는 도착하자마자 제단을 쌓았습니다. 나무를 벌였습니다. 여기서 생각해 볼 점이 있습니다. '이러한 모든 작업을 아브라함 혼자서 했을까?' 하는 것입니다.

이삭이 나무를 지고 갔습니다. 아브라함은 한 손에는 불을 들고, 한 손에는 칼을 들고 갔습니다. 하나님이 약속하신 장소에 도착했습니다. 제단을 만들어야 했습니다. 자리를 잡은 후 이삭이 지고 온 나무를 차곡차곡 쌓았습니다. 이 일을 과연 아브라함 혼자서 했을까요? 아닙니다. 아브라함과 이삭이 함께했을 것입니다. 이삭은 죽어야 하는 자리였고, 아브라함은 죽여야 하는 자리였습니다. 이것이 신앙입니다. 이성적으로 이해되고, 경험적으로 확인되고, 누가 봐도 다 좋은 일을 하는 것이 신앙이 아닙니다. 하기에는 너무나 부담스럽고, 결정하기에는 정말 고민스럽지만 하나님의 일이기 때문에 순종하는 것이 신앙입니다.

아브라함은 나무 단을 만들어 놓고 사랑하는 아들 이삭을 결박해 나무 위에 놓아야 했습니다. 나무를 쌓는 일은 했다 하더라도 아들을 자기 손으로 묶어야 했습니다. 젊은 아들과 늙은 아버지입니다. 아들이 묶이지 않으려고 마음만 먹으면 아버지는 아들을 묶을 수 없습니다. 소나 돼지를 끌어 본 경험이 있습니까? 소나 돼지는 끌고 가기만 해도 힘이 듭니다. 닭을 잡아 본 경험이 있다면 알 텐데, 닭 한 마리를 잡으려 해도 난리가 납니다. 하물며 사람이 싫으면 어떻게 하겠습니까? 이삭이 반항하면 이 일이 어떻게 가능하겠습니까? 설령 묶었다 하더라도 늙은 아버지가 젊은 아들을 어떻게 나무 단 위에 올리겠습니까? 이삭이 스스로 올라가야 합니다.

우리는 여기서 아들은 죽어야 하고, 아버지는 죽여야 하는 절박하고 기막힌 현실 앞에서 담담하게 행동하는 두 사람을 봅니다. 이것이 믿음입니다. 우리는 믿음을 너무나 값싸게 생각하고 감상적으로 여깁니다. 우리 믿음에는 고통과 대가, 희생이 없습니다. 믿음을 가지면 모든 일이 잘된다고 생각하기 때문에 현실적으로 치러야 할 믿음의 행위에 대해서 우리는 인색합니다. 그래서 가끔 하나님을 원망하고 현실에 대해서 불평합니다.

믿음은 순종입니다. 순종은 대가를 치르는 것입니다. 아픔과 고통을 지불하는 것입니다. 대가 없는 순종이 없고, 순종 없는 믿음이 없습니다.

하나님의 뜻을 이루기 위해, 하나님을 믿고 따르는 데 어떤 대가를 치렀습니까? 돈 몇 푼, 시간 조금 내는 것만으로도 우리는 얼마나 생색을 냅니까? 그 일 한 번 하면서 얼마나 깊이 묵상하고 얼마나 망설입니까? 쥐꼬리만 한 헌신을 하면서 엄청난 헌신을 하는 것처럼 착각하고 있지는 않습니까? 그 정도로 가난한 자를 도와주고 하나님의 일을 다 하는 것처럼 생각하지는 않습니까?

하나님은 우리를 위해 아들 예수 그리스도를 내어 주셨다는 사실을 기억하십시오. 하나님은 그렇게 하시고도 아무 말씀을 하시지 않습니다. 자신이 얼마나 고통스러웠고 아팠는지 말씀하시지 않습니다. 사랑하는 사람 앞에서는 말하지 않습니다. 부모가 자식들에게 "내가 너 때문에 얼마나 힘들고 고통스러웠는지 아느냐?"라고 말할 수 없습니다. 자식은 부모의 고통을 모릅니다.

아브라함과 이삭이 함께 제단을 만든 것은 마치 온 인류를 위해 그리스도가 십자가에 못 박혀 죽으실 때 하나님과 예수 그리스도가 협력하신 것과 같습니다. 하나님은 예수님을 억지로 세상에 보내셨거나 억지로 십자가에 달리게 하시지 않았습니다. 예수님은 "이 십자가를 제가 져야 합니까?" 하며 고민하셨습니다. 그러나 결국 "내 원대로 마시옵고 아버지의 원대로 되기를 원하나이다"(눅 22:42하)라고 하셨습니다.

로마 군인들과 바리새인과 서기관들이 있는 곳에서도 예수님은 흔들리시지 않았으며, 사람에게 재판을 받으셨지만 입을 열지 않으셨고, 당당하게 자신의 십자가를 지고 골고다 언덕을 향해 가셨습니다. 그렇지만 예수님은 십자가에서 "아버지 저들을 사하여 주옵소서 자기들이 하는 것을 알지 못함이니이다"(눅 23:34)라고 기도하셨습니다. 또한 십자가에서 고통스러우실 때는 "엘리 엘리 라마 사박다니"(마 27:46; 막 15:34)라고 하셨으며, 목이 마를 때는 "내가 목마르다"(요 19:28) 하셨습니다.

예수님은 누구를 원망하시거나 누구에게 책임을 전가하시지 않았습니다. 그분이 예수 그리스도이십니다. 인류를 위한 화목 제물이 되신 그리스도는 그 고통과 아픔과 순종과 침묵을 통해 구원을 이루셨습니다.

가정이 변화되기 원합니까? 이 사회가 변하기를 원합니까? 그렇다면 누군가 고통을 겪어야 하고, 누군가 대가를 치러야 하며, 누군가 순종해야 하며, 누군가 침묵으로 현실을 받아들여야 합니다. 아담과 하와의 타락 이후 하나님은 수천 년 동안 인류를 구원하기 위해 계획하셨습니다. 하나님은 계속 그 계획을 생각하시고 연습하셨습니다. 그 첫 번째가 아벨의 제사였습니다. 창세기 3장 15절 말씀에서 시작해 양으로 드린 아벨의 제사 등을 통해 하나님은 지속적으로 "내 아들을 줄 것이다"라고 말씀하셨습니다. 특별히 구약 성경을 보면 하나님은 선지자들을 통해 "너희 죄를 용서하기 위해 메시아, 내 아들을 보낼 것이다"라고 수없이 말씀하셨습니다.

> 그러므로 주께서 친히 징조를 너희에게 주실 것이라 보라 처녀가 잉태하여 아들을 낳을 것이요 그의 이름을 임마누엘이라 하리라 (사 7:14).

하나님은 메시아가 태어나실 장소와 때와 환경을 준비하셨습니다. 예수님을 낳을 여자는 동정녀이어야 했습니다. 예수님이 태어나실 땅은 베들레헴이어야 했습니다. 예수님은 다윗과 아브라함의 자손이요, 유다 지파이어야 했습니다. 이것은 예수님이 태어나시기 훨씬 이전부터 알려진 이야기였습니다. 하나님이 이 문제를 놓고 끊임없이 생각하셨다는 뜻입니다. 하나님은 인간을 구원하기 위해 자기 아들을 죽여야 한다는 것 때문에 수천 년 동안 고통받으셨습니다. 이것이 우리가 받은 구원입니다.

# 하나님은 믿음의 칼을 들 때까지 기다리신다

손을 내밀어 칼을 잡고 그 아들을 잡으려 하니(창 22:10).

"손을 내밀어 칼을 잡고"라는 말씀을 통해 칼을 잡은 아브라함의 팔이 높이 들린 모습을 상상할 수 있습니다. "그 아들을 잡으려하니"라는 말씀을 통해서는 아브라함이 아들을 죽이기로 결정했음을 알 수 있습니다. 아마도 그는 칼을 내리치고 있었을 것입니다. 어느 누구도 멈출 수 없었고, 어느 누구도 말릴 수 없는 순간이었습니다.

믿음은 한번 해 보는 것이 아닙니다. '해 놓고 결과를 보자'라고 생각하는 것은 믿음이 아닙니다. 하기로 결정하고 후회하지 않는 것이 믿음입니다. 십자가 사건도 마찬가지입니다. 십자가란 예수님이 가상적으로 지신 것이 아닙니다. 십자가는 관념이 아니라 실제였습니다. 십자가는 의미가 아닙니다. 사람들은 부활을 믿지 못하기 때문에 "저녁에 잤다가 아침에 깨는 것이 부활이요, 계절이바뀌듯 겨울이 오고 봄이 오는 것이 부활이 아닌가?" 합니다. 부활의 실제를 믿기 어렵기 때문에 부활의 의미만 가지고 해석하고 철학을 만드는 것입니다.

천만의 말씀입니다. 예수님은 실제로 죽으셨고 부활하셨습니다. 우리도 진짜로 구원을 받았습니다. 우리도 진짜로 부활할 것입니다. 예수님의 부활이 진짜이기 때문입니다. 만약 주님의 부활이 관념적이고 종교적인 의미로 이루어진 것이라면 내 신앙도, 내 구원도 관념에 불과할 것입니다.

여호와의 사자가 하늘에서부터 그를 불러 이르시되 아브라함아 아브라함아 하시는지라 아브라함이 이르되 내가 여기 있나이다 하매 (창 22:11).

하늘에서 음성이 들렸습니다. 우리는 여기서 아주 놀라운 사실을 발견합니다. 하나님은 꼭 필요할 때, 결정적인 순간에 찾아오신다는 것입니다. 하나님이 아직도 우리를 찾아오시지 않는 이유는 아직은 괜찮기 때문입니다. 하나님이 보시기에 '더 이상 가면 안되겠다' 싶은 상황이 되면 하나님이 즉시 나타나십니다. 아브라함이 칼을 쥐었을 때도 하나님은 오시지 않았습니다. 그가 칼을 내리치려는 순간에 하나님이 오셨습니다.

우리는 창세기 12장 이후로 하나님이 아브라함에게 나타나신 장면을 수없이 보았습니다. 창세기 12장 1절에서 하나님은 아브라함에게 갈대아 우르를 떠나 지시하실 땅으로 가라고 하셨습니다. 그리고 15장 1절에서 다시 나타나셨습니다. 10년 동안 아브라함에게는 아무 일도 일어나지 않았고 그에게는 오직 갈등과 두려움만 있었습니다. 그는 하나님을 포기하려고 했습니다. 그때 하나님이 나타나셔서 두려워하지 말라고 하셨습니다. 아브라함을 밖으로 데리고 나가셔서 하늘의 별들을 보게 하셨습니다. "하늘을 우러러 뭇별을 셀 수 있나 보라 … 네 자손이 이와 같으리라"(창 15:5)라고 약속하셨습니다.

그런데도 그 후 몇 년 동안은 아무 일도 없었습니다. 창세기 17장에 가면 하나님이 아브라함에게 "내가 내 언약을 나와 너 사이에 두어 너를 크게 번성하게 하리라"(창 17:2)라고 약속하셨습니다. 그리고 창세기 18장에 다시 나타나셔서 사라가 임신할 것을 알려 주셨습니다. 그래도 아브라함은 믿지 못하다가 사라가 임신을 한 뒤에야 믿었습니다.

우리는 여기서 매우 재미있는 사실을 또 발견합니다. 아브라함이 하나님의 음성을 듣고도 믿지 않았다는 것입니다. 아브라함의 믿음은 흔들렸습니다. 마치 우리처럼 말입니다. 그러니 너무 걱정하지 말기 바랍니다. 하나님은 아브라함의 믿음이 흔들려도 야단치시지 않았습니다. 그냥 지켜봐 주셨습니다. 하나님은 아브라함의 수준에 맞춰 주셨습니다. 마찬가지로, 하나님은 우리 수준에도 맞춰 주십니다. 하나님은 포기하시지 않습니다. 믿음의 조상이 될 때까지, 자기 아들을 포기하는 믿음이 생길 때까지 하나님은 끊임없이 맞춰 주십니다.

그저 교회만 꾸준히 나올 수 있는 것도 복입니다. 담배 피우고 술 마셔도 괜찮습니다. 하나님이 끌고 가실 수 있도록 끈만이라도 잡고 계십시오. 하나님이 우리가 나이를 먹고 고난을 겪는 가운데 우리의 군더더기를 빼내십니다. 우리 안에 있는 헛된 것, 잘못된 것을 깨닫게 하시고 하나씩 정리하게 하십니다. 하나님은 우리를 포기하시지 않습니다.


## '여호와 이레', 준비하시는 하나님

> 사자가 이르시되 그 아이에게 네 손을 대지 말라 그에게 아무 일도 하지 말라 네가 네 아들 네 독자까지도 내게 아끼지 아니하였으니 내가 이제야 네가 하나님을 경외하는 줄을 아노라(창 22:12).

하나님의 메시지는 "네 아들을 죽이지 말라"라는 단 한 가지였습니다. 하나님의 목적은 이삭을 죽이는 것이 아니었기 때문입니다. 하나님은 아브라함의 순종을 보기 원하셨습니다. 하나님은 우리의 순종을 보기 원하십니다. "너를 포기하는 것을 넘어서서 네 아들까지 포기할 수 있느냐?", 이것이 하나님의 관심입니다. "너는 나를 어느 정도까지 신뢰할 수 있느냐? 너는 너 자신을 어느 정도까지 포기할 수 있느냐?"라는 의미입니다.

부르심에는 구원에 대한 부르심이 있고 포기에 대한 부르심이 있습니다. 하나님은 처음에는 다 주십니다. 그리고 포기하라고 하십니다. 우리는 포기하라고 하실 때 굉장히 힘들어합니다. 만약 하나님이 자녀를 포기하라고 하시면 포기하겠습니까? 얼마 헌금하고 조금 봉사하고 마는 것이 우리의 모습입니다. 그러나 하나님은 그 정도로 우리를 내버려 두시지 않습니다. 하나님은 포기하라고 하십니다. 하나님이 우리가 가진 것이 탐나셔서가 아닙니다. 하나님은 우리의 믿음과 순종을 보기 원하십니다.

우리는 하나님을 믿을 때 챙길 것 다 챙기고, 가질 것 다 가지려고 합니다. 그러나 하나님은 다 포기하라고 하십니다. 신앙의 현실은 순교입니다. 포기입니다. 여기까지 가야 합니다.

하나님은 아프리카를 위해 C. T. 스터드(C. T. Studd)를 사용하셨습니다. 그는 케임브리지 7인이며, 크리켓 선수이며, 당시 영국인 가운데 가장 촉망받는 지성인이었습니다. 그의 가문은 훌륭했고, 그에게는 큰 저택도 있었습니다. 스터드는 대학 시절 예수님을 만났습니다. 모든 것을 다 포기하고 아프리카로 들어갔습니다. 그의 전기를 보면 재미있는 사진이 있습니다. 영국에 있는 그의 저택과 아프리카에 있는 움막입니다. 아니, 움막이라고도 할 수 없는 것이 나무 기둥만 있는 천막이었습니다. 그는 그곳에 뼈를 묻었습니다. 스터드는 이렇게 말했습니다. "예수 그리스도가 나를 위해 십자가에 못 박혀 죽은 것이 사실이라면 나의 희생과 헌신은 헌신이라고 할 수 없다. 나는 이렇게 사는 것에 대해 감격할 뿐이다."

윌리엄 캐리(William Carey)는 인도를 위해 자신의 생애를 불태웠습니다. 허드슨 테일러(James Hudson Taylor)는 중국을 위해 자신의 청춘을 불태웠습니다. 헨리 아펜젤러(Henry Gerhard Appenzeller)와 호레이스 언더우드(Horace Grant Underwood)는 한국을 위해 청춘을 포기하고 이국땅에 와서 자신들의 인생을 보냈습니다. 지금도 하나님은 하나님 나라를 건설하시기 위해 우리를 부르십니다. 하나님은 이사야에게 이렇게 말씀하셨습니다.

내가 누구를 보내며 누가 우리를 위하여 갈꼬(사 6:8).

하나님은 과거나 현재나 미래가 똑같으십니다. 수천 년 전처럼 하나님은 지금도 이사야와 같은 사람을 찾으시고, 예레미야와 바울 같은 사람을 찾으십니다. 하나님이 부르신 사람은 역사와 세상을 변화시키는 사람이 됩니다. 우리 민족과 북한 땅이 우리를 부르고 있습니다. 질병이 많고, 가난하고, 가까이하기 힘든 아시아가 우리를 부르고 있습니다. 자기 아들을 아낌없이 죽이기로 결정한 아브라함을 보시면서 하나님은 "내가 이제야 네가 하나님을 경외하는 줄을 아노라"(창 22:12)라고 말씀하셨습니다. 하나님이 원하시는 것은 우리의 순종입니다.

아브라함이 눈을 들어 살펴본즉 한 숫양이 뒤에 있는데 뿔이 수풀에 걸려 있는지라 아브라함이 가서 그 숫양을 가져다가 아들을 대신하여 번제로 드렸더라(창 22:13).

하나님의 방법은 정말 놀랍습니다. 하나님은 이삭을 죽이기를 원하시지 않았습니다. 아브라함의 순종을 통해 먼 훗날 메시아가 이 땅에 태어나시고, 메시아의 순종을 통해 구원받은 수많은 사람을 생각하신 하나님은 본문에 나오는 이 놀라운 그림을 아브라함에게 보여 주셨습니다. 숫양의 뿔이 수풀에 걸려 있었습니다. 세상 사람들은 '우연'이라고 말합니다. 그러나 믿음을 가진 사람들은 '섭리'라고 말합니다.

예수님을 믿지 않는 사람들은 우리가 기도에 응답받았다고 하면 재수가 좋은 것이라며 웃습니다. 그런 일은 얼마든지 있다고 합니다. 그들은 기도하는 사람이 기도할 때마다 응답받으면 우연이 자꾸 생긴다고 말합니다. 결코 우연이 아닙니다. 하나님은 우리가 일상적으로 볼 수 있는 곳에서 기적을 베푸십니다.

여기서 굉장히 중요한 사실을 발견하게 됩니다. 하나님이 "이삭을 죽이지 말라. 네 죄가 사하여졌다"라고 말씀하시면 되지 않습니까? 그런데 하나님은 그렇게 말씀하시지 않고 번제를 받으셨습니다. 왜일까요? 번제가 없이는 죄가 없어지지 않기 때문입니다. 이삭을 죽이지 않으려면 이삭 대신에 죽어야 할 대상이 있어야 합니다. 양은 잘못한 일이 없지만 죽어야 합니다. 이것이 대속입니다. 죄가 없으신 예수님도 우리를 대신해서 죽으셨습니다.

아담과 하와가 죄를 지었을 때 하나님이 "죄가 없는 것으로 하자"라고 하셨다면 얼마나 좋겠습니까? 그러나 하나님은 그렇게 하시지 않았습니다. 죄는 일단 발생하면 그 죄를 치울 때까지 계속 존재합니다. 우리가 지은 죄는 없어지지 않습니다. 보혈로 씻기 전까지는 그대로 있습니다.

죄의 삯은 사망입니다(롬 6:23). 죄를 없애기 위해서는 누군가 대신 죽어야 합니다. 이것이 대속입니다. 그래서 구약 시대에는 1년에 한 번씩 양이나 소를 잡아서 피를 흘리게 했습니다. 그러고는 그 양과 소를 태웠습니다. 사람들이 그 연기를 보게 했고, 냄새를 맡게 했고, 피를 보게 했습니다. "네가 죽어야 하는데, 너 대신에 이 양과 소가 죽었다"라는 사실을 알려 준 것입니다. 그러나 이것은 완전한 제사가 아니었습니다. 반복해서 드려야 했습니다. 하나님은 완전한 제사, 영원한 제사를 준비하셨습니다. 그 제물이 바로 예수 그리스도셨습니다.

죄인은 죄인을 용서할 수 없습니다. 죄인을 용서할 수 있는 사람은 죄가 없어야 합니다. 그러나 세상에서는 죄인이 죄인을 재판합니다. 들킨 죄와 들키지 않은 죄의 차이가 있을 뿐, 다 죄인입니다. 누가 누구를 정죄할 수 없습니다. 성인(聖人)으로 칭송받는 사람들도 있지만, 그들이 구원할 수 없는 것은 그들도 죄인이기 때문입니다.

인간을 구원할 수 있으려면 죄가 없으신 하나님이어야 합니다.

동시에 인간이어야 합니다. 육신을 가진 인간이어야 인간을 구원할 수 있습니다. 그분이 바로 예수 그리스도이십니다. 지구상에 수많은 종교가 있지만 하나님이시면서 동시에 인간이신 분은 예수님밖에 없습니다.

하나님은 이삭 대신 양을 준비하셨습니다. 그 양은 먼 훗날 우리의 죄를 지고 가신 하나님의 어린양 예수 그리스도이십니다. 그분이 우리의 구원자이십니다. 하나님은 이 어린양을 준비하셨습니다. 그래서 그분의 이름은 '여호와 이레', 즉 '준비하시는 하나님'입니다.

# 27

# 하늘의 별, 바닷가의 모래,
# 이 복을 내게도 주소서

창세기 22:15-24

## 하나님은 자신이 하신 말씀을 자신이 보증하신다

아브라함은 아들을 번제로 드리라는 하나님의 요구 앞에 주저하지 않았습니다. 아브라함의 믿음과 순종을 보기 원하셨던 하나님의 시험이 끝났습니다. 아브라함의 순종은 하나님이 원하시는 기준의 믿음이었습니다. 순종보다 더 확실한 믿음은 없고, 순종보다 더 큰 믿음은 없습니다.

시험을 통과해야 진급할 수 있고, 시험에 합격해야 대학에 들어갈 수 있습니다. 시험을 치르는 일은 쉬운 일이 아닙니다. 때에 따라서는 밤을 새워야 하기도 하고 고통도 따릅니다. 그러나 시험에 통과한 사람에게는 기쁨과 영광이 주어집니다. 하나님의 복은 믿음의 시험에 합격하고 순종한 사람에게 주어지는 특권입니다. 우리도 믿음의 순종을 통해 하나님이 예비하신 놀랍고 아름다운 복을 경험할 수 있기를 바랍니다.

여호와의 사자가 하늘에서부터 두 번째 아브라함을 불러 이르시되 여호와께서 이르시기를 내가 나를 가리켜 맹세하노니 네가 이같이 행하여 네 아들 네 독자도 아끼지 아니하였은즉 내가 네게 큰 복을 주고 네 씨가 크게 번성하여 하늘의 별과 같고 바닷가의 모래와 같게 하리니 네 씨가 그 대적의 성문을 차지하리라(창 22:15-17).

여호와의 사자가 하늘에서부터 두 번째로 나타났습니다. 여호와의 사자는 하나님의 메시지를 전하는 천사입니다. 아브라함이 이삭을 죽이기 위해 칼을 내리치려는 순간, 하나님의 천사가 "아브라함아 아브라함아 … 그 아이에게 네 손을 대지 말라 그에게 아무 일도 하지 말라 네가 네 아들 네 독자까지도 내게 아끼지 아니하였으니 내가 이제야 네가 하나님을 경외하는 줄을 아노라"(창 22:11-12)라는 메시지를 전했습니다. 이것이 여호와의 사자가 처음 나타난 때입니다.

하나님의 관심은 이삭을 죽이는 데 있지 않았습니다. 아브라함의 믿음의 정도를 알아보는 데 하나님은 관심이 있었습니다. 하나님은 우리 주머니 속에 있는 돈에 관심이 있으신 것이 아니라, 우리에게 관심이 있습니다. 우리의 믿음을 달아 보고자 하시는 것입니다. 하나님은 "나를 사랑하기 때문에 너 자신을 포기할 수 있느냐? 네 자식이라도 포기할 수 있느냐?"라고 물으십니다. 그리고 하나님은 "내가 네 믿음을 보았다. 내가 네 믿음을 보았으므로 어린양을 준비했노라"라고 말씀하십니다. 그 어린양이 바로 예수 그리스도이십니다.

두 번째는 본문인 15절에 나옵니다. "여호와의 사자가 하늘에서부터 두 번째 아브라함을 불러." 천사가 나타난 이유는 복 주기 위해서였습니다. 하나님은 순종하는 자에게 복을 주시고, 하나님의 약속을 신뢰하는 자에게 은혜를 베풀어 주십니다.

여기서 천사는 하나님의 메시지를 전달할 때 "내가 나를 가리켜 맹세하노니"라고 표현했습니다. 하나님은 반드시 약속을 지키십니다. 하나님은 말씀하신 바를 바꾸시지 않습니다. 사람의 특징은 배신입니다. 사람은 자신이 한 말을 지키지 못합니다. 사람은 한계가 있고 유한한 존재이기 때문입니다. 잘 지키고 싶어 하지만 불완전한 존재요, 죄인이기 때문에 약속을 끝까지 지키기가 어렵습니다. 그러나 하나님은 약속을 지키실 수 있습니다. 왜냐하면 하나님이시기 때문입니다. 하나님은 "내가 보증하겠다"라고 말씀하십니다. 하나님이 자신이 하신 말씀을 자신이 보증하겠다고 하신 것입니다.

하나님의 약속을 믿기 바랍니다. 하나님의 약속은 수천 년이 지나도 반드시 이루어집니다. 하나님이 자기의 이름을 걸고 맹세하셨기 때문입니다. 하나님보다 더 위대한 이름이 없고, 하나님보다 더 능력 있는 분이 없기 때문에 하나님은 자신의 이름을 걸고 약속하십니다.

하나님이 아브라함에게 약속하실 때에 가리켜 맹세할 자가 자기보다 더 큰 이가 없으므로 자기를 가리켜 맹세하여 이르시되 내가 반드시 너에게 복 주고 복 주며 너를 번성하게 하고 번성하게 하리라 하셨더니(히 6:13-14).

이 말씀은 아브라함에게만 주시는 복이 아닙니다. 우리에게도 주시는 복인 줄 믿습니다. 하나님은 아브라함에게 "내가 반드시 너에게 복 주고 복 주며 너를 번성하게 하고 번성하게 하리라"라고 약속하셨습니다. 하나님은 이 약속을 자기의 이름을 걸고 반드시 이룰 것이라고 말씀하셨습니다. 놀라운 이야기입니다.

이 약속의 내용은 본문 17절에 나와 있습니다. "내가 네게 큰 복을 주고 네 씨가 크게 번성하여 하늘의 별과 같고 바닷가의 모래와 같게 하리니"라는 약속입니다. 우리는 여기서 하나님은 위대한 순종을 하는 사람에게는 위대한 복을 주신다는 사실을 알 수 있습니다. 하나님은 아브라함만 복 주신 것이 아니라 그 자녀의 자녀까지 하늘의 별과 같이, 바다의 모래처럼 번성하게 해 주리라는 복의 약속을 주셨습니다.

이 약속은 처음 하신 것이 아닙니다. 아브라함이 갈대아 우르에 있을 때 하나님은 그에게 "너는 너의 고향과 친척과 아버지의 집을 떠나 내가 네게 보여 줄 땅으로 가라 내가 너로 큰 민족을 이루고 네게 복을 주어 네 이름을 창대하게 하리니 너는 복이 될지라"(창 12:1-2)라고 약속하셨습니다.

그러나 10년이 지나도록 아무 일도 일어나지 않자 하나님의 약속을 믿었던 아브라함의 마음이 흔들렸습니다. 그때 또 하나님이 나타나셔서 "두려워하지 말라 나는 네 방패요 너의 지극히 큰 상급이니라"(창 15:1)라고 말씀하시며 아브라함을 밖으로 데리고 나가셔서 하늘의 별을 보여 주셨습니다. 그러고는 "하늘을 우러러 뭇별을 셀 수 있나 보라 또 그에게 이르시되 네 자손이 이와 같으리라"(창 15:5)라고 약속하셨습니다. 그래도 여전히 아이는 없었습니다.

100세 무렵 하나님은 다시 한번 아브라함에게 나타나셔서 격려하며 위로하셨습니다. "내가 내 언약을 나와 너 사이에 두어 너를 크게 번성하게 하리라"(창 17:2)라고 말씀하셨습니다. 그 후 이삭이 태어났습니다. 이삭은 번제의 제물로 죽을 뻔했으나 하나님이 다시 살려 주셨습니다. 이제 마지막으로 하나님은 "내가 네게 큰 복을 주고 네 씨가 크게 번성하여 하늘의 별과 같고 바닷가의 모래와 같게 하리니"(창 22:17)라고 약속하셨습니다.

사람의 눈으로 확인할 수 있는 하늘의 별은 약 3,000개 정도 된다고 합니다. 그러나 우리가 볼 수 없는 별들이 오히려 더 많기 때문에 아마도 별을 다 셀 수는 없을 것입니다. 하나님은 아브라함에게 그 수많은 별처럼 자녀들을 번성하게 하며 복을 줄 것이라고 약속하셨습니다. 하나님의 약속은 신실합니다. 하나님은 "내 이름으로 한 내 약속은 반드시 이룰 것을 보증한다"라고 말씀하셨습니다.

참된 복은 무엇일까요? 건강하면 좋지만 건강이 복의 전부는 아닙니다. 가난한 것보다는 부자가 되는 것이 좋지만 부자가 되는 것이 복의 전부는 아닙니다. 높은 자리에 올라가면 좋지만 승진이 복의 전부는 아닙니다. 진정한 복은 돈을 많이 벌고, 성공하고, 자녀가 잘되는 데 있지 않습니다.

아브라함은 약속의 자녀를 얻었습니다. 그 자녀는 엄청나게 번성할 것입니다. 그 자녀 가운데 먼 훗날 메시아가 태어날 것입니다. 참된 복은 물질이 아니라 예수 그리스도입니다. '예수 그리스도를 믿는 것과 전하는 것'이 참된 복입니다. '네 씨 가운데 인류를 구원할 메시아가 태어날 것'이기 때문에 아브라함은 믿음의 조상이 되리라고 하나님은 말씀하셨습니다.

창세기 3장 15절에는 메시아에 대한 최초의 예언이 나옵니다.

> 내가 너로 여자와 원수가 되게 하고 네 후손도 여자의 후손과 원수가 되게 하리니 여자의 후손은 네 머리를 상하게 할 것이요 너는 그의 발꿈치를 상하게 할 것이니라 하시고(창 3:15).

메시아가 오시면 원수의 머리를 상하게 하실 것이라고 말합니다. 본문인 창세기 22장 17절에서는 메시아가 오시면 대적의 성문을 차지하리라고 말합니다. 메시아가 오시면 모든 저주가 끊어질 것이라고 말합니다.

## 참된 복은 예수 그리스도를 만나는 것이다

얼마 전 오사카를 다녀왔습니다. 3년 전에 오사카의 한 비즈니스맨

이 예수님을 영접했는데, 그분의 아내는 예수님을 잘 믿는 한국인이었습니다. 그분이 아내를 따라 한국을 잠깐 오게 되어 온누리교회에서 예배를 드리게 되었습니다. 그런데 그분은 예배를 드리며 충격을 받고 환상을 보았으며 오사카에도 이런 교회가 세워지면 좋겠다는 소망을 갖게 되었습니다. 그분은 지금 오사카에 6층 건물을 짓고 있습니다. 약 3억 엔 정도의 돈을 우리 교회에 기증했습니다. 그리고 저에게 3년 만에 1,000명의 성도를 만들어 달라고 부탁해 왔습니다. 그래서 교회를 개척하기 위해 오사카에 간 것입니다.

오사카에 도착해서 하룻밤을 지내고 다음 날 새벽 5시에 일어나 오사카 거리를 걷고 있었습니다. 저는 어디를 가든지 아침에 일찍 일어나면 도시의 거리를 걸으며 기도하는 습관이 있습니다. 그날도 여전히 오사카의 거리를 걷고 있었습니다. 가끔 한두 사람이 지나가기는 했지만 거의 사람이 없었습니다.

30분 정도 걷다가 길 건너편에 어떤 사람이 걸어가고 있는 모습을 발견했습니다. 그분은 무언가 열심히 중얼거리며 대문을 만나면 그곳을 향해 손을 펼치고 기도했고, 절을 향해서도 손을 펴서 한참 기도했습니다. 그분은 온누리교회에서 파송한 김사무엘 목사님이었습니다. 제가 놀라서 불렀더니 제 소리를 듣지 못하고 계속 기도하고 있었습니다. 그러다 얼마 후에야 저를 발견하고 길을 건너왔습니다. 김사무엘 목사님은 아침 일찍 일어나서 큐티를 하는데 시편 24편을 묵상하다가 성령이 임하셔서 거리로 뛰어나왔다고 말했습니다.

> 문들아 너희 머리를 들지어다 영원한 문들아 들릴지어다 영광의 왕
> 이 들어가시리로다 영광의 왕이 누구시냐 강하고 능한 여호와시요
> 전쟁에 능한 여호와시로다 문들아 너희 머리를 들지어다 영원한 문
> 들아 들릴지어다 영광의 왕이 들어가시리로다 영광의 왕이 누구시
> 냐 만군의 여호와께서 곧 영광의 왕이시로다 (셀라) (시 24:7-10).

김사무엘 목사님은 그 말씀을 모두 외운 후 오사카의 모든 문이
열리는 환상을 보았답니다. 그래서 흥분이 되어 오사카를 걸어 다
니며 문들을 향해 기도했던 것입니다.

부자가 되고, 건강하고, 성공하는 것도 복이지만 영광의 왕이신
메시아를 만나는 것이 진정한 복입니다. 하나님은 "네 씨가 그 대
적의 성문을 차지하리라"라고 말씀하셨습니다. 메시아를 기다리
고 만나 누리는 복을 받기 바랍니다. 예수님을 믿게 된 것이 참된
복입니다. 자녀들이 예수님을 믿게 될 것이고, 민족이 예수님을 믿
게 될 것입니다. 예수님은 대적의 성문을 차지하실 것입니다. 하나
님이 아브라함에게 준 복이 바로 이것입니다.

> 또 네 씨로 말미암아 천하 만민이 복을 받으리니 이는 네가 나의 말
> 을 준행하였음이니라 하셨다 하니라 (창 22:18).

이어서 하나님은 "네 씨로 말미암아 천하 만민이 복을 받으리니"라고 말씀하셨습니다. 우리는 아브라함의 자녀입니다. 메시아이신 예수 그리스도를 믿는 사람들이기 때문입니다. 그 약속의 물줄기를 가지고 있는 사람들이기 때문입니다. 우리가 가는 곳마다 복이 역사할 줄 믿습니다.

저에게는 '나를 만난 사람은 모두 복 받을 것이다'라는 영적 자부심이 있습니다. 우리를 만난 모든 사람이 복 받기를 간절히 바랍니다. 우리가 똑똑하고 잘나서가 아니라 우리 안에 예수님과 성령이 계시기 때문에 복을 나누어 주고, 기쁨을 나누어 주고, 절망을 소망으로 바꾸어 주는 사람이 되기를 바랍니다. 이것이 참된 복입니다.

예수님이 가시는 곳마다 개인이 바뀌었습니다. 역사가 바뀌고, 민족이 바뀌고, 가정이 바뀌었습니다. 왜냐하면 이것이 메시아가 온 인류를 위해 주신 하나님의 복이기 때문입니다.

## 특별한 이삭도, 평범한 리브가도 하나님의 방법이다

이에 아브라함이 그의 종들에게로 돌아가서 함께 떠나 브엘세바에 이르러 거기 거주하였더라(창 22:19).

아브라함은 종들에게로 돌아왔습니다. 그리고 아비멜렉에게서 구입한 우물가로 돌아왔습니다. 아브라함은 이삭과 함께 하나님이 지시하신 모리아 땅의 한 산으로 갔었습니다. 아브라함은 종들에게 "내가 아이와 함께 저기 가서 예배하고 우리가 너희에게로 돌아오리라"(창 22:5)라고 말했습니다. 논리에 맞지 않는 말이었습니다. 왜냐하면 이삭을 죽이러 가는 길인데, 그 이삭을 다시 데리고 돌아온다고 말했기 때문입니다.

여기서 믿음을 가지면 '부활 신앙'을 가지게 된다는 것을 알 수 있습니다. 이삭을 죽이러 가지만 이삭은 다시 산다는 것입니다. 믿음을 가진 사람은 '죽어도 산다'는 부활 신앙을 가집니다. '나는 망하지 않고 이것이 끝이 아니다'라는 생각이 듭니다. 우리 마음속에 이런 생각이 들기를 간절히 바랍니다. 그렇기 때문에 슬퍼도 웃을 수 있고, 절망 가운데서도 소망을 갖게 됩니다. 그래서 누구도 그리스도인의 마음을 절망하게 할 수 없습니다. 포기하게 할 수도 없습니다.

이 일 후에 어떤 사람이 아브라함에게 알리어 이르기를 밀가가 당신의 형제 나홀에게 자녀를 낳았다 하였더라(창 22:20).

그 후 기쁜 소식이 들려왔습니다. 오래전에 헤어진 둘째 동생이 아이를 낳았다는 소식이었습니다. 나홀은 아브라함의 동생입니다. 아브라함의 아버지 데라는 아들을 3명 낳았습니다. 아브라함, 나홀, 하란이었습니다. 셋째 아들 하란은 갈대아 우르에서 일찍 죽었는데, 그의 아들이 롯이었습니다. 그래서 아브라함이 동생 하란의 아들 롯을 데리고 믿음의 여행을 떠났던 것입니다. 둘째 나홀과는 헤어졌습니다. 그런데 그 나홀이 밀가라는 여자와 결혼해 아이를 낳았다는 소식을 들었습니다. 밀가는 바로 둘째 동생 하란의 딸이었습니다. 당시에는 근친결혼을 했습니다. 밀가는 아이를 낳았는데 아들을 8명이나 낳았다고 합니다.

> 그의 맏아들은 우스요 우스의 형제는 부스와 아람의 아버지 그므엘과 게셋과 하소와 빌다스와 이들랍과 브두엘이라(창 22:21-22).

나홀이 밀가와 결혼해서 아들 8명을 낳았다는 것이 무슨 의미가 있을까요? 그런데 성경은 이 읽기도 복잡한 아이들의 이름을 모두 기록했습니다. 그 이유는 이어지는 23절에 있습니다.

> 이 여덟 사람은 아브라함의 형제 나홀의 아내 밀가의 소생이며 브두엘은 리브가를 낳았고(창 22:23).

이 8명 중에 성경에서 관심을 두는 사람이 있기 때문입니다. 그는 바로 여덟 번째 아들인 브두엘입니다. 아니, 브두엘이라기보다는 바로 그의 딸인 리브가에게 관심을 두고 있습니다. 리브가가 이삭의 아내이기 때문입니다. 하나님의 계획입니다.

하나님은 우리에게 관심이 있으십니다. 만일 우리가 예수님을 믿고 하나님의 말씀을 전하는 선교사와 같은 삶을 산다면 하나님은 우리에게 더욱 특별한 관심을 가지실 것입니다. 왜냐하면 하나님의 복을 전달하는 사람이기 때문입니다. 이삭도 복을 전달하는 사람이었습니다. 그런데 이삭은 혼자 복을 전달할 수 없었습니다. 그에게는 아내가 있어야 했습니다. 그래서 그 아내가 아주 중요합니다. 그 아내도 이삭과 동일한 복을 전달할 자이기 때문입니다. 그래서 성경은 리브가가 태어나게 된 경위를 자세히 추적하고 있습니다.

여기서 우리는 하나님의 놀라운 계획과 섭리를 발견하게 됩니다. 이삭은 기적적인 출생아였습니다. 이삭은 정상적인 출생 방법으로라면 태어날 수 없는 사람이었습니다. 그는 아브라함의 나이 100세에, 도저히 아이를 낳을 수 없는 상황에서 하나님의 특별한 도움으로 세상에 태어났습니다. 성인이 되었을 때는 하나님이 그를 번제로 드리기를 원하셨습니다. 아브라함은 하나님의 명령에 순종해 이삭을 죽이기로 결정했습니다. 그러나 이삭을 향해 칼을 내리치려 할 때 하나님의 천사가 나타나 죽이지 말라고 했습니다. 이렇게 보면 이삭의 생존은 하나님의 특별한 관심과 기적이었습니다.

그런데 리브가는 그렇지 않았습니다. 그는 나홀의 막내아들 브두엘의 딸이었습니다. 흔히 있는 일입니다. 누구나 결혼하면 아이를 낳고, 또 그 아이가 자라서 아이를 낳습니다. 극히 자연적인 출생입니다. 초자연적인 출생이 아닙니다. 그러나 이삭은 초자연적인 출생과 생존을 했습니다.

여기서 우리가 발견하게 되는 놀라운 하나님의 계획이 있습니다. 하나님의 계획은 초자연적인 삶을 통해서도 이루어지고, 일상적이고 자연적인 삶을 통해서도 이루어진다는 사실입니다.

이러한 일들은 예수 그리스도에게서도 발견할 수 있습니다. 예수님의 출생은 초자연적이었습니다. 동정녀 마리아에게서 출생하셨기 때문입니다. 마리아는 남자를 알지 못했으므로 아이를 잉태할 수 없었습니다. 그러나 예수님은 처녀 마리아를 통해 인간과 동일한 모습을 가지고 태어나셨고 말구유에 누이셨습니다.

예수님은 걷지 못하는 자를 일으키시고, 맹인을 보게 하시고, 죽은 자를 살리시는 초자연적인 기적을 일으키셨지만 그분의 삶의 대부분은 자연적인 것이었습니다. 그분은 제자들의 발을 씻어 주셨고, 창녀와 죄인과 세리를 만나 주셨습니다. 배가 고프셨고, 목이 마르셨으며, 피곤을 느끼셨고, 십자가에 못 박혀서 고통을 경험하셨습니다. 또한 우리와 동일하게 외로워하셨습니다.

우리는 예수님에게서 두 가지 모습을 봅니다. 기적적이고 초자연적인 모습과 인간적이고 극히 자연적인 모습입니다. 하나님의 계획과 섭리는 이 두 가지 방법을 모두 포함합니다. 예수님을 믿고 구원을 받았다고 해서 항상 기적만 나타나지는 않습니다.

이러한 역사는 우리 개인에게도 동일하게 나타납니다. 우리가 예수님을 영접했을 때 초자연적인 일들을 경험할 수 있습니다. 이성으로 해석할 수 없고, 경험으로 동의할 수 없고, 도저히 설명할 수 없는 영적인 은혜를 경험하게 됩니다. 그러나 그러한 기적이 계속되지는 않습니다. 우리는 착각하지 말아야 합니다. 아무리 신령한 사람도 영적인 체험이 계속되지는 않습니다.

한편으로 초자연적인 기적이 나타나지만, 한편으로 우리의 삶은 자연적이고 일상적입니다. 우리가 천국에 속한 성도이지만 건강한 시민이 되어야 하는 까닭도 이 때문입니다. 우리가 예수님을 믿고 특별한 선택을 받았어도 오만하지 말아야 하는 까닭도 이 때문입니다. 우리는 보통 사람들입니다. 밥을 먹고, 잠을 자고, 평범하게 살아가는 사람들입니다.

성경에서 대표적인 인물을 꼽으라면 나사로를 들 수 있습니다. 예수님은 나사로가 죽어서 시체가 부패할 정도로 시간이 지난 후 그를 살려 주셨습니다. 나사로는 초자연적으로 다시 살아났습니다. 그러나 나사로는 영원히 살지 않았고 나이가 들어서 죽었습니다.

이처럼 우리가 이삭과 리브가를 통해 배우게 되는 사실은 초자연적이든 자연적이든 하나님의 구원과 섭리가 있다는 것입니다. 그리고 그 하나님의 구원의 복은 약속을 통해 이루어진다는 것입니다. 약속을 통해 이삭이 태어났고, 약속을 통해 리브가가 태어나서 하나님의 구원을 이룬 것처럼 말입니다.

하나님은 사람이 아니시니 거짓말을 하지 않으시고 인생이 아니시니 후회가 없으시도다 어찌 그 말씀하신 바를 행하지 않으시며 하신 말씀을 실행하지 않으시랴(민 23:19).

하나님은 약속을 통해 복을 주시며, 하나님의 말씀을 통해 구원을 이루십니다.

# 28

## 거저 받지 않고 땀 흘려
## 내 것으로 만듭니다

창세기 23:1-20

## 사라가 죽은 것처럼, 누구나 한 번은 죽는다

사람은 누구든지 세상에 태어나 한평생을 살다가 반드시 죽습니다. 그러나 죽음을 피하고 싶은 것이 인간의 본능입니다. 누구든지 죽을 때만 되면 몇 달, 아니 단 몇 시간이라도 삶을 연장해 보려고 애를 씁니다. 그러나 어느 누구도 죽음을 피할 수 없습니다. 히브리서 9장 27절은 "한 번 죽는 것은 사람에게 정해진 것이요 그 후에는 심판이 있으리니"라고 말합니다.

그렇습니다. 죽음은 피할 수 없고, 죽음 후에는 심판이 있습니다. 아담도, 노아도, 아브라함도, 다윗도 죽었습니다. 우리가 사랑하는 예수님도 죽으셨습니다. 그러나 오직 예수님만이 부활하셨습니다. 우리도 언젠가는 죽습니다.

아브라함이 사랑한 여인 사라가 127세를 일기로 죽었습니다. 아브라함보다 10살 아래인 사라가 먼저 죽었습니다. 죽음에는 순서가 없습니다. 누가 먼저 죽을지는 아무도 모릅니다.

사라가 백이십칠 세를 살았으니 이것이 곧 사라가 누린 햇수라 (창 23:1).

127세는 결코 적은 나이가 아닙니다. 살 만큼 살았다고 볼 수 있습니다. 그러나 얼마나 살았는지는 중요하지 않습니다. '무엇을 하며 어떻게 살았느냐'가 더 중요합니다. 어떤 사람은 비록 일찍 죽었지만, 그 생애 동안 누구보다 보람 있고 의미 있게 산 사람도 있습니다. 그러나 어떤 사람은 오래 살았지만 아무 의미 없이 살다가 죽기도 합니다.

사라의 일생은 의미 있고 보람 있었다는 사실을 알 수 있습니다. 사라가 큰일을 했거나 위대한 업적을 남긴 것은 아닙니다. 그저 한 남자에게 시집가서 아이 낳고 키우다 죽은 것 외에는 없습니다. 그러나 그녀는 자기 몫을 다 했고 가치 있고 의미 있게 살았습니다. 임신이 불가능한 90이라는 나이에 하나님의 특별한 은혜로 임신했고 이삭을 낳아 그가 장성해서 하나님 앞에 자기 몫을 할 때까지 잘 양육했습니다. 그 외에는 한 일이 없습니다. 하지만 그 일은 매우 결정적인 일이었고 중요한 일이었습니다. 사라의 아들은 약속의 아들이며, 그 아들을 통해 먼 훗날 메시아가 태어나실 것이기 때문입니다.

얼마나 큰일을 했느냐, 얼마나 많은 일을 했느냐는 하나님 앞에서 결코 중요하지 않습니다. 중요한 것은 하나님이 원하시는 생애를 살았느냐입니다. 예수님의 어머니 마리아도 그러했습니다. 예수님이 이 세상에 태어나심으로써 마리아는 여인으로서 가장 영광스러운 삶을 살았습니다. 마리아는 예수님을 임신했고, 해산하여 키웠고, 예수님이 십자가에 못 박혀 죽으실 때까지 돌보고 뒷바라지했습니다. 그 여인의 생애는 어머니 역할뿐이었습니다. 그러나 마리아는 가장 영광스러운 생애를 살았습니다. 의미 있고 보람 있게 사는 것보다 더 영광스러운 것은 없습니다. 우리의 생애에서 가장 의미 있는 것은 하나님의 섭리와 계획을 따라 사는 것입니다.

예수 그리스도는 하나님이시지만 인간의 몸을 입고 세상에 오셨습니다. 이 땅에 오신 주님이 하신 일은 단 한 가지였습니다. 그분은 많은 병자를 고치시고 복음을 가르치셨습니다. 예수님은 능력이 많은 분이셨습니다. 능력이 많은 사람은 여러 가지 일을 합니다. 예수님은 병원을 만들거나 학교를 만드는 등 많은 일을 하실 수 있었습니다. 그러나 예수님은 한 가지 일에 집중하셨습니다. 십자가를 지는 일이었습니다. 그것이 하나님이 원하시는 그분의 생애였습니다.

스데반은 정결하고 아름다운 사람이었습니다. 사랑과 칭찬과 존경을 받은 사람이었습니다. 그러나 그의 생애의 목적은 예수님을 위해서 순교의 피를 뿌리는 것이었습니다. 그래서 그는 순교당할 때 사람들이 던지는 핍박의 돌을 피하지 않고 다 맞았습니다. 그것이 그의 인생의 목적이었기 때문입니다.

사도 바울은 특별히 학자적인 달란트가 있었습니다. 신약 성경의 3분의 1을 쓸 만큼 지적인 사람이었습니다. 그러나 그는 학자로 사는 것으로 그의 인생을 보내지 않았습니다. 그는 열정도 있고, 리더십도 있는 큰 인물이었습니다. 그러나 그는 학교에서 그의 인생을 보내지 않았습니다. 그는 감옥에서 지냈고, 자기 집에서 살지도 않았고, 결혼도 하지 않았습니다. 그는 자기 민족인 유대인을 위해서가 아니라 이방인을 위해 자기의 삶을 헌신했습니다.

그러나 아무도 사도 바울의 삶을 두고 실패한 인생이라고 하지 않습니다. 오히려 가치 있고 의미 있는 삶을 살았다고 평가합니다. 그는 하나님이 원하시는 인생이 무엇인지 알았고, 그 한 가지 목적을 위해 다른 모든 것을 포기하고 살았기 때문입니다. 한 가지 목적을 위해 산다는 것은 다른 모든 가능성을 포기한다는 뜻입니다. 다른 모든 가능성을 포기할 때 내게 주어진 하나의 목적과 삶의 방향을 향해 걸어갈 수 있습니다. 사도 바울은 그렇게 살았습니다.

우리 삶의 의미와 목적은 무엇입니까? 무엇을 위해 세상에 태어났고, 무엇을 하다가 하나님 나라로 갈 것입니까? 사라는 이삭을 키우고 하나님께 바치는 한 가지 목적을 위해 그녀의 삶을 살았습니다.

## 그러나 그리스도인은 예수님으로 말미암아 사망을 이긴다

사라가 가나안 땅 헤브론 곧 기럇아르바에서 죽으매 아브라함이 들어가서 사라를 위하여 슬퍼하며 애통하다가(창 23:2).

'헤브론'이라는 장소가 나옵니다. 사라가 임종한 곳입니다. 아브라함은 갈대아 우르를 떠나 하나님이 지시하시는 땅으로 믿음의 여행을 떠났습니다. 하지만 도착한 곳에 기근이 있었습니다. 그는 당황해서 인간적인 판단을 따라 애굽으로 피신했습니다. 하지만 그곳에서 아내를 빼앗길 뻔하는 수치를 당했습니다. 그 후 아브라함은 다시 돌아와 양을 치며 살았고, 그 땅에서 식구와 재산이 늘었습니다. 조카 롯은 소돔으로 떠났고, 아브라함 홀로 빈 땅에 남았습니다. 하나님은 홀로 남은 아브라함에게 나타나셔서 "보이는 땅을 내가 너와 네 자손에게 주리니 영원히 이르리라"(창 13:15)라고 말씀하셨습니다.

하나님이 말씀하신 땅이 바로 헤브론입니다. 아브라함은 그곳에 거하면서 하나님께 단을 쌓고 여호와의 이름을 불렀습니다. 그리고 사라는 바로 그 헤브론 땅에서 임종을 맞이했습니다.

평생을 같이 살던 사라가 임종을 맞고 싸늘한 시체가 되었습니다. 아브라함은 사라의 시체를 보면서 애통하며 눈물을 흘렸습니다. 사랑하는 사람을 위해 눈물을 흘리는 모습은 아름답습니다. 예수님도 나사로의 죽음을 보고 애통하셨습니다. 예수님을 애통하게 했고 아브라함이 눈물을 흘리게 한 죽음이란 무엇일까요? 죽음은 어디에서 왔고, 왜 눈물을 흘리며 애통하게 하는 것일까요?

로마서 6장 23절을 보면, 죽음은 죄 때문에 왔습니다. 하나님께는 죽음이라는 것이 존재하지 않습니다. 인간은 태초에 하나님의 형상대로 지으심을 받았기 때문에 죽음을 경험하지 않고 살도록 되어 있었습니다. 즉 태초의 인간에게는 죽음이 존재하지 않았습니다. 그런데 인간이 죄를 지음으로 말미암아 죽음이 왔고, 절망과 좌절과 어둠의 세계가 찾아왔습니다.

인간에게 있는 현실적인 주제는 "죽음", "병", "절망", "두려움"입니다. 우리는 이것들의 노예가 되어 있습니다. 그러나 하나님은 인간을 죽음의 존재가 아니라 영생하는 존재로 만드셨습니다. 어찌 보면 죽음은 인생의 끝이며, 그 죽음이 인간을 지배하는 것 같기도 합니다. 그러나 죽음이 정복하지 못하는 영역이 있습니다. 바로 예수 그리스도이십니다. 예수님은 인류의 모든 죄 때문에 죽으셨지만 사망 권세를 깨뜨리고 부활하셨습니다. 그러므로 누구든지 예수 그리스도를 믿는 자는 예수님과 동일하게 부활합니다. 사도 바울은 이렇게 말했습니다.

사망아 너의 승리가 어디 있느냐 사망아 네가 쏘는 것이 어디 있느냐 사망이 쏘는 것은 죄요 죄의 권능은 율법이라 우리 주 예수 그리스도로 말미암아 우리에게 승리를 주시는 하나님께 감사하노니 (고전 15:55-57).

죽음은 인생의 끝이지만, 우리는 예수 그리스도로 말미암아 사망을 이길 수 있습니다. 사라는 죽었고, 우리도 죽을 것입니다. 그러나 예수 그리스도 안에 있는 자들은 사망 권세를 이기고 부활하고 승리할 줄 믿습니다.

## 하나님이 주신 땅을 약속의 땅으로 만들어 가야 한다

> 그 시신 앞에서 일어나 나가서 헷 족속에게 말하여 이르되 나는 당신들 중에 나그네요 거류하는 자이니 당신들 중에서 내게 매장할 소유지를 주어 내가 나의 죽은 자를 내 앞에서 내어다가 장사하게 하시오(창 23:3-4).

아브라함은 자신이 살고 있는 땅의 헷 족속을 찾아가 매장지를 팔라고 요청했습니다. 아브라함은 자신을 가리켜 '나그네요 거류하는 자'라고 표현했습니다. 타국에 사는 외국인들이 법적인 보호를 받거나 기득권을 갖기란 힘든 일입니다. 자기 자신의 처지를 분명히 이해하고 사는 사람은 이 세상에서 현명하게 살 수 있습니다.

아브라함만이 나그네가 아니라 우리의 인생도 나그네입니다. 그럼에도 우리는 마치 이 세상에서 영원히 살아갈 주인공처럼 생각하기 때문에 그 기득권을 빼앗겼을 때 섭섭하고, 분하고, 억울합니다. 아브라함은 나그네로서 고독하고 외롭게 살아야 한다는 것을 누구보다도 많이 체험한 사람입니다.

헷 족속이 아브라함에게 대답하여 이르되 내 주여 들으소서 당신은
우리 가운데 있는 하나님이 세우신 지도자이시니 우리 묘실 중에서
좋은 것을 택하여 당신의 죽은 자를 장사하소서 우리 중에서 자기
묘실에 당신의 죽은 자 장사함을 금할 자가 없으리이다 (창 23:5-6).

아브라함은 그 당시 주변 사람들에게 존경과 사랑을 받은 것 같
습니다. 헷 족속의 사람들은 아브라함이 그들의 지도자이므로 사
라의 매장지를 선택해서 사용하는 것이 당연하다고 생각했습니
다. 그러나 아브라함의 생각은 달랐습니다. 비록 거저 쓸 수 있는
자격이 있다 해도 그 땅을 사게 해 달라고 간청했습니다. 거저 받
을 수 있어도 거저 받지 않으면 사람에게 품위가 생깁니다.

아브라함이 일어나 그 땅 주민 헷 족속을 향하여 몸을 굽히고 그들
에게 말하여 이르되 나로 나의 죽은 자를 내 앞에서 내어다가 장사
하게 하는 일이 당신들의 뜻일진대 내 말을 듣고 나를 위하여 소할
의 아들 에브론에게 구하여 그가 그의 밭머리에 있는 그의 막벨라
굴을 내게 주도록 하되 충분한 대가를 받고 그 굴을 내게 주어 당신
들 중에서 매장할 소유지가 되게 하기를 원하노라 하매 (창 23:7-9).

아브라함은 헷 족속을 향해 몸을 굽혔습니다. 여기서 아브라함
의 겸손과 아름다움을 느낄 수 있습니다. 우리의 문제는 목을 뻣뻣

이 하고 말을 거칠게 하는 것입니다. 고개만 숙여도, 말만 부드럽게 해도 문제는 쉽게 해결됩니다. 타국에서 살 때는 몸을 굽히고 살아야 합니다. 우리는 아브라함에게서 항상 허리를 굽히고 겸손하게 요청하는 모습을 발견하게 됩니다.

아브라함에게는 미리 마음에 둔 땅이 있었습니다. 에브론이라는 사람의 '막벨라굴'이었습니다.

> 에브론이 헷 족속 중에 앉아 있더니 그가 헷 족속 곧 성문에 들어온 모든 자가 듣는 데서 아브라함에게 대답하여 이르되 내 주여 그리 마시고 내 말을 들으소서 내가 그 밭을 당신에게 드리고 그 속의 굴도 내가 당신에게 드리되 내가 내 동족 앞에서 당신에게 드리오니 당신의 죽은 자를 장사하소서(창 23:10-11).

그 땅 주인인 에브론이 아브라함의 말을 듣고 아브라함에게 굴과 밭도 모두 주겠다고 말했습니다. 그리고 모든 동족 앞에서 약속도 했습니다. 3회나 거듭 주겠다고 했습니다. 그러나 아브라함은 계속 간청하며 그 굴을 사겠다고 고집했고, 여러 사람들 앞에서 확실히 공증을 했습니다.

아브라함이 이에 그 땅의 백성 앞에서 몸을 굽히고 그 땅의 백성이 듣는 데서 에브론에게 말하여 이르되 당신이 합당히 여기면 청하건대 내 말을 들으시오 내가 그 밭 값을 당신에게 주리니 당신은 내게서 받으시오 내가 나의 죽은 자를 거기 장사하겠노라(창 23:12-13).

아브라함이 굳이 그 땅을 사려고 하는 이유를 두 가지로 생각해 볼 수 있습니다. 첫째, 염치없는 행동은 하지 않겠다는 그의 각오 때문입니다. 그리스도인의 삶의 태도 중에서 중요한 덕목이라고 생각합니다. 예수님을 믿게 된 것은 공짜입니다. 그 은혜가 너무 크기 때문에 그저 받을 수밖에 없습니다. 내가 노력하거나 살 수 있는 것이 아닙니다. 그러나 그 은혜를 받은 사람은 공짜로 살면 안 됩니다. 그런데 예수님을 믿는 사람들은 공짜를 너무 좋아합니다. 아브라함은 그렇게 하지 않았습니다. 공짜를 받으면 떳떳하지 않습니다. 부모 자식 사이에도 마찬가지입니다.

제가 영국에 있을 때 만난 두 사람이 생각납니다. 두 사람 다 공부하기 위해서 왔는데, 오기 전에 언어와 재정을 철저히 준비했습니다. 그들은 계획한 대로 무사히 모든 과정을 마치고 한국으로 돌아갔습니다. 그런데 대부분의 사람들은 '믿음으로' 영국에 옵니다. 단지 비행기 표 한 장 들고 와서는 "하나님이 까마귀 떼를 보내서 먹이실 것입니다"라고 말합니다. 그러면 자신도 고생할 뿐만 아니라 주변 사람들도 고생합니다. 참된 그리스도인은 남에게 도움을 받는 사람이 아니라 다른 사람의 짐을 져 주는 사람입니다. 내가 준비되어야 하고, 내가 열심히 살아야 하고, 내가 땀을 흘려야 합니다.

하나님은 우리에게 지혜도 주셨고, 건강도 주셨고, 창의력도 주셨습니다. 그런데 우리는 노력도 하지 않고, 고생도 하지 않으려 합니다. 예수님을 믿기 때문에 더 노력하고, 더 고생하고, 더 땀을 흘려야 합니다.

그러나 아브라함은 이런 이유보다 더 중요한 둘째 이유 때문에 그 땅을 사려고 했습니다. 바로 하나님이 약속하신 땅이기 때문이었습니다. 이제 헷 족속에게서 그 땅을 사서 약속의 땅으로 만드는 일을 하려고 한 것입니다.

우리는 하나님이 이 땅을 주겠다고 약속하셨으니 그저 기다리다 보면 내 손에 들어올 것이라고 생각합니다. 그렇지 않습니다. '이 땅이 하나님의 땅'이라고 한다면 그 땅을 하나님의 땅으로 만들기 위한 일은 우리가 해야 합니다. 노력하고, 애쓰고, 돈을 벌어서 하나님의 땅으로 만들어야 합니다. 가만히 앉아 있으면 그 땅은 내게로 굴러 들어오지 않습니다.

아브라함은 그 작은 땅을 사서 하나님의 약속의 땅, 복의 땅으로 만들어 가려고 했습니다. 이것이 바로 주기도문의 '뜻이 하늘에서 이루어진 것같이 땅에서도 이루어지는 것'입니다. 이 세상을 변화시킬 수 있는 것도 마찬가지입니다. 가만히 있으면 통일도 오지 않고, 나라도 발전하지 않습니다. 하나님이 이 땅에 복 주겠다고 말씀하셨으면, 모든 그리스도인에게는 질서를 잘 지키고 좋은 나라를 만들어야 하는 책임이 있습니다.

하나님이 약속의 땅으로 주겠다고 말씀하셨기 때문에 아브라함에게는 비전이 있었습니다. 그는 고향으로 돌아가지 않아야겠다고 생각했습니다. 사람은 누구나 죽을 때 고향에서 뼈를 묻고 싶어합니다. 그러나 아브라함은 사라의 시체를 들고 갈대아 우르로 돌아가지 않았습니다. 더 나은 본향인 축복의 땅이 있었기 때문입니다. 비록 이방 땅이지만 헤브론은 하나님이 약속하신 땅이었기 때문에 아브라함은 그곳에서 죽기로 작정했습니다. 그래서 그 땅을 사려고 한 것입니다. 그곳에서 하나님의 이상과 비전을 실현해 가는 것입니다. 이것이 믿음입니다. 믿음에는 땀과 눈물과 개척과 헌신이 필요합니다.

창세기 25장 9절을 보면, 그 막벨라굴에 아브라함도 묻히고, 이삭도 묻히고, 야곱도 장사되었습니다. 변함없는 아브라함의 땅이었습니다. 그래서 아브라함은 그 땅을 샀습니다. 공짜로 주겠다고 해도 거절하고 굳이 값을 지불하고 그 땅을 샀습니다.

에브론이 아브라함에게 대답하여 이르되 내 주여 내 말을 들으소서 땅 값은 은 사백 세겔이나 그것이 나와 당신 사이에 무슨 문제가 되리이까 당신의 죽은 자를 장사하소서 아브라함이 에브론의 말을 따라 에브론이 헷 족속이 듣는 데서 말한 대로 상인이 통용하는 은 사백 세겔을 달아 에브론에게 주었더니 마므레 앞 막벨라에 있는 에브론의 밭 곧 그 밭과 거기에 속한 굴과 그 밭과 그 주위에 둘린 모든 나무가 성 문에 들어온 모든 헷 족속이 보는 데서 아브라함의 소유로 확정된지라(창 23:14-18).

에브론은 다시 한번 그 땅을 거저 가지라고 말했지만, 아브라함은 모든 사람이 보는 데서 값을 주고 땅을 샀고, 그 땅이 자기 땅이 되었음을 모든 사람 앞에서 확인했습니다. 하나님이 주신 약속과 비전 때문이었습니다.

12억 인구를 가진 중국 땅에 비전이 있는 사람은 그 땅을 향해 가야 합니다. 가서 그 땅을 밟아야 합니다. 그리고 하나님의 약속을 이루어야 합니다. 하나님은 우리에게 자녀를 주셨고, 그 자녀에게 복을 주셨습니다. 그러면 우리는 자녀를 향해 꿈을 꾸며 그 자녀를 향해 믿음을 가져야 합니다. 하나님의 꿈이 내 자녀를 통해 이루어짐을 믿고 살아야 합니다.

그 후에 아브라함이 그 아내 사라를 가나안 땅 마므레 앞 막벨라 밭 굴에 장사하였더라 (마므레는 곧 헤브론이라) 이와 같이 그 밭과 거기에 속한 굴이 헷 족속으로부터 아브라함이 매장할 소유지로 확정되었더라(창 23:19-20).

아브라함은 막벨라굴과 그 땅을 산 것으로 인해 이제는 하나님의 약속의 땅에 한 발을 들여놓은 것입니다. 우리는 세상에서 장사를 하고, 기업을 경영하고, 직장에 다닙니다. 그것이 무슨 의미가 있을까요? 단순히 이익 때문입니까? 그것이 하나님의 꿈과 비전과 무슨 상관이 있을까요? 만약 우리가 하는 일을 통해 성령의 역사가 일어나는 비전을 가지고 있다면 그 땅과 사업은 가치가 있습니다. 그것이 바로 비전입니다.

아브라함이 산 땅은 작았고 굴도 작았습니다. 하지만 그가 그 땅을 산 순간은 하나님의 약속이 드디어 시작되는 순간입니다. 그 막벨라굴이 하나님의 약속의 땅으로 변한 순간입니다. 내가 가지고 있을 때는 보통 땅이지만 하나님이 그 땅에 기름 부으시면 복된 땅이 되고, 민족을 살리는 땅이 되며, 역사를 변화시키는 곳이 됩니다. 우리가 경영하는 기업이 이런 기업이 되기를 바라고, 우리 가정과 자녀가 이런 축복의 자녀가 되며, 우리가 소유한 물질이 이런 축복의 물질이 되기를 바랍니다.

이 사람들은 다 믿음을 따라 죽었으며 약속을 받지 못하였으되 그것들을 멀리서 보고 환영하며 또 땅에서는 외국인과 나그네임을 증언하였으니 그들이 이같이 말하는 것은 자기들이 본향 찾는 자임을 나타냄이라 그들이 나온 바 본향을 생각하였더라면 돌아갈 기회가 있었으려니와(히 11:13-15).

아브라함이 소유한 것은 막벨라굴 외에는 없었지만, 그에게는 믿음이 있었습니다. 하나님의 약속이 있었습니다. 그는 그것을 멀리서 보고 믿음의 결정을 하고 행동하며 씨를 뿌렸습니다. 이 세상이 목적이 아니라 더 나은 본향이 있었기 때문입니다. 그래서 그는 믿음의 삶을 살 수 있었습니다.

우리 삶에 아브라함같이 아름다운 흥분과 축복과 감격이 있기를 바랍니다. 비록 내가 가진 돈이 몇 푼뿐이고 가진 집도 몇 평 되지 않지만, 하나님이 내 자녀를 통해 하나님의 약속을 이루실 것을 믿으십시오. 하나님의 약속과 비전이 충만하기를 간절히 기도합니다.

# 29

# 하나님, 내게 복 주셨듯
# 내 자녀에게도 복 주소서

창세기 24:1-9

## 아브라함은 오직 하나님의 은혜로 복 받았다

아버지가 제자리에 있으면 아들은 방황하지 않습니다. 남편이 제 자리에 있으면 아내는 방황하지 않습니다. 아들의 결혼을 준비하는 아버지의 모습은 멋있습니다. 앞 장에서 우리는 사랑하는 아내의 죽음을 보고 매장지를 준비하는 아브라함의 모습을 살펴보았습니다. 이제는 사랑하는 아들의 결혼을 준비해 주는 아버지 아브라함을 살펴보고자 합니다.

아브라함의 아내 사라는 127세를 일기로 헤브론에서 일생을 마쳤습니다. 아브라함은 아내의 죽음을 보고 애통하며 눈물을 흘리며 매장지를 준비했습니다. 평생 같이 살던 사람이 먼저 떠나고 난 후 아브라함은 그의 일생에 마지막 남은 한 가지 일을 해야 했습니다. 그것은 100세에 낳은 아들, 독자 이삭의 혼사 문제였습니다. 아내가 먼저 세상을 떠났기 때문에 아브라함 혼자 그 일을 해야 했습니다. 아내가 없이 아들을 장가보내는 일은 남자로서는 어려운 일입니다. 늙은 아브라함에게는 더 어려웠습니다.

아브라함이 나이가 많아 늙었고 여호와께서 그에게 범사에 복을 주 셨더라(창 24:1).

사람들은 모두 늙습니다. 젊음은 영원하지 않습니다. 죽음을 앞에 두고 늙어 가는 아브라함은 자신의 죽음도 준비해야 했습니다. 그러나 성경은 아브라함이 나이 많아 늙었지만 여호와께서 그에게 범사에 복을 주셨다고 기록하고 있습니다.

아브라함은 복 받은 사람입니다. 그는 복의 근원입니다. 그의 인생 전체가 하나님의 복이었습니다. 물론 아브라함에게도 고난과 우여곡절과 환난이 있었습니다. 그러나 인생 전체를 놓고 볼 때 아브라함은 복을 받았습니다. 우리 인생에도 고난과 위기가 있겠지만 인생의 끝에서 볼 때 그 인생이 하나님의 복이기를 바랍니다.

여기에 중요한 단어가 하나 있습니다. '범사에 복을 주셨다'라는 표현입니다. 이 말은 특별한 사건에 복을 주셨다는 것이 아니고, 매사에 복을 주셨다는 뜻입니다. 특별한 복을 받는 것은 그리 좋은 일이 아닙니다. 혹 죽었다가 살아야 하거나, 병들었다가 나아야 하거나, 다리가 부러졌다가 붙어야 합니다. 그 과정들은 사실 매우 힘듭니다. 그냥 범사에 복을 받기 바랍니다. 자나 깨나 눕거나 복을 받으십시오.

한 가지 더 생각할 일은 복은 내가 원해서 받는 것이 아니라 하나님이 주셔야 받는다는 사실입니다. 그리고 또 하나, 우리는 완전하거나 실수가 없어서 복을 받는 것이 아니라는 사실도 발견하게 됩니다. 만일 그렇다면 우리는 소망이 없는 사람들입니다. 우리가 얼마나 많은 실수를 합니까? 우리는 복 받지 못할 일도 많이 합니다. 그렇지만 하나님은 우리에게 복을 주셨습니다. 우리가 하나님의 자녀이기 때문입니다. 관계 때문에 복을 주시는 것이지 우리가 잘해서 복을 주시는 것이 아닙니다.

아브라함이 잘해서 복 받은 것은 별로 없습니다. 하나님이 그를 사랑하셨고, 그에게 은혜를 베풀어 주셨기 때문에 아브라함은 복을 받았습니다.

아브라함은 사랑하는 아내도 죽고, 자신도 늙어 가고 있다는 사실을 알았습니다. 그는 아버지로서 마지막으로 해야 할 일, 아들 이삭의 혼사를 준비했습니다. 본문 2절을 보면 혼사 준비를 믿음으로 하는 아브라함의 모습을 발견할 수 있습니다.

아브라함이 자기 집 모든 소유를 맡은 늙은 종에게 이르되 청하건대 내 허벅지 밑에 네 손을 넣으라(창 24:2).

아브라함은 혼사 문제를 자기 집에서 오랫동안 자기와 함께 일해 온 늙은 청지기에게 맡기기로 작정했습니다. 그는 아브라함의 모든 소유를 총괄하는 사람이었습니다. 돈을 맡길 수 있는 사람은 믿을 만한 사람입니다. 특히 그는 젊은 종이 아니라 늙은 종이었습니다. 늙었다는 것은 삶의 지혜가 있다는 말입니다. 아브라함은 신실하고 믿을 만한 청지기에게 자기 아들의 혼사 문제를 맡겼습니다.

## 결혼의 주관자는 하나님이시다

자식을 가진 부모치고 자녀의 결혼 문제를 소홀히 하는 경우는 없습니다. 그 문제로 속 태우고 안절부절못하는데, 실제 결과는 그리 좋지 않습니다. 우리는 아들의 결혼식을 준비하는 아브라함을 통해 부모가 해야 할 일이 무엇인지를 배웁니다.

아브라함에게는 흔들리지 않는 원칙이 있었습니다. 결혼은 인생의 대사입니다. 그런데 대부분의 사람들은 원칙 없이 결혼합니다. 너무나 중요하고 급한 일을 환경에 따라 쉽게 해결하려고 합니다. 그러다가 나중에 큰 어려움을 겪곤 합니다. 중요한 일일수록 원칙이 필요합니다.

아브라함에게는 '하나님이 내게 복 주셨고 내 자녀에게도 복 주신다'라는 믿음이 있었습니다. 이 사실을 믿으십시오. 비록 자녀가 잘못된 자리에 있더라도 이 사실을 믿으십시오.

아브라함은 이런 믿음이 있었습니다. 아브라함이 갈대아 우르를 떠날 때부터 하나님은 그에게 "네 이름을 창대하게 해 줄 것이고, 네 자녀는 하늘의 별처럼 많아질 것이다. 그리고 너는 복이 될 것이다"라고 말씀하셨습니다. 한두 번도 아니고 여러 번 말씀하셨습니다. 실제로 아브라함은 아이를 낳을 수 없는 나이인 100세에 이삭을 낳았습니다. 이삭이 성장할 때 하나님은 그를 번제로 드리라고 하셨고, 아브라함은 이삭을 번제로 드렸습니다. 그때 하나님은 아브라함의 믿음을 보시고 어린양을 준비해 주셨습니다.

아브라함은 경험했습니다. 100세에 아들을 낳았고, 하나님이 이삭을 살려 주신 과거의 경험이 그의 믿음을 더 크게 했습니다. '하나님은 나를 버리시지 않는다. 하나님은 나를 사랑하신다'라는 믿음이 생겼습니다. 그렇다면 아들 이삭에게도 복을 주시리라는 것을 그는 믿었습니다. 이것이 아들 이삭을 결혼시키는 데 가장 중요한 원칙이 되었습니다.

지금까지 지나온 인생의 과정을 생각해 보십시오. 하나님은 우리를 사랑하셨습니다. 우리를 버리시지 않았습니다. 그렇다면 하나님은 우리의 자녀도 사랑하시고 버리시지 않을 것입니다. 그런데 많은 분이 그 사실을 믿지 못합니다. 자식이 잘되고 있을 때는 믿을 수 있지만 자식이 잘못되면 믿지 못합니다. 믿으려 하지 않습니다. 이제 마음을 바꾸기 바랍니다. 복은 아버지에게서 아들에게로 전승되는 것입니다.

아브라함은 믿음을 가지고 자기의 신실한 종을 불러서 이삭의 결혼 준비를 위임했습니다. 그런데 이상한 방법으로 언약을 했습니다. 아브라함 자신의 허벅지 밑에 손을 얹고 언약을 하라고 말했습니다. 허벅지 밑은 남성의 생식기가 있는 곳을 가리킵니다. 이것은 할례처럼 진지하고 엄숙한 맹세임을 보여 주는 표현입니다. 사람 앞에 맹세하지 말고 하나님 앞에 맹세하라는 뜻입니다. 아브라함은 자녀의 결혼 문제 앞에 진지했고 하나님을 신뢰했습니다.

내가 너에게 하늘의 하나님, 땅의 하나님이신 여호와를 가리켜 맹
세하게 하노니 너는 내가 거주하는 이 지방 가나안 족속의 딸 중에
서 내 아들을 위하여 아내를 택하지 말고 내 고향 내 족속에게로 가
서 내 아들 이삭을 위하여 아내를 택하라(창 24:3-4).

아브라함에게는 결혼의 원칙이 있었습니다. '결혼의 주관자는
하나님이시다'라는 것입니다. 그래서 아브라함은 신실한 중매인
을 택한 다음 그 중매인에게 아들의 결혼을 위탁하면서 맹세하게
했습니다.

우리 결혼의 문제점은 하나님이 원하시는 결혼보다 부모가 원
하는 결혼을 하려 한다는 데 있습니다. 또한 자식들이 원하는 상대
와 자유롭게 연애를 하도록 내버려 둔다는 것입니다. 어떤 부모들
은 전문 중매꾼을 통해서 결혼을 시키기도 합니다. 그런 경우 대부
분 속아서 결혼했다는 배신감을 갖게 됩니다. 전문 중매꾼들은 중
매시키는 것이 목적이므로 과장도 하고 속이기도 하기 때문입니
다. 저는 결혼한 후 바로 이혼하거나 약혼하고 나서 파혼하는 경우
를 많이 보았습니다. 아브라함은 하나님이 짝지어 주실 것이라는
믿음이 있었습니다.

3절을 보면 "너는 내가 거주하는 이 지방 가나안 족속의 딸 중에
서 내 아들을 위하여 아내를 택하지 말고"라는 기록이 있습니다.
아브라함은 왜 이런 말을 했을까요? 아브라함은 가나안 땅 헷 족

속과 함께 살면서 그들의 삶을 잘 보았습니다. 우상을 숭배하고, 하나님을 경외하지 않으며, 성적으로 타락하고, 도덕적으로 부패한 이방 세계를 누구보다 잘 보았습니다. 그리고 그 세계에서 자란 자녀는 안 되겠다고 생각했습니다. 소돔과 고모라는 화려한 도시였지만 동시에 타락한 도시였습니다.

이것은 '결혼은 영적으로 순결해야 한다'는 것을 의미합니다. 육체적 순결도 중요하지만(육체적 순결은 원하지 않는 상황에서 잃을 수도 있습니다), 중요한 것은 영적 순결입니다. 우리는 예수님을 믿는 집에서 태어난 사람이 불신자 가정에서 자란 자녀와 결혼해서 평생 고생하며 사는 모습을 너무나 많이 보았습니다. 결혼 전에는 배우자가 좋아 보이고 결혼을 잘한 것 같지만 결혼하면 제사도 지내야 하고 교회에도 나가지 못하면서 숨죽이고 살아야 합니다. 겉으로는 화려해 보여도 그의 영혼은 죽어 가고 있습니다. 우리는 그런 눈물겹고 기막힌 고통 속에 사는 사람들을 많이 봅니다.

'이삭의 배우자는 하나님이 택하신 족속에서 골라야 한다'는 것이 아브라함의 결혼 원칙이었습니다. 일반적으로 사람들은 세상적인 기준에 의해 사람을 택합니다. 가문이나 학벌, 미모를 생각합니다. 예수님을 믿는지, 믿지 않는지는 별로 중요하게 생각하지 않습니다. 우리는 제일 중요한 것을 중요하지 않게 생각하고, 오히려 중요하지 않은 것을 중요하게 생각하는 경향이 있습니다.

또 어떤 자녀들은 자기가 사랑하는 사람이니까 무조건 결혼하게 해 달라고 말합니다. 그렇게 결혼해서 실패하는 경우도 너무 많습니다. 그들에게 결혼하는 이유를 물어보면 "가슴이 찡했다"고 말합니다. 그러면 그 대가를 치릅니다. 가슴이 찡하는 것도 좋지만 하나님의 기준인지를 먼저 따져 보아야 합니다. 가장 중요한 기준은 자기가 얼마나 사랑하는지가 아니고, 세상적 기준도 아닙니다. 배우자는 하나님이 택하신 사람이어야 합니다. 아브라함은 이런 원칙을 가지고 있었습니다.

그런데 이런 원칙 못지않게 중요한 것이 또 하나 있습니다. 자신이 먼저 하나님을 신뢰하는 사람이어야 한다는 것입니다. 아무리 신앙의 가정에서 태어났다고 해도 자기 자신이 믿음이 없다면 아무 소용이 없습니다. 자신이 먼저 믿음을 가져야 하고 하나님을 신뢰하는 영적 이해력이 있어야 합니다.


## 하나님의 뜻이 아니면 과감하게, 단칼에 끊으라

종이 이르되 여자가 나를 따라 이 땅으로 오려고 하지 아니하거든 내가 주인의 아들을 주인이 나오신 땅으로 인도하여 돌아가리이까 아브라함이 그에게 이르되 내 아들을 그리로 데리고 돌아가지 아니하도록 하라(창 24:5-6).

부모는 나이가 들수록 조급해집니다. 조급한 마음에 원칙을 버리고 허락합니다. 그 결과 어려운 일을 겪게 됩니다. 믿음도 있고 지혜롭기까지 한 청지기는 이렇게 질문했습니다. "만일 마땅한 여인을 찾았다 해도 그녀가 오지 않겠다고 하면 어떻게 할까요?" 아브라함의 대답은 간단했습니다. 오지 않겠다고 하면 내버려 두라는 것입니다.

하늘의 하나님 여호와께서 나를 내 아버지의 집과 내 고향 땅에서 떠나게 하시고 내게 말씀하시며 내게 맹세하여 이르시기를 이 땅을 네 씨에게 주리라 하셨으니 그가 그 사자를 너보다 앞서 보내실지라 네가 거기서 내 아들을 위하여 아내를 택할지니라 만일 여자가 너를 따라오려고 하지 아니하면 나의 이 맹세가 너와 상관이 없나니 오직 내 아들을 데리고 그리로 가지 말지니라(창 24:7-8).

이 말씀에서 아브라함이 하나님을 굳게 신뢰하고 있다는 사실을 발견하게 됩니다. 아브라함은 '하나님이 여기까지 나를 인도하셨는데 어찌 이삭의 아내를 준비하시지 않겠는가? 분명히 그녀의 마음속에도 하나님을 신뢰하는 영적 이해력이 있을 것이다'라고 생각했습니다. 이삭의 아내가 될 여인은 분명히 이삭을 본 적도 없고 그의 집에 가 본 일도 없지만 청지기를 보고 믿음으로 모험을 할 것이라고 그는 말했습니다. 아브라함은 그런 여인을 지금 기대하고 있습니다. 잠언 31장 30절 말씀이 생각납니다.

고운 것도 거짓되고 아름다운 것도 헛되나 오직 여호와를 경외하는 여자는 칭찬을 받을 것이라(잠 31:30).

아브라함의 마음속에는 '하나님이 내 자녀에게 복 주실 것이고 그 자녀를 통해서 영광을 받으실 것이다'라는 믿음이 있었습니다. 우리에게도 이 믿음이 있기를 바랍니다. 우리는 너무 조급하고 참을성이 없습니다. 그것이 우리의 문제입니다. 하나님의 일을 막는 것은 다른 누군가가 아니라 우리의 조급한 마음입니다. 참지 못하는 마음 때문에 하나님의 일을 그르치곤 합니다.

아브라함은 종에게 "그 여인이 따라오지 않고 영적 이해력이 없거든 미련을 갖지 말고 포기하라"고 말했습니다. 하나님의 뜻이 아니라는 판단이 섰을 때는 미련을 갖지 말고 포기해야 합니다. 세상에 대한 미련, 성공에 대한 미련, 사랑하는 사람에 대한 미련은 모두 포기해야 합니다. 사랑해서는 안 될 사람은 포기해야 합니다. 미련을 가지면 죽습니다. 하나님의 뜻이 아니면 단칼에 끊어야 합니다. 이는 반대로, 하나님의 뜻이면 어떤 고난도, 위기도 극복하고 기다리라는 의미입니다.

그 종이 이에 그의 주인 아브라함의 허벅지 아래에 손을 넣고 이 일에 대하여 그에게 맹세하였더라(창 24:9).

여기서 세 가지 중요한 교훈을 배울 수 있습니다. 첫째, 복은 약속의 자녀를 통해 전승된다는 것입니다. 부모가 받은 복이 자녀에게 계승되지 않으면 안 됩니다. 둘째, 복은 믿음의 사람들을 통해서 계승된다는 것입니다. 아브라함은 끝까지 믿었습니다. 우리도 끝까지 믿어야 합니다. 믿음은 기적을 만듭니다. 셋째, 참된 신부는 영적 순결과 하나님에 대한 믿음을 가진 사람입니다. 이것이 바로 그리스도의 영원한 신부인 교회의 모습입니다.

# 30

# 어떻게 결혼하는 것이
# 하나님의 뜻입니까?

창세기 24:10 - 27

## 부모가 자녀의 결혼에 대해 가져야 할 네 가지 원칙

앞 장에서 아들의 결혼을 준비하는 아버지 아브라함의 모습을 살펴보았습니다. 창세기 24장에는 결혼에 대한 원칙들이 나오는데, 이 장에서는 결혼과 하나님의 뜻에 대해 나누기 원합니다.

특별히 결혼 적령기의 자녀를 둔 부모는 어떤 것이 하나님의 뜻인지, 결혼은 시켜야겠는데 어떻게 해야 하는지 잘 몰라 고민이 많습니다. 결혼해야 할 당사자인 자녀들도 마찬가지로 이 문제로 고민합니다. 그래서 앞으로 3장에 걸쳐서 결혼을 어떻게 해야 하는지에 대해 함께 알아보기 원합니다.

사실 부모치고 자식 때문에 고민하지 않는 부모는 없습니다. 자식이 자라서 성인이 되면 연애를 합니다. 당연히 해야 할 연애라도 막상 자녀가 연애를 하고 있다는 사실을 알게 된 순간부터 부모는 걱정이 됩니다. 혹시 연애를 하다가 잘못될까 봐 내심 염려합니다. 연애하는 자녀를 보면 좋으면서도 불안합니다. 반대로 혼기가 되었는데 연애를 하지 않아도 고민합니다.

아브라함도 마찬가지였습니다. 아내는 먼저 죽었고, 100세에 낳은 아들을 결혼시켜야 하는데 아버지 혼자 아들을 결혼시키는 일이 결코 쉽지는 않았습니다. 그래서 아브라함은 오랫동안 집에서 가사를 맡았던 늙은 청지기에게 이 일을 위임했습니다. 아브라함은 그에게 이삭의 신부를 찾아오도록 명령을 내립니다. 이 늙은 종이 주인의 심부름을 하는 과정을 통해 우리는 '성경적인 결혼'과 '실패하지 않는 결혼'에 대한 중요한 원칙 네 가지를 발견할 수 있습니다.

부모가 자녀의 결혼에 대해 가져야 할 첫 번째 원칙 '하나님이 나를 사랑해 주셨듯이 내 자녀에게 복 주시고 내 자녀를 사랑해 주실 것'이라고 믿는 것입니다. 하나님이 내 자녀의 배우자를 예정하셨다고 믿는 것입니다. 이 사실을 믿는 것과 믿지 않는 것은 하늘과 땅 차이입니다. "혼기가 늦었는데, 왜 선을 보지 않느냐" 하며 야단치는 대신, '하나님이 내 자녀의 배우자를 예정해 주셨다'라는 사실을 더욱 확실히 믿으십시오.

이렇게 믿은 사람이 바로 아브라함입니다. 그래서 그는 자기 집의 늙은 종에게 혼사를 맡겼습니다. 만약 이 믿음이 없었다면 그에게 맡길 수 없었을 것입니다. 일정한 조건이나 신분을 제시하며 그런 신부를 선택해서 함께 오라는 말은 아브라함에게는 '하나님이 그런 조건을 가진 신부를 예비해 주셨다'라는 믿음이 있었음을 의미합니다. 이처럼 자녀를 위해 기도하며 자녀의 혼사에 대해 믿음을 가진 부모를 둔 자녀들은 복을 받습니다.

하나님을 신뢰하는 사람에게는 모든 것이 하나님의 계획이며 섭리입니다. 그에게는 미래가 보입니다. 그렇지만 하나님을 신뢰하지 않는 사람은 미래를 알 수 없고, 하나님을 믿지 못하기 때문에 미래를 불안해합니다. '이 사람일까? 저 사람일까?' 하며 많이 염려합니다.

하나님을 믿지 않고 하나님의 약속을 믿지 않는 사람은 할 수 없이 점쟁이를 찾아가 사주팔자를 물어 자녀들의 혼인을 결정하려고 합니다. 이름 석 자와 생년월일을 가르쳐 주고 궁합이 맞는지, 맞지 않는지를 알아보려 합니다. 점쟁이가 궁합이 맞는다고 하면 조금 안심합니다. 그리고 그 말에 영향을 받아 혼사를 결정하는 아주 어리석은 태도를 취합니다. 생각해 보십시오. 사람이 태어난 시와 이름 석 자를 가지고 어떻게 인간의 운명을 알 수 있으며, 그것이 어떻게 배우자를 선택하는 기준이 될 수 있습니까?

하나님이 우리를 사랑하시고 우리 각자를 향한 섭리와 계획을 가지고 계시다는 사실을 믿습니까? 그렇다면 하나님이 우리 자녀도 사랑하시고 그 자녀를 위한 계획도 가지고 계시다는 사실을 믿으십시오. 그 믿음을 가지고 축복하면서 자녀의 혼사 문제에 접근해야 합니다.

비록 결혼에 실패했거나 혼기가 늦어졌더라도 과거의 경험에 의지하지 마십시오. 우리는 실패하면 과거의 경험을 기준으로 선택합니다. 그것은 실패한 과거이므로 기준이 될 수 없습니다. 하나님의 말씀이 기준이 되어야 합니다. 혼기를 놓쳤다고 해서 '하나님이 내 자녀의 결혼을 포기하신 것이 아닌가?' 하고 의심하지 마십시오. 과거의 문제 때문에 미래를 결정할 수는 없습니다. 확실한 믿음 가운데 지금부터 다시 접근하면 복이 옵니다. 복은 믿음에서 옵니다.

두 번째 원칙은 믿음을 가진 대로 기도하는 것입니다. 아브라함은 하나님이 자기 아들의 신붓감을 예비하셨다는 사실을 믿었습니다. 그리고 그 사실을 종에게 말했습니다.

그런데 그 종도 아브라함의 믿음을 가졌다는 사실이 참 재미있습니다. 마찬가지로 부모가 믿음을 가지면 자녀도 믿음을 가지게 됩니다. 자녀가 누구와 결혼할지는 알 수 없지만 부모가 확실히 믿고 있으면, 자녀도 자기의 배우자가 어딘가에 있다고 믿고 하나님이 때에 맞추어 주시리라고 믿게 됩니다. 아브라함이 믿으니까 아브라함의 종도 믿고 믿음대로 실천할 수 있었습니다.

이제 아브라함의 종이 길을 떠났습니다.

이에 종이 그 주인의 낙타 중 열 필을 끌고 떠났는데 곧 그의 주인의 모든 좋은 것을 가지고 떠나 메소보다미아로 가서 나홀의 성에 이르러 그 낙타를 성 밖 우물곁에 꿇렸으니 저녁때라 여인들이 물을 길으러 나올 때였더라(창 24:10-11).

아브라함의 종은 여기저기 가 보지 않았습니다. 믿음이 있었기 때문입니다. 믿음이 있는 사람은 방황하지 않고 믿음의 길로 갑니다. 보이지 않아도 가고, 길이 없어도 가고, 고통스러워도 갑니다.

아브라함의 종은 낙타 열 필과 많은 좋은 물건을 가지고 주인의 고향인 메소보다미아로 가서 여인을 찾았습니다. 거기서 한 우물을 발견하고 낙타를 쉬게 했습니다. 때는 마침 저녁이었는데, 여인들이 물을 길으러 나오는 시간이었습니다.

여인들이 오는 모습을 본 이 늙은 종은 즉시 마음속으로 기도했습니다. 종은 하나님이 신부를 예비해 두셨을 것을 믿고 왔습니다. 어떤 여인일지 전혀 알 수 없었지만 믿음으로 왔습니다. 늙은 종은 여인들이 오는 모습을 보고 하나님이 마땅한 배우자로 예비하신 사람이 누구인지 찾지 않았습니다. 아마도 만일 우리가 그곳에 있었다면 학벌과 가문을 먼저 물었을 것입니다. 그런데 종은 하나님께 기도했습니다.

> 그가 이르되 우리 주인 아브라함의 하나님 여호와여 원하건대 오늘 나에게 순조롭게 만나게 하사 내 주인 아브라함에게 은혜를 베푸시옵소서(창 24:12).

자녀들의 혼사 문제에 부모가 할 수 있는 최대의 일은 자동차나 아파트, 혼수를 준비하는 일이 아닙니다. 이것은 가장 마지막에 할 수 있는 일입니다. 우리는 항상 제일 마지막에 할 일을 제일 먼저 준비해 놓고 다 했다고 말합니다. 그렇지 않습니다. 제일 중요한 준비는 기도입니다. 몇 푼 안 되는 돈이나 혼수를 준비하기보다 자녀의 영혼을 하나님께 의탁하는 기도를 드려야 합니다.

아브라함의 종은 "내 주인의 자녀의 혼사 문제는 하나님이 계획하시고 진행하실 줄 믿습니다. 이삭의 결혼 문제가 순조롭게 이루어지게 해 주옵소서"라고 기도했습니다. 일은 꼬이기 시작하면 계속 어렵습니다. 그러나 잘되려면 아주 쉽습니다. 백 사람을 만나도 한 사람도 건지지 못할 수 있습니다. 그러니 이렇게 기도하십시오. "하나님, 쉽게 되게 해 주십시오." 하나님의 뜻대로, 하나님의 방법대로 되게 해 달라고 기도하십시오. 모든 일이 쉽게 되기 위해서는 분별력이 필요합니다. 기도는 기적을 몰고 옵니다. 기도는 하나님의 뜻과 계획을 성취시킵니다. 이제 하나님의 계획이 종의 눈에 조금씩 보이기 시작했습니다.

세 번째 원칙은 "은혜를 베풀어 주옵소서"라고 기도하는 것입니다. 결혼은 은혜로 이루어집니다. 결혼은 율법이 아닙니다. 나의 노력의 대가로 얻어지는 것도 아니고, 내가 잘나고 똑똑해서, 자격이 있어서, 멋있어서 결혼이 이루어지는 것이 아닙니다.

보기 좋은 것에는 유혹이 따르기 마련입니다. 얼굴이 예쁘다고, 훌륭한 신붓감이라고 자랑하지 마십시오. 나쁜 사람이 먼저 채 갈 수 있습니다. 결혼은 은혜입니다. 은혜이어야만 결혼이 가능합니다. 은혜로 이루어질 때까지 기다리십시오. 사람이 하는 일은 고생스럽고 인위적입니다. 하나님이 하시는 일은 쉽고 자연스럽습니다. 결혼이라는 것은 거저 주시는 하나님의 은혜입니다.

정말 좋은 것은 모두 공짜입니다. 밝은 태양이나 공기, 물은 공짜입니다. 신부는 은혜입니다. 신랑도 은혜입니다. 신랑과 신부는 서로에게 "당신은 하나님이 주신 선물입니다"라고 말하십시오. 자녀의 배우자도 은혜로 주시는 하나님의 선물입니다.

네 번째 원칙은 증거가 있어야 한다는 것입니다.

> 성 중 사람의 딸들이 물 길으러 나오겠사오니 내가 우물곁에 서 있다가 한 소녀에게 이르기를 청하건대 너는 물동이를 기울여 나로 마시게 하라 하리니 그의 대답이 마시라 내가 당신의 낙타에게도 마시게 하리라 하면 그는 주께서 주의 종 이삭을 위하여 정하신 자라 이로 말미암아 주께서 내 주인에게 은혜 베푸심을 내가 알겠나이다(창 24:13-14).

종은 하나님의 뜻인지, 아닌지 증거가 필요하다고 계속해서 기도했습니다. 그리고 하나님께 제안을 했습니다. "물 길으러 나온 여인 중 하나에게 물을 달라고 요청했을 때 그녀가 거절하지 않고, 심지어 요구하지 않은 낙타에게까지도 물을 준다면 그 여인이 바로 하나님이 택하신 이삭의 배우자인 줄 알겠습니다." 언뜻 미신적인 행위 같기도 하고 유치하기도 합니다.

그러나 이 이야기는 미신적인 것과는 다릅니다. 이미 세 가지 기초가 있었기 때문입니다. 첫째로 좋은 하나님이 택하신 신부가 있으리라는 것을 믿었고, 둘째로 가나안의 여자가 아니라 아브라함의 친척 중에서 선택해야 한다는 사실이 있었습니다. 셋째로, 하나님이 예정하신 이삭의 배우자라면 어떤 요청을 했을 때 거절하지 않으리라는 것이었습니다. 세 가지 증거로 종은 여자에게 다가갔습니다.


## 좋은 배우자를 만나고 싶거든 좋은 배우자가 되어야 한다

아브라함의 종에게는 몇 가지 조건이 있었습니다. 첫째, 상냥하고 친절한 여인이라면 좋겠다는 조건입니다. 물을 달라고 했을 때 처음 보는 나그네에게 물을 줄 수 있는 여인은 착하고 친절할 것이라고 생각한 것입니다. 물을 주지 않고 "당신이 누구신데요?"라고 물을 수도 있었습니다. 물을 종에게 주고 나면 물을 또다시 길어야 하는 수고를 해야 했기 때문입니다. 대개 사람들은 조금만 불편해도 그 일을 하지 않습니다. 아브라함의 종은 그것을 시험했습니다. 물을 달라고 할 때 기쁘게 주는 여인이 하나님이 택하신 여인이라고 생각한 것입니다.

둘째, 여인에게 말하지 않았는데도 스스로 낙타에게 물을 먹여준다면 좋겠다는 조건입니다. 그런 여인이라면 인자하고, 지혜로우며, 긍휼한 마음이 있을 것이라고 생각했습니다. 그런 여인은 자기 주변을 살피는 사람일 것입니다. 만일 자기만 살피는 여인이라면 낙타를 보지 않았을 것입니다. 동물에게도 관심을 가지는 여자라면 하나님이 택하신 여인일 것이라고 종은 생각했습니다.

> 말을 마치기도 전에 리브가가 물동이를 어깨에 메고 나오니 그는 아브라함의 동생 나홀의 아내 밀가의 아들 브두엘의 소생이라 그 소녀는 보기에 심히 아리땁고 지금까지 남자가 가까이하지 아니한 처녀더라 그가 우물로 내려가서 물을 그 물동이에 채워가지고 올라오는지라 종이 마주 달려가서 이르되 청하건대 네 물동이의 물을 내게 조금 마시게 하라(창 24:15-17).

드디어 아브라함의 종이 기도를 마치자마자 한 여인이 갑자기 나왔습니다. 종은 여인이 오자마자 물을 줄 수 있는지 물어보았습니다. 그러자 여인은 매우 쉽게 대답했습니다. 그녀는 아브라함의 동생 나홀의 아들 브두엘의 소생이었습니다. 친척 중에서 이삭의 신부를 구하라는 아브라함의 말이 적중한 것입니다. 하나님의 뜻은 갑자기 일어나지 않고 점진적으로 일어납니다. 그리고 한 가지 사건만으로 결정할 수 없습니다.

여러 가지 특징 중에서 성경은 그녀가 아름답고 지금까지 남자가 가까이하지 않은 순결한 처녀라고 설명합니다. 그녀가 물을 길으러 왔습니다. 그녀는 가사를 돕는 부지런한 처녀임을 알 수 있습니다.

그가 이르되 내 주여 마시소서 하며 급히 그 물동이를 손에 내려 마시게 하고 마시게 하기를 다하고 이르되 당신의 낙타를 위하여서도 물을 길어 그것들도 배불리 마시게 하리이다 하고 급히 물동이의 물을 구유에 붓고 다시 길으려고 우물로 달려가서 모든 낙타를 위하여 긷는지라(창 24:18-20).

여인은 주저하지 않고 '급히' 모든 일을 해 냈습니다. 그녀의 마음속에는 이미 친절함과 상냥함과 다른 사람을 돕고자 하는 마음이 있었습니다. 이런 마음이 없는 사람은 무엇을 달라고 하면 한참 고민하며 땀을 흘립니다. 그는 이미 늦은 사람입니다.

이 여인은 급히 물동이의 물을 종에게 주었고, 낙타에게도 물을 먹였습니다. 처음 보는 남자에게 이런 친절을 베풀다니, 얼마나 아름다운 모습입니까? 세상이 이런 모습이라면 얼마나 좋을까요? 그러나 우리는 그렇지 못합니다. 금을 긋고 담을 쌓습니다. 심지어 담을 쌓다 못해 유리병을 깨서 담 위에 꽂아 놓습니다. 철망을 치고 도난경보기까지 설치합니다. 믿을 수 없기 때문입니다.

행복이란 누가 주는 것이 아닙니다. 행복은 소유가 아닙니다. 많은 사람이 행복을 갖기 원하고 누군가에게 받기를 원합니다. 그러나 그럴수록 행복하지 않습니다. 행복은 물건이 아니기 때문입니다. 행복은 수입하거나 가질 수 있는 것이 아닙니다. 돈이 있어도 행복하지 않고, 집이 있어도 행복하지 않으며, 지위나 명예가 있어도 행복하지 않습니다. 순간적으로는 행복한 듯 느끼지만 그것은 진정한 행복이 아닙니다. 사람은 행복이라고 불리는 불행한 전철을 타고 다닙니다. 행복을 가지려고 하기 때문입니다.

이 여인을 보십시오. 그녀의 마음에는 이미 행복이 있었습니다. 행복은 자기 성격입니다. 행복한 성격을 가진 사람은 행복해집니다. 그녀의 몸속에는 친절과 상냥함이 있었고, 그녀의 마음속에는 지혜가 있었고 항상 남을 도와주고 싶은 발랄함과 건강함이 있었습니다. 그러므로 누구든지 그 여인을 보면 사랑하게 되어 있었습니다.

우리 모두가 사랑받는 사람이 되기를 바랍니다. 누군가가 우리를 보면서 "당신을 보면 괜히 사랑하고 싶고 주고 싶어요"라고 말한다면 얼마나 좋을까요? 반면에, 주는 것도 없이 미운 사람이 있습니다. 이미 그 속에 내재된 성격 때문에 그렇습니다.

생글생글 웃는데 싫어할 사람은 없습니다. 남에게 친절하고, 의심하지 않고, 상냥하고, 물 좀 달라고 했더니 낙타에게까지 물을 먹이는 사람을 싫어할 사람이 어디 있겠습니까? 복은 이미 그 여인이 받도록 되어 있습니다.

많은 사람이 좋은 신부와 좋은 신랑을 찾는 데는 혈안이 되어 있지만 좋은 신부와 좋은 신랑이 되려는 데는 게으릅니다. 좋은 신부를 만나고 싶거든 좋은 신랑이 되십시오. 좋은 신부가 되면 좋은 신랑이 오게 되어 있습니다. 자기는 별 볼 일 없는데 욕심만 많아서 꿈을 자기보다 더 높은 데 두기에 좋은 배우자를 만나지 못하는 것입니다.

그러고 보면 이웃을 전도하는 일은 아주 쉽습니다. 전도지만 건네지 말고 전도 대상자의 집 앞을 청소해 주십시오. 늘 누군가 내집 앞을 청소해 주면 '저 사람이 누굴까?' 하고 관심을 갖게 됩니다. 그러다 어느 날 교회를 다니는 사람이라는 사실을 알게 되면 자기도 교회에 오고 싶어질 것이고, 결국 예수님을 영접하게 됩니다. 그런 일도 없이 단지 "주 예수를 믿으시오. 그렇지 않으면 지옥 갑니다"라고 말만 한다면 누가 예수님을 믿겠습니까?

행복은 이미 내 안에 있는 것입니다. 그것은 성격입니다. 우리가 사랑받는 사람이 되기를 바랍니다. 복 받는 사람이 되기를 바랍니다. 사람들이 탐내는 사람이 되기를 바랍니다. 사람들이 '저 사람과 함께 일하고 싶다'고 생각할 때 그 사람은 영광을 받는 것입니다.

그 사람이 그를 묵묵히 주목하며 여호와께서 과연 평탄한 길을 주신 여부를 알고자 하더니(창 24:21).

종은 너무나 놀라 '묵묵히' 쳐다보고 있었다고 성경은 말합니다. 그 여인의 일거수일투족을 보고 있었습니다. 하나님은 우리의 일거수일투족을 묵묵히 보고 계십니다. 무슨 말을 하는지 보고 계십니다. 그러니 아무도 보지 않는다고 생각할 때 잘하십시오. 누군가 보고 있습니다. '저 사람이 내 신붓감인가?', '저 사람이 내 신랑감인가?'라고 생각하고 있습니다. 본문 말씀을 보아도 그렇습니다. 늙은 종은 묵묵히 지켜보고 있었지만 그 여인은 전혀 생각하지 못하고 행동했습니다.

이 모든 과정에서 아브라함의 종의 관심은 하나님의 뜻에 있었습니다. 그는 끝까지 '이것이 하나님의 뜻인가?'를 생각했습니다. 결혼의 마지막 순간까지 우리는 '이것이 하나님의 뜻인가?', '이 사람이 하나님이 짝 지어 주신 사람인가?' 하는 질문을 던져야 합니다.

낙타가 마시기를 다하매 그가 반 세겔 무게의 금 코걸이 한 개와 열 세겔 무게의 금 손목고리 한 쌍을 그에게 주며 이르되 네가 누구의 딸이냐 청하건대 내게 말하라 네 아버지의 집에 우리가 유숙할 곳이 있느냐 그 여자가 그에게 이르되 나는 밀가가 나홀에게서 낳은 아들 브두엘의 딸이니이다 또 이르되 우리에게 짚과 사료가 족하며 유숙할 곳도 있나이다(창 24:22-25).

종은 그 여인에게 금 코걸이 한 개와 금 손목고리 한 쌍을 주며 "우리가 유숙할 곳이 있느냐?"라고 물었습니다. 그러자 그녀는 "우리에게 짚과 사료가 족하며 유숙할 곳도 있나이다"라고 답했습니다. 그 말을 듣는 순간, 종은 확신했습니다. '바로 이 여인이다' 싶었습니다. 그래도 말하지 않았습니다.

　여기서 우리가 배울 것이 있습니다. 하나님의 뜻이라고 확신해도 함부로 입을 열지 않은 것입니다. 우리는 '하나님의 뜻인 것 같다'는 생각만 들어도 입을 크게 벌리고 말합니다. 말을 먼저 해서 실수하는 경우가 많습니다. 여러 가지로 점검해 보아야 합니다. 그리고 확신이 생겨도 함부로 말해서는 안 됩니다. 확신이 생긴 종의 다음 행동을 보십시오.

　　이에 그 사람이 머리를 숙여 여호와께 경배하고 이르되 나의 주인 아브라함의 하나님 여호와를 찬송하나이다 나의 주인에게 주의 사랑과 성실을 그치지 아니하셨사오며 여호와께서 길에서 나를 인도하사 내 주인의 동생 집에 이르게 하셨나이다 하니라(창 24:26-27).

　이삭의 결혼에 있어서 하나님의 뜻과 증거가 확실히 나타났다는 사실을 아브라함의 종은 보았습니다. 그래서 하나님께 경배를 드렸습니다.

# 31

## 우리 인생에도,
## 결혼에도 중매인이 필요합니다

창세기 24:28-48

## 결혼, 믿음과 기도로 시작하라

아브라함의 아들 이삭의 결혼을 위해 중매인으로 나선 사람은 아브라함의 집에서 가사를 돕고 있던 충성스런 늙은 종이었습니다. 그는 아브라함의 부탁으로 아브라함의 고향인 메소보다미아로 이삭의 신붓감을 찾기 위해서 떠났습니다.

주인의 고향에 도착했을 때 그는 한 우물가에서 쉬게 되었습니다. 그때 물을 길으러 오는 많은 여인들을 보면서 종은 기도했습니다. "하나님이 예비하시고 선택하신 내 주인의 며느릿감 될 사람을 만나게 해 주십시오." 기도를 마치자마자 한 여인이 나타났습니다. 종의 기쁨은 이루 말할 수가 없었습니다. 왜냐하면 하나님의 응답이 눈앞에 있었기 때문입니다. 사실 우리에게 무슨 일이 이루어졌다는 것보다 더 기쁜 일은 하나님이 내 기도를 들어주셨다는 사실입니다. 하나님이 나의 기도를 들으시고 나에게 세심한 관심을 가지고 응답해 주셨다는 사실을 확인했을 때 우리는 영적으로 살아나기 시작합니다. 기쁨이 충만해집니다.

아브라함의 종은 이삭의 신붓감을 발견한 즉시, 마음으로부터 하나님께 경배하며 찬양하기 시작했습니다.

이에 그 사람이 머리를 숙여 여호와께 경배하고 이르되 나의 주인 아브라함의 하나님 여호와를 찬송하나이다 나의 주인에게 주의 사랑과 성실을 그치지 아니하셨사오며 여호와께서 길에서 나를 인도 하사 내 주인의 동생 집에 이르게 하셨나이다 하니라(창 24:26-27).

중매인이었던 늙은 종에게는 하나님을 찬양하며 경배하는 믿음이 있었습니다. 믿음 있고 하나님을 신뢰하는 중매인은 자녀들의 결혼과 당사자의 결혼에 있어 아주 중요한 역할을 합니다. 주인의 아들 이삭의 신붓감을 구하는 일에 이 늙은 종은 믿음과 기도로 접근했습니다. 그의 마음속에 있는 믿음은 무엇입니까? 하나님이 신붓감을 예비해 주셨다는 믿음입니다. 이것은 아주 중요합니다.

앞 장에서도 말했지만, 결혼에 있어서 가장 중요한 시작은 하나님이 배우자를 준비해 주셨다고 '믿는 것'입니다. '나의 배우자는 하나님이 보내 주신 사람이다'라고 믿고 사는 것과 '그냥 어쩌다가 만나서 산다'는 것은 하늘과 땅 차이입니다. 비록 잘못된 결혼을 했고, 결혼에 실패했다고 할지라도 지금부터라도 이 생각을 가지면 우리의 결혼이 복된 결혼으로 바뀝니다.

왜 많은 사람이 이혼하고 헤어지는지 압니까? 배우자에게 실수나 문제가 있어서가 아닙니다. 어차피 사람에게는 문제나 실수가 있기 마련입니다. 이혼하는 가장 중요한 원인은 '하나님이 이 사람을 나에게 보내 주셨다'라는 믿음이 없기 때문입니다. 하나님이 이 사람을 만나게 하셨고, 결혼하게 하셨고, 한 가정을 이루게 하셨다는 확신과 믿음이 있다면 문제가 생기지 않습니다. 역경과 위기도 쉽게 넘어갑니다. 하나님이 계획하신 복된 결혼이라고 믿기 때문입니다. 그러나 그런 믿음이 없으면 작은 실수와 작은 고난에도 쉽게 무너져 버립니다.

우리 자녀에게 하나님이 예비하신 배우자가 있을 것을 믿습니다. 자녀들도 그렇게 믿고 기도하고, 결혼 가운데 하나님의 복이 임한다는 사실을 믿기 바랍니다.

26절에서 이 늙은 종은 하나님이 자신의 기도를 들어주셨음을 알고 고개를 숙여 하나님께 경배했습니다. 여기에 '경배'라는 독특한 표현이 나옵니다. 그리고 이어지는 27절을 보면, 그는 "아브라함의 하나님 여호와를 찬송하나이다"라고 말했습니다. 왜 이 늙은 종은 하나님께 경배하며 하나님을 찬양했을까요?

그 이유는 27절 하반 절에 나오듯이, 하나님이 그의 주인에게 주의 사랑과 성실을 그치지 아니하셨기 때문입니다. 이 늙은 종은 아브라함의 집에서 살면서 하나님이 얼마나 아브라함을 사랑하시고 그에게 복을 주셨는지를 잘 알고 있었습니다. 아브라함은 실수도, 변덕도 많았습니다. 배신도 했습니다. 그렇지만 하나님의 사랑은 변함이 없었습니다. 그것을 이 늙은 종은 잘 보아 왔던 것입니다. 이제 그 주인의 아들의 신붓감을 찾는 시점에서 하나님은 또다시 변함없이 그 사랑과 신실함을 보여 주셨습니다.

우리를 향한 하나님의 사랑과 신실함도 변하지 않을 줄로 믿습니다. 아브라함의 종은 하나님의 사랑과 신실하심을 이삭의 신붓감을 찾는 사건을 통해 다시 발견하게 되었습니다.

> 소녀가 달려가서 이 일을 어머니 집에 알렸더니 리브가에게 오라버니가 있어 그의 이름은 라반이라 그가 우물로 달려가 그 사람에게 이르러 그의 누이의 코걸이와 그 손의 손목고리를 보고 또 그의 누이 리브가가 그 사람이 자기에게 이같이 말하더라 함을 듣고 그 사람에게로 나아감이라 그때에 그가 우물가 낙타 곁에 서 있더라(창 24:28-30).

이삭의 중매인인 아브라함의 늙은 종을 만난 리브가는 급히 자기 어머니의 집으로 뛰어갔습니다. 그리고 어머니의 집에 있는 오라버니 라반에게 이 모든 사실을 고백했습니다. 라반은 가족을 대표해서 아브라함의 늙은 종이 기다리고 있는 우물가로 달려갔습니다.

> 라반이 이르되 여호와께 복을 받은 자여 들어오소서 어찌 밖에 서 있나이까 내가 방과 낙타의 처소를 준비하였나이다(창 24:31).

"여호와께 복을 받은 자여"라는 라반의 말에서, 그의 모든 가족이 하나님을 믿고 경외하는 사람들이라는 사실을 알 수 있습니다.

우리는 여기서 왜 아브라함이 늙은 종에게 우상을 숭배하는 가나안의 딸들에게서 며느리를 취하지 말라고 했는지에 대해 생각해야 할 것입니다.

자녀를 위해서 자녀의 배우자는 믿는 집안에서 선택해야 한다는 원칙을 갖게 되기를 바랍니다. 일부러 위험한 일을 할 필요가 없습니다. 물론 예외는 있습니다. 예수님을 믿지 않는 사람과 결혼해서 배우자를 전도하고 자신도 예수님을 잘 믿어 하나님께 크게 헌신한 사람도 있습니다. 그러나 그렇지 않은 경우가 훨씬 더 많습니다. 결혼의 큰 원칙은 '하나님을 믿는 사람과 결혼한다'는 것입니다. 아브라함에게는 이 원칙이 있었습니다.

리브가의 오빠 라반은 기쁜 마음으로 나그네를 영접했습니다. 그리고 자기 집에 들어와서 쉴 것을 권했습니다. 이에 종은 리브가의 집으로 갔습니다.

## 우선순위를 정확하게 이해하고, 먼저 하라

그 사람이 그 집으로 들어가매 라반이 낙타의 짐을 부리고 짚과 사료를 낙타에게 주고 그 사람의 발과 그의 동행자들의 발 씻을 물을 주고 그 앞에 음식을 베푸니 그 사람이 이르되 내가 내 일을 진술하기 전에는 먹지 아니하겠나이다 라반이 이르되 말하소서(창 24:32-33).

우리는 여기서 또 한 번 아브라함의 늙은 종의 신실함과 기막힌 믿음을 보게 됩니다. 라반은 나그네를 집에 초대하고 긴 여행에 지친 나그네의 낙타들을 돌보았습니다. 그다음에 아브라함의 종에게 발 씻을 물과 음식을 제공했습니다. 그런데 아브라함의 종은 이러한 라반의 친절을 거절했습니다. "나는 여기 쉬러 온 사람이 아닙니다. 나는 하나님이 주신 명령, 내 주인 아브라함이 내게 맡겨 주신 명령을 수행하러 왔기 때문에 이 목적을 먼저 말하고 이 일을 먼저 성사시킨 다음에 음식을 먹든지 말든지 하겠습니다"라고 말했습니다.

아무리 목적이 중요하고, 또 일이 급하다 할지라도 긴 여행으로 지쳤을 텐데 숨 좀 돌리고 음식을 나눈 뒤 이야기할 수도 있지 않겠습니까? 그런데 그는 그렇게 하지 않았습니다. 얼마나 목이 마르고, 배고프고, 지쳤겠습니까? 내일쯤 이야기해도 되는 일 아니겠습니까? 그런데도 이 늙은 중매인은 그렇게 하지 않았습니다.

여기서 늙은 종으로부터 한 가지 중요한 사실을 배우게 됩니다. 그것은 '우선순위'라는 문제입니다. 중요한 것과 덜 중요한 것, 먼저 할 일과 나중에 할 일을 이 사람은 정확하게 이해하고 있었습니다.

우리에게는 이 세상에 온 목적이 있습니다. 하나님이 우리를 이 세상에 보내신 목적이 있습니다. 그러나 그 목적을 팽개치고 이상한 곳에서 엉뚱한 사람들과 만나서 시간과 돈을 다 허비하는 사람들이 너무나 많습니다. 하나님이 우리에게 주신 목적을 먼저 성취하는 것이 밥을 먹는 것보다, 잠을 자는 것보다, 먼저 성공하는 것보다 중요합니다. 그래서 예수님은 이렇게 말씀하셨습니다.

그러므로 염려하여 이르기를 무엇을 먹을까 무엇을 마실까 무엇을 입을까 하지 말라 이는 다 이방인들이 구하는 것이라 너희 하늘 아버지께서 이 모든 것이 너희에게 있어야 할 줄을 아시느니라 그런즉 너희는 먼저 그의 나라와 그의 의를 구하라 그리하면 이 모든 것을 너희에게 더하시리라(마 6:31 - 33).

우리 삶의 목적이 분명해지기를 바랍니다. 이 늙은 종은 결코 여유를 부리지 않았습니다. 말을 돌리지도 않았고, 과장하거나 숨기지도 않았습니다. 그는 해야 할 말을 먼저 선포하고 일을 시작했습니다. 우리의 문제는 중요한 일을 언제나 뒤로 미루는 데 있습니다. 할 말을 하지 않고 목적이 분명하지 않을 때 우리의 삶에는 방황과 갈등과 혼동이 기다리고 있습니다. 우리는 이 사실을 지나온 삶을 통해 충분히 배우고 많이 경험하지 않았습니까?

# 결혼의 기준은 처음부터 끝까지 하나님의 뜻을 좇는 것

여호와께서 나의 주인에게 크게 복을 주시어 창성하게 하시되 소와 양과 은금과 종들과 낙타와 나귀를 그에게 주셨고 나의 주인의 아내 사라가 노년에 나의 주인에게 아들을 낳으매 주인이 그의 모든 소유를 그 아들에게 주었나이다 나의 주인이 나에게 맹세하게 하여 이르되 너는 내 아들을 위하여 내가 사는 땅 가나안 족속의 딸들 중에서 아내를 택하지 말고 내 아버지의 집, 내 족속에게로 가서 내 아들을 위하여 아내를 택하라 하시기로 내가 내 주인에게 여쭈되 혹 여자가 나를 따르지 아니하면 어찌하리이까 한즉 주인이 내게 이르되 내가 섬기는 여호와께서 그의 사자를 너와 함께 보내어 네게 평탄한 길을 주시리니 너는 내 족속 중 내 아버지 집에서 내 아들을 위하여 아내를 택할 것이니라(창 24:35-40).

늙은 종의 태도에 라반은 어처구니가 없었을 것입니다. 종은 주는 음식을 먹지도 않고 자기가 온 목적을 먼저 말하겠다고 하더니 허락을 받자마자 거침없이 그동안의 일들을 쭉 이야기했습니다. 여기서 종에게서 또 한 가지를 배웁니다. 인생의 목적이 분명한 사람은 할 말이 있다는 것입니다. 그 마음에 예수님이 계신 사람은 전도할 기회가 있으면 일사천리로 말합니다. 그러나 예수님이 마음에 없는 사람은 그저 "예수님 믿으면 좋고, 교회 가면 좋지. 믿음

가지면 좋지" 정도밖에는 할 말이 없습니다.

우리에게는 정말 거침없이, 일사천리로 예수님에 대해서 할 말이 있어야 합니다. 무엇보다도, 어떤 메시지보다도 예수님에 대한 이야기를 하고 싶은 충동, 목까지 예수님에 대한 이야기가 가득 차는 복이 우리에게 있기를 바랍니다.

아브라함의 종은 지금 모든 이야기가 자기 안에 충만한 상태였습니다. 그래서 일사천리로 네 가지로 요약해서 이야기했습니다. 첫 번째 이야기는 "나의 주인인 아브라함은 하나님께 큰 복을 받은 사람입니다. 그분은 특히 물질적인 복을 많이 받았는데, 하나님이 소와 양과 은금과 종들과 낙타와 나귀를 풍성히 주셨습니다"라는 것입니다. 두 번째는 이야기는 "하나님이 아브라함의 노년에 아내 사라를 통해서 약속의 자녀인 아들 이삭을 주셨습니다"라는 것입니다. 세 번째 이야기는 "이삭은 유일한 상속자로서 이제 신붓감을 맞이할 때가 되었습니다. 그래서 이삭의 아버지 아브라함의 명령을 받아 신붓감을 구할 사명을 가지고 제가 여기 왔습니다"라는 것입니다.

네 번째 이야기가 제일 중요합니다. 자신이 여기 온 이유는 자기 뜻이 아니라 하나님의 뜻이며, 아브라함은 하나님이 자기 며느릿감을 이미 택하셨다고 믿고 있다는 이야기입니다. 하나님의 사자가 준비해 놓았으므로, 이삭의 신붓감을 만나면 그녀가 자신을 따라올 것이라고 말했다는 것입니다. 또 한 번 늙은 종의 신실한 충성심과 믿음을 보게 됩니다.

자녀의 짝을 하나님이 예비해 주셨다고 믿으십시오. 믿는 것이 굉장히 중요합니다. 믿으면 아무렇게나 짝을 찾지 않게 됩니다. 오늘날 많은 사람이 쉽게 짝을 찾고 쉽게 결혼하기 때문에 그 대가를 치르고 있습니다. 만약 하나님의 뜻을 추구하고 하나님의 뜻대로 살려고 애를 쓴다면 그렇게 큰 비극은 일어나지 않을 것입니다.

네가 내 족속에게 이를 때에는 네가 내 맹세와 상관이 없으리라 만일 그들이 네게 주지 아니할지라도 네가 내 맹세와 상관이 없으리라 하시기로 내가 오늘 우물에 이르러 말하기를 내 주인 아브라함의 하나님 여호와여 만일 내가 행하는 길에 형통함을 주실진대 내가 이 우물곁에 서 있다가 젊은 여자가 물을 길으러 오거든 내가 그에게 청하기를 너는 물동이의 물을 내게 조금 마시게 하라 하여 그의 대답이 당신은 마시라 내가 또 당신의 낙타를 위하여도 길으리라 하면 그 여자는 여호와께서 내 주인의 아들을 위하여 정하여 주신 자가 되리이다 하며(창 24:41-44).

늙은 종의 일관된 믿음이 엿보입니다. 우리의 문제는 믿었다가도 흔들리는 데 있습니다. 안 믿는 것도 아니고, 교회에 안 나오는 것도 아닙니다. 문제는 계속해서 못 믿는 것입니다. 어려움이 오고 위기가 닥치면 금방 휘청거리고, 포기하고, 뒤돌아서는 데 우리의 문제가 있습니다. 우리가 아브라함의 종과 같은 중매인이 되기를 바라고, 또 이런 중매인을 만날 수 있기를 바랍니다.

아브라함의 늙은 종을 보십시오. 그는 처음부터 끝까지 하나님의 뜻을 추구했고, 하나님의 뜻이라는 증거를 원했고, 하나님의 뜻을 따르는 사람을 만났을 때는 단호하고 담대하게 그 일을 추진했습니다. 무슨 일을 하든지 하나님의 뜻을 먼저 확인하십시오. 좋은 일이기 때문이 아니라 하나님의 뜻이기 때문에 하십시오. 좋고, 유익이 되고, 성공을 주고, 부요하게 하는 일일지라도 하나님의 뜻이 아니면 단호히 거절하십시오.

불륜의 관계가 있다면 오늘 끊으십시오. 하나님의 뜻이 아닌 것은 끊으십시오. 비록 당장은 힘들고 고통스러울지라도 하나님의 뜻을 찾아야 합니다. 그저 우리의 짐작이나 세상 방법대로 하면 죽음과 저주가 기다리고 있습니다.

기도하십시오. 하나님의 뜻인지, 아닌지 기도하십시오. 기도하면 하나님이 가르쳐 주십니다. 하나님의 뜻이 아니면 아무리 좋은 것일지라도 포기하십시오. 하나님의 뜻이면 끝까지 추구하십시오. 이것이 복을 받는 비결입니다. 늙은 종은 확신과 증거가 생길 때까지 말을 꺼내지 않았습니다. 계속 기도하면서 상황을 살펴보고 하나님의 뜻을 추구했습니다.

여기서 또 하나 발견하는 것은 무엇입니까? 늙은 종은 끊임없이 "하나님이 택한 사람인가?"라고 질문했다는 것입니다. 사도 바울은 로마서에서 "너희는 이 세대를 본받지 말고 오직 마음을 새롭게 함으로 변화를 받아 하나님의 선하시고 기뻐하시고 온전하신 뜻이 무엇인지 분별하도록 하라"(롬 12:2)라고 말했습니다. 하나님께 계속해서 질문하십시오. "이 직장이 하나님의 뜻입니까?", "이렇게 돈 버는 것이 하나님의 뜻입니까?", "이 사람을 만나는 것이 하나님의 뜻입니까?"

> 내가 마음속으로 말하기를 마치기도 전에 리브가가 물동이를 어깨에 메고 나와서 우물로 내려와 긷기로 내가 그에게 이르기를 청하건대 내게 마시게 하라 한즉 그가 급히 물동이를 어깨에서 내리며 이르되 마시라 내가 당신의 낙타에게도 마시게 하리라 하기로 내가 마시매 그가 또 낙타에게도 마시게 한지라(창 24:45-46).

이삭의 중매인은 자신의 기도가 어떻게 응답되었는지에 대해 거침없이 이야기했습니다. 하나님의 뜻이 확실하기 때문에 그는 리브가에게 값비싼 코걸이와 손목고리를 주었다고 말했습니다. 종에게는 "이것은 하나님의 뜻이다!"라는 이런 확신이 있습니다.

하나님의 뜻이라고 확신한 사람은 떳떳합니다. 일이 잘되어도, 잘되지 않아도 떳떳합니다. 하나님의 뜻이라는 확신이 없으면 일이 잘되어도 불안하고, 잘되지 않아도 불안합니다. 우리가 하는 말이 하나님의 뜻입니까? 우리가 하고 있는 일이 하나님의 뜻입니까? 우리가 하려고 하는 일이 하나님의 뜻입니까? 그것을 확인해야 합니다. 우리는 중요한 일일수록, 큰일일수록 도망가는 경향이 있습니다. 결정을 내가 하지 않고 다른 사람더러 하라고 합니다. 왜 그럴까요? 무섭고 두렵기 때문입니다. 큰일이고 중요한 일일수록 기도하고 결정하십시오. 다른 사람한테 미루거나 맡기지 마십시오.

우리는 이삭의 신붓감을 찾는 이야기를 통해서 놀라운 하나님의 뜻을 배우게 됩니다. 그것은 예수 그리스도의 영원한 신부가 바로 '나'라는 사실입니다. 예수님은 우리를 신부로 맞으시기 위해 얼마나 많은 정성을 쏟으셨는지 모릅니다. 얼마나 신실하고 충성스러우셨는지 모릅니다. 그분은 우리를 신부로 맞아들이기 위해 십자가에 몸을 던지셨고, 십자가에서 살을 찢기셨고, 피를 흘리셨습니다. 이 사실을 생각하면 정말 놀랍습니다.

내가 그에게 묻기를 네가 뉘 딸이냐 한즉 이르되 밀가가 나홀에게서 낳은 브두엘의 딸이라 하기로 내가 코걸이를 그 코에 꿰고 손목고리를 그 손에 끼우고 내 주인 아브라함의 하나님 여호와께서 나를 바른 길로 인도하사 나의 주인의 동생의 딸을 그의 아들을 위하여 택하게 하셨으므로 내가 머리를 숙여 그에게 경배하고 찬송하였나이다 이제 당신들이 인자함과 진실함으로 내 주인을 대접하려거든 내게 알게 해 주시고 그렇지 아니할지라도 내게 알게 해 주셔서 내가 우로든지 좌로든지 행하게 하소서(창 24:47-49).

늙은 종은 이렇게 말합니다. "저는 할 말을 다 했습니다. 제 말 듣고 당신이 하나님의 뜻이라고 생각한다면 허락할 것이고, 당신이 허락하지 않는다면 저는 미련이 없습니다." 결혼이란 사정해서 할 수 있는 일이 아닙니다. 부탁해서 하는 일도 아닙니다. 결혼은 하나님의 뜻대로 하는 것임을 믿으십시오.

이 본문을 보면서 늙은 종의 충성스러움과 신실함에 주목하게 됩니다. 자기 아들이나 자기가 결혼하는 것도 아니고, 주인의 아들을 결혼시키는데도 이렇게 충성하는 그의 모습에서 그리스도인의 모습을 봅니다. 예수님은 우리와 하나님 사이를 중매하셨고, 이 늙은 종은 이삭과 리브가 사이를 중매했습니다. 우리는 이 세상의 화해자로 나서야 합니다. 그리스도인인 우리는 다른 사람들을 행복하게 만들어 주는 사람으로 부르심을 받았습니다. 우리에게 이 놀라운 은혜와 복이 넘치기를 기도합니다.

# 32

# 나와 내 자녀의 결혼생활에
# 하나님의 계획이 있습니다

창세기 24:49-67

## 결혼의 과정은 놀랍게도 구원의 과정과 아주 흡사하다

하나님의 뜻으로 이루어지는 결혼의 마지막 단계는 '선택'입니다. 결혼이 성사되기까지 '얼마나 오랫동안 교제했는가?', 또 '얼마나 깊은 관계를 가졌는가?'라는 사실보다 더 중요한 것은 "내가 당신과 결혼하겠습니다"라고 결정하는 일입니다. 그토록 서로 사랑하며 기다렸지만 마지막 이 한마디를 하지 못해서 결혼에 이르지 못한 사람들을 많이 보았습니다.

결혼의 과정은 놀랍게도 구원의 과정과 아주 흡사합니다. 결혼이 하나님의 섭리와 예정이듯이, 우리가 받은 구원도 하나님의 특별한 예정과 섭리입니다. 구원은 하나님의 일방적이고 조건 없는 사랑으로 이루어집니다. 그러나 아무리 하나님이 나를 사랑하셔서 희생의 대가를 치르셨다고 해도 "예수님을 나의 주님, 나의 하나님으로 믿고 영접하겠습니다"라는 말을 하지 않으면 하나님의 자녀가 될 수 없습니다. 우리가 아무리 교회에 나오고 "나는 하나님을 사랑합니다"라고 말해도 소용없습니다. 구원은 "나는 예수님을 믿겠습니다"라고 말해야 이루어집니다.

우리가 사람을 만났을 때 "나는 당신을 참 좋아합니다", "나는 당신을 사랑하게 되었습니다", "나는 당신을 원합니다"라고 아무리 많이 말해도 결혼이 이루어지지 않습니다. "내가 당신과 결혼하겠습니다"라는 말을 해야만 결혼이 이루어집니다. 구원도 마찬가지입니다. 예수님을 믿겠다고 말해야 합니다.

결혼은 상대방을 다 알고 난 후에야 하는 것이 아닙니다. 죽을 때까지 함께 살아도 알 수 없는 존재가 사람입니다. 우리는 결혼하고 나서도 배우자의 마음을 모를 때가 많습니다. 그러나 사람들은 결혼을 합니다. 마찬가지로 하나님을 다 알고 믿는 사람은 없습니다. 믿기로 결정하는 것입니다. 혹시 교회에 나오고 하나님을 좋아하지만 하나님을 믿지는 않는 분이 있다면 오늘 믿겠다고 말하십시오.

## 결혼 상대자를 놓고 고르기보다 하나님께 기도하라

이제 당신들이 인자함과 진실함으로 내 주인을 대접하려거든 내게 알게 해 주시고 그렇지 아니할지라도 내게 알게 해 주셔서 내가 우로든지 좌로든지 행하게 하소서(창 24:49).

여기서 우리가 아브라함의 종에게서 배울 수 있는 한 가지 사실은 '그 여인이 누구인가?'보다 '하나님의 뜻이 무엇인가?'를 계속해서 생각해야 한다는 것입니다. 아브라함의 종은 리브가의 가족들에게 "하나님의 뜻이라고 생각한다면 당신의 딸, 당신의 누이동생을 내 주인의 아들 이삭의 아내로 보내 주십시오"라고 도전했습니다.

여기서 결혼에 대한 중요한 사실을 알게 됩니다. 결혼은 고르거나 비교하는 것이 아닙니다. 여러 사람을 놓고 밤새도록 저울질하며 고르지 마십시오. 그러면 비극적인 결혼을 하게 됩니다. 결혼은 하나님이 선택하신 사람을 맞아들이는 것입니다. 그러므로 사람을 고르기보다 "어떤 사람이 하나님의 뜻입니까?"라고 질문해야 합니다.

종은 "만일 리브가를 시집보내는 것이 하나님의 뜻이 아니라고 생각한다면 거절해도 좋습니다"라고 말했습니다. 하나님의 뜻을 추구하는 사람은 비굴하지 않다는 것을 그에게서 봅니다. 하나님의 뜻을 찾는 사람은 아무리 힘들어도 떳떳합니다. 어떤 일이 잘되지 않는다고 하더라도 속상하거나 괴로워하지 않습니다. 그리고 다른 이에게 아부하지 않습니다.

리브가의 가족들은 굉장히 지혜로운 대답을 했습니다.

라반과 브두엘이 대답하여 이르되 이 일이 여호와께로 말미암았으니 우리는 가부를 말할 수 없노라(창 24:50).

그들은 만약 이 결혼이 하나님이 주관하시고 섭리하시는 문제라면 우리가 결정할 문제가 아니라고 말했습니다. 많은 부모가 하나님의 뜻보다는 자기 의견과 자기 기준이 옳다고 믿는 실수를 저지릅니다. 자녀들이 살아가고 있는 시대는 부모가 살던 시대와 다릅니다. 그럼에도 불구하고 부모들은 자기 세대의 사고방식을 강요하기 쉽습니다. 부모의 이러한 간섭과 지나친 주장 때문에 자녀들에게 평생 동안 상처를 주는 경우가 많습니다. 이런 식이라면 결혼을 반대하든, 찬성하든 결국은 상처를 주게 됩니다.

"너는 이 사람하고 꼭 결혼을 해라"하며 자녀가 싫어하는데도 막무가내로 밀어붙이게 되면 자녀는 상처를 입습니다. 이 상처를 안고 결혼생활을 시작하기 때문에 삶이 힘들어집니다. 하나님의 뜻을 분별할 수 있는 성숙한 자녀들이라면 결혼의 선택권을 자녀들에게 주는 것이 좋습니다. 그러나 반대로 하나님의 뜻을 분별할 수 없는 자녀들이라면 무조건 자녀들에게 결혼의 선택권을 맡기는 것은 아주 위험합니다. 왜냐하면 자녀들에게 판단할 기준이 없기 때문입니다. 그릇된 판단으로 적당하지 못한 사람과 결혼하겠다고 나서면 어떻게 하겠습니까? 부모가 막아야 합니다.

> 리브가가 당신 앞에 있으니 데리고 가서 여호와의 명령대로 그를 당신의 주인의 아들의 아내가 되게 하라(창 24:51).

리브가의 부모는 당사자만 허락한다면 자신들은 반대하지 않겠다고 말했습니다. 문제의 선택권을 부모가 갖지 않고 자녀에게 주었습니다. 우리는 여기서 부모와 자녀의 두 가지 모습을 보게 됩니다.

첫째, 리브가의 부모는 하나님의 뜻을 따르겠다고 생각하는 부모였습니다. 50절에서는 "여호와께로 말미암았으니"라고 말했고, 51절에서는 "여호와의 명령대로"라고 말했습니다. '나의 의견과 문화와 가치관이 있지만 그보다 하나님의 뜻이 더 중요하다'라고 생각하는 부모의 모습입니다. 모든 부모가 이런 부모가 되기를 바랍니다.

둘째, 자녀 리브가는 부모가 결혼의 선택권을 맡길 만큼 성숙함을 인정받은 여인이었습니다. 만일 리브가가 철없는 결정을 하고 나서 후회하는 자녀였다면 부모가 이렇게 쉽게 그녀에게 결정을 맡기지는 못했을 것입니다. 자녀에게 결정할 수 있는 성숙함이 있다고 믿어 주십시오. 또한 이렇게 성숙한 모습으로 부모님께 신뢰받는 자녀가 되기를 간절히 바랍니다.

결혼의 적령기가 언제일까요? 결혼의 적령기는 나이의 문제가 아니라 성숙의 문제입니다. 나이가 어려도 결혼에 대한 책임과 의미를 알고 후회 없는 선택을 할 수 있는 성숙함이 있다면 결혼해도 됩니다. 그러나 나이가 아무리 많아도 결혼을 책임질 줄 모르고, 결혼의 의미도 모르고, 또 결혼에 있어서 하나님의 뜻을 분별할 수 없다면 그 결혼은 피해야 합니다.

아브라함의 종이 그들의 말을 듣고 땅에 엎드려 여호와께 절하고 은금 패물과 의복을 꺼내어 리브가에게 주고 그의 오라버니와 어머니에게도 보물을 주니라(창 24:52-53).

여기서 아브라함의 종이 모든 가치를 판단하는 사고 구조가 하나님 중심이었다는 사실을 알 수 있습니다. 그는 리브가의 부모에게서 승낙을 받고 나서 먼저 하나님께 경배를 드렸습니다. 그다음에 준비한 혼숫감을 여인과 부모에게 주었습니다.

이 늙은 종은 가나안 땅을 떠나기 전, 리브가라는 여자를 만나기 전에 이미 혼숫감을 준비했습니다. 이것은 하나님이 이삭의 신붓감을 예정해 두셨다는 믿음이 있었음을 뜻합니다. 믿음이 있었기에 그녀가 누구인지도 모르고, 그녀를 발견할 수 있을지조차 몰랐지만 그 무거운 혼숫감을 다 준비하고 떠났던 것입니다. 결혼 전에 "하나님이 내 자녀의 배우자를 준비하셨다"라는 믿음을 갖는 것은 매우 중요합니다.

사실 결혼만큼 예측하기 어려운 일도 없습니다. 행복하리라고 생각했던 부부가 불행해지는 경우를 많이 보아 왔습니다. 반대로 어떤 이유 때문에 불행할 것이라고 생각했던 부부가 행복하게 사는 경우도 많이 봅니다. 우리는 자녀의 결혼에 대해서나 현재 자신의 결혼생활에 대해서도 변하지 않는 한 가지 원칙을 가져야 합니다. 지금이라도 늦지 않았습니다. 그 원칙은 "하나님은 나를 사랑하시고, 나를 위해 놀라운 계획을 가지고 계신다"라는 믿음입니다.

하나님은 나를 사랑하시고 나를 위해 놀라운 계획을 가지고 계십니다. 따라서 하나님의 독생자 예수 그리스도를 세상에 보내기까지 하셨습니다. 하나님은 나를 여러 사람 중에 섞여 있는 하나로 기억하시지 않고, 나 한 사람을 개별적으로 기억하시고, 간섭하시며, 복 주신다는 사실을 믿으십시오. 혼자 살아도, 결혼해도 그렇게 믿으십시오. 우리가 이 믿음을 계속 가지고 있으면 그 믿음대로 됩니다.

믿음을 갖지 않으면 표류하는 배처럼 계속 떠돌아다니게 됩니다. 이 사람일까, 저 사람일까 고민하고 방황합니다. 하나님이 혼자 살게도 하십니다. 혼자 사는 사람은 혼자 살아야 하고, 결혼할 사람은 결혼해야 합니다. 어떻게 살든지 중요한 것은 "하나님은 나를 사랑하시고, 나에게 관심이 있으시며, 나에게 복 주신다. 하나님이 내 삶을 예비해 주셨다"라고 믿는 것입니다. 그 열매가 5년, 10년 후에 꼭 나타납니다.

믿음은 바라는 것들의 실상이요 보이지 않는 것들의 증거니
(히 11:1).

믿음이 없이는 하나님을 기쁘시게 하지 못하나니 하나님께 나아가는 자는 반드시 그가 계신 것과 또한 그가 자기를 찾는 자들에게 상 주시는 이심을 믿어야 할지니라(히 11:6).

하나님은 우리를 사랑하십니다. 하나님은 우리를 위한 놀라운 계획을 갖고 계시며, 우리에게 복 주기를 원하십니다. 그 사실을 믿고 사십시오. 그리고 믿고 기도해 보십시오. 반드시 그 복이 임할 것입니다.

## 복은 복을, 상처는 상처를 낳는다. 자녀를 축복하라

> 이에 그들 곧 종과 동행자들이 먹고 마시고 유숙하고 아침에 일어나서 그가 이르되 나를 보내어 내 주인에게로 돌아가게 하소서 (창 24:54).

아브라함의 종은 죽으나 사나 하나님의 뜻과 주인 생각만 했습니다. 이런 사람이 곁에 있으면 얼마나 좋을까요? 어떤 보상 때문에 이토록 충성스러운 것이라고 생각합니까? 보너스를 많이 주거나 노후를 책임져 주면 이토록 충성할까요? 이 충성은 그런 것과 다릅니다. 말 그대로 '충성'입니다.

늙은 종은 빨리 주인에게 가서 이 기쁜 소식을 전하기를 원했습니다. 하룻밤도 기다릴 수 없다고 말했습니다. 그러나 리브가의 가족들은 생각이 달랐습니다. 시집보내기 전에 딸과 열흘 정도 함께 지내기를 원했습니다. 딸을 떠나보내는 것이 얼마나 힘든 일인데,

열흘 정도 함께하는 것은 당연하지 않겠습니까?

> 리브가의 오라버니와 그의 어머니가 이르되 이 아이로 하여금 며칠
> 또는 열흘을 우리와 함께 머물게 하라 그 후에 그가 갈 것이니라 그
> 사람이 그들에게 이르되 나를 만류하지 마소서 여호와께서 내게 형
> 통한 길을 주셨으니 나를 보내어 내 주인에게로 돌아가게 하소서 그
> 들이 이르되 우리가 소녀를 불러 그에게 물으리라 하고(창 24:55-57).

　종의 마음은 리브가의 가족들의 마음과 달랐습니다. 종은 빨리
가서 주인에게 모든 일을 보고하고 소식을 알려 주어야 한다고 생
각했지만, 리브가의 오빠와 부모는 리브가와 좀 더 이야기를 나누
고 싶고 정리할 일도 남아 있다고 했습니다. 그래서 의견이 부딪
혔습니다. 여기서 우리가 주목할 점이 있습니다. 리브가의 가족들
의 현명한 선택을 보십시오. 이 일도 리브가 본인에게 맡겼습니다.
　한 남자와 한 여자가 중매나 연애를 통해 결혼을 하기로 결정했
다고 합시다. 문제는 그다음부터입니다. 결혼하기로 결정을 해 놓
고 사소한 문제들 때문에 서로 상처받고 상처를 주게 됩니다. 예를
들면, 결혼 날짜는 언제로 잡을 것인가, 결혼식은 교회에서 할 것
인가, 호텔에서 할 것인가, 식사는 무엇으로 할 것인가, 주례는 누
가 할 것인가 등입니다.
　더 예민한 문제는 혼수입니다. '어느 정도 수준의 물건을 장만할

것이냐', '집을 살 것이냐, 말 것이냐', '자동차를 줄 것이냐, 말 것이냐' 등의 문제를 가지고 처음에는 점잖게 의논을 하다가 다음에는 논쟁을 하게 되고, 그다음에는 자존심 싸움으로 발전합니다. 이것은 '일찍 가야 하느냐, 열흘을 묵고 가야 하느냐'라는 문제로 다툰 것과 비슷한 문제입니다.

저는 이런 문제들로 인해 헤어지는 경우를 너무나 많이 봤습니다. 제가 주례를 서기로 했다가 취소된 경우도 많았습니다. 어쩌면 그들은 서로 사랑하는 사이가 아닐 수도 있습니다. 또 하나님의 뜻을 따르는 사람들이 아닐 수도 있습니다. 그렇기 때문에 그런 사소한 문제들 때문에 쉽게 상처받고 상처를 주고 헤어지는 것입니다.

우리는 결혼의 본질보다는 결혼의 주변 문제를 심각하게 생각합니다. 이런 경우에 해답은 하나입니다. 당사자에게 맡기는 것입니다. 부모의 체면이나 집안의 위상 때문에 겉치레와 위선적인 행동으로 결국 자녀의 일생을 망치는 어리석음을 범하지 말아야 합니다.

> 리브가를 불러 그에게 이르되 네가 이 사람과 함께 가려느냐 그가 대답하되 가겠나이다(창 24:58).

리브가의 가족들이 리브가를 불러 "네가 이 사람과 함께 가려느냐" 하고 묻자 그녀는 "가겠나이다"라고 답했습니다. 이 문장은 짧고, 대답도 간단하지만 그 뒤에 숨어 있는 의미는 굉장히 복잡합니다.

부모가 아주 곤란한 질문을 했습니다. 이것은 마치 말을 갓 배운 아이에게 "아빠가 좋아, 엄마가 좋아?"라는 질문을 던지는 것과 비슷합니다. 이럴 때 똑똑한 아이는 아빠와 엄마의 눈치를 보다가 "아빠, 엄마 다 좋아", 또는 "아빠, 엄마 다 싫어"라고 답합니다. 지금 리브가가 받은 질문도 이렇게 대답하기 힘든 문제였습니다. 그런데 리브가는 현명하고 용기 있는 결단을 했습니다. 한마디로 가족들의 기대를 버리고 그 순간 떠나겠다고 답했습니다. 리브가의 결정은 단호했습니다.

아마 성숙하지 못한 부모라면 "어떻게 키운 자식인데 열흘 정도 같이 있자는 청을 거절하고 떠난다고 할 수가 있어!" 하며 무척이나 화를 냈을 것입니다. 그러나 리브가의 부모는 그렇게 하지 않습니다.

그들이 그 누이 리브가와 그의 유모와 아브라함의 종과 그 동행자들을 보내며 리브가에게 축복하여 이르되 우리 누이여 너는 천만인의 어머니가 될지어다 네 씨로 그 원수의 성 문을 얻게 할지어다 리브가가 일어나 여자 종들과 함께 낙타를 타고 그 사람을 따라가니 그 종이 리브가를 데리고 가니라(창 24:59-61).

리브가의 가족들은 리브가에게 섭섭하다고 야단치거나 힘들게 하지 않았습니다. 이것은 매우 중요한 사실입니다. 아마도 리브가의 부모는 아주 섭섭했을 것입니다. 그렇지만 자녀에게 표현하지 않았습니다. 오히려 딸을 축복했습니다.

우리는 자녀를 사랑한다는 명목으로 결혼의 과정에서 얼마나 많은 상처를 줍니까? 어떤 부모는 마음에 들지 않는 결혼이라고 예식장에 참석하지 않겠다고도 하고, "너희들끼리 잘살아" 하며 극단적인 말을 하기도 합니다. 자식의 경우도 그렇습니다. 부모와 관계를 끊고 자기들끼리 살겠다는 극단적인 행동을 합니다.

대개 자수성가한 사람들은 고생해서 돈을 벌었기 때문에 자식들에게 관대하기 어려운 것 같습니다. 그들은 자신의 어려웠던 시절을 자녀들에게 이야기하곤 합니다. 그러나 자녀들은 그런 소리에 절대 귀 기울이지 않습니다. 이런 부모일수록 자녀에게 만족하지 못하고 많은 것을 강요하기 때문에, 오히려 자녀들이 상처를 받으며 자라게 됩니다. 이것이 일반적인 우리의 이야기입니다.

대부분의 자녀들은 상처를 가지고 있는 부모로부터 상처 난 사랑을 받고 자랍니다. 그리고 그 자녀는 부모가 되어서 자기 자녀에게 또다시 상처 난 사랑을 그대로 전해 줍니다. 그래서 자기도 모르게 자녀에게 상처를 주게 되고, 자녀는 자녀대로 너무나 큰 갈등을 겪게 됩니다. 이렇게 악순환이 계속됩니다.

리브가의 부모를 보십시오. 리브가가 부모의 마음에 들지 않는 선택을 했지만 그 선택을 존중해 주었습니다. 그리고 딸을 축복하고 또 축복했습니다. 비록 우리는 부모에게 상처를 받으며 자랐을지라도, 자녀들에게는 특별한 경우가 아니고서는 잘못을 지적하거나 상처를 주지 말아야 합니다. 자녀들이 잘못되거나 미숙한 결정을 했더라도 받아 주고, 인정하고, 축복하십시오. 자녀들이 특별히 잘못된 선택을 해서 실수를 했을 때 더욱 그렇게 해야 합니다.

부모의 축복과 인정을 받지 못하고 자라난 자녀는 다른 사람과 결혼해서 살 때 그 상처를 계속 이어갑니다. 우리는 가정에서 인정받고 축복받아야 합니다. 공부 못한다고 너무 상처 주지 마십시오. 부모는 공부 못하는 자녀에게도 관용을 베풀어야 합니다. 아프다고 야단치지 마십시오. 본인은 오죽 속상하겠습니까? 결혼 좀 늦게 하고, 학교 좀 늦게 가고, 원하는 직장을 가지 못한 것은 상처만 받지 않으면 다시 회복될 수 있습니다. 상처가 회복되면 행복하고 건강하게 승리하며 자랄 수 있습니다.

그때에 이삭이 브엘라해로이에서 왔으니 그가 네게브 지역에 거주하였음이라 이삭이 저물 때에 들에 나가 묵상하다가 눈을 들어 보매 낙타들이 오는지라 리브가가 눈을 들어 이삭을 바라보고 낙타에서 내려 종에게 말하되 들에서 배회하다가 우리에게로 마주 오는 자가 누구냐 종이 이르되 이는 내 주인이니이다 리브가가 너울을 가지고 자기의 얼굴을 가리더라 종이 그 행한 일을 다 이삭에게 아뢰매 이삭이 리브가를 인도하여 그의 어머니 사라의 장막으로 들이고 그를 맞이하여 아내로 삼고 사랑하였으니 이삭이 그의 어머니를 장례한 후에 위로를 얻었더라(창 24:62-67).

아브라함의 종을 따라간 리브가는 드디어 한 번도 만나 본 일이 없는 이삭을 만났습니다. 이삭이 밖에 나와서 묵상하고 있었다는 것을 보면 이삭도 굉장히 고민을 많이 했던 것 같습니다. '진짜 내 신붓감이 오는 것일까?' 아마도 이삭은 이런 생각을 하고 있었을지도 모릅니다. 그러던 중에 멀리서 말을 타고 종과 한 여인이 오는 모습을 발견했습니다. 이제 이삭은 리브가를 맞이했습니다. 이 아름다운 만남으로 그들의 결혼이 이루어졌습니다.

우리 자녀에게 이런 복이 있기를 바랍니다. 우리의 결혼생활에 이런 복이 임하기를 바랍니다. 복은 복을 낳습니다. 상처는 상처를 낳습니다. 자녀들에게 상처를 주지 마십시오. 야단치지 마십시오. 인간의 본질은 죄를 짓는 것이고, 하나님의 본질은 용서하는 것입니다. 자녀의 본질은 항상 반항하는 것이고, 부모의 본질은 항상 받아들이는 것입니다.

# 33

## 어떻게 죽느냐가
## 문제입니다

창세기 25:1-18

## 죽음에는 어떤 특별한 의미가 담겨 있는가?

그동안 우리는 아브라함에 대해 공부했습니다. 이 장에서는 믿음의 조상 아브라함이 175세를 일기로 이 세상을 마감하는 모습을 보게 됩니다. 죽음에도 의미가 있습니다. '어떻게 사느냐'보다 더 중요한 것은 '어떻게 죽느냐'입니다. 죽음이 준비된 사람은 삶을 준비하는 사람이고, 죽음을 준비하지 않는 사람은 삶이 준비되지 않은 사람입니다. 죽음을 의식하는 사람은 삶을 아주 가치 있고 의미 있게 사용하기 때문입니다.

아브라함은 갈대아 우르에서 태어났고, 75세가 될 때까지 하란에서 살았습니다. 그런데 어느 날 하나님의 음성이 그에게 들렸고, 그는 하나님을 만났습니다. 이 사건은 그의 인생에 대전환을 가져왔습니다. 누구든지 하나님을 만나면 인생이 변합니다. 하나님을 만났다고 하면서도 삶이 변하지 않았다면 그는 진정 하나님을 만난 것이 아닙니다.

하나님은 아브라함을 찾아오셔서 "너는 너의 고향과 친척과 아버지의 집을 떠나 내가 네게 보여 줄 땅으로 가라"(창 12:1)라고 말씀하셨고, 그는 이 말씀을 따라 사랑하는 아내와 가족들을 데리고 믿음의 여행을 시작했습니다. 그러나 처음 25년 동안은 성숙하지 못한 믿음 때문에 자기 의지와 방법으로 하나님을 섬기려 했고, 결국 실패와 좌절만 겪고 말았습니다. 그러나 세월이 흐르면서 아브라함은 위로부터 주시는 능력을 경험하게 되었습니다.

예수님을 믿고 구원받는 데는 1초도 걸리지 않습니다. 지금 우리가 예수님을 믿으면 하나님의 자녀가 됩니다. 그러나 예수 그리스도를 닮아 가는 과정은 한평생 걸립니다. 아브라함 역시 수많은 우여곡절 끝에 드디어 그의 나이 100세, 믿음의 삶을 시작한 지 25년이 지나서야 성숙한 믿음의 단계에 접어들었습니다. 잉태하기 불가능한 나이에 약속의 자녀 이삭을 낳은 사건을 통해서 아브라함의 생활과 사고방식에는 일대 변화가 일어났고, 이후에 아브라함 부부는 평안한 믿음의 삶을 살았습니다.

이삭의 나이 37세에 사라가 죽었습니다. 혼자 남은 아브라함은 이삭과 리브가를 혼인시켰습니다. 그 후 아브라함은 35년을 더 살았습니다. 그런데 본문인 창세기 25장 1절을 보면, 아브라함이 죽기 전에 있었던 한 가지 사건이 소개됩니다. 아브라함이 후처를 얻어서 아들 6명을 낳은 사건입니다.

아브라함이 후처를 맞이하였으니 그의 이름은 그두라라 그가 시므란과 욕산과 므단과 미디안과 이스박과 수아를 낳고 욕산은 스바와 드단을 낳았으며 드단의 자손은 앗수르 족속과 르두시 족속과 르움미 족속이며 미디안의 아들은 에바와 에벨과 하녹과 아비다와 엘다 아이니 다 그두라의 자손이었더라(창 25:1-4).

후처의 이름은 그두라였습니다. 성경은 그 자손들을 3대까지 소개하고 있지만 그두라에 대한 정보는 성경에 거의 없습니다. 단지 역대상 1장 32절에서 아브라함의 자녀들을 소개할 때 그두라의 자녀 6명이 소개될 뿐입니다. 창세기에서는 그두라를 가리켜 '후처'라고 했고, 역대상에서는 '첩'(개역한글)이라고 소개했습니다. 사라 생전에 맞이한 첩일 가능성이 높지만, 그녀의 사후에 아브라함이 재혼했을 가능성도 있습니다.

여기서 주목할 점은 후처를 얻어 아들을 낳은 사건이 하나님이 허락하신 일이며, 그 자녀들을 통해서도 열방이 형성되었고, 아브라함이 여러 민족의 조상이 되리라는 성경의 예언이 응답되었다는 것입니다. 창세기 17장 5절에서 하나님은 "이제 후로는 네 이름을 아브람이라 하지 아니하고 아브라함이라 하리니 이는 내가 너를 여러 민족의 아버지가 되게 함이니라"라고 말씀하셨습니다. 그두라의 자녀들은 여러 민족의 조상이 되었고, 결국 아브라함은 여러 민족의 아버지가 된 것입니다. 하나님은 아브라함을 노년까지 사용하셔서 하나님의 뜻을 이루셨습니다.

그러나 하갈을 통해 이스마엘을 낳은 사건은 아브라함이 하나님을 불신해서 생긴 상처였습니다. 그래서 하갈이 이스마엘을 낳아서 사는 동안에 아브라함은 하나님과 많이 멀어졌습니다. 어떤 사건이든지 하나님과의 관계가 멀어지는 사건이 있고, 반대로 가까워지는 사건이 있습니다. 이스마엘은 전자에 해당하고, 그두라를 통해 낳은 자녀는 후자에 속한 예입니다.

> 아브라함이 이삭에게 자기의 모든 소유를 주었고 자기 서자들에게도 재산을 주어 자기 생전에 그들로 하여금 자기 아들 이삭을 떠나 동방 곧 동쪽 땅으로 가게 하였더라(창 25:5-6).

여기서 좀 더 놀라운 사실 하나를 발견하게 됩니다. 5절에서 아브라함은 자기의 모든 재산을 이삭에게 주었습니다. 아브라함은 당대에 부자였습니다. 창세기를 보면 이 점을 묘사하는 부분이 여럿 나옵니다. 창세기 13장 2절은 애굽에 도망갔다가 돌아온 아브라함에게 "가축과 은과 금이 풍부하였더라"라는 말로 그의 부의 상태를 설명해 줍니다. 또한 창세기 14장 14절에는 조카 롯이 위기를 당했을 때 아브라함이 자기 집에서 기르고 훈련한 자 318명을 데리고 가서 공격한 일이 나옵니다. 남자가 318명이면, 아브라함은 그들의 아내와 아이들까지 포함해 약 1,000명의 식구를 부양한 강력한 족장이었다는 사실을 알게 됩니다. 아울러 창세기 24장에서 아브라함이 종을 시켜 이삭의 신붓감을 위해 많은 낙타와 보물을 보낸 것을 보면 아브라함의 소유가 어느 정도인지를 짐작할 수 있습니다.

아브라함은 자기 서자들도 먹고 살 만큼 재산을 주면서 특별한 조치 하나를 더 취했습니다. 자기 생전에 서자들을 다 동방으로 보내 이삭과 멀리 떨어져서 살게 한 것입니다. 서자들이 이삭 가까이에 살지 못하도록, 멀리 떨어지게 한 이유가 있었을 것입니다. 아마도 아브라함의 지혜가 아니었을까 생각합니다. 배다른 형제끼리 살기란 쉬운 일이 아니었기 때문에 이렇게 합리적으로 해결한 것입니다. 멀리 떨어져 살게 해서 사소한 다툼이 일어나지 않도록 미리 예방한 것입니다. 여기서 영적인 이유도 발견할 수 있습니다. 약속의 자녀가 세상적인 사람들에 의해서 영향을 받지 않도록 보호하는 의미입니다.

> 아브라함의 향년이 백칠십오 세라 그의 나이가 높고 늙어서 기운이 다하여 죽어 자기 열조에게로 돌아가매 그의 아들들인 이삭과 이스마엘이 그를 마므레 앞 헷 족속 소할의 아들 에브론의 밭에 있는 막벨라굴에 장사하였으니 이것은 아브라함이 헷 족속에게서 산 밭이라 아브라함과 그의 아내 사라가 거기 장사되니라(창 25:7-10).

성경이 175세라고 구체적으로 기록해 놓은 아브라함의 나이는 결코 적지 않습니다. 사람은 병들어 죽고, 전쟁터에서 죽고, 교통사고로 죽고, 여러 가지 불행한 다른 이유로 일찍 죽는 경우가 허다합니다. 그러나 '기운이 다하여 죽었다'라는 말은 자연사, 즉 수

명이 다해 죽었다는 의미입니다. 이처럼 장수하고 죽은 아브라함을 보면 잠언 16장 31절에 기록된 지혜로운 말이 생각납니다.

> 백발은 영화의 면류관이라 공의로운 길에서 얻으리라(잠 16:31).

결국 성경은 아브라함은 이제 죽어 자기 열조에게로 돌아갔다고 말합니다. 장례식은 아들 이삭과 이스마엘이 공동으로 치렀고, 시신은 막벨라굴에 어머니 사라와 합장했다는 구체적인 설명이 있습니다.

여기서 조금 더 생각해 볼 말은 '자기 열조에게로 돌아갔다'라는 표현입니다. 이 말은 아브라함의 시신을 메소보다미아에서 살았던 열조의 곁에 묻었다는 이야기가 아닙니다. 그의 시신을 사라가 잠들어 있는 막벨라굴에 합장했다고 했으니, 이 말은 아브라함이 조상들의 믿음의 세계에 들어갔다는 이야기입니다.

우리가 한평생 이 세상에서 살다 보면 '내 죽음에 어떤 특별한 의미가 있는 것인가?'라는 의문이 생깁니다. 아브라함의 경우, 그의 죽음에는 독특한 의미가 있었습니다. 그는 믿음을 가지면서부터 놀라운 환상과 약속과 복을 받았습니다. 아브라함은 이 복과 약속과 환상을 아들 이삭에게 다 넘겨주고 자기 조상의 믿음의 반열로 들어간 것입니다. 창세기 15장 15절에는 아브라함에 대한 이런 예언이 있습니다.

너는 장수하다가 평안히 조상에게로 돌아가 장사될 것이요(창 15:15).

성경을 보면 하나의 사건도 그냥 이루어진 것이 없습니다. 아브라함은 하나님의 예언대로 여러 민족의 아버지가 되었고, 큰 민족을 이루었으며, 그의 이름이 창대하게 되었습니다. 아브라함은 무슬림들에게까지도 '믿음의 조상'이라고 불립니다. 그리고 복이 되리라는 하나님의 말씀도 성취되었습니다.

## 죽음과 고통 끝에 예수님을 만난 사람들

이 세상의 행복이라는 것이 무엇입니까? 주님 뜻대로 살다가 주님 품에 안겨 영원한 천국으로 가는 것입니다. 이렇게 살았던 한 사람이 있습니다. 그의 이름은 욥입니다. 욥은 행복한 사람이라고 할 수는 없습니다. 이유를 알 수 없는 고난을 겪어야만 했기 때문입니다. 고난 그 자체보다 더 무서운 것은 '하나님을 잘 믿는다고 생각하는 내가 왜 이렇게 억울한 고통을 겪어야 하는가?'라고 고뇌하게 되는 것입니다.

그러나 욥은 이러한 고통 끝에 예수님을 만나게 되었습니다. 죄 없이 고난을 겪으신 주님이 욥의 고난 중에 찾아오셨던 것입니다. 욥기 19장 25 - 26절에서 욥은 이런 고백을 했습니다.

내가 알기에는 나의 대속자가 살아 계시니 마침내 그가 땅 위에 서실 것이라 내 가죽이 벗김을 당한 뒤에도 내가 육체 밖에서 하나님을 보리라(욥 19:25-26).

물론 욥이 '대속자'를 '예수님'이라고 말하지는 않았지만, 온 인류의 죄와 고난을 대신 지실 메시아를 말한 것입니다. 이것이 고통 가운데 있는 욥이 경험한 하나님입니다. 하나님은 그렇게 우리의 고통을 대신 감당하십니다. 내가 고통당하는 것은 당연하지만 왜 하나님이 고통을 겪으셔야 합니까? 하나님은 자신의 죄와 실수 때문에 고통당하시는 것이 아니라 모든 인간의 죄 때문에 고통당하시는 것입니다.

아브라함도 욥과 같은 경험을 했습니다. 하나님께 순종하기 위해 자기 손으로 아들 이삭을 죽여 번제물로 바치려고 한 그 고통스러운 순간, 하나님이 그를 저지하셨고 어린양을 대신 번제물로 주셨습니다. 어린양이 이삭의 죽음을 대신했습니다. 이 일은 먼 훗날 어린양 예수 그리스도가 십자가에서 피 흘려 돌아가신 십자가 사건과 연관되어 있습니다.

하나님의 사람들은 욥이 경험한 것과 같은 환상을 보며 구원자 되신 하나님을 만납니다. 한 예로 예수님이 십자가에 달리셨을 때 옆에 세워진 십자가에 달렸던 한 강도를 들 수 있습니다. 당시 두 사람의 강도가 있었는데, 한 사람은 예수님을 저주했지만

한 사람은 예수님을 보고 하나님의 아들이요, 구원자이시라는 사실을 죽음이 얼마 남지 않은 순간에 알게 되었습니다. 그는 메시아에게 "예수여 당신의 나라에 임하실 때에 나를 기억하소서"(눅 23:42)라고 부탁했습니다. 십자가 위에서 예수님은 "내가 진실로 네게 이르노니 오늘 네가 나와 함께 낙원에 있으리라"(눅 23:43)라고 그에게 답하셨습니다.

이 얼마나 위대한 순간입니까! 강도의 마음속에는 절망밖에 없었습니다. 얼마나 무섭고 고통스러운 시간이었겠습니까. 그러나 바로 그 순간에 그는 메시아를 만났습니다. 그 순간부터 강도에게는 천국이 임하기 시작했고, 죽음과 고통이 두렵지 않게 되었습니다. 아마도 그의 마음속에는 예수님과 함께 하늘나라로 가는 환상으로 인해 믿음과 기쁨이 가득했을 것입니다. 아브라함도 그러했습니다.

> 믿는 자들에게는 이런 표적이 따르리니 곧 그들이 내 이름으로 귀신을 쫓아내며 새 방언을 말하며 뱀을 집어 올리며 무슨 독을 마실지라도 해를 받지 아니하며 병든 사람에게 손을 얹은즉 나으리라 하시더라(막 16:17 - 18).

이 말씀이 자기 안에 들어온 사람은 세상과 실패가 두렵지 않습니다. 결혼에 실패한 것도, 장사하다가 망한 것도, 병들어 죽게 된 것도 중요하지 않습니다. 믿음이 있고 하나님이 주신 약속과 환상이 내 안에 있다면 그런 현실적인 것들은 그다지 중요하지 않습니다.

사도 바울은 십자가에서 죽었던 강도가 알게 된 천국의 환상을 본 사람입니다. 그래서 그는 감옥에도 갇히고, 매도 맞고, 억울한 일을 당하고 쫓겨나기도 했지만 한을 품거나 마음속에 상처가 없었습니다. 믿음을 가진 사람은 고통을 겪어도 상처를 받지 않고 한을 품지 않습니다.

우리는 세상의 여러 가지 일들을 겪으면서 계속 상처를 받습니다. 그러나 마음속에 상처와 분노와 한이 있다고 한다면, 그 믿음은 진짜 믿음이 아닐 수도 있다는 사실을 기억해야 합니다. 누가 우리를 무시하고 멸시해도 섭섭해하지 마십시오. 그렇게 커다란 문제가 아닙니다. 그럴 때는 마음속으로 '통과!'라고 말해 보십시오. '그래, 그럴 수도 있는 것이지'라고 생각해 보십시오.

사도 바울은 약속과 믿음으로 그렇게 살았습니다. 그는 약속을 붙들고 사는 사람이었기 때문에 누군가 그를 슬프게 하거나 화나게 할 수 없었고, 그의 생각을 바꿀 수도 없었습니다. 이것은 바로 우리에게도 주어진 능력입니다. 우리는 죽음에 대해서 말하기를 꺼려합니다. 그러나 죽음이 곧 다가올 것이라는 사실과 그 능력의 비밀을 이웃에게 알려야 합니다. 이런 관점에서 사도 바울의 서신을 읽어 보면 감동과 깨달음이 있습니다.

내가 그리스도와 함께 십자가에 못 박혔나니 그런즉 이제는 내가 사는 것이 아니요 오직 내 안에 그리스도께서 사시는 것이라(갈 2:20).

나는 비천에 처할 줄도 알고 풍부에 처할 줄도 알아 모든 일 곧 배부름과 배고픔과 풍부와 궁핍에도 처할 줄 아는 일체의 비결을 배웠노라(빌 4:12).

가난해도 부유해도 상관없다는 뜻입니다.

내가 이미 얻었다 함도 아니요 온전히 이루었다 함도 아니라 오직 내가 그리스도 예수께 잡힌 바 된 그것을 잡으려고 달려가노라 형제들아 나는 아직 내가 잡은 줄로 여기지 아니하고 오직 한 일 즉 뒤에 있는 것은 잊어버리고 앞에 있는 것을 잡으려고 푯대를 향하여 그리스도 예수 안에서 하나님이 위에서 부르신 부름의 상을 위하여 달려가노라(빌 3:12 - 14).

오직 예수님을 좇아가기 위해서는 다른 모든 것은 중요하지 않다고 말한 것입니다. 어느 누구도 우리를 절망하게 하거나 슬프게 할 수 없으며, 그리스도 예수 안에 있는 하나님의 사랑에서 끊을 수 없습니다. 우리에게도 이런 믿음이 있기를 바랍니다.

## 아브라함의 복은 이삭에게로, 우리에게로 계승되었다

> 아브라함이 죽은 후에 하나님이 그의 아들 이삭에게 복을 주셨고
> 이삭은 브엘라해로이 근처에 거주하였더라(창 25:11).

아브라함이 죽은 후에 하나님은 그 복을 이삭에게 계승시키셨습니다. 이것은 중요한 사실입니다. 아브라함은 죽었지만 그에게 주어졌던 복은 없어지지 않았습니다. 그 약속은 그의 아들 이삭에게 계속 이어졌고, 우리에게까지도 예수 그리스도 안에서 계속되고 있습니다. 할렐루야!

우리에게는 예수님을 통해 계승된 약속이 있습니다. 그래서 히브리서 기자는 우리가 믿음의 싸움을 할 때 믿음의 눈으로 "믿음의 주요 또 온전하게 하시는 이인 예수를 바라보자"(히 12:2)라고 말한 것입니다. 또 우리에게는 이미 그렇게 살았던 허다한 증인들이 있습니다(히 12:1).

축복은 계승되는 것이 중요합니다. 왜냐하면 우리는 죽어야 하는 유한한 존재이기 때문입니다. 아브라함은 죽었지만, 그 복이 이삭에게로 계승되었다면 사실 아브라함은 죽은 것이 아닙니다. 우리의 믿음이 자녀에게로 계승되기를 바랍니다. 우리 교회가 받은 복이 다른 교회에서도 계속되기를 바랍니다. 이 계승되는 복이 흘러가 북한의 문을 열고, 이 민족을 변화시키고, 세계를 변화시킬

줄 믿습니다.

사라의 여종 애굽인 하갈이 아브라함에게 낳은 아들 이스마엘의 족
보는 이러하고 이스마엘의 아들들의 이름은 그 이름과 그 세대대로
이와 같으니라 이스마엘의 장자는 느바욧이요 그다음은 게달과 앗
브엘과 밉삼과 미스마와 두마와 맛사와 하닷과 데마와 여둘과 나비
스와 게드마니 이들은 이스마엘의 아들들이요 그 촌과 부락대로 된
이름이며 그 족속대로는 열두 지도자들이었더라(창 25:12-16).

참 은혜로운 말씀입니다. 하나님은 이삭뿐만 아니라 이스마엘
도 축복해 주셨습니다. 하나님은 인간이 불신앙과 정욕과 죄 때
문에 저지른 실수를 항상 뒤처리해 주십니다. 하나님은 사라가 이
스마엘을 쫓아냈을 때 다시 돌아오도록 수습하셨습니다. 그러고
는 아브라함에게 "여종의 아들도 네 씨니 내가 그로 한 민족을 이
루게 하리라"(창 21:13)라고 말씀하셨습니다. 하나님은 아브라함
이 이삭뿐만 아니라 서자들도 축복했듯이, 이스라엘도 구원하시
고 모든 이방인도 구원하십니다.

이스마엘은 향년이 백삼십칠 세에 기운이 다하여 죽어 자기 백성에게
로 돌아갔고 그 자손들은 하윌라에서부터 앗수르로 통하는 애굽 앞
술까지 이르러 그 모든 형제의 맞은편에 거주하였더라(창 25:17-18).

이스마엘은 137세에 죽었습니다. 창세기 35장 28절을 보면 이삭은 180세까지 살았습니다. 우리는 여기서 한 가지 결론을 얻게 됩니다. 아브라함이 175세까지 살았고, 이스마엘은 137세까지 살았지만 결국 다 죽었다는 것입니다. 우리 인생도 똑같은 길을 가게 되어 있습니다.

문제는 '어떻게 죽느냐'입니다. 하나님의 비전을 가진 사람은 죽음이 중요하지 않습니다. 우리는 죽음을 통과하고 죽음을 이긴 사람들입니다. 믿음을 가진 사람은 내일의 주인공입니다. 미래는 어느 누구도 가 본 적이 없지만, 믿음을 가진 사람은 그곳을 가 볼 수 있습니다. 우리는 천국의 주인공들입니다. 그곳은 우리의 집입니다. 믿음 있는 사람은 미래를 소유합니다. 미래가 불안하거나 두렵지가 않습니다. 우리는 미래에서 일하고 노래하게 될 것입니다.